Ullstein

ÜBER DAS BUCH:

Trotz des Konflikts mit dem Papsttum war Ludwig der Bayer der volkstümlichste und beliebteste Kaiser des späten Mittelalters. Dem diplomatisch begabten, höchst produktiven Mann gelang es, die aufstrebenden Städte und kaufmännische und handwerkliche Stände zu fördern. Diese Seite seines Wirkens trug ebenso zu seiner Popularität bei wie sein Nimbus der Unbesiegbarkeit und sein Talent, die Angriffe des Papsttums propagandistisch auszunutzen. Seine bedeutendste Schlacht war die Schlacht von Mühldorf, bei der er seinen Gegenkönig, den Habsburger Friedrich den Schönen von Österreich, ausschaltete.

Diese Biographie ist nicht nur ein spannender Lebensbericht über den einzigen Wittelsbacher, der im Mittelalter auf den deutschen Kaiserthron kam, sondern ebenso ein großes, mit Liebe zum Detail ausgeführtes Zeitgemälde.

DIE AUTORIN:

Barbara Hundt betreibt bereits seit Jahrzehnten mit Leidenschaft geschichtliche Studien. Unter der Feder dieser hochbegabten Erzählerin gewinnen die Akteure der Geschichte, aber auch die Zeitumstände, das Alltagsleben und -denken des Mittelalters Profil.

Barbara Hundt

Ludwig der Bayer

Der Kaiser aus dem Hause Wittelsbach

1282–1347

Ullstein

Biographie
Ullstein Buch Nr. 35496
im Verlag Ullstein GmbH,
Frankfurt/M – Berlin

Ungekürzte Ausgabe
Mit zahlreichen Abbildungen

Umschlagentwurf:
Jutta Schneider
Unter Verwendung einer Abbildung des
Archivs für Kunst und Geschichte, Berlin
Alle Rechte vorbehalten
© 1989 by Bechtle Verlag, Esslingen, München
Printed in Germany 1995
Druck und Verarbeitung:
Clausen & Bosse, Leck
ISBN 3 548 35496 3

April 1995
Gedruckt auf alterungsbeständigem
Papier mit chlorfrei
gebleichtem Zellstoff

Die Deutsche Bibliothek – CIP-Einheitsaufnahme

Hundt, Barbara:
Ludwig der Bayer: der Kaiser
aus dem Hause Wittelsbach
1282–1347/Barbara Hundt. –
Ungekürzte Ausg. – Frankfurt/M;
Berlin: Ullstein, 1995
(Ullstein-Buch; Nr. 35496:
Ullstein-Sachbuch: Biographie)
ISBN 3-548-35496-3
NE: GT

Inhalt

Den Anstoß, mich intensiv mit Kaiser Ludwig dem Bayern zu beschäftigen, gab mir Umberto Ecos »Der Name der Rose«. Die Geschichte Kaiser Ludwigs IV., der im Roman präsent ist, aber nie selbst in Erscheinung tritt, hatte mich von jeher gefesselt, weshalb mir auch das Schicksal jener Helden des Romans vertraut war, die später an seinem Hof in München lebten und mit den Waffen des Geistes seinen Kampf um die historischen Rechte des deutschen Königtums unterstützten. Es ging um die Autonomie des Reiches gegen ein Papsttum, das seine Rechte bestritt.

Durch den »Namen der Rose« wieder mit dieser wichtigen Epoche unserer Geschichte konfrontiert, war mein Interesse geweckt, die neueren Forschungsergebnisse kennenzulernen. Tatsächlich sind hier bedeutende neue Erkenntnisse gewonnen worden, und ich fand mich plötzlich in einer weit aufregenderen Geschichte, als ich erwartet hatte.

Das Thema ließ mich nicht mehr los, und daraus entstand der Gedanke, die Geschichte Ludwigs des Bayern neu zu schreiben; vor allem auch seine Auseinandersetzung mit der Kurie darzustellen, einen Kampf, in dem sich Vergangenheit, Gegenwart und Zukunft berührten und der durch die Verbindung des Kaisers mit den bedeutendsten Gelehrten seiner Zeit – Pariser Universitätsprofessoren ebenso wie Minoriten – eine Bedeutung und Größe gewann, die ursprünglich nicht zu erwarten war.

Dieses Buch ist nicht für Historiker oder Fachgelehrte geschrieben, sondern für den geschichtlich interessierten Laien, gewissermaßen als Mittler, der die ungewöhnlich umfangreiche Fach- und Spezialliteratur lesbar machen soll. Aus diesem Grund konnten viele Einzelergebnisse der Forschung nur in Umrissen gezeichnet, manche mußten völlig übergangen werden. Gleichzeitig war es mein Anliegen, die Zeit Ludwigs des Bayern darzustellen, Strömungen, Sitten, Bräuche, Leitideen, denn nur in der angemessenen Entsprechung zu ihrer Zeit lassen sich die Stärken und Schwächen, vielleicht sogar die Größe einer Persönlichkeit erfassen, läßt sich ihr Tun und Handeln begreifen.

Danken möchte ich meiner Familie für ihre große Geduld, die sie bei meiner intensiven Beschäftigung mit diesem Thema bewiesen hat. Außerdem bedanke ich mich herzlich bei Frau Hanne Ahrens, Frau Dagmar Stähler-May und Frau Liesel Weismann für das Lesen des Manuskripts und ihre wertvollen Anregungen.

Barbara Hundt

PROLOG

Jeder Gesandte, Prälat oder sonstige Besucher der Kurie, der sich in der Karwoche des Jahres 1346 in Avignon aufhielt, wußte, was für den Gründonnerstag zu erwarten war, dem traditionellen Tag, um mit Feinden der Kirche abzurechnen. Ludwig der Bayer hatte es durch geschicktes Taktieren verstanden, die Absichten des Papstes um ein volles Jahr zu verzögern, aber an diesem Gründonnerstag würde er seine Strafe erhalten. Papst Klemens VI. zögerte auch keinen Augenblick, als er im großen Konsistorium die feierliche Verfluchung Kaiser Ludwigs IV. einleitete. Alle Sentenzen, die seit dem Jahre 1323 gegen den Wittelsbacher ergangen waren, wurden verlesen, sein Ungehorsam und sein unbußfertiges Benehmen gegenüber der Kurie beklagt und anschließend die berüchtigten großen Bannflüche gegen ihn geschleudert:

Das Oberhaupt der Christenheit flehte den Himmel an, er möge Ludwig niederwerfen, seinen Stolz erniedrigen, ihn in die Hände seiner Feinde und Verfolger fallen lassen. Verflucht soll sein Eingang, verflucht sein Ausgang sein. Es schlage ihn Gott mit Wahnsinn, Blindheit und Tollwut! Die Allmacht Gottes und der Apostel Peter und Paul, deren Kirche Ludwig verwirren wolle, entbrenne gegen ihn in diesem und im künftigen Leben! Die Erde öffne sich und verschlinge ihn lebend! Schon in einer einzigen Generation verschwinde sein Name und sein Gedächtnis von der Erde. Seine Wohnung werde wüst! Seine Söhne mögen in die Hand ihrer Feinde fallen, die sie vernichten![1]

Zum Glück für den Kaiser zeigte der Himmel wenig Eifer, die Wünsche des Papstes zu erfüllen. Ein norddeutscher Zeitgenosse bemerkt zu dem Akt: Der Kaiser ließ den Papst »bannen, so vele he wolde« und fürchtete nicht um seine Krone.[2] Aber stand der Bayer wirklich über den Dingen? Konnte er, ein tiefreligiöser Mensch des 14. Jahrhunderts, so schweres Geschütz wie die haßer-

füllten Flüche des Nachfolgers Petri als das nehmen, was sie waren
– eine politische Waffe des Papsttums?

Wer war Ludwig der Bayer, der es wagte, einem übermächtigen
Feind – und das war das Papsttum seit dem 13. Jahrhundert seinen
Widersachern gegenüber – zu trotzen?

Auf der einen Seite die Kurie, deren streitbaren Päpsten des
13. Jahrhunderts es schließlich gelungen war, die widerspenstigen
Staufer auszulöschen – und zwar »mit Leib, Sproß und Samen«[3] –,
wie sie es sich zum Ziel gesetzt hatten; die während der folgenden
Jahre des Interregnums mit Doppelkönigtum und allen daraus
entstandenen Wirren ihren Anspruch auf weltliche Macht über das
Heilige Römische Reich immer weiter in die Höhe schrauben
konnten. Auf der anderen Seite plötzlich Ludwig der Bayer, ein
Herrscher, der die mühsam erkämpften oder erschlichenen Ansprüche der Päpste wieder reduzieren wollte; der Reichsrechte
sowie König- und Kaisertum wieder auf den Stand bringen wollte,
den sie vor der Vernichtung der Staufer hatten.

Ein Machtkampf war unter diesen Umständen vorprogrammiert.
Niemand aber konnte zu Beginn der Auseinandersetzung ahnen,
daß der schon Jahrhunderte dauernde Kampf zwischen Papsttum
und Kaisertum nach den beiden Höhepunkten unter Heinrich IV.
und Friedrich II. dem dritten und letzten Höhepunkt zustreben
würde. Was erreichte Kaiser Ludwig IV., genannt der Bayer, damit, daß er diesen Kampf aufnahm – oder was konnte er verhindern?

1. KAPITEL

». . . den gewaltigen Adler zu schildern . . .«

Der Gedanke an das 14. Jahrhundert beschwört Bilder herauf von Ritterburgen, Minnesängern, blitzenden Rüstungen, wehenden Helmbüschen, von Rittern, die auf prachtvoll aufgezäumten Pferden mit eingelegten Lanzen wie Kampfhähne aufeinander zustoßen; vielleicht auch von Geißlerzügen, Inquisition, Prozessionen, von asketischen, blassen Mönchen, die sich vor der lauten, lasterhaften Welt in einsame Klausen zurückgezogen haben. Diese Erscheinungen spielten durchaus eine Rolle in der Gesellschaft des 14. Jahrhunderts, doch ebenso zeigt die Epoche aufblühende, pulsierende Städte, Boccaccios sinnenfrohe, verdorbene Mönche und die ersten bürgerlichen Meistersingerschulen.

Das 14. Jahrhundert in Deutschland ist gekennzeichnet durch fast bis zur Unvernunft gesteigerte Ansprüche des Papsttums auf weltliche Macht und durch Kaiser Ludwig den Bayern – gebürtiger Herzog von Oberbayern und Pfalzgraf »bei Rhein« aus dem Hause Wittelsbach –, den »Volkskaiser«, den das Volk liebte und verehrte, und dem es weit über seinen Tod hinaus die Treue hielt; der als Gegenleistung das Volk achtete und respektierte, Handel, Wirtschaft, Verkehr und die gesamte erwerbstätige Bevölkerung förderte, soweit es nur möglich war. Es ist auch die Zeit der großen Gelehrten am Münchner Hof – unter ihnen Wilhelm von Ockham, Marsilius von Padua, Bonagratia von Bergamo, Michael von Cesena –, die, von Kaiser Ludwig vor der Inquisition geschützt, mit Werken von weltgeschichtlicher Bedeutung für ihre religiöse Überzeugung und die Rechte des Reiches kämpften. Die Epoche wurde definiert als Höhepunkt der Gotik, die in Deutschland im 13. Jahrhundert »mit leisem Wehen«[1] begann, im 14. anschwoll und im 15. Jahrhundert zu Ende ging.

Die romanische Welt mit ihrer gleichgültigen Gelassenheit gegenüber der Zeit und der Abwicklung von Geschäften wirkt heute fern und abgeschlossen. In der Gotik aber liegen alle Keime der Entwicklungen, die heute unser Leben bestimmen. Die Naturwissenschaften emanzipierten sich von der Philosophie. Die menschliche Arbeitskraft wurde zunehmend durch technische Geräte ersetzt. Die Geldwirtschaft löste endgültig die Naturalwirtschaft ab, und die Verbreitung von Kreditbrief und Wechsel leitete eine neue Ära des Handelslebens ein. Die Buchführung wurde eingeführt und verfeinert, die umständlichen römischen Zahlen durch die arabischen Ziffern ersetzt. Die Geschichte der europäischen Räderuhr nahm ihren Anfang, die Turmuhren begannen, die Viertelstunden zu schlagen, und der Puls des Lebens wurde schneller, fast fieberhaft.

ENTFLAMMBARKEIT DES GEMÜTS UND HÖFLICHKEIT

Ob man das 14. Jahrhundert als Herbst des Mittelalters sieht oder schon als den Beginn der Neuzeit, ob man es für Italien dem Humanismus oder der Renaissance zurechnet – es war ein buntes, lebendiges, pulsierendes Zeitalter voll heftigen Pathos' und hoher Ziele, zumindest bis zum Jahre 1347, bevor die Schwarze Pest nach Europa kam. Als »das große Sterben« nach Jahren endlich abklang, war ihm ein Drittel der Erdbevölkerung zum Opfer gefallen, und die Menschen, das Leben und die Werte hatten sich verändert. Aber zu Lebzeiten Ludwigs des Bayern, und das ist der Zeitraum, der hier interessiert, waren die Menschen voller Lebensbejahung. Das tägliche Leben bot noch überall Raum für »glühende Leidenschaftlichkeit und kindliche Phantasie«[2]. Ein Trauerfall im Fürstenhaus war Anlaß allgemeinen Unglücks, bei dem Ströme von Tränen vergossen wurden und lautes Wehklagen die ganze Stadt erfüllte. Ein Fürsteneinzug oder die Ankunft eines berühmten Predigers wurden mit Jubel, mit Glockengeläute, Musik und Lobgesängen begrüßt, wobei nicht selten die Feierlichkeit von Pomp und Gepränge, aber auch das Erhebende der allgemeinen Begeisterung eine so heftige Ergriffenheit auslösten, daß wieder Tränen flossen.

Das Weinen war im gesamten Mittelalter so schön und erbaulich wie im späten 18. Jahrhundert, und nicht nur für das einfache

Volk. Man sah im 15. Jahrhundert Ludwig XI. bei seinem Einzug in Arras Tränen vergießen, und bei der Zusammenkunft der Könige von Frankreich und England zu Ardres weinte alles laut. Ein Höflichkeitsgesandter des französischen Königs an Philipp den Guten von Burgund geriet bei seiner Ansprache in eine solche Ergriffenheit, daß er wiederholt in Tränen ausbrach. Im 14. Jahrhundert war König Johann von Böhmen von Tränen überströmt, als er seine todkranke frühere Verlobte wiedersah [3], von der er sich einige Jahre vorher durch einen recht üblen Trick befreit hatte, und im 12. Jahrhundert weinte Kaiser Friedrich Barbarossa, als beim Reichstag zu Speyer nach einer besonders aufrüttelnden Kreuzpredigt fast fünfhundert der anwesenden Ritter das Kreuz nahmen. Der Augenblick muß erhebend gewesen sein, denn »keine Worte sind im Stande die Tränen und Seufzer aller Anwesenden zu schildern«, berichten die Marbacher Annalen.

Der Willfährigkeit zu grenzenloser Rührung stand eine nicht weniger große Bereitschaft zur Grausamkeit gegenüber. Der öffentliche Strafvollzug im Deutschland des 14. Jahrhunderts kannte zwar noch nicht die Auswüchse richterlicher Grausamkeit bei Hinrichtungen und die Folterexzesse späterer Zeiten, die erst mit der Einführung des römischen Rechts üblich wurden; trotzdem ist die Leichtfertigkeit erschreckend, mit der die Todesstrafe selbst geringer Delikte wegen verhängt wurde. Doch diese Praxis wurde nicht etwa einem unwilligen Volk »von oben« oktroyiert, sondern sie kam dem steinharten Rechtsbewußtsein der mittelalterlichen Menschen entgegen, das der unerschütterlichen Überzeugung entsprang, daß jede Tat ihre Vergeltung heischt. Eine Hinrichtung war deshalb ein Schauspiel mit Moral, das kaum jemand versäumte. Aber selbst bei dieser Gelegenheit konnte die grausame Genugtuung über das statuierte Exempel der Gerechtigkeit unversehens umschlagen in Mitleid. Nicht selten verlangte das Publikum plötzlich stürmisch die Begnadigung des Übeltäters. Manchmal ließ sich der Richter dazu bewegen, manchmal nicht, und dann wurde die Hinrichtung von heißen Tränen des Mitgefühls und lauten Klagen begleitet.

Grausamkeit und Rührseligkeit, rohe Ausgelassenheit und weltabgewandte Selbstversunkenheit, unbeschwerter Frohsinn und verzweifelte Angst vor der Hölle! Alle diese Gegensätze, die wie

bei Kindern eng beieinander lagen, auch die unbegreiflich heftige
Habsucht und Streitlust, der zähe Rachedurst, werden nur erklär-
lich, wenn man sich die allgemeine Erregtheit der Zeit und das
Ausmaß der Emotionen vergegenwärtigt, die das Volk und die
Fürsten beseelten. »Der moderne Mensch«, schreibt Huizinga,
»macht sich in der Regel keine Vorstellung von der zügellosen
Extravaganz und Entflammbarkeit des mittelalterlichen Gemütes.« In diese Eigenschaften muß man sich hineindenken, um die
Politik zu Zeiten Kaiser Ludwigs IV. und die jahrzehntelange Parteinahme des Volkes für ihn zu verstehen, an der die Menschen
trotz schwerer Kirchenstrafen und der damit verbundenen Angst
vor der Hölle zäh festhielten. Denn wenn man Partei nahm, dann
leidenschaftlich und gründlich.

Die lebhaften Gemütsbewegungen, die das Zusammengehörig-
keitsgefühl bei Mitgliedern von Parteigruppierungen zu allen Zeiten auslöst, wurden im Mittelalter noch verstärkt durch die sugge-
stive Wirkung, die von all den Parteiabzeichen, Farben, Fahnen
und Parolen ausging, die man für nötig hielt. In Kolmar und
Straßburg gingen während des Thronstreites zwischen Ludwig
dem Bayern und seinem Gegenkönig Friedrich dem Schönen von
Österreich die Anhänger Friedrichs in roten, die Ludwigs in
schwarzen Röcken. Zwischen »Roten« und »Schwarzen«
herrschte heftige gegenseitige Abneigung – oft ging die Spaltung
mitten durch eine Familie. Es kann als sicher gelten, daß auch in
anderen Städten die gegnerischen Anhänger der beiden in zwiespältiger Wahl gewählten Könige ihre Farben herausfordernd zur
Schau stellten und in ständiger Fehde miteinander lagen.

Wie heftig die durch die Anhänglichkeit an den Fürsten ausgelöste
Gemütsbewegung im Mittelalter wirken konnte, liest man auf
jeder Seite der mittelalterlichen Geschichte. Der Dichter des Mira-
kelspiels »Marieken van Nymwegen« erzählt, wie die böse Tante
Mariechens aus Ärger über den Ausgang eines Streits im Herzogshaus Geldern Selbstmord begeht.[4] Natürlich ist ein Freitod aus
politischem Fanatismus auch für das Mittelalter ein extremes Beispiel, aber es ist ein Beweis, welch leidenschaftlichen Charakter
der Dichter dem Parteigefühl zuschrieb.

Wie war in solch emotionsgeladenem Zeitalter ein gesittetes Miteinander möglich? Das Mittelalter fand einen Ausweg in der Über-

spitzung der Förmlichkeit. Hochzeit, Krieg, Geburt, Hinrichtung, selbst die spontanen Zärtlichkeiten des Umgangs wurden in feste Formen gepreßt, der Höflichkeit ein so hoher Rang eingeräumt wie in keiner anderen Epoche. Das Betreten einer Kirche oder eines anderen Raumes konnte eine halbe Stunde in Anspruch nehmen, weil keine der beiden Persönlichkeiten, die gleichzeitig davor angekommen waren, gewillt war, vorauszugehen. Je länger man sich weigerte und die Höflichkeiten auf die Spitze trieb, um so erbauter waren die Umstehenden. Man kann sich recht lebhaft die gegenseitigen Beteuerungen und Nötigungen vorstellen, die immer damit endeten, daß der Höhergestellte seine Skrupel überwand und vorausging – nicht ohne die demütige Beteuerung, daß er es nur tue, um dem allen ein Ende zu machen.

Noch schwieriger wurde die Sache bei Gleichgestellten. Unmittelbar vor der Schlacht von Crécy im Jahre 1346 erkundeten vier französische Ritter die Schlachtordnung der Engländer. König Philipp VI. von Frankreich erwartete ungeduldig ihren Bericht und ritt ihnen sogar entgegen. Aber als er mit seinen Kundschaftern zusammentraf und begierig Näheres erfahren wollte, sahen sich die vier Ritter nur gegenseitig an und sagten kein Wort. Dann begannen sie zu streiten, weil keiner die Unhöflichkeit begehen wollte, als erster zu sprechen.

»Herr, sagt Ihr es, sprecht Ihr zum König, ich werde nicht vor Euch sprechen.« Der König mußte schließlich einem von ihnen energisch befehlen, Bericht zu erstatten.[5]

Dabei nahm ein recht lebhafter Hochmut, der Neid um den Vorrang, im mittelalterlichen Gemüt einen breiten Raum ein. Aber da die schöne Form eine löbliche Verleugnung der ausgeprägten Gier nach Ehre und Würde verlangte, versuchte man, ihr zu genügen. Es gelang nicht immer. Sobald auch nur einer der Beteiligten sich nicht an die Spielregeln hielt, war das Spiel vorbei und es wurde ingrimmig um den Vorrang gekämpft. Bei der Krönung von Ludwigs Großvater mütterlicherseits, König Rudolf I., gab es 1273 einen so verbissenen Rangstreit um die Sitzordnung beim Krönungsmahl, daß das Festbankett um einen Tag verschoben werden mußte.[6]

Stand ist Zustand

Die Städte summten vor Geschäftigkeit und Bürgerfleiß. Der Welthandel streckte immer stärker seine Fühler nach Deutschland aus, und die Kaufleute suchten sich ständig weitere und lukrativere Ziele – großzügig gefördert und unterstüzt von Kaiser Ludwig. Er hatte die reichen norditalienischen Städte gesehen, und warum sollte es nicht auch in Deutschland ein Wirtschaftswunder geben? Zollbefreiungen als Gegenleistung für Brückenbauten, Landfriedensbündnisse und die Einschränkung des Fehderechts, um die Straßen sicherer zu machen, Straßen- und Wasserbauten zeigen den allzeit wachen Blick für die Erfordernisse einer florierenden Wirtschaft. Besonders lag dem Kaiser der Handel mit Italien am Herzen, und wenn es Störungen gab, griff er notfalls selbst ein. Wenn Piccolomini, der spätere Papst Pius II., hundert Jahre später in Nürnberg ausrief, die schottischen Könige könnten die deutschen Bürger um ihre komfortablen Wohnungen beneiden, so wurde die Grundlage für diesen Reichtum auch mit Ludwigs großzügiger Städtepolitik geschaffen.

An weitere gesellschaftliche Umwälzungen dachte allerdings weder der Wittelsbacher noch ein anderer seiner Zeitgenossen. Der Begriff der Gliederung der Gesellschaft in Stände war fest verankert, jedem der drei Stände seine Funktion zugewiesen – nicht seiner erwiesenen Nützlichkeit, sondern seinem Nimbus entsprechend. Das Ideal, das die Gesellschaft vom Klerus geschaffen hatte, war Heiligkeit und seine Unersetzlichkeit für die Erlangung des Seelenheils. Adel und Rittertum verkörperten den Glanz und Eigenschaften wie Wahrheit, Sittlichkeit, Gerechtigkeit und Tapferkeit; von ihnen hingen das Wohl und die Ruhe von Kirche und Königreich, der Schutz für Leib und Gut eines jeden ab. Beiden Ständen kamen deshalb ohne jede Diskussion ihre Privilegien zu. Dem dritten Stand, der vom Bauern bis zum Gelehrten oder dem großen Handelsherrn reichte, kam die dienende Rolle zu, ebenfalls ohne Diskussion. Denn Stand ist Zustand, »estat«, eine von Gott gewollte Seinsweise. »Ein jeglicher Stand ist gut, / der Gottes Willen tut« – dichtete der Bürgerliche Hugo von Trimberg im Jahre 1300 in seinem »Renner«, einem Lehrgedicht. Und Wernher der Gärtner im »Meier Helbrecht«:

»So folge meiner Lehre,
davon hast Nutzen du und Ehre;
denn niemals ist dem Glück beschieden,
der nicht mit seinem Stand zufrieden.«[7]

Die Menschen waren zwar von Natur aus gleich, aber man dachte dabei an die Gleichheit im baldigen Tode. Im Leben mußten sie in einer festgefügten, gottgewollten Ordnung leben. Bei einem Rütteln an diesen Strukturen hätte man den Weltuntergang nahe gesehen. Dabei waren die Menschen durchaus in der Lage, die Übel der Zeit zu erkennen: man bejammerte die Verweltlichung der Geistlichkeit und den Verfall der ritterlichen Tugenden. Trotzdem war die Gesellschaft keinesfalls bereit, das Idealbild aufzugeben, das über den ersten und zweiten Stand existierte.

Besonders der Adel hatte seine liebe Not, dem Anspruch eines mystisch frommen Rittertums, das der Wahrheit und Gerechtigkeit lebte und weltliche Güter in der Idee verachtete, in der Praxis gerecht zu werden. Zwar ist das Rittertum nicht grundsätzlich mit dem Adel gleichzusetzen, denn nicht jeder Ritter war adelig, aber gleichzeitig war doch jeder Adelige – sofern er nicht die Klosterlaufbahn eingeschlagen hatte – bis hinauf zum Kaiser ein Ritter und legte das Rittergelübde ab. Die ritterlichen Tugenden, die er beherzigen sollte, waren vielseitig und widersprüchlich. Herrschergaben sollte er haben und gleichzeitig demütig gegen Gott und Kirche, treu und gehorsam gegenüber seinem Lehnsherrn sein. Der Schutz der Witwen, Kinder und aller Schwachen war ihm ebenso auferlegt wie Barmherzigkeit gegen Notleidende. Das Maßhalten in allen Dingen war ein weiteres strenges Gebot. Außerdem sollte er sich höfischer Manieren befleißigen, singen und dichten sollte er und die »hohe Minne« ausüben. Der letzte Punkt ist für uns Heutige am schwierigsten zu verstehen: Der Ritter mußte in heißer Liebe zu einer edlen, möglichst unerreichbaren Dame entbrennen, ihre Farben im Turnier verteidigen, für sie wilde Abenteuer bestehen, zu ihren Füßen seufzen, ohne jemals die keusche Zurückhaltung eines schüchternen Knaben aufzugeben. Vor allem aber sollte er als schwergerüsteter Berufskrieger sein Handwerk verstehen und bei Bedarf erbarmungslos stechen, schlagen, verstümmeln und töten.

Dem edlen Bild männlicher Vollkommenheit, zu dem das Ritter-
ideal ausgebaut worden war, hätte die Männerwelt wohl zu keiner Zeit entsprechen können, und so klafften auch im Mittelalter
Realität und Ideal meist kräftig auseinander, besonders nach dem
Niedergang der Staufer Mitte des 13. Jahrhunderts, als sich in den
Wirren der »kaiserlosen, schrecklichen Zeit«, wie Schiller sie
nannte, so manche stolze Ritterburg in ein Räubernest verwandelte. Diese Entwicklung wurde seit der Wahl König Rudolfs I. im
Jahre 1273 wieder im Zaum gehalten. Die eigentliche Ursache
aber, die Umwandlung der Naturalwirtschaft zur Geldwirtschaft,
das damit verbundene Hochkommen des städtischen Bürgertums
und der eigene Geldmangel – denn der Besitz des Ritters bestand
in Grund und Boden, nicht in Geld –, der gleichzeitige Wunsch,
das neureiche Bürgertum durch Prunk und Verschwendung zu
beschämen, blieb in Zukunft ein Hauptproblem des Rittertums.
Das Lösegeld für gefangene Feinde spielte nun eine ebenso große
Rolle im ritterlichen Denken wie Geldgeschenke, Renten, Pensio-
nen und Statthalterposten für die Teilnahme an einem Heerzug.
Einen weiteren schweren Schlag erhielt das Selbstbewußtsein des
Ritterstandes ab dem 14. Jahrhundert durch das Auftauchen
neuer Waffen und den immer stärkeren Einsatz von Söldnerhee-
ren.

Es konnte nicht ausbleiben, daß sich die Ritterwelt zunehmend an
die Äußerlichkeiten des Rittertums hielt, die wie oft in niederge-
henden Epochen noch einmal auf die Spitze getrieben wurden.
Nie gab es so kostbare Rüstungen, so prächtige Turniere, so viele
Demonstrationen persönlicher Tapferkeit wie im Spätmittelalter,
während die einstigen Gesetze von Wahrheit und Gerechtigkeit
immer mehr in Vergessenheit gerieten.

Aber mochten auch die Sünden der Menschen die Verwirklichung des Ideals verhindern, so blieb es für die Menschen dieser
Epoche dennoch Grundlage und Richtschnur des gesellschaftli-
chen Denkens. Bis ins 16. Jahrhundert hinein, als schon längst
das städtische Bürgertum den ersten Platz im mittelalterlichen
Leben einzunehmen begonnen hatte, war das Wesen echten Rittertums für die Bürger beispielhaft – ein Vorbild, das bis in unsere
Tage nachwirkt. Immer noch gilt »Ritterlichkeit« als ein Zeichen
des gutenzogenen Mannes.

Auch die Geistlichkeit hatte sich vom Ideal eines Lebens in Armut, Gottesfurcht und Keuschheit weit entfernt. Die Klagen betrafen deshalb nicht nur den übertriebenen Kleiderluxus der Diener Gottes wie zu Zeiten Karls des Großen, als die Geistlichen gerügt wurden, weil sie zu enge Kutten wählten und kleine Spiegel auf ihren Schuhen trugen, »um bei jedem Schritt die Freude zu haben, sich betrachten zu können«.[8] Jetzt waren die Vorwürfe ernsterer Natur und betrafen die Spitze der Hierarchie ebenso wie ihre sämtlichen Glieder.

Die Kurie, seit 1309 durch Papst Klemens V. nach Avignon verlegt, sei »ein Feld des Stolzes, der Habgier, Selbstherrlichkeit und Korruption«[9], klagte die hl. Brigitta, eine verwitwete schwedische Edeldame. Aber die Kritik kam von vielen Seiten. Die Prälaten feiern »hemmungslose Feste« und reiten schneeweiße Pferde mit goldenen Satteldecken, »und wenn Gott, der Herr, diesem sklavischen Luxus nicht Einhalt gebietet, werden sie bald auch goldene Hufeisen tragen«, erregte sich der italienische Dichter Petrarca in den vierziger Jahren des 14. Jahrhunderts. In den fünfziger Jahren ist der tiefreligiöse Petrarca noch bitterer geworden, wenn er über das Leben am Hofe des Papstes schreibt: »Alles Gute wird dort verderbt, aber allem zuvor die Freiheit; bald genug dann der Reihe nach Ruhe, Freude, Hoffnung, Glaube, Liebe und ... die Seele: welch ungeheure Verluste! Aber im Königreiche des Geizes bucht man nichts als Schaden, solange nur das Geld heil bleibt.«[10] Schon zu Beginn des Jahrhunderts hatte Dante seine harten Vorwürfe an das Papsttum formuliert.

Innerhalb der Kirche selbst wurde Kritik laut. Bereits im Jahe 1311 hatte das Konzil von Vienne die Habsucht der Kurie angeprangert: »In der ganzen Welt ist sie deswegen verrufen, und so weit einst die Predigten der Apostel gedrungen, so weit spricht jetzt das Volk davon, daß an der Kurie alle, vom ersten bis zum letzten, der Habsucht dienen.«[11]

Im Jahre 1316 bestieg Papst Johannes XXII. den Stuhl Petri, ein Mann mit der Midasgabe, und brachte die Finanzwirtschaft der Kurie noch weiter in Mißkredit. Aber nicht die fast sprichwörtliche Geldgier seines ersten päpstlichen Gegenspielers war das Problem Kaiser Ludwigs des Bayern, sondern der absolute Herrschaftsanspruch des Papstes über Kaiser und Reich. Das Selbstverständnis von Johannes XXII. zeigt ein Traktat, der mit seiner Zustimmung von Agostino Trionfi verfaßt wurde:

»Die Gewalt des Papstes«, sagte Agostino, »ist ihm von Gott verliehen worden, dessen Stellvertreter auf Erden er ist. Auch wenn er selbst ein großer Sünder ist, muß ihm gehorcht werden. Er kann durch ein allgemeines Kirchenkonzil abgesetzt werden, falls er sich offenkundig der Ketzerei schuldig macht. Davon abgesehen, steht seine Autorität an zweiter Stelle nach der göttlichen und vor der weltlichen Macht. Er kann Könige und Kaiser nach seinem Gutdünken absetzen, auch gegen den Willen ihrer Völker oder, im Falle des deutschen Kaisers, gegen den Willen der Kurfürsten. Er kann die Dekrete weltlicher Monarchen für null und nichtig erklären und sich über die staatlichen Einrichtungen hinwegsetzen. Nichts, was ein Fürst dekretiert, ist rechtskräftig ohne die Zustimmung des Papstes. Der Papst steht höher als die Engel und ist der gleichen Verehrung wie die Jungfrau Maria und die Heiligen würdig.«[12]

Bei Bischöfen, Äbten und dem einfachen Klerus waren teilweise recht lockere Sitten eingerissen. Bischof Heinrich von Basel hinterließ bei seinem Tode »zwanzig vaterlose Kinder ihren Müttern«,[13] und Bischof Heinrich von Lüttich, der vom Konzil von Lyon abgesetzt wurde und im Jahre 1281 seinen Nachfolger ermordete, hatte gar 61 Kinder. In England galt die Lüsternheit der Geistlichen als so groß, daß einem Mann, der einen Ehebruch beichtete, verboten war, den Namen der beteiligten Frau zu nennen, damit der Priester die Schwäche der Frau nicht selbst ausnutzen konnte.[14] Wollte man Giovanni Boccaccios Decamerone glauben, Mitte des 14. Jahrhunderts entstanden, so wären Lasterhaftigkeit und Liederlichkeit bei den Klerikern so weitverbreitet gewesen, daß die tiefe Frömmigkeit des Volkes kaum verständlich erschiene. Wie hätten die Menschen aus Angst vor der Höllenstrafe ein Leben der Sittenstrenge, Gottesfurcht und Frömmigkeit führen sollen, wenn die Hirten der Herde mit so schlechtem Beispiel vorausgingen?

Wahrscheinlich gibt es auch hier, wie immer, mehrere Wahrheiten. Ein Teil der Kardinäle mag ein sittenstrenges Leben geführt haben, und ein Teil ergab sich der Ausschweifung. Es gab tiefreligiöse, vorbildliche Äbte und Bischöfe, und es gab ihr Gegenteil.

Genauso war es bei den Bettelmönchen. Der Dominikanermönch John Bromyard sagte im 14. Jahrhundert über seine Mitbrüder aus: »Die, welche die Versorger der Armen sein sollten, sind lüstern nach köstlichen Speisen und schlafen in den Tag hinein... Nur ganz wenige bequemen sich, der Matutin oder der Messe beizuwohnen... Sie sind der Völlerei und Trunksucht ergeben... wenn nicht sogar der Unzucht, so daß die Klöster heutzutage für Bordelle und Sammelplätze von liederlichem Volk und Gauklern gelten.«[15] Es gab Bettelmönche, die ein flottes Leben führten, Handel trieben, als Verführer der Frauen galten und bei ihrem Auftauchen mit Hohn und Spott überhäuft wurden. Und es gab heiligmäßige Bettelmönche, die streng ihrem Ideal der Armut und Keuschheit lebten und vom Volk verehrt wurden. In manchen Nonnenklöstern widmeten die Klosterfrauen ihr Leben dem Gebet, den Armen und Kranken, in anderen hatten sie einen katastrophalen Ruf.

Unter den Weltgeistlichen scheint es weniger schwarze Schafe gegeben zu haben als unter den Klosterbrüdern. Auf dem Land waren sie oft wenig gebildet, aber die Frömmigkeit des Volkes, die Anhänglichkeit an die Kirche läßt darauf schließen, daß sie geliebt und verehrt wurden. Zwar lebten viele im Konkubinat, aber das sah man als etwas Natürliches an, und wenn sich Stimmen gegen diesen Zustand erhoben, dann setzten sie sich für die Einführung der Priesterehe nach dem Muster der Ostkirche ein und nicht für die Abschaffung des Konkubinats. Eine Chronik berichtet, daß sich die Menschen nüchtern sagten: »Enthaltsam wird der Priester nicht sein können; es ist darum besser, daß er ein Weib für sich hat, als daß er mit den Weibern aller sich zu schaffen macht.«[16]

Denn hielt man im Mittelalter auch streng auf Moral und Sitte, so sah man gleichzeitig die Tatsachen des Lebens nüchtern und ohne Prüderie. Selbst die gewerbsmäßige Unzucht nahm das sinnenfrohe Zeitalter als ein notwendiges Übel städtischen Lebens gelassen hin. Die »gemeinen Töchterlein« waren nötig, um »dadurch viel Unheil an Frauen und Jungfrauen zu verhüten«.[17] Ehemännern war der Besuch der »Hübscherinnen« allerdings verboten, und hatte man für die durchwegs unverheirateten Handwerksgesellen auch Verständnis, wurden sie doch zur Mäßigung angehalten. Sie mußten mit einer Bestrafung durch ihre Zunft rechnen, wenn sie »täglich« bei den »gemeinen Töchterlein« lagen. In München übten die jungen Damen als unehrliche Personen ihr Gewerbe anfangs im Haus des Henkers aus und unterstanden seiner und der Gerichtsschergen Aufsicht. Ein Teil der Einnahmen des Geschäfts gehörte sogar zur Besoldung der Beamten. Später baute man ein eigenes Frauenhaus, »damit die gemainen dochterlein bei der stat dester pas beleiben mügen«, was heißt, daß sie sich hier wohl fühlen sollten. Alles Wohlwollen hörte aber auf bei heimlicher Prostitution. Jedes Jahr wurden einige »Bübinnen«, die heimlichen Dirnen, und ihre »Buben« ausgepeitscht.

STANDESZEICHEN IST DAS KLEID

Man wollte im Mittelalter genau wissen, wo man selbst stand und wo die anderen standen, und man zeigte es an – allein schon durch die Kleidung. Die mit der Renaissance einhergehende Entwicklung des Individuums, die wir seit Jakob Burckhardt als die »Entdeckung des Menschen« zu bezeichnen gewöhnt sind, lag noch in der Ferne. Die Menschen verstanden sich nicht als Einzelwesen, sondern als Volk, Stadt, Partei, Familie, Berufsgruppe oder als Mitglied ihrer Zunft oder Gilde. Hier sahen sie ihre eigentliche Bedeutung, denn jede Gruppierung war etwas von Gott Gesetztes, ein Organ im Weltbau. Und die Zugehörigkeit zu dieser Gruppierung zeigte man durch sein Kleid an. Die Münchner Beamten (Amtleute) trugen eine Tracht in den Farben weiß-blau. Die Stadtpfeifer gingen in freundliches blau-weiß, rot-weiß und grün-weiß gekleidet.[18] Und so hatte jeder Beruf und jede Gruppierung ihre Trachten und Farben – und alle waren sie farbenfroh.

Die prächtigste Kleidung und die bunteste Farbenpracht standen nach wie vor Adel und Rittertum zu. Aber gerade an der Kleidung zeigte es sich, daß die Bereitschaft, sich in die gottgewollte Ordnung zu fügen, mit zunehmendem Reichtum geringer wurde. In allen Ländern Europas wurden schon ab dem 12. Jahrhundert Kleiderordnungen erlassen, um die in der Kleidung äußerlich sichtbaren Standesunterschiede aufrechtzuerhalten. Es ist nicht ohne Komik, um welche Einzelheiten der Mode sich die Magistrate der Städte kümmerten, um über den Umweg von Besätzen, Stoffen, Schnitten, Zutaten, Anzahl der Knöpfe, Höhe der Hüte, Länge der Schnabelschuhe usw. die Standesunterschiede zu fixieren.

Auch für den Bauernstand, für den man graue und dunkle Farben für richtig erachtete, wurden schon sehr frühzeitig Kleidervorschriften nötig – ohne daß sie sonderlich beachtet wurden. In der zeitgenössischen Dichtung, z. B. im »Seifried Helbling«, wird geklagt, daß Bauern so farbenprächtige, üppige Kleidung trugen, daß sie teilweise nicht mehr von Ritterfamilien unterschieden werden konnten. Der Ritter Neidhart von Reuenthal übt in seinen Liedern, die in den ersten Jahrzehnten des 13. Jahrhunderts geschrieben sind, ebenfalls heftige Kritik am bäuerlichen Überschwang in der Kleidung. Mit Hohn und Spott geißelt er die ländliche Verschwendungssucht, die die hergebrachte Bauerntracht verachtet. Sie habe aus schlichter grauer Kleidung mit einfachen Hüten und Schuhen zu bestehen. Im »Meier Helmbrecht« gibt das Thema der Versnovelle, ein sich über seinen Stand hinaushebender Bauernsohn, vielfältiges Anschauungsmaterial über die luxuriöse Ausstattung reicher Bauernsöhne, und im 15. Jahrhundert geht Sebastian Brants Narrenschiff ebenfalls mit der bäuerlichen Verschwendung hart ins Gericht.

Man darf aus all dem allerdings nicht schließen, die Bauern hätten in Saus und Braus gelebt. Dem üppigen Aufwand einer bäuerlichen Oberschicht stand die große Masse der Bauern gegenüber, die schlicht und unauffällig, oft armselig gekleidet gingen – sicher eher der Not gehorchend als dem eigenen Triebe. Trotzdem läßt sich bis gegen Ende des 14. Jahrhunderts eine stete Verbesserung der bäuerlichen Lebensbedingungen feststellen, die Leibeigenschaft war im Verschwinden, und erst im 15. Jahrhundert setzte eine rückläufige Bewegung ein.[19]

Verglichen mit den Lebensbedingungen in den Städten, war jedoch auch im 14. Jahrhundert der Verdienst gering und die Arbeit hart, und zwar für beide Geschlechter. Lediglich wenn eine Frau schwanger war, genoß sie Erleichterungen. In diesem Fall zeigt sich in den Weistümern (ahd. Weisheit – allgemeingültiger Rechtsgrundsatz) sogar ein recht rührendes Verständnis für die mit der Schwangerschaft einhergehenden unberechenbaren Gelüste. Eine schwangere Frau durfte von fremden Obstbäumen Obst pflücken,

sie konnte sich auch aus eingezäunten, abgeschlossenen Weingär-
ten Trauben holen, wenn ihr der Sinn danach stand, und wenn sie
sich nach Fischen sehnte, war ihr das Angeln selbst in Gegenden
erlaubt, in denen Fischwilderei sonst mit brutalen Körperstrafen
geahndet wurde. Sie mußte nur den Aufseher verständigen oder
Zeugen herbeiziehen. [20]

LITERATUR

Die Gesellschaftsstruktur des 14. Jahrhunderts – der langsame
Niedergang des Ritterstandes, der stete Aufstieg des Bürgertums
und die Unfähigkeit der Zeit, diesem Wandel Rechnung zu tragen
– spiegelt sich auch in seiner Literatur wider. Die Blütezeit des
Rittertums und die damit einhergehende erste Hochblüte der
deutschen Literatur war etwa Mitte des 13. Jahrhunderts zu Ende
gegangen. Zwar wurde auch danach an den Höfen noch gesungen
und gedichtet, aber meist beschränkte man sich auf eine Pflege des
Überkommenen. An neuen Dichtungen entfaltete sich vor allem
die Minneallegorie, deren übersteigerte Künstlichkeit heute nur
noch schwer zugänglich ist. Das episch-allegorische Gedicht »Die
Jagd« Hadamars von Laber, eines Ritters und Gefolgsmannes
Ludwigs des Bayern, in dem das Liebeswerben und der Liebes-
streit in die Metaphern der Jagd künstlich eingekleidet wurden, ist
ein typisches Beispiel und, verglichen mit den Werken eines
Wolfram von Eschenbach und Gottfried von Straßburg, doch eher
ein Rückschritt.

Das Bürgertum war noch nicht in der Lage, in das entstehende
kulturelle Vakuum vorzustoßen. Zwar eröffneten in den Städten
die ersten Singschulen der Handwerkerzünfte ihre Pforten, aber
auch wenn sich der Meistersang um eigene Inhalte bemühte,
wurde doch äußerlich der Minnesang fortgesetzt. Ansonsten er-
freuten sich die sog. »Weltchroniken« großer Beliebtheit. Ohne
den historischen Stoff besonders tief zu durchdringen, einzig
bestrebt, Reime zu finden, boten die Verfasser die biblische Prosa,
angereichert mit moralisierenden Betrachtungen, in Tausenden
von Versen oft unter Mißachtung jeder Rhythmik dar.

Die deutsche Prosa wollte auch noch nicht recht gedeihen, wenn man von der in deutsch abgefaßten Naturlehre Konrads von Megenberg absieht, die naturwissenschaftliches Wissen mit allegorischer Ausdeutung weiten Kreisen erschloß, und den sehr beachtlichen Predigten mancher Mystiker, unter denen sich besonders Meister Eckhart als ein Sprachschöpfer ersten Ranges erweist. Selbst die Chronisten waren nicht mehr das, was sie zu Zeiten eines Liutprand oder Otto von Freising waren. Möglicherweise ist das Desinteresse, das die historische Literatur lange Zeit für das 14. Jahrhundert zeigte, darauf zurückzuführen, daß die zeitgenössischen Chroniken so wenig dazu beitrugen, die Phantasie anzuregen.

Zur Jahrhundertwende allerdings, im Jahre 1400, entstand mit dem »Ackermann aus Böhmen« des Johannes von Saaz (auch Tepl), dem ersten Werk des deutschen Humanismus, ein Werk von so sprach- und gedankengewaltiger Genialität, daß es die Leere eines ganzen Jahrhunderts vergessen läßt: das Zwiegespräch eines Mannes, der seine Frau im Kindbett verloren hat, mit dem Tod. Mit großer Leidenschaft und unerhörter Sprachgewalt bringt der Mann seine Klagen gegen den Tod vor, der die Vorwürfe mit kaltem Hohn und überlegener Dialektik zurückweist. Zum Schluß ergibt sich eine Art versöhnender Ausklang durch die beiderseitige Anerkennung der Macht Gottes, der mit unerforschlicher Weisheit das Schicksal der Menschen lenkt.

Anders als in Deutschland war das 14. Jahrhundert in Italien eines der fruchtbarsten seiner Literaturgeschichte. Dort schuf zu Anfang des Jahrhunderts Dante Alighieri, der heute noch als einer der größten Dichter Italiens gilt, seine unsterbliche »Göttliche Komödie«, die durch Reichtum und Schönheit der Sprache, durch Gedankentiefe und Fülle der Empfindung, durch Großartigkeit der Phantasie neue, selten erreichte Maßstäbe setzte. Das ganze Wissen der heidnischen Antike, die christlichen Traditionen, die Einflüsse aus dem arabischen und jüdischen Denken und die Astrologie der Zeit werden hier zu einer Einheit verschmolzen. »Die Stimme von zehn schweigenden Jahrhunderten«, wird Dante deshalb von Thomas Carlyle[21] genannt. »Wenn das Hochmittelalter lebendige Züge bewahrte«, ist die Meinung Max von Boehns, »und in der Fülle seiner Erscheinungen an Interesse auch heute niemals einbüßen kann, so ist es Dantes Verdienst.«

Noch stärkere Wirkung auf seine Zeitgenossen übte Petrarca aus. Der Begründer des Humanismus, der zudem als erster die Schönheit der Natur entdeckte und über das Erzählen äußerer Begebenheiten hinaus die psychische Analyse versuchte, entzückte und erstaunte in seiner Natürlichkeit und Offenheit ganz Europa. Auch sein Freund Boccaccio, ein heiterer, weltoffener Geist, vor allem bekannt durch die 100 sinnenfrohen Novellen seines Decamerone, wirkte stark auf die europäische Novellistik ein.

DIE WUNDERBAUTEN DER GOTIK

Dafür befand sich nördlich der Alpen die Baukunst auf einem hohen Niveau. Der Bau des Kölner Doms mußte 1322 zwar unterbrochen werden und wurde nur zögernd fortgesetzt – man hielt die Gottesdienste inzwischen im provisorisch abgeschlossenen Chor ab –, aber in anderen Städten wurde emsig gebaut. Das Freiburger Münster wurde fertiggestellt, in Ulm der Grundstein gelegt. Der Bau des Straßburger Münsters und des Regensburger Domes schritten voran. Daneben entstanden überall in Deutschland prachtvolle gotische Pfarrkirchen, auch das kleine, aber wohl anmutigste Kleinod mittelalterlicher Architektur in Deutschland, die um 1330 begonnene Kirche Maria zur Wiese in Soest. Immer häufiger wurde nun die Basilika mit ihrem hohen Mittelschiff und den niedrigeren Seitenschiffen abgelöst von einer typisch deutschen Bauform, dem Hallenbau, bei dem die Seitenschiffe gleich- oder fast gleichhoch wie das Mittelschiff sind.

In der Gotik erreichte die Steinbaukunst einen Höhepunkt, der mit Natur- und Backsteinen wohl nie mehr erreicht werden kann, wie fast alle heutigen Bauingenieure bestätigen. Es ist fast unvorstellbar, wie diese technisch und künstlerisch kühnen Leistungen erstellt werden konnten ohne eine wissenschaftlich exakt fundierte Statik oder Materialerprobung. Man beachte auch die gigantischen Kosten! Aber der tiefen Frömmigkeit der Zeit – und zwar der Menschen aller Volksschichten – schien kein materielles Opfer zu groß, dem Glauben ein sichtbares Zeugnis zu setzen.

Allerdings spielte dabei auch die mittelalterliche Prahlsucht eine Rolle. Jede Stadt wollte mehr an Finanzkraft und Fortschrittlichkeit vorzuweisen haben als die andere, und daß dabei die Ausmaße der Gotteshäuser oft in keinem Verhältnis zur Einwohnerzahl standen, spielte offenbar keine Rolle. Die Ulmer setzten es sich in den Kopf, nach Köln den größten deutschen Dom zu haben. Mit einer Nutzfläche von 5100 qm – 1000 mehr als Straßburg – faßte das Münster weit mehr Personen, als die Stadt an Einwohnern hatte. Und sofort nach Baubeginn begannen die Ulmer auch schon, ihr Münster großsprecherisch als »des Straßburgers Futteral«[22] zu bezeichnen. Außerdem schafften sie es, den mit 161 m höchsten Kirchturm der Welt zu bauen.

Diese Großmannssucht war in allen Ländern verbreitet. Als die Mailänder Ende des 14. Jahrhunderts ihren Dom planten, sollte er mit einer Grundfläche von 8100 qm der größte der Welt werden und alles bisher Dagewesene übersteigen. Doch weil Sevilla erst 25 Jahre nach Mailand mit dem Bau seiner Kathedrale begann und an den Ausmaßen des Mailänder Domes zu diesem Zeitpunkt nichts mehr zu ändern war, wurden die Mailänder von den Sevillanern übertrumpft.

Bald bemächtigte sich die Gotik auch der Profanbauten. Besonders die prächtigen Rathäuser – an vielen Orten etwas zu groß gebaut für den tatsächlichen Bedarf – zeigen das neue Selbstbewußtsein des Bürgertums. Es entstanden Spitäler, Prachtpaläste für die großen Herren und stattliche Wohnhäuser für die Bürger und den Stadtadel.

Auch die Inneneinrichtung veränderte sich. Das Mobiliar, dem gotischen Stil angepaßt, aber immer noch etwas klobig, wurde nun tatsächlich mobil und löste sich von den Wänden. Dazu mußten Wand- und Bodenteppiche, Vorhänge und Kissen in möglichst reicher Zahl in jedem Haushalt vorhanden sein, der etwas auf sich hielt. Die Kleinkunst fing an, bei der Darstellung des Reichtums eine gewichtige Rolle zu spielen. Man verstand im Mittelalter eben zu repräsentieren, und man erwartete dies erst recht von seinen Herrschern.

KÖNIGLICHER GLANZ UND POLITISCHE WIRKLICHKEIT

Die Politik war noch nicht völlig eingepfercht in die Schranken des Protokolls, der Bürokratie und der Zweckmäßigkeit. Eine persönliche Laune, ein schlechtes Omen, die Voraussage des Hofastrologen waren jederzeit in der Lage, lange vorbereitete Pläne, Verträge und Bündnisse über den Haufen zu werfen.

Das Königtum war in der naiven Volksphantasie noch vom Zauberglanz des Märchens umgeben, und die Könige taten wenig dagegen, diesen Nimbus zu zerstören. Pracht war als Statussymbol unentbehrlich. Ein Herrscher hatte sich kostbar aufgezäumt und prunkhaft gekleidet mit pompösem Gefolge den Städten zu nähern, jeder Einzug ein kunstvoll geplantes und inszeniertes Schauspiel zu sein. Und Ludwig der Bayer hatte ein ungemeines Talent, dem Auge seines Publikums das zu bieten, was es zu sehen wünschte.[23]

Doch trotz allem Glanz führte ein mittelalterlicher Herrscher alles andere als das Leben eines »Märchenkönigs«, wie Kaiser Ludwigs späterer Nachfahre aus dem 19. Jahrhundert, König Ludwig II. von Bayern, so gerne genannt wird. Das Heilige Römische Reich[24] umfaßte das heutige West- und Ostdeutschland, Böhmen, Österreich, Nord- und Südtirol, Norditalien, Holland, den Hennegau, den burgundischen Raum mit Arelat, Dauphiné und der Provence. Das ganze riesige Gebiet war aufgeteilt in unzählige Fürstentümer, Teilfürstentümer, Grafschaften, Bistümer usw., deren große und kleine Territorialherren – Herzöge, Grafen, Bischöfe, Äbte, auch ein König, wie im Falle Böhmens – demjenigen aus ihrer Mitte lehnspflichtig waren, der zum römischen König – wie der Titel des noch nicht zum Kaiser gekrönten deutschen Königs vom 11. Jahrhundert bis 1806 lautete – gewählt und gekrönt worden war. Zumindest waren sie es in der Theorie! In der Praxis hatten die einzelnen Landesherren schon 1220 und 1232 durch Kaiser Friedrich II. – der nach Italien zurückkehren und in Deutschland keine Störungen wollte – so viele Rechte, Privilegien und Freiheiten erhalten, wie das in keinem anderen Land der Fall war. Es machte ihre Länder fast zu unabhängigen Staaten im Staate.

1245 begann der Vernichtungskampf des Papsttums gegen die Staufer. Von jetzt an wurden immer wieder Gegenkönige aufgestellt. Nach 1257 wählten die Kurfürsten in zwiespältiger Wahl Richard von Cornwall, den Bruder des englischen Königs, und Alfons von Kastilien jeweils zum römischen König. Beiden Herrschern ging es um die Kaiserkrönung, Deutschland selbst kümmerte sie nicht (Alfons von Kastilien besuchte während seiner »Regierungszeit« Deutschland kein einziges Mal), beide vergaben aber mit lockerer Hand Reichsgüter und weitere Privilegien und Freiheiten, um möglichst viele Anhänger auf ihrer Seite zu haben.

Die Entwicklung dieser Jahrzehnte, die etwas mißverständlich das »Große Interregnum«[25] oder nur »das Interregnum« genannt werden, war nie wieder umkehrbar. Jeder Versuch dazu hätte das Reich zersprengen müssen. Sie verhinderte, daß Deutschland zu einem einheitlichen Staat zusammenwuchs, und schuf die Voraussetzung für die spätere deutsche Kleinstaaterei. Als im Jahre 1273 die Wahl des Grafen Rudolf von Habsburg zum römischen König das Interregnum beendete und Deutschland endlich wieder einen einzigen, allseits anerkannten König hatte, waren in Frankreich und England Monarchien mit straffer zentraler Regierung herangewachsen. In Deutschland schlugen Landesfürsten ihre eigenen Münzen, kassierten Zoll an ihren Grenzen, hatten die Gerichtsbarkeit und Befestigungshoheit.

Eine Königsmacht war unter diesen Umständen in Deutschland nur noch in bescheidenem Rahmen möglich. Jeder König war vor allem auf die Macht seines eigenen Fürstentums angewiesen. Darüber hinaus konnte er sich auf die rund achtzig freien Reichsstädte stützen, die ihm direkt unterstanden. Wieweit ihn die Territorialherren z. B. auf einem Heerzug unterstützten, hing davon ab, wie viele Vorteile sie sich davon versprachen.

Jeder König nach dem Interregnum versuchte deshalb, seine Hausmacht zu vergrößern, um in dieser händelsüchtigen Zeit für Ruhe und Sicherheit im Inneren und nach außen sorgen zu können. Manchen gelang dies so vortrefflich, daß sie wieder eine bedeutende Königsmacht darstellen konnten – Ludwig dem Bayern beispielsweise. Das war durchaus im Sinne des Volkes, das eine starke Zentralgewalt wünschte. Nur ein König gab Sicherheit, und ein starker König um so mehr. Ohne seine schützende Hand kam der Handel zum Erliegen, Städte und Dörfer verarmten, wie sich während des Interregnums gezeigt hatte. Keinen sicheren

Weg oder Ort gab es mehr in dieser Zeit, klagt die Fürstenfelder
Chronik, das Vieh wurde von den Feldern geraubt, »während
niemand da war, der die Streifzüge von Frevlern aller Art verhindert, niemand, der dem Geschädigten zu seinem Recht verholfen
hätte«.

Es gab für die deutschen Herrscher des späten Mittelalters weitere
Erschwernisse. Als Land mit Wahlkönigtum hatte Deutschland
keine Hauptstadt und damit auch keine feste Reichskanzlei. Zu
Zeiten der Ottonen, der Salier und Staufer, als bis zum Aussterben
dieser Geschlechter immer ein Sohn dem Vater auf dem Thron
folgte, die Reichskanzlei gewissermaßen in der Familie blieb, war
dies nicht ins Gewicht gefallen. Seit dem Interregnum aber waren
die Kurfürsten eifrig bemüht, nie zweimal hintereinander ein
Mitglied des gleichen Fürstenhauses zum König zu wählen. Jeder
neugewählte Herrscher fing deshalb von vorne an – in Ludwigs
Fall anfangs mit einigen Beamten der bayerischen Herzogskanz-
lei –, eine neue leistungsfähige Reichskanzlei aufzubauen.

Die fehlende Hauptstadt, aber auch die Unzuverlässigkeit und der
Freiheitsdrang der Territorialgewalten, zu denen ein ständiger
Kontakt nötig war, waren die Hauptgründe dafür, daß die deut-
schen Herrscher fast ständig durch die Lande zogen und die
Regierungsgeschäfte mit Vorliebe an Ort und Stelle erledigten.
Ludwigs Itinerar gleicht dem Terminkalender eines rührigen
Handlungsreisenden unserer Tage, und es erscheint kaum glaub-
haft, daß alle diese Reisen auf dem Pferderücken unternommen
wurden – in glühender Sommerhitze, wenn die Reiter auf unbefe-
stigten Wegen im Staub fast erstickten, aber ebenso im tiefsten
Winter bei Schnee und Eis.

Zu diesen Schwierigkeiten aller Herrscher nach dem Interregnum
kamen im Falle Kaiser Ludwigs die erdrückenden Feindseligkeiten
des avignonesischen Papsttums. Papst Johannes XXII. war nicht
der erste Papst, der die Weltherrschaft für sich beanspruchte,
Ludwig der Bayer nicht der erste römische Kaiser, der sich dagegen wehrte, aber er war in einer eindeutig schwächeren Position
als seine Vorgänger. Konnte ein Herrscher zu den Zeiten, als die
Päpste ihren Sitz noch in Rom hatten, notfalls durch eine Demonstration seiner militärischen Überlegenheit mit der Kurie zu einer
Einigung kommen – ob es um seine Kaiserkrönung, um Absolu-

tion aus dem Kirchenbann oder um von der Kurie annektierte Reichsgebiete ging –, so war dieser Weg im 14. Jahrhundert, da die Päpste ihren Sitz unangreifbar unter dem Schutz des französischen Königs in Avignon genommen hatten, verbaut. So war es kein Zufall, daß der letzte Kampf zwischen Papsttum und Kaisertum mit anderen Mitteln ausgetragen wurde als in früheren Jahrhunderten, daß zum ersten Mal ein Herrscher versuchte, den Papst mit geistigen Waffen zu schlagen.

Zur Person: Ludwig der Bayer

Der Wittelsbacher war ein gutaussehender Mann, wie die zeitgenössischen Chronisten übereinstimmend berichten – selbst die Stimmen aus dem feindlichen Lager. Sehr hochgewachsen und schlank, wirkte er ungemein kraftvoll und gesund. »Ein schöner Mann mit edlem Wuchse«[26] wird er genannt, eine »elegans persona« oder: »Schön gewachsen ist er und kräftig wie Achill.«[27] Ludwig war glattrasiert, hatte »lebhafte Farben« und große, durchdringende Augen unter starken Augenbrauen. »Seine Wangen voll, sein Kinn schlank, sein Hals, der Nacken und die Schultern wohlgebaut, die Arme, Schenkel und Füße proportioniert«.[28] Weniger Beifall fand die gebogene habsburgische Nase, ein Erbteil seiner Mutter, der Königstochter Mechthild. Die vollen, gelockten, rotblonden Haare fielen auf die Schultern, wurden aber in späteren Jahren dünner. »Um den Mund lag fast immer ein Lächeln«, ist eine weitere übereinstimmende Feststellung.

Neben dem guten Aussehen verfügte Ludwig über eine natürliche Beredsamkeit und eine starke persönliche Ausstrahlung. Ganz offenbar war er sich der Faszination, die von seiner Persönlichkeit ausging, bewußt, denn in den meisten schwierigen Situationen suchte er die Aussprache von Mann zu Mann oder die Möglichkeit, vor einer größeren Versammlung seine Angelegenheit darlegen zu können.

So einig sich die zeitgenössischen Geschichtsschreiber über das Äußere des Wittelsbachers sind, so groß ist der Gegensatz, wenn es um seinen Charakter geht. Übereinstimmend wird ihm allerdings eine heitere, sanguinische Gemütsart bescheinigt. Je nach dem politischen Standpunkt des Chronisten gehen die Ansichten dann auseinander. Die Chroniken der Städte loben Ludwigs Leutseligkeit, seine Güte, Bescheidenheit und Friedensliebe. Die Anhänger der Kurie werfen ihm Streitsucht, Hartnäckigkeit und Stolz vor. »Er vereinigt alle Herrschertugenden in sich«, behauptet der Deutsche Konrad von Megenberg, »ist standhaft gegen Schläge des Schicksals, umsichtig vor dem Feind, ehrlich im Kampf, schonend, wo er schonen kann, gütig und mild.«[29] Als Gegenstimme spricht der Italiener Mussato von Ludwigs »gewalttätigem Sinne« und seiner »Verwegenheit in allem, was nur seine Mittel zu erlauben scheinen«. Anders als andere papsttreue Chronisten bemüht sich Albertino Mussato aber immer um Objektivität und lobt deshalb auch, daß der Bayer »voll hoher Entwürfe alles in Angriff genommen hat, was einen Mann von kühnem und hochstrebendem Geist verrät«. Seinen Zwiespalt zwischen Bewunderung und pflichtgemäßer Ablehnung Ludwigs überbrückt Mussato schließlich mit der Erkenntnis, daß der Bayer nur durch Einflüsterungen nichtswürdiger Spießgesellen und gottloser Berater dazu verführt worden sei, dem Papst zu trotzen.

Weiter erfährt man bei Mussato, daß der Kaiser in den Waffen geübt war und jeder Gefahr kühn entgegentrat, daß er aber nicht genügend im voraus überlegte und deshalb unschwer seine Entschlüsse änderte. »Von Manieren war er zum Scherz aufgelegt und leutselig, sein Gang war rasch, auf keinem Platz duldete es ihn lange.«

Am interessantesten ist die Charakterisierung durch den oberrheinischen Chronisten Mathias von Neuenburg. »Von Ludwig dem Bayer, dem römischen Kaiser, welcher lange Zeit das Römische Reich mannhaft und mild regiert hat . . .«, beginnt Mathias seinen Bericht und ruft sich dann – ansonsten sehr nüchtern Herrscher an Herrscher reihend – in ungewohnt blumiger Sprache zu:

»Merke wohl auf, Geschichtsschreiber, nimm deinen Verstand zusammen; du hast eine schwere Arbeit, wenn du es unternimmst, den gewaltigen Adler zu schildern, welcher langsam und lange fliegt, in der Torheit weise, in der Gleichgültigkeit sorgsam, in Trägheit wild, in Trauer vergnügt, im Kleinmut starkmütig, den noch mit angebrannten Flügeln sich aufschwingenden und im Unglück glücklichen.«[30] Mathias von Neuenburg war kein Freund des Kaisers. In seiner Chronik ist zwar manchmal Bewunderung für den Wittelsbacher zu erkennen; größtenteils aber steht er, ein Freund der Habsburger, Ludwig sehr kritisch gegenüber. Was Mathias mit wenigen Eingangsworten schildert, ist die meisterliche Charakterzeichnung eines typischen Zeitgenossen des 14. Jahrhunderts, eines Menschen voller Widersprüche. Aber ist es wirklich Ludwig der Bayer?

Tatsächlich war dem Wittelsbacher als Kind seiner Zeit die allgemeine Impulsivität nicht fremd. Wie jeder seiner Zeitgenossen vollzog auch er einige überraschende Wendungen in seinem Leben. Gleichzeitig aber kämpfte er mit einer Zähigkeit, Hartnäckigkeit, geradezu mit Starrsinn mit der Kurie um die Rechte des Reichs, die auch dem 20. Jahrhundert Bewunderung abnötigen. Weder Exkommunikation, noch Verfluchung konnten ihn, einen tiefgläubigen Menschen, von diesem Weg abbringen.

Vor allem und in erster Linie war Ludwig ein kluger, gerissener Politiker und ein begabter Diplomat. Seine politischen Entscheidungen zeigen, vor allem in seiner zweiten Lebenshälfte, daß er diplomatischen Lösungen immer den Vorzug gab vor Kampf und Krieg. Hatte Wolfram von Eschenbach einst behauptet: »Wen Baiern gebar, wird der gefüg, ist's wunderbar«, so schien dieses Wunder in der geschmeidigen Gewandtheit des Wittelsbachers nun zu geschehen. In der volkstümlichen Sprache Fritsche Closeners: »der keiser was fridesam und gut, und wo die stete woltent lantfriden machen, do det er sin helfe zu und waz er mit gut moht zubringen, do erlies er sich krieges.«[31]

Das war in Ludwigs Jugend anders. Seine Abneigung, Zwistigkeiten durch Krieg auszutragen, verstärkte sich erst mit den Jahren immer mehr. Auch sein rigoroses Verbot von Judenverfolgungen zeigt seinen Widerwillen gegen unnötiges und unsinniges Blutvergießen. Das Verbot war keine Selbstverständlichkeit, er wurde deswegen angefeindet und verdächtigt, ließ sich aber nie irritieren.

In bescheidenem Umfang war Ludwig der Bayer auch ein Förderer der Künste – bescheiden allerdings nur im Vergleich mit seinem gutbetuchten und baufreudigen Nachfolger im Reich, Kaiser Karl IV. Die Freude an der Kunst und an schönen Dingen war beim Wittelsbacher vorhanden. Man beachte nur, welch ausgezeichnete Künstler er für die Herstellung der Dinge des täglichen Gebrauchs

beschäftigte. Seine Siegel sind kleine Kunstwerke, und die Kunst-
fertigkeit bei den handkolorierten, ungewöhnlich reichverzierten
Prunkurkunden wurde von keiner anderen Kanzlei je erreicht.
Ludwigs Problem war jedoch sein chronischer Geldmangel. Die
Schulden aus der Zeit des Thronkampfes machten ihm sein Leben
lang zu schaffen. Die erforderliche repräsentative Lebensführung
verschlang Unsummen. Das Hofgesinde am Münchner Hof umfaßte zu Ludwigs Kaiserzeit vom einfachen Küchenjungen angefangen, über Wachen, Diener, Kanzleibeamte, Notare, Musiker,
Dichter, Kapläne, Leibärzte, Pferdeknechte, bis hinauf zum Hofstaat rund vierhundert Personen.[32] Zudem rann dem Wittelsbacher für fromme und mildtätige Stiftungen das Geld wie Wasser
durch die Finger. Ob ein Spital gebaut, ein anderes erweitert oder
die abgebrannte Klosterkirche von Rottenbuch erneuert werden
mußte – alle wandten sich vertrauensvoll an Kaiser Ludwig, und
keiner wurde enttäuscht.

Wenige seiner unzähligen Stiftungen blieben in der Geschichte mit
seinem Namen verknüpft. Dazu eigneten sie sich größtenteils auch
nicht. Zwar gibt es Ausnahmen wie die Muttergottes für das
Münchner Angerkloster, die heute als Stiftung Ludwigs des Bayern im Bayerischen Nationalmuseum zu sehen ist; aber zwanzig
Fässer Tiroler Wein pro Jahr für das Kloster Ettal und ähnliche
Geschenke, die den Spitalsinsassen und Klostergemeinschaften
das Leben schöner und leichter machten, aber die Zeiten nicht
überdauerten, waren weit typischere Ludwigsche Stiftungen.

Der Wittelsbacher hatte überhaupt wenig Ehrgeiz, sich namentlich
zu verewigen. Während Karl IV. »Karlsbad« gründete, die Burg
»Karlstein« baute und sein böhmisches Gesetzgebungswerk
»Maiestas Carolina« nannte – das jedoch zurückgezogen werden
mußte, da die böhmischen Stände Neuerungen darin witterten –,
baute Ludwig IV. den »Alten Hof« in München aus, errichtete die
»Lorenzkirche«, einen schmalen, hochaufstrebenden gotischen
Bau nahe dem Alten Hof (er wurde 1816 abgerissen), und gründete
das Kloster »Ze unser frawen Etal«, dessen Zentralbau der Stifts-
kirche wie ein Vorbote der Renaissance erscheint. Sein bedeutend-
stes Gesetzgebungswerk, das in Bayern noch im 16. Jahrhundert
im Gebrauch war, nannte er schlicht »Oberbayerisches Landrecht«.

Man darf es auch zu Ludwigs Verdiensten zählen, daß er die größten Gelehrten seiner Zeit an den Münchner Hof holte und sie vor den Verfolgungen der Inquisition in Schutz nahm, auch wenn es weniger aus ideellen Gründen, als aus der Not der Umstände geschah. Der Staatstheoretiker Marsilius von Padua, die Franziskaner Bonagratia von Bergamo, Michael von Cesena und der größte Denker seiner Zeit, Wilhelm von Ockham, sowie manch anderer geflüchtete Streiter wider den päpstlichen Anspruch auf Weltherrschaft lebten in München und unterstützten mit den Waffen des Geistes Ludwigs großen Abwehrkampf. Anklage um Anklage, Prozeß um Prozeß, Verteidigung und Gegenklage wühlten damals die öffentliche Meinung nicht nur in Deutschland, sondern auch in den Nachbarländern auf. »Mindestens von 1330–1340 wurde dadurch München ein geistiges Ideen- und Kampfzentrum allererstes Ranges neben Paris und Oxford, der ebenbürtige Antipode des päpstlichen Avignon in dem letzten Ringen zwischen Kaiser und Papst, Kirche und Staat um die Praerogative in der Welt«, schreibt Karl Bosl.[33]

Aber trotz dieser geballten Gelehrsamkeit in seiner Umgebung war Ludwig alles andere als ein Intellektueller. »Am wohlsten war dem lebhaften Fürsten doch«, urteilt Riezler, »wenn das Hifthorn in den Bergen schallte. Niemand verstand auch besser das feurige Jagdgespann zu lenken. Wie bezeichnend, daß er, eine Unpäßlichkeit zu heben, zuerst an die Bärenjagd denkt! Bis von Lübeck verschreibt er sich sein Federspiel, als ihm dies zuhause ausgegangen: mit zehn Edelfalken, bedeutet er dem Rat der Hansestadt, werde ihm eine angenehme Verehrung geschehen.«

Im Trinken fand man den Wittelsbacher mäßig, aber ein gutes Mahl, möglichst in fröhlicher Gesellschaft, genoß er. Er liebte Lachen und Fröhlichkeit, die Vorträge der Dichter, und er tanzte auch in reifen Jahren noch gerne. Seine beiden Ehen, die allem Anschein nach beide glücklich waren, wurden mit sechzehn Kindern gesegnet. Sein letztes Kind wurde in seinem Todesjahr geboren, als er fünfundsechzig und Kaiserin Margarete auch schon über fünfzig war.

In der Forschung gehen die Meinungen über Ludwig den Bayern auseinander. Sie reichen von der Auffassung, er sei ein reiner Gefühlsmensch gewesen, bis zu seiner Einschätzung als eines eiskalten Rechners, bei dem jede Regung nur Taktik und politische Gerissenheit war.[34] Von der Romantik wurde er neu entdeckt. Seine Aussöhnung mit Friedrich dem Schönen von Österreich war so schön und menschlich edel, daß die Romantik unmöglich daran vorbeigehen konnte und Ludwig Uhland sein Schauspiel »Ludwig der Bayer« schrieb:

> »In dieser innigen Umarmung sei
> Auf ewig ausgesöhnt der Bruderkrieg,
> der uns entzweit hat und das deutsche Volk!«

Die Schwierigkeit, diesen Herrscher menschlich richtig einzuordnen, liegt natürlich auch in der Länge der Zeit, die uns von ihm trennt, dem Problem, mittelalterliche Denkweisen zu verstehen. Aberglaube, Abhängigkeit von der Kirche, alte Gewohnheiten, die wie Gesetze gehandhabt wurden, müssen berücksichtigt werden. Hinzu kommt, daß Ludwig der Bayer hochherzige Taten vollbrachte, die ganz dazu angetan sind, den Glauben an das Gute und Edle im Menschen zu bestärken, von denen man bei näherem Hinsehen aber feststellen muß, daß sie letztendlich immer mit recht handfesten Vorteilen für ihn verbunden waren. War das alles von Anfang an so berechnet und geplant? Der Wittelsbacher mußte in seinem Leben auch Nackenschläge hinnehmen. Doch sind ihm gleichzeitig die unwahrscheinlichsten Glücksfälle begegnet. Könnte es sein, daß sich eine uneigennützige Tat für das Glückskind Ludwig zufällig als politischer Segen erwiesen hat? Oder steckte doch Gerissenheit dahinter?

Er lernte »das Symbolum, das Paternoster,
das Ave Maria aufs trefflichste«.

Jede Schülergeneration Münchens hört bei der pflichtgemäßen Exkursion zum Alten Hof die Geschichte von Ludwig dem Bayern und dem Affen, denn kein Lehrer läßt sich die Gelegenheit entgehen, hier die Aufmerksamkeit seiner Schutzbefohlenen zumindest vorübergehend zu fesseln. Der Familienaffe des Herzogshauses soll sich in einem unbewachten Augenblick ins Kinderzimmer geschlichen und den Säugling aus der Wiege genommen haben. Als in diesem Moment die Wärterin des Prinzen zurückkam, ihren kostbaren Zögling in den Armen des Affen sah und entsetzt zu schreien begann, turnte der erschreckte Affe mit dem Säugling im Arm zum offenen Fenster hinaus und flüchtete erst auf die Dächer und, als er verfolgt wurde, auf einen hohen Turm, später der Affenturm genannt. Das gesamte Hofgesinde war voller Angst und Sorge auf den Beinen, bis dem Affen seine kostbare Beute wieder abgejagt werden konnte.

Ludwig der Bayer entstammt einer jener unter sich ebenbürtigen dynastischen Familien, deren Mitglieder die Fürsten- und Teilfürstentümer des Reiches regierten und denen der landsässige Adel, der meist aus Ministerialengeschlechtern hervorgegangen war, unterstand. Das genetische Erbe des Wittelsbachers war nicht unproblematisch. Streit, Habgier, Mord und Totschlag waren seinen Vorfahren durchaus nicht fremd.

Bei Ludwigs Geburt waren es fast genau hundert Jahre her, daß man Heinrich dem Löwen seine Herzogtümer Sachsen und Bayern abgesprochen hatte und der löwenmutige Graf Otto V. von Wittelsbach im Jahre 1180 von Kaiser Friedrich Barbarossa mit Bayern belehnt worden war. Der einzige Sohn (neben sieben Töchtern) des neugebackenen Herzogs Otto I. war der Urgroßvater Ludwigs des Bayern, Herzog Ludwig I. »Der Kelheimer« wird er genannt, weil er in Kelheim zur Welt gekommen und sechzig Jahre später, 1231, dort vor aller Augen ermordet worden war.

Als Drahtzieher des Mordes betrachteten die Zeitgenossen Barbarossas Enkel, Kaiser Friedrich II., weil der Kelheimer in Verdacht geriet, zum Papst übergegangen zu sein, als der gewaltige Kampf des Staufers mit der Kirche begann. Angesichts der Rachsucht Friedrichs II. ist dies nicht von der Hand zu weisen. Da der Mörder zudem fremdländisch aussah, wurde er natürlich mit dem »Alten vom Berge«, dem Haupt der Assassinensekte im Libanon, der man Morde auf Bestellung nachsagte, und Friedrichs Bekanntschaft mit dieser geheimnisvollen Gestalt in Zusammenhang gebracht.[1] Völlig aufklären werden sich die Hintergründe wohl nie, da der Mörder noch an Ort und Stelle von den aufgebrachten Zeugen des Mordes erschlagen wurde.

Ansonsten ist Herzog Ludwig I. durch die rücksichtslose Territorialpolitik in Erinnerung geblieben, mit der er die wittelsbachische Herzogsmacht ausbaute. Dabei kam ihm der Umstand zugute, daß in Bayern mit nirgends sonst zu beobachtender Häufigkeit ein Adelsgeschlecht nach dem anderen ausstarb. Der Kelheimer zog den Besitz als heimgefallenes Lehen jedesmal unverzüglich ein, selbst wenn noch nahe Verwandte lebten, oder er stritt sich mit den Eigentümern bereits zu ihren Lebzeiten um das Erbe. Als sein Vetter, Pfalzgraf Otto von Wittelsbach, den deutschen König Philipp von Schwaben aus gekränkter Ehre ermordete – König Philipp hatte Otto seine Tochter zur Gemahlin versprochen und die Zusage wieder zurückgezogen –, gelang es dem Kelheimer sogar, die Güter des mörderischen Vetters an sich zu bringen.

Der einzige Sohn des Kelheimers, Herzog Otto II. (1206–1253), an dessen Hof der sagenumwobene Minnesänger Tannhäuser seine Lieder sang, erhielt den Beinamen »der Erlauchte«. Der Großvater Ludwigs des Bayern knüpfte nahtlos an die Territorialpolitik seines Vaters an. Den stolzesten Macht- und Landgewinn brachte ihm seine Heirat mit der Welfin Agnes von der Pfalz, einer gemeinsamen Enkelin der beiden Erzfeinde Friedrich Barbarossa und Heinrich des Löwen – zwei streitbare Ahnen, die sicher auch ihre Spuren im Charakter Ludwig des Bayern hinterlassen haben. Durch Agnes kam die Rheinpfalz mit der Kurwürde an das Haus Wittelsbach.

In der Reichspolitik tobte damals der Vernichtungskampf des Papsttums gegen die Staufer. Otto der Erlauchte stand erst auf der

Seite des Papstes und ging dann zur Gegenseite über. Er verheiratete seine Tochter Elisabeth mit dem Staufer König Konrad IV. und führte während Konrads Italienzug die Reichsregierung. Otto II. erlebte nicht mehr, daß sein Enkel aus dieser Verbindung, der unglückliche Konradin – ein Cousin Ludwigs des Bayern –, als Fünfzehnjähriger nach Italien zog, um das italienische Stauferreich zurückzugewinnen, und 1268 als Sechzehnjähriger in Neapel enthauptet wurde.

Nach dem Tode Ottos des Erlauchten teilten seine beiden Söhne den Besitz unter sich auf. Die Primogenitur gab es im Hause Wittelsbach nicht. Ludwig II., der Strenge (1229–1294), erhielt Oberbayern und die Rheinpfalz, Heinrich XIII. (1235–1290) Niederbayern. Es war die erste der verhängnisvollen wittelsbachischen Landesteilungen, die Bayern so oft mit Krieg und Unfrieden überziehen sollten. Besonders interessiert hier Herzog Ludwig II. Sein Beinahme »der Strenge« geht auf eine Bluttat in seiner Jugend zurück, für die es eigentlich passendere Beinamen geben würde: »Ludwig der Eifersüchtige« zum Beispiel.

Der junge Herzog hatte seine schöne, junge Frau, Maria von Brabant, in einem Anfall jähzorniger Eifersucht enthaupten lassen, weil er wegen eines Mißverständnisses an ihrer Treue zweifelte. Es ging um zwei vertauschte Briefe. Maria hatte dem Herzog liebevoll in die Rheinpfalz geschrieben, er möge von seiner Reise bald zurückkommen. Gleichzeitig bat sie seinen Feldhauptmann, ihre Bitte zu unterstützen, »in welchem Fall sie ihm gewähren wolle, worum er sie schon öfters gebeten«. Es ging lediglich darum, den Feldhauptmann zu duzen wie andere bevorzugte Vasallen, aber die Formulierung war unglücklich gewählt, die Briefe wurden vertauscht und Ludwig der Strenge nahm das Schlimmste an.[2] Seine Reue über die unbeherrschte Handlung war tief und machte ihm sein Leben lang zu schaffen. Als Buße für die Tat gründete er später das Kloster Fürstenfeld.

Ludwig der Strenge sollte nicht nach der unbeherrschten Tat in den Tagen seiner Jugend beurteilt werden. Er erreichte im Laufe seines Lebens ein hohes Ansehen als Persönlichkeit und als Herrscher. Im Privatleben blieb ihm jedoch das Unglück treu. Seine zweite Frau, die schlesische Prinzessin Anna von Glogau, starb früh, und der Sohn aus dieser Ehe, auch ein Ludwig, ein brillanter und außerordentlich liebenswürdiger junger Mann, kam im Jahre 1290 als 23jähriger bei einem Turnier ums Leben. In seiner dritten Ehe mit Mechthild (Mathilde) von Habsburg, einer Tochter König Rudolfs I., wurden vier Kinder geboren, darunter die beiden Söhne Rudolf I., der den unfreundlichen Beinamen »der Lispler« oder auch »der Stammler« erhielt, und Ludwig IV., der spätere »Bayer«.

Der Mönch von Fürstenfeld, sonst ein äußerst kritischer Chronist, um nicht zu sagen, ein notorischer Meckerer, schrieb zum Tod Ludwigs des Strengen: »Dieser Herzog war unter allen Fürsten weitaus der erste an Gediegenheit des Charakters und edler Sitten. Der Erbe der begnadeten Vorzüge des Vaters aber ward sein jüngster Sohn Ludwig, den gleiche Tugenden schimmernd umstrahlen.«

KINDHEIT

Leider ist über die Kindheit Ludwigs des Bayern wenig bekannt. Bei der Geschichte mit dem Affen handelt es sich nur um eine Sage, die nicht chronikalisch verbürgt ist. Kinder waren für die zeitgenössischen Chronisten, wahrscheinlich bedingt durch die hohe Kindersterblichkeit, ein höchst uninteressantes Thema. Erst wenn die vielen Gefahren dieses Lebensalters überstanden waren, wurden die Sprößlinge der Fürstenhäuser für die Geschichtsschreiber beachtenswert. Für Ludwig den Bayern ist daher nicht einmal das genaue Geburtsjahr überliefert. Während die Geburt seines Bruders Rudolf in den Kolmar'schen Annalen präzise mit dem 4. Oktober 1274 angegeben ist, hat der Interessierte bei Ludwig vier Geburtsjahre zur Auswahl – 1282, 1283, 1286 und 1287 –, für die alle Quellen vorhanden sind und die jeweils von namhaften Forschern vertreten werden. Da die jüngste Untersuchung durch Waldemar Schlögl von 1977 »mit großer Wahrscheinlichkeit« auf das Geburtsjahr 1282 kommt, wird diese Ansicht hier übernommen.[3]

Der unbekannte Verfasser der »Vita Ludovici quarti imperatoris«, der Sprache und seiner Bibelfestigkeit nach ein Geistlicher, erzählt von Ludwig, er sei von Kindheit an »sanft, besonnen, klug, freigebig, gütig, aufgeweckt, tapfer, friedfertig und brav« gewesen. Ein gutartiges Kind also! Gewöhnlich blieben die Söhne der Fürsten und Ritter bis zum Alter von sieben Jahren in der Obhut der Frauen, die sich um die Religions- und Charaktererziehung der Buben kümmerten, ihnen schon etwas Lesen und Schreiben und gute Manieren beibrachten. Das Vorurteil, mittelalterliche Kinder seien die ersten sieben Jahre ihres Lebens ohne Liebe und Fürsorge sich selbst überlassen worden, um mit sieben Jahren als Erwachsene angesehen zu werden, stimmt deshalb sicher nicht.[4] Sie wurden geliebt und manchmal als lästig empfunden wie zu allen Zeiten – auch in den ärmeren Bevölkerungsschichten. Auch Spielsachen gab es, und wenn die Eltern es sich leisten konnten, spielten die Mädchen mit Puppen, Puppenwiege und kleinem Tongeschirr, die Buben mit Stecken- und Schaukelpferd, Ball, Murmeln und Federball; sie konnten den Kreisel und den Reifen treiben, mit dem Blasrohr auf Vogeljagd gehen und bei schlechtem Wetter mit marionettenähnlichen Ritterfiguren Turniere nachspielen. Auch Blindekuh, Versteck- und Haschenspiele waren bekannt.

Die Erziehungsmethoden waren jedoch von heutigen grundverschieden, und die Überzeugung »Wer sein Kind liebt, züchtigt es« ein fester Bestandteil mittelalterlichen Denkens. Von allen Seiten wurden Eltern und Erzieher aufgerufen, die Kinder nicht durch Milde zu verderben. So rät der große Volksprediger Berthold von Regensburg: »Von der Zeit an, wenn es erste böse Worte spricht, sollt ihr ein kleines Rütelein zu euch nehmen, das allezeit über euch an der Decke steckt oder in der Wand; und wenn es eine Unart oder ein böses Wort spricht, sollt ihr ihm einen Streich an die bloße Haut geben.«[5] Und Philipp von Novara: »Wenn die Kinder weinen, weil sie gezüchtigt werden, darf man das nicht wichtig nehmen, denn es ist besser, wenn sie zu ihrem eigenen Guten weinen, als wenn später die Eltern über ihre Schlechtigkeit weinen.«[6]

Ob die Eltern sich immer daran hielten? Albrecht von Eyb kritisierte, daß die Mutter das Kind entschuldige und verteidige, wenn es der Vater strafen wolle. Wenn andererseits ein Junge dem Lehrer die Tafel an den Kopf geschlagen habe, und die Klage komme vor den Vater, sei der noch stolz darauf, statt die Untat zu

bestrafen, und spreche: »Hab dannck, mein lieber son! du pist
mein Kind, so du dich weist zu weren.«

DIE KLEINEN SIEBENJÄHRIGEN ERWACHSENEN

Mit sieben Jahren veränderte sich das Leben der Kinder jedoch
einschneidend. Am geringsten war der Unterschied zu heute beim
Nachwuchs des Bürgertums, der nun in die Schule kam. Für
Waisenkinder aber und die Töchter und Söhne armer Bevölke-
rungsschichten war nun die Kindheit zu Ende. Ein siebenjähriger
Dreikäsehoch wurde durchaus für fähig gehalten, sich seinen
Lebensunterhalt selbst zu verdienen, und so ist das bedrückende
Bild einer siebenjährigen Dienstmagd oder eines gleichaltrigen
Lehrbuben keine Seltenheit. Die Söhne der ritterlichen Familien
wurden in diesem Alter aus der Obhut der Frauen genommen und
als Pagen auf die Burg eines befreundeten oder verwandten Ritters
gegeben, dem sie – strenggenommen – unbezahlte Dienerdienste
leisteten. Als Gegendienst unterrichtete sie der Ritter im Kriegs-
handwerk und in der höfischen Sitte. Soweit der anstrengende
Tageslauf den kleinen Pagen noch Zeit ließ, erhielten sie manchmal durch den Burgkaplan etwas Schulbildung vermittelt. In der
Regel blieb wenig Zeit dafür, und die Frauen der Ritterfamilien
waren meist weitaus gebildeter als ihre Brüder und Ehemänner.
Die Söhne der Fürsten und anderer »hoher Herren« erhielten mit
sieben Jahren einen Zuchtmeister, die Mädchen eine Zuchtmeiste-
rin. Das Wort weckt unangenehme Assoziationen, aber man
meinte damit den Hauslehrer oder die Hauslehrerin, die die Kinder die »Zucht« lehrten, d. h. die »edlere Bildung des Gemütes . . .,
die sich durch Sittlichkeit, Bescheidenheit, Selbstbeherrschung
und äußere feine Sitten äußert«. Die Gedankenverknüpfung des
Wortes »Zuchtmeister« mit Zuchtrute hat aber durchaus ihre Berechtigung. Die Bekanntschaft mit der Rute blieb den Kindern
weder in der Klosterschule, der öffentlichen Schule oder beim
Unterricht durch Burgkaplan oder Hauslehrer erspart. Auf zeitgenössischen Bildern wurde ein Lehrer fast immer mit der Rute
abgebildet – gewissermaßen als Kennzeichen seines Standes. Daß
es dabei auch Probleme geben konnte, zeigt der Heldenroman

»Wolfdietrich« aus dem 13. Jahrhundert. Der Lehrer muß darin
den Titelhelden immer erst binden lassen, bevor er ihn strafen
konnte. Dann allerdings bekam der junge Recke eine solche Tracht
Prügel, daß er die Lehre längere Zeit nicht vergaß.

Diese brutale Erziehung dürfte für eine Eigenart der mittelalterlichen Menschen verantwortlich gewesen sein, die ihre Manieren
bei aller förmlichen Höflichkeit des Umgangs so aggressiv erscheinen läßt: die schnelle Bereitschaft, eine augenblickliche Verärgerung durch Gewalt abzureagieren. So gab die hl. Kunigunde, die
freundliche, milde Schutzpatronin Bambergs, ihrer Nichte, die
dem Gottesdienst ferngeblieben war, eine so kräftige Ohrfeige,
daß der armen Nichte »daz or lange suste«. Der Beichtvater der hl.
Elisabeth von Thüringen, Konrad von Marburg, schlug seinem
frommen Beichtkind hin und wieder voll Zorn ins Gesicht.[7]

Üblich war dieses Benehmen Konrads gegenüber einer Dame von
Adel jedoch nicht. Ganz im Gegenteil hatten die Herren der
vornehmen Welt das weibliche Geschlecht mit der größten Höflichkeit und Rücksichtnahme zu behandeln, wenn sie nicht als
»Dörper«, als Bauernlümmel gelten wollten. Dies wäre die größte
Schmach gewesen, denn ein Mann, der etwas gelten wollte, hatte
»höfisch« zu sein. Das Vorbild waren die Höfe des Königs und der
Fürsten. Dort war die feinste Sitte zu Hause, und wer sich diese
feine Lebensart zu eigen machte, war »hövesch«. Es war das Ideal,
das jeder anstrebte. Unsere Worte »höflich« und »hübsch« sind
von dem höfischen Wesen abgeleitet.

Für die Kinder des Adels, ganz besonders für die Töchter und
Söhne der Fürsten, war deshalb Erziehung in höfischer Lebensart
eiserne Pflicht. Zum höfischen Wesen gehörte z. B. eine sorgfältige
Körperpflege – im Mittelalter wurde entgegen der landläufigen
Meinung oft und gerne gebadet, ab dem 14. Jahrhundert wurde es
fast zur Manie –, die Nägel hatten kurz und sauber zu sein, mit der
Haarpflege wurde einiger Luxus getrieben und die Zähne wurden
geputzt. Der Junge lernte, saubere Wäsche und Kleidung zu
tragen, aufrecht und gerade, aber nicht steif zu gehen, beim
Sprechen nicht wild zu gestikulieren, die Hände aber nicht zu
verstecken. Er mußte lernen, gewandt und ungezwungen eine
Unterhaltung zu führen. Wenn der bekannte Ritter Ulrich von
Lichtenstein von seinem Erzieher erzählt, er hätte ihm beigebracht

zu »sprechen wider diu wip«[8], so meinte Ulrich natürlich nicht, er sollte den Frauen grundsätzlich widersprechen, sondern er hatte gelernt, mit Frauen in höfischer Art zu plaudern.

Zur Erziehung gehörte auch die Kenntnis der höfischen Spiele und Tänze, ein wenig Musik und Dichtung. Es wurde verlangt, daß ein Mann von Welt die wichtigsten Ritterromane und -dichtungen oder zumindest die tapfersten Helden der Ritter-Mythologie kannte. Und natürlich lernte er gute Tischmanieren. Da Gabeln noch nicht benutzt wurden, mußten die sorgfältig vorgeschnittenen Stücke – wofür es eigene Vorschneider gab – zierlich mit drei Fingern einer Hand gegessen werden. Die Serviette, eine Raffinesse, die aus Frankreich gekommen war, wurde vor dem Trinken eifrig benutzt. Nach jedem Gang wurde Wasser zum Händewaschen – in besonders feinen Häusern mit Rosenblättern bestreut – und Handtücher gereicht.

Daß gute Tischmanieren keine Selbstverständlichkeit waren, zeigen die mittelalterlichen »Tischzuchten«, die verlangen, mit sauberen Händen zu Tisch zu gehen, die Speisen nicht mit beiden Händen in sich hineinzustopfen und sich nicht ins Tischtuch zu schneuzen. Die abgenagten Knochen sollten nicht zurück in die Speiseschüsseln, sondern auf eine eigens dafür vorgesehene Platte gelegt oder unter den Tisch geworfen werden. Aber vorsichtig und nah bei den eigenen Füßen, damit man nicht die Füße und Beine der Tischgenossen traf! Auch war es schlechter Ton, mit der Messerspitze in den Zähnen zu bohren, über den Tisch zu spukken, angebissene Stücke einem anderen zu reichen oder sich in die Hand zu schneuzen, mit der man das Fleisch anfaßte.

RITTERAUSBILDUNG UND SCHULUNTERRICHT

Kaiser Ludwig der Bayer, »die Krone der Ritterschaft«[9] und »an edler Sitte, ritterlichem Wesen und fürstlichem Anstand sich auszeichnend«[10], scheint einen sehr gewissenhaften Zuchtmeister gehabt zu haben, der wahrscheinlich auch seine Ritterausbildung überwachte. Auf keinen Fall durfte bei den Söhnen des Hochadels der Unterricht in den ritterlichen Disziplinen zu kurz kommen. Er war hart und zeitraubend, oft von ausgesprochenen Schindereien begleitet. Reiten, Laufen, Schwimmen, Klettern, Springen, mit dem Bogen schießen, den Speer werfen, mußten trainiert werden. Später kam das Fechten mit Schwert und Schild hinzu. Eine besondere Gewandtheit erforderte es, den Gegner zu unterlaufen und den Kampf durch Ringen zu Ende zu bringen, ein Unterricht, für den besonders englische Ringer gesucht waren. Sie waren genauso berühmt wie die Fechtmeister aus Irland.

Die Hauptsache war der Unterricht im Gebrauch von Schild und Lanze, der wohl auch am schwierigsten zu erlernen war. Vor allem benötigte man dazu großes Können beim Umgang mit dem Pferd, das der Reiter in den entscheidenden Momenten nur mit den Schenkeln lenken konnte, da eine Hand mit dem Schild den feindlichen Stoß auffangen und parieren, die andere die Lanze handhaben mußte. Und außerdem sollte man beim Anprall des Gegners auch noch im Sattel bleiben!

Und natürlich das Waidwerk! Auf der Jagd hatten die Buben die erste Gelegenheit, den Unterricht im Waffenhandwerk und die körperlichen Fertigkeiten, die sie sich angeeignet hatten, praktisch anzuwenden. Aus der mittelalterlichen Literatur – einer wahren Fundgrube für Sitten und Bräuche der Zeit – ist zu erfahren, daß Parzival schon in frühester Jugend mit einem Bogen und dem Wurfspieß bewaffnet auf die Jagd ging. Tristan verdankte seine ersten Erfolge am Hofe des Königs Marke seiner perfekten Beherrschung des Jagdzeremoniells. Denn man mußte nicht nur Spieß, Wurfspeer, Pfeil und Bogen geschickt benutzen, auf der Pirsch, der Treibjagd oder beim fashionablen Sport der Falkenbeize seine Geschicklichkeit beweisen – auch das Jagdzeremoniell und die Jägersprache mußte ein Mann von Welt kennen. Schon damals hatte die Jagdkleidung grün zu sein.

Für Ludwigs Schulbildung war wahrscheinlich Propst Bertold vom Kloster Dießen zuständig[11]. Als Vorbereitung auf ihr hohes Amt mußten sich Fürstensöhne mehr Schulwissen aneignen als ihre Altersgefährten aus Ritterkreisen. Aber das Lernen hielt sich auch hier in Grenzen. Etwas Latein war üblich, auch »eine Idee von den Kenntnissen der Zeit auf dem Gebiet der Kosmographie«[12]. Auch mußten sie das Recht und die Rechtsprechung ihres Landes gründlich kennen.

Der Verfasser der »Vita« weiß als besonders anerkennenswert zu berichten, daß Ludwig »das Symbolum, das Paternoster, das Ave Maria aufs trefflichste« lernte. Dieses sicher lobend gemeinte Wort brachte dem Wittelsbacher in der Forschung den Verdacht einer geringen Bildung ein: Wenn er weiter nichts konnte! Es ist eher wahrscheinlich, daß Ludwig Latein im gleichen – wenn nicht größeren – Umfang wie seine Standesgenossen kennenlernte, daß aber einem so frommen und auch etwas einfältigen Mann wie dem Verfasser der Vita vor allem die drei Säulen der christlichen Gebetspraxis erwähnenswert erschienen.

Auch stand am Wiener Hof, wo Ludwig ab 1294 zusammen mit den habsburgischen Vettern erzogen wurde, offenbar Lateinunterricht für die heranwachsenden Herzöge auf dem Programm, denn die Steirische Reimchronik berichtet, der älteste, frühverstorbene Sohn des österreichischen Herzogshauses konnte sich mit seiner französischen Schwiegermutter auf lateinisch verständigen. Aus einer anderen zeitgenössischen Quelle ist zu erfahren, das »Knäblein« Ludwig sei in Wien – wo es bald alle seine Altersgenossen an geistigen und körperlichen Vorzügen übertraf – in den ritterlichen Disziplinen unterrichtet worden, hätte sich aber auch den Wissenschaften zugewandt.[13] Aventinus erwähnt zweimal Ludwigs gute Lateinkenntnisse und schreibt: »Er ist merklich vor anderen Fürsten, die dieselbe Zeit im Reiche waren, geschickt gewesen, der lateinischen Sprache vor anderen Fürsten wohl kundig . . .«

Aber alles ist natürlich relativ. Es ist nicht anzunehmen, daß der Wittelsbacher in einer Zeit, der zuviel Wissen bei ihren Herrschenden eher suspekt als bewunderungswürdig erschien, in der Lage gewesen wäre, halbwegs einen seiner Kanzleibeamten zu ersetzen. Trotzdem dürfte es eine Schutzbehauptung gewesen sein, als Ludwig der Bayer zu einem späteren Zeitpunkt, als er in Gefahr schwebte, als Ketzer verurteilt zu werden, erklärte, er hätte von der »Ketzerei« in der lateinisch abgefaßten Sachsenhäuser Appellation nichts gewußt; er sei ein »miles«, ein Soldat, kein Gelehrter. Wie war es zum Wiener Aufenthalt Ludwigs gekommen?

Unfriede im bayerischen Herzogshaus

Herzog Ludwig der Strenge hinterließ bei seinem Tode am 2. Februar 1294 seinen beiden überlebenden Söhnen, Herzog Rudolf I. und Herzog Ludwig IV., das Herzogtum Oberbayern und die Rheinpfalz mit ihrem Zentrum Heidelberg gemeinsam. Der 19jährige, sehr ehrgeizige Rudolf, der schon zu Lebzeiten seines Vaters eine eigene Hofhaltung mit Hofstaat, Dienern, Notar unterhalten hatte und manchmal schon selbständige Regierungsgeschäfte ausführen durfte, wollte naturgemäß ohne fremden Einfluß regieren und beanspruchte deshalb die Vormundschaft über den zwölfjährigen Bruder. Seine Mutter, die Herzoginwitwe und Königstochter Mechthild, war jedoch nicht gewillt, sich jeden Einfluß beschneiden zu lassen und verlangte Mitvormundschaft. Schon bei der Abtrennung ihres sehr reichen Wittums – Vohburg, Neuburg, Burglengenfeld, Riedenburg, Ingolstadt, Aichach, Landsberg und die übrigen bayerischen Städte im Schwäbischen gehörten dazu – war es zu Unstimmigkeiten mit dem älteren Sohn gekommen. Die Vormundschaft war ein weiterer Zankapfel, und zu Rudolfs Ärger griff die Herzoginwitwe immer wieder in die Regierung ein. »Ihre Regierung war gut und männlich«, wird berichtet.[14]

Möglicherweise glaubte Mechthild von Habsburg, durch ihre Mitregierung die Interessen Ludwigs besser wahren zu können. Sie muß befürchtet haben, daß Rudolf den jüngeren Bruder übervorteilen wollte. In der Tat spricht einiges dafür, daß Rudolf zwar die Erbrechte Ludwigs für Oberbayern respektierte, daß er aber die Rheinpfalz sich allein vorbehalten wollte.[15] So ist der Eifer der Herzoginwitwe, im Namen des jüngeren Lieblingssohnes die Mitregierung zu beanspruchen, zwar menschlich verständlich, aber die spätere Entwicklung zeigt, daß sie sich dabei nicht sonderlich diplomatisch verhalten hat.

Für weitere Unstimmigkeiten zwischen Rudolf und seiner Mutter sorgte dann seine Heirat. Nach dem Tode König Rudolfs I. hatte Herzoginwitwe Mechthild wie alle Habsburger erwartet, daß ihr Bruder, Herzog Albrecht I. von Österreich, dem Vater auf den römischen Königsthron folgen würde. Dies war auch König Rudolfs innigster Wunsch gewesen, und er hatte große Anstrengungen gemacht, die Kaiserkrone zu erlangen; denn der Kaiser konnte seinen Sohn von den Kurfürsten zum Mitkönig wählen lassen und damit die Erbfolge sichern. Aber dazu war es nicht gekommen, und die Kurfürsten wählten im Jahre 1292 nicht den mächtigen Herzog Albrecht I. von Österreich zum König, sondern den kleinen Grafen Adolf von Nassau. Nur Herzog Ludwig der Strenge, als Pfalzgraf einer der sieben Kurfürsten, hatte für den Schwager gestimmt.

Die Wahl von 1292 hatte deutlich gemacht, daß die Kurfürsten alles vermeiden wollten, was eine Erbmonarchie nach dem Muster Frankreichs und Englands fördern konnte. Wo wären in diesem Falle ihre mächtige, angesehene Stellung als Königswähler und ihr großer Einfluß geblieben? Zudem wollten sie keinen mächtigen König, der daran denken konnte, ihnen all die Privilegien und Freiheiten wegzunehmen, die sie in den vergangenen wirren Zeiten an sich gebracht hatten.

Schon 1273 hatten sie deshalb nicht den mächtigsten Reichsfürsten, Ottokar von Böhmen, sondern den Grafen Rudolf von Habsburg zum römischen König gewählt. Der Habsburger war vor seiner Königswahl zwar kein »armer, kleiner Graf« gewesen, wie ihn der neidische Ottokar verächtlich nannte, sondern ein reicher Mann mit großem Besitz in der Nordschweiz, in Schwaben und im Elsaß, doch reichte seine Macht nicht aus, den Kurfürsten gefährlich zu werden. Während seiner Regierungszeit als römischer König konnte der Habsburger jedoch Österreich, Krain und die Steiermark an sein Haus bringen; seine Söhne hatte er zu Herzögen erhoben, und bei seinem Tod war Herzog Albrecht I. – dessen Brüder inzwischen gestorben waren – einer der mächtigsten Reichsfürsten. Noch dazu galt er als überaus energisch und machtbewußt.

So waren die Kurfürsten auf Nummer sicher gegangen und hatten den wirklich armen, kleinen Grafen Adolf von Nassau, dem nicht einmal die ganze Grafschaft Nassau allein gehörte, zum römischen König gewählt. Herzog Ludwig der Strenge hatte sich bald mit König Adolf I. abgefunden. Der ausgeprägte habsburgische Familiensinn seiner Frau aber konnte es dem Nassauer nicht verzeihen, daß er ihrem weit würdigeren Bruder vorgezogen worden war. Kurz nach dem Tode Ludwigs des Strengen mußte seine Witwe nun erleben, daß ihr Sohn Rudolf sich mit Mechthild von Nassau, einer Tochter König Adolfs, verlobte und sie am 1. September 1294 heiratete. Auch hatte Rudolf dem Nassauer im Heiratsvertrag erstaunliche Zugeständnisse gemacht und außerdem pfälzische Besitzungen seiner Mutter, die ihr von ihrem verstorbenen Gatten als Lehen übertragen worden waren, als Morgengabe an Mechthild von Nassau weitergegeben. Die Reaktion der Herzoginwitwe ist nicht überliefert, läßt sich aber lebhaft vorstellen.

Im Dezember 1294 wurde der junge Herzog Ludwig an den Hof seines Onkels Albrecht nach Wien gesandt. Es ist durchaus möglich, daß dies ein schon lange geplantes Unternehmen war, um dem jungen Fürsten die Chance zu geben, die Luft eines anderen Hofes zu schnuppern und seinen Horizont zu erweitern. Denkbar ist allerdings auch, daß Herzoginwitwe Mechthild den jüngeren Sohn unbedingt dem habsburgischen Lager erhalten und deshalb Rudolfs Einfluß entziehen wollte. Das Verhältnis zwischen König Adolf und Herzog Albrecht war zwar nach außen hin noch korrekt, aber wann die auf beiden Seiten bisher mühsam verdeckte Feindschaft offen ausbrechen würde, konnte nur eine Frage der Zeit sein. Rudolf würde dann auf der Seite seines Schwiegervaters Adolf stehen. Dafür mußte Ludwig zu einem gleich wichtigen und zuverlässigen Bündnispartner für Herzog Albrecht heranwachsen.

3. Kapitel

». . . wan er aigens insigl noh nit hat . . .«

Ludwig reiste wahrscheinlich in Gesellschaft seines Bruders nach Wien, der in diesem Winter Herzog Albrecht I. aufsuchte. Bei Rudolfs Begrüßung wirkte sein Onkel ausgesprochen verdrossen und lange nicht so erfreut, wie man es im familienseligen Mittelalter erwarten konnte. Dem Habsburger gefiel die Heirat des Neffen ebensowenig wie Rudolfs Mutter.

Herzog Albrecht I. von Österreich

Albrecht wird geschildert als ein vom Wesen her bäurischer Mann mit nur einem Auge und einem »unwirdischen (unwürdigen) anplich«.[1] Kein schöner Mann also, aber ein energischer, begabter Herrscher, der sich hohe Ziele setzte, wenn er in der Wahl der Mittel auch nicht zimperlich war. Als sein größter Fehler wird in zeitgenössischen Chroniken seine Habsucht kritisiert, da er noch dazu nicht für das Reich gierig nach »guot« war, sondern nur für seine vielen Kinder.

Für den Verlust des Auges waren wahrscheinlich die Heilmethoden seiner Ärzte verantwortlich, die ein Bauchgrimmen als Vergiftung diagnostizierten und den armen Albrecht mit entwaffnender Logik an den Füßen aufhingen, damit das Gift durch Nase und Mund aus ihm herausfließen konnte. Offenbar übertrieben sie dabei gewaltig, denn er erlitt einen Kreislaufkollaps, durch den Blutandrang im Gehirn büßte zudem ein Auge seine Sehkraft ein und mußte später entfernt werden. Der Habsburger überstand die Prozedur nur dank der liebevollen Pflege seiner Frau Elisabeth, mit der er eine außergewöhnlich glückliche Ehe führte. Sie schenkte ihm 21 Kinder und war ihm bedingungslos ergeben.

Innerlich hat Albrecht I. wohl nie auf die Königskrone verzichtet.

Trotzdem hatte er nach der Wahl Adolfs von Nassau dem neuen König korrekt den Lehnseid geschworen und die Kroninsignien ausgeliefert; er war dafür anstandslos mit seinen Ländern belehnt worden. Der Grund für diese Fügsamkeit waren Aufstände und Unruhen in den habsburgischen Ländern, die in diesen Jahren Albrechts militärischen Handlungsspielraum einschränkten. Sogar in den Vorlanden, wie der angestammte Familienbesitz im Südwesten des Reiches genannt wurde, war es zur Revolte gekommen. Albrecht verdächtigte König Adolf und weitere Hintermänner, diese Aufstände geschürt zu haben.

Die deutsche Königsmacht war geschwächt, und trotzdem blieb sie ein hohes Ziel für jeden ehrgeizigen Fürsten. Der römische Kaiser war immer noch der erste und vornehmste unter den Fürsten des Abendlandes, und wenn es nicht zur Kaiserkrönung kam, bot auch die Königskrone ihrem Träger Möglichkeiten wie keinem anderen deutschen Fürsten: Wenn er das Glück hatte, daß während seiner Regierungszeit ein Fürstenhaus ausstarb, fiel der Besitz als erledigtes Reichslehen an das Reich zurück. Der König konnte es dann nach eigenem Gutdünken neu vergeben. Zwar mußten die Kurfürsten durch ihre Willebriefe seinen Kandidaten gutheißen, aber mit welchen Argumenten hätten sie verhindern wollen, daß der König seine Söhne mit den freigewordenen Ländern belehnte? In der Tat war die Machtstellung der drei bedeutendsten Dynastien ab dem 14. Jahrhundert, Habsburg, Luxemburg, Wittelsbach, die untereinander, miteinander, gegeneinander die Geschicke des Römischen Reiches lenkten, in allen drei Fällen der Königskrone zu verdanken. König Rudolf I. hatte den Anfang gemacht und sein Sohn wäre diesen Weg gerne weitergegangen.

Etwa zur Zeit der Ankunft der beiden oberbayerischen Neffen waren die Aufstände niedergekämpft, und Herzog Albrecht konnte sich solchen ehrgeizigen Träumen zuwenden. Allerdings war der Lehnseid geschworen, und eine offene Revolte hätte als schweres Unrecht gegolten. Denn brach man in dieser unruhigen und erregten Zeit Verträge und Eide auch mit Leichtigkeit, so legte man doch den größten Wert auf einen legalen, möglichst »gerechten Grund« für den Eidbruch. Diesen Grund konnten nur die Kurfürsten liefern. Zwar würde der Streit um den Thron auf dem

Schlachtfeld entschieden werden, aber wenn die Kurfürsten König Adolf absetzten und Herzog Albrecht zum König wählten, würde der Habsburger für eine gerechte Sache in den Krieg ziehen. Das war unbedingt nötig, denn immer noch galt jede Schlacht als Gottesgericht, und nur für einen »gerechten Krieg« konnte man die Gefolgschaft der Lehnsmänner anfordern. Aber nun war Albrechts eigener Neffe, die kostbare pfälzische Kurstimme, durch seine Heirat ins Lager des Rivalen gegangen!

EIN EXKLUSIVER CLUB

Das Kurfürstenkolleg, das für Herzog Albrecht nun so wichtig wurde, spielte auch für Ludwig den Bayern sein Leben lang eine bedeutsame Rolle. Es setzte sich zusammen aus den Inhabern der drei vornehmsten Erzbistümer des Reichs, Mainz, Köln und Trier, und aus den vier Fürsten, die die Erzämter des Reiches innehatten: der Pfalzgraf bei Rhein (Erztruchseß), der König von Böhmen (Erzschenk), der Herzog von Sachsen (Erzmarschall) und der Markgraf von Brandenburg (Erzkämmerer). Gab es für ein Kurfürstenamt zwei gleichberechtigte Inhaber, wie jetzt im Falle der beiden Pfalzgrafen und oberbayerischen Herzöge Rudolf und Ludwig, hatten sie die Kurstimme abwechselnd auszuüben, oder sie mußten sich vor jeder Wahl zusammenraufen, um mit einer Stimme zu sprechen.

Sie waren nicht gerade die zuverlässigsten Stützen eines Königs, diese sieben mächtigen Reichsfürsten, vor allem dann nicht, wenn ein Rivale um den Königsthron eine offene Hand hatte. Tatsächlich hat die Korruption in Kulturstaaten selten einen solchen Grad erreicht wie zu Zeiten dieses exklusiven Clubs. Gewöhnlich ließen sie sich bei jeder Königswahl ihre Kurstimmen mit Unsummen bezahlen. Bei der Doppelwahl von 1257, als Herzog Ludwig der Strenge die pfälzische Kurstimme Richard von Cornwall gab, brachte ihm das 8000 Mark Sterling ein.[2] Rudolf von Habsburg wurde bei seiner Wahl so ausgepreßt, daß er zum Schluß dem Kölner Erzbischof seine Krone verpfänden mußte. Durch die Wahl Adolfs von Nassau verdiente der Kölner Erzbischof 25000 Mark Silber und erhielt Reichsstädte wie Dortmund und Duisburg überschrieben. »Handsalben« nannte der steirische Reimchronist diese Schmiergelder, während die Kurfürsten diskret von »Wahlauslagen« sprachen.

Trotzdem hatte das Kurkolleg seine Daseinsberechtigung. Es war ein großes Plus, daß in einer Zeit des Auseinanderstrebens der partikularen Einzelgewalten sieben der mächtigsten Reichsfürsten Königtum und Reich erhalten wollten – selbst wenn es nur ihrer eigenen Würden und Vorteile wegen der Fall war. Zudem war die Habsucht so allgemein das Laster der Zeit, daß sich die Verhältnisse auch bei einer anderen Zusammensetzung des Kurkollegs nicht geändert hätten.

DER WACKELIGE DEUTSCHE KÖNIGSTHRON

Leider ist über den Aufenthalt Ludwigs des Bayern am Wiener Hof wenig bekannt. Außer den oben angeführten mageren Worten über seine dortige Ausbildung, erwähnen zeitgenössische Quellen mehrmals eine Knabenfreundschaft zwischen Ludwig und seinen späteren Feinden Friedrich und Leopold.[3] Ob Herzog Albrecht seinen Söhnen und dem Neffen die Möglichkeit gab, durch praktischen Anschauungsunterricht »das Regieren« zu erlernen, ob er sich manchmal mit ihnen als Vorbereitung auf ihre spätere Stellung über Verwaltungsprobleme unterhielt, muß ebenso Spekulation bleiben wie die Überlegung, ob der junge Bayer etwas von den Plänen seines Onkels über die Zukunft des Königsthrones ahnte. Bewußt ließ sich Herzog Albrecht sicher nicht in die Karten blikken. Er verfolgte sein Ziel unauffällig und geduldig, wenn auch hartnäckig.

König Adolf war nicht unschuldig daran, daß der Habsburger dieses Ziel überhaupt ins Auge fassen konnte. Im Gegensatz zu König Rudolf I., der bei der Vergrößerung seiner Hausmacht zwar hart, aber korrekt vorgegangen war, hatte der Nassauer mit unlegalen Mitteln Meißen und Thüringen an sich gebracht. Zudem waren 40000 Pfund Sterling, die er von König Eduard I. von England für seine zugesagte Unterstützung im Kampf gegen Frankreich erhalten hatte, zweckentfremdet zur Unterwerfung Thüringens verwandt worden, und um allem die Krone aufzuset-

zen, hatte sich der Nassauer anschließend auch noch von Frankreich für seine Neutralität bezahlen lassen.[4]

Man war im Mittelalter nicht zimperlich, aber König Adolfs Händel
gingen selbst dem robusten politischen Gewissen seiner Zeitgenossen zu weit. Zudem hatte er manche seiner Wahlversprechen
nicht eingehalten und bei seinen emsigen Bemühungen um eine
Vergrößerung seiner Hausmacht reihum einflußreiche Reichsfürsten verärgert.

So konnte der Habsburger seine Netze spinnen. Seine Tochter
Anna wurde mit Hermann von Brandenburg verheiratet, Albrechts Beziehungen zu seinem unberechenbaren Schwager, König Wenzel II. von Böhmen, systematisch verbessert. Es dauerte
vier Jahre und erforderte Geld und Überredungskunst – aber am
23. Juni 1298 sprach die große Mehrzahl der Kurfürsten die Absetzung Adolfs aus und wählte unter tumultuösen Umständen Albrecht I. zum römischen König.

Ludwig stimmte bei dieser Wahl für den Onkel, und es ist seltsam,
daß sein Bruder Rudolf als Vormund keinen Einspruch dagegen
erhob. Aber die endgültige Entscheidung für Adolf oder Albrecht
mußte ohnehin auf dem Schlachtfeld fallen. Bereits am 2. Juli 1298
kam es bei Göllheim zur Schlacht, König Adolf I. wurde entscheidend geschlagen und starb auf dem Schlachtfeld.

König Albrecht I. verhielt sich anfangs milde gegenüber dem Neffen Rudolf, der treu zu seinem Schwiegervater gehalten und auf
dessen Seite gekämpft hatte. Rudolf war in Ludwigs Begleitung
auch bei der Krönung des Onkels in Aachen anwesend. Allerdings
dauerte es nur ein Jahr, und Rudolf von Oberbayern war mit König
Albrecht gründlich zerfallen, als dieser Reichsgüter zurückforderte, die Adolf I. großzügig als Mitgift seiner Tochter an Rudolf
vergeben hatte. Auch mit den Erzbischöfen von Mainz, Köln und
Trier geriet der Habsburger bald in Streit. Bereits ein Jahr nach
seiner Krönung planten sie seine Absetzung und eine neue Königswahl. Rudolf, zutiefst über die Mitgiftgeschichte verärgert,
reiste im Oktober 1300 an den Rhein und sagte seinen geistlichen
Kurkollegen für ihre Pläne seine Unterstützung zu.

Es war eine unglückliche Entscheidung, aber es war Rudolfs Tragik
zeit seines Lebens, daß er immer auf das falsche Pferd setzte. König
Albrecht war nicht so leicht abzusetzen wie sein Vorgänger. Er

wandte sich als erstes mit militärischer Macht gegen den Neffen und brachte ihm schwere Verluste bei. Als im Sommer 1301 auch Heidelberg belagert und eingenommen wurde, hielt es Rudolf für besser, sich zu unterwerfen.

Auch die geistlichen Kurfürsten bezwang Albrecht einen nach dem anderen, und im Herbst des Jahres 1302 konnte er ihnen einen harten Frieden diktieren. U. a. mußten sie die Reichsgüter herausgeben, die sie während des Interregnums an sich gebracht hatten. Die Erzbischöfe machten nie wieder einen Versuch, König Albrecht abzusetzen, ja, sie wagten nicht einmal mehr, »gegen den König nur zu mucken«, wie ein Zeitgenosse schrieb.[5] Allerdings drohte dem König nun infolge des Krieges gegen geistliche Würdenträger die Feindschaft von Papst Bonifaz VIII. Der Papst war dem Habsburger ohnehin gram, da Albrecht in seiner Wahlanzeige die von der Kurie verlangte Bitte um Approbation, d. h. um Bestätigung seiner Wahl durch den Papst, nicht ausgesprochen hatte. Aber über diese Auseinandersetzung wird später in anderem Zusammenhang zu sprechen sein.

Ludwig der Bayer hatte den Feldzug gegen die geistlichen Kurfürsten an der Seite König Albrechts mitgemacht. Trotzdem ließ ihn die Rebellion des Bruders nicht ungeschoren. Nach den Gesetzen der Zeit hätte Rudolf die Reichsacht und die Einziehung seiner Güter verdient gehabt. Es war Rudolfs Mutter zu verdanken, daß es nicht dazu kam. Sie bat Albrecht um Milde für den älteren Sohn, und es kam zwischen Onkel und Neffen zu einer Aussöhnung. Allerdings nicht zum Null-Tarif! Im Vertrag von Bensheim vom 20. Juli 1301 mußte Rudolf gewaltige Forderungen des Onkels anerkennen, die nicht nur ihn, sondern auch Ludwig in eine finanzielle Notlage brachten; denn der gemeinsame Besitz war ungeteilt, finanzielle Lasten wurden aus einem Topf bestritten.

Ob Ludwig dies seinem Onkel übelnahm, ist nicht zu erkennen. Er und Rudolf hielten sich häufig bei Albrecht auf. Möglicherweise nicht ganz freiwillig, denn der Habsburger legte Wert darauf, die oberbayerischen Neffen an sich zu binden. War es Zuneigung? Mißtrauen? Oder die Hoffnung, sie dadurch zum schnelleren Abzahlen ihrer Schulden zu bewegen?

Während der Vertragsverhandlungen von Bensheim trat Herzoginwitwe Mechthild auch für Ludwig in die Schranken. König

Albrecht sollte Rudolf den Befehl geben, den Bruder endlich aus der Vormundschaft zu entlassen. – Ludwig war neunzehn Jahre alt, nach den Gewohnheiten des Jahrhunderts war es höchste Zeit für diesen Schritt, da überdies die letzten einsamen Entscheidungen Rudolfs sich für das gemeinsame Erbe nicht gerade förderlich ausgewirkt hatten. Nicht nur die Folgen des Aufstands waren zu verkraften. Auch dessen Finanzierung durch Verkäufe aus dem gemeinsamen Erbe, z. B. der Burg Tölz, dürften Ludwig und die Herzoginwitwe erbost haben. Rudolf hatte sie als Vormund auch in Ludwigs Namen getätigt und für ihn mitgesiegelt, »wan er aigens insigl noh nit hat«.[6] – König Albrecht tat seiner Schwester den Gefallen und hob die Vormundschaft Rudolfs über Ludwig auf, aber das Verhältnis zwischen den Brüdern und auch zwischen Mutter und älterem Sohn wurde dadurch nicht besser.

EIN FINSTERER STREIT

Was nach dem Vertrag von Bensheim Rudolfs Feindseligkeit gegen die Mutter weiter steigerte, ist unbekannt, aber es kam zu einer düsteren, in den Einzelheiten ungeklärten Tragödie. Rudolf ließ im Juni 1302 seine Mutter und ihren Viztum Konrad Öttlinger, mit dem sie sich auf ihrer Burg Schiltberg bei Aichach aufhielt, verhaften und beide nach München bringen. Seine Mutter hörte dort harte Vorwürfe über ihre ständigen Einmischungen. Zudem sollte sie ihr reiches Wittum und damit ihre Stellung und ihren Einfluß aufgeben und in Zukunft von einer Jahresrente leben. Der Viztum wurde am 12. Juli 1302 hingerichtet, ohne daß die Begründung dafür bekannt wäre.
Die Herzoginwitwe konnte sich nur durch eine List aus »den Händen ihres unnatürlichen Sohnes retten«, wie Josef Schlett im letzten Jahrhundert empört schrieb. Sie stimmte allen Vorschlägen Rudolfs vertraglich zu. Angeblich um den Vertrag bestätigen zu lassen, wollte sie ihren Bruder aufsuchen, der sich zu dieser Zeit in Nördlingen aufhielt. Kaum befand sie sich jedoch außerhalb der Grenzen Bayerns, erklärte sie den Vertrag für erzwungen und deshalb ungültig. Albrecht griff ein, zitierte seinen Nef-

fen zu sich und nötigte Rudolf, seiner Mutter die abgepreßten Besitzungen zurückzugeben.

Natürlich mußte Rudolfs Vorgehen Klatsch auslösen. Die Heilsbrunner Jahrbücher sprechen von einer »suspecta familiaritas«, einer verdächtigen Vertrautheit, zwischen der Herzoginwitwe und dem Öttlinger.[7] Freunde dürfte sich Rudolf durch sein Verhalten nicht gemacht haben, denn die Moralanschauungen waren zwar streng, doch so körperfeindlich und prüde, wie manchmal angenommen wird, war man im Mittelalter nicht. Manche Freiheiten, die erst heutzutage wieder möglich werden, waren damals selbstverständlich. Man denke nur an die Badeorte und Gesundbrunnen, in denen beide Geschlechter völlig unbefangen nackt miteinander in den Heilquellen badeten.

Sexualität wurde das ganze Mittelalter hindurch, weit mehr als in späteren Jahrhunderten, beiden Geschlechtern zugestanden. Der Roman Ruodlieb zeigt zwei Verliebte, die sich gerade kennengelernt haben und klar zu erkennen geben, wie sehr sie einander begehren. Guillaume de Machaut, Boccaccio, Geoffrey Chaucer und viele andere Dichter geben Zeugnis über die Sinnenfreude der Zeit. »Ach, ach! Daß Liebe je als Sünde angesehen wurde!« ruft in den Canterbury Tales die Frau von Bath, eine reiche Witwe, empört aus, und sie erklärt ihren Reisegenossen, mit denen sie sich auf einer Wallfahrt befindet, daß sie aufgrund ihrer Sternenkonstellation nicht mit Besonnenheit lieben könne, sondern immer ihren Begierden folgen müsse.[8]

Aber man braucht gar nicht die Dichter zu bemühen. Selbst Weistümer zeigen, daß Sexualität den Frauen ebenso wie den Männern zugestanden wurde. Konnte ein Ehemann seiner ehelichen Pflicht nicht nachkommen, so gestatteten einige niedersächsische Weistümer den außerehelichen Beischlaf der Frau und gaben den Rat, die Frau einem Nachbarn zu überlassen, »der ihr ihre hege und pflege thun kann, daß sie damit zufrieden sey«.[9] In einem westfälischen Weistum wird nicht ohne Humor – einem allerdings recht derben – geraten, die Frau auf den Jahrmarkt zu schicken, wenn der Nachbar nicht helfen könne oder wolle, und »kompt sie dannach wieder ungeholfen, so helfe ihr dan der teufel«.

Damit standen diese Weistümer allerdings im schroffen Gegensatz zur Kirche, die außerhalb der Ehe überhaupt nichts von Sexualität wissen wollte und sie selbst in der Ehe einzuschränken versuchte. Die Theologen beugten sich zwar dem Wort des Paulus:»Der Mann soll dem Weib die Pflicht erfüllen wie auch das Weib dem Manne.« Gleichzeitig aber bestanden sie seit Augustinus darauf, daß das Ziel der Pflicht nur die Fortpflanzung sein dürfe und nicht das Vergnügen. Zwar hatten Gott und die Natur die körperliche Vereinigung von Mann und Frau im Interesse der Erhaltung der Art mit Lust verbunden,»um den Menschen zu dieser Handlung zu bewegen«, aber der Geschlechtsakt allein um des Vergnügens willen, so hatte Augustinus entschieden, war eine Sünde wider die Natur und damit gegen Gott.

Wie weit sich diese Ansicht im praktischen Leben durchsetzte, ist natürlich eine andere Frage.

Ideal und Wirklichkeit des Mittelalters! Wo waren sie nicht meilenweit voneinander entfernt? Keuschheit und eheliche Treue wurden zu den wichtigsten Geboten gezählt – gleichzeitig nahm man Verfehlungen auf diesem Gebiet erstaunlich leicht, besonders in den unteren Schichten. Wenn ein Ritter allerdings seine Frau beim Ehebruch ertappte, nahm es ihm niemand übel, wenn er den Nebenbuhler tötete. Und wenn ein adeliges Fräulein ein uneheliches Kind bekam, verlor sie ihr Erbe; denn sie hatte die Pflicht, ihre Tugend zu bewahren, solange sie noch mit einer Ehe rechnen konnte. Allerdings gelang dies nicht einmal im Hochadel immer.

Bei Witwen dagegen scheint man recht großzügig gewesen zu sein. Auch hier muß man nicht die Literatur bemühen. Die polnische Prinzessin Elisabeth, die man blutjung mit dem verwitweten Wenzel II. von Böhmen verheiratet hatte und nach seinem Tod mit dem nächsten böhmischen König (Herzog Rudolf III. von Österreich), war ein Jahr nach der zweiten Eheschließung ganze zwanzig Jahre alt und bereits wieder Witwe. Sie ging nun nach Mähren und lebte eine Zeitlang mit dem prominenten Kavalier Herrn Heinrich von Leipa zusammen. Ohne daß offenbar jemand daran Anstoß nahm! Den hätte man weit eher genommen, hätte sie, eine verwitwete Königin, unter ihrem Stande geheiratet. So hielt auch Königinwitwe Kunigunde von Böhmen, die Mutter Wenzels II., ihre Ehe mit Zawisch von Falkenstein geheim, obwohl sich das ganze Land den Mund zerriß über die enge Beziehung und die Macht, die er über sie hatte. Erst nach ihrem Tod wurde die heimliche Heirat bekannt.

Um so unverständlicher sind die zwielichtigen Umstände, unter denen Rudolf mit seiner Mutter abrechnete. Möglicherweise ging es gar nicht um die Tugend der Herzoginwitwe, sondern um Politik. Vielleicht hatte sie versucht, nun, da Ludwig volljährig war und sie unterstützen konnte, wieder eine größere Rolle in der Regierung zu spielen. Oder es hatte Intrigen gegeben, bei denen ihr der Viztum, einer der ranghöchsten Verwaltungsbeamten, behilflich gewesen war. Auch drängt sich die Frage auf, wo Ludwig war und weshalb er nicht eingriff. War er zu diesem Zeitpunkt bei König Albrecht? Oder in der Pfalz? Da zwischen Ludwig und seiner Mutter ein enges Verhältnis bestand, ist es mehr als wahrscheinlich, daß Rudolf die Geschichte inszenierte, als der junge Bruder nicht in der Nähe war. Aber was auch im einzelnen passiert sein mochte – Herzoginwitwe Mechthild konnte sich nicht mehr lange der neugewonnenen Selbstständigkeit erfreuen. Sie starb im Jahre 1304, nachdem sie sich vorher mit Rudolf ausgesöhnt hatte. Ihre zwei Söhne ließ sie als Feinde zurück. Bis zu König Albrechts Tod herrschte aber zumindest nach außen Friede zwischen ihnen.

Habsburgische Hausmachtpolitik

Der Sieg Albrechts I. über die rheinischen Kurfürsten war ein innenpolitischer Erfolg, wie er seit undenklichen Zeiten keinem König mehr gelungen war. Bei seinen Anstrengungen, nach dem Beispiel seines Vaters Macht und Besitz der Habsburger noch weiter zu mehren, hatte er eine weniger glückliche Hand. Holland, dessen Herrscherhaus ausstarb und das Albrecht als erledigtes Reichslehen einziehen wollte, mußte er den Grafen von Hennegau überlassen. Im Falle Thüringen und Meißen, die König Adolf mit unlegalen Mitteln an sich gebracht hatte und die nun Albrecht I. vereinnahmen wollte, konnten die rechtmäßigen Erben, die Landgrafen von Thüringen, das königliche Heer bei Lucka schlagen und ihr Eigentum sich wieder erkämpfen. Diese habsburgischen Mißerfolge sollten sich später als Segen für Ludwig den Bayern erweisen.

Eine Zeitlang sah es aus, als könnte Albrecht das Königreich Böhmen dem Hause Habsburg einverleiben. Dort war König Wenzel II. gestorben, dessen einziger Sohn ein Jahr danach ermordet worden und das Herrscherhaus der Przemysliden im Mannesstamm erloschen. Welche Perspektiven für das Haus Habsburg! Albrecht zog Böhmen unverzüglich als erledigtes Reichslehen ein und sah seinen ältesten Sohn, Herzog Rudolf III. von Österreich, als böhmischen König vor. Aber die Böhmen holten sich Herzog Heinrich von Kärnten als zukünftigen König ins Land, der mit einer Tochter Wenzels II. verheiratet war.

Doch sie hatten nicht mit König Albrecht I. gerechnet! Er verjagte seinen Schwager – Heinrich von Kärnten war der Bruder von Albrechts Gemahlin – und setzte die Krönung seines ältesten Sohnes zum böhmischen König durch. Um den patriotischen Gefühlen der Böhmen entgegenzukommen, wurde Rudolf kurz entschlossen mit der jungen Witwe Wenzels II. verheiratet, der oben erwähnten Elisabeth. Ein habsburgischer Länderkomplex war geschaffen, der an Macht und Ausdehnung alle anderen Fürstentümer weit überragte. Wer sollte den Habsburgern noch jemals etwas streitig machen? Aber nun spielte das Schicksal König Albrecht einen Streich. Der seit jeher kränkliche Rudolf starb im Jahre 1307, nur ein Jahr nach seiner Krönung, und die Böhmen holten wieder Heinrich von Kärnten ins Land.

Bevor der Habsburger erneut dagegen vorgehen konnte – schließlich hatte er fünf weitere hoffnungsvolle Söhne – wurde er am 1. Mai 1308 ermordet. Der Mörder war sein leiblicher Neffe Johann, Sohn von Albrechts verstorbenem Bruder. Johann »Parricida« war zu diesem Zeitpunkt achtzehn Jahre alt, seit drei Jahren mündig und immer noch nicht in sein Erbe eingesetzt. Alle Bitten waren mit Vertröstungen beantwortet worden. Zum letzten Mal einen Tag vor dem Mord. Zudem hatte ihn der Onkel bei dieser Gelegenheit noch verspottet, indem er ihm einen Maienkranz überreichen ließ als Anspielung auf Johanns Jugend. Am nächsten Tag überfiel Johann zusammen mit einigen unzufriedenen Freunden den König, und gemeinsam stachen sie ihn nieder. Eine unsinnige Tat! Sie konnten fliehen, führten aber bis zu ihrem Tod das Leben von Flüchtigen und Verfemten.

4. Kapitel

»Der Bruder zieht das Schwert gegen den Bruder.«

Eine neue Königswahl! Nach den Erfahrungen mit König Albrecht I. würde kein mächtiger Fürst ans Ruder kommen, das war sicher. So stieß auch das Werben König Philipps des Schönen, der Reich und Kaiserkrone an Frankreich bringen wollte und seinen Bruder Karl von Valois als Kandidaten vorschlug, auf wenig Gegenliebe. Trotz riesiger Versprechungen durch Philipp und obwohl er Papst Klemens V. bei den Kurfürsten intervenieren ließ, ging man lieber den bewährten Weg und wählte einen kleinen Grafen.

Heinrich VII.

Graf Heinrich von Lützelburg (heute Luxemburg) war es, ein frommer, ritterlicher Mann von französischer Sprache und Kultur, der dank der rührigen Unterstützung durch seinen jüngeren Bruder, den zweiundzwanzigjährigen Erzbischof Balduin von Trier, im November 1308 zum römischen König gewählt wurde. Bereits in diesen jungen Jahren zeigte sich hier die Überzeugungskraft und Diplomatie Balduins, des späteren Weggenossen Ludwigs des Bayern. Aber auch der Trierer konnte nicht verhindern, daß sein Bruder teilweise geradezu ruinöse Bedingungen akzeptieren mußte.

Auch die Herzöge Rudolf und Ludwig von Oberbayern, Pfalzgrafen bei Rhein, hatten neben weiteren Anwärtern zu den Thronkandidaten gezählt, unterstützten aber bald den Luxemburger, da eine eigene Kandidatur keine Aussichten hatte. Noch demonstrierte man Einigkeit am Münchner Hof. Rudolf als der ältere der Brüder verkündete nach der Wahl in seiner Eigenschaft als Pfalzgraf das Wahlergebnis – so wie sein Vater bei früheren Wahlen.

Heinrich VII. setzte sich von Anfang an vor allem das Ziel, in Italien als Kaiser die Reichsgewalt wieder herzustellen. Es geschah fast ohne sein eigenes Zutun, daß ihm Böhmen in den Schoß fiel, um das Albrecht so verbissen gekämpft hatte. Dort hatte sich Heinrich von Kärnten, 1307 zum böhmischen König gekrönt, inzwischen unbeliebt gemacht. Der Adel des Landes wandte sich deshalb an Heinrich VII. und bot ihm die böhmische Krone für seinen Sohn an. Da der Kärntner nie mit Böhmen belehnt worden war, konnte es als erledigtes Reichslehen eingezogen werden, ein Fürstengericht erklärte Heinrich von Kärnten für abgesetzt, und der einzige Sohn des Luxemburgers, der 14jährige Johann, wurde belehnt. Auch auf den böhmischen Patriotismus nahm man Rücksicht und verheiratete Johann, den späteren Freund und Feind Ludwigs des Bayern, mit einer weiteren Tochter des verstorbenen Wenzel, der ehrgeizigen achtzehnjährigen Przemyslidin Elisabeth (Elsa).

Die weitere Abwicklung der Angelegenheit – Vertreibung des Kärntners, Anerkennung und Krönung Johanns – legte der Luxemburger in die Hände des Mainzer Erzbischofs, der als früherer Kanzler Böhmens mit den Verhältnissen ohnehin besser vertraut war. Heinrich VII. selbst zog es unwiderstehlich und voller Zuversicht nach Rom.

BRUDERZWIST

Sofort nach Heinrichs VII. Thronbesteigung war es Rudolf von Oberbayern gelungen, seinen ältesten Sohn mit der vierjährigen Tochter Maria des römischen Königs zu verloben. Es war fast schon Tradition, daß sich das Haus Wittelsbach mit der Krone verwandtschaftlich verband, die es selbst nicht erringen konnte. Der König bestätigte sofort alle Privilegien der oberbayerischen Herzöge und alle Verfügungen König Adolfs über die Mitgift seiner Tochter, so daß ein großer Teil der Verluste, die Rudolf durch seinen Onkel hatte hinnehmen müssen, wieder ausgeglichen wurde. Rudolf seinerseits überschrieb seiner künftigen Schwiegertochter sehr ansehnliche pfälzische Besitzungen als Morgengabe – auf die Ludwig ein Anrecht hatte. Dessen heftige

Reaktion zeigte deutlich, daß es zwischen den Brüdern unter der Oberfläche schon längst schwelte. Er verlangte nun die strikte räumliche Teilung des gemeinsamen Erbes.

Und er scheint seinen Ärger über die Angelegenheit auch gegen den König gerichtet zu haben. Er war zwar bei der Krönung Heinrichs VII. in Frankfurt anwesend, mied ihn aber in Zukunft. Weder erschien er auf den Hoftagen des Luxemburgers, noch beteiligte er sich an der Vertreibung Heinrichs von Kärnten aus Böhmen. Für den Italienzug schickte er den Bischof von Eichstätt als seinen Vertreter. Vielleicht wollte er auch nur dem älteren Bruder, der sich eifrig an allen Unternehmungen Heinrichs VII. beteiligte, aus dem Wege gehen.

Rudolf hatte es seit Ludwigs Volljährigkeit verstanden, die Mitregierung des jüngeren Bruders in engen Grenzen zu halten.[1] Er hatte den Vorteil, daß er nach siebenjähriger Alleinregierung alle Fäden fest in der Hand hielt. Es ist verständlich, daß Ludwig mit diesem Zustand immer unzufriedener wurde, doch hätte ihm das Beispiel des eigenen Vaters zeigen müssen, daß eine Landesteilung Unfrieden nicht beendet, sondern im Gegenteil erst richtig anheizt.

Dabei waren Ludwig der Strenge und sein Bruder Heinrich bis zur Landesteilung im Jahre 1255 immer ein Herz und eine Seele gewesen. Aber von diesem Tag an erhitzten Streitfragen über Zölle, Gerichtsbarkeiten, Straßenrechte und die gegenseitigen Fehden der jeweiligen Gefolgsleute die Gemüter derart, daß Bayern von einem Dauerkrieg überzogen wurde. Plünderungszüge hinüber und herüber, gegenseitige Verheerungen des Landes mit dem Niederbrennen von Dörfern usw. rissen nicht mehr ab. Jedem Waffenstillstand folgten sofort neue Kriegshandlungen. Allein in den sieben Jahren vor dem Tod Heinrichs XIII. im Jahre 1290 wurde elfmal gesühnt und geschlichtet. Auch als sich die beiden Herzöge zum Ende ihres Lebens hin persönlich wieder näherkamen, ging der Krieg weiter, weil der gegenseitige Haß ihrer Anhänger immer wieder Kampfhandlungen auslöste. Selbst wenn man sich zu Friedensverhandlungen traf, kam es zwischen den ober- und niederbayerischen Gefolgsleuten der Fürsten zu Schlägereien, und daß diese nicht in ein Gemetzel ausarteten, war nur der weisen Voraussicht beider Herzöge zu verdanken. Sie hatten strikt verboten, bei diesen Treffen Panzer, Helm, Eisengewand, Armbrust und Speer zu tragen.

Diese Erfahrungen waren leider nicht auf fruchtbaren Boden gefallen; lediglich für die Pfalz sahen Rudolf und Ludwig von einer Teilung ab. Aber die Burgen, Städte und Dörfer Oberbayerns sowie der wittelsbachische Besitz in Schwaben und Österreich wurden am 1. Oktober 1310 von neun unabhängigen Rittern und Ministerialen in zwei möglichst gleiche Hälften geteilt. Dann entschied das Los, welcher Bruder welchen Teil bekam. Auf Rudolf entfiel der Südosten Oberbayerns mit München, auf Ludwig der Nordwesten mit Ingolstadt. Wie es scheint, ein sehr faires Verfahren. Aber auch hier steckte der Teufel im Detail.

Als Rudolf Ende des Jahres 1310 aus Böhmen zurückkam, erhitzte er sich sofort über die gleichen Detailfragen wie eine Generation vorher sein Vater. Ludwig waren seine eigenen Interessen nicht weniger wichtig. Im Frühjahr schienen alle Streitfragen nur durch einen Krieg geklärt werden zu können. Einer großen Friedensversammlung in Passau gelang es, den drohenden Bruderkrieg noch einmal aufzuhalten und einen Waffenstillstand bis 6. Juni 1311 zu vermitteln.

Wie bewegt und streitlüstern die Zeit war, zeigt der Ablauf der Passauer Versammlung. Zusammengekommen waren neben den beiden zerstrittenen Brüdern ihr Vetter, Herzog Otto III. von Niederbayern, Herzog Heinrich von Kärnten, einige Grafen, vier Kirchenfürsten und Herzog Friedrich der Schöne von Österreich – nunmehr das Haupt des habsburgischen Hauses – mit seiner Mutter Elisabeth. Unter diesen Schlichtern des oberbayerischen Streites befanden sich zwei – Friedrich der Schöne und Otto von Niederbayern – selbst miteinander im Krieg, und die oberbayerischen Herzöge – Ludwig vor allem, der mit großem diplomatischen Geschick den Frieden zwischen Otto und Friedrich erreichte – waren nun wiederum Schlichter für den Krieg ihrer Schlichter.[2] Man könnte es fast komisch finden, hätten diese »Kriege« für die betroffene Bevölkerung nicht jedesmal verheerende Folgen mit sich gebracht. Es waren Vernichtungsfeldzüge, mit denen man dem Gegner schaden und ihn in seinen kriegerischen Möglichkeiten schwächen wollte. Die stark befestigten Städte hatten weniger darunter zu leiden, aber auf dem flachen Land gehörten Plünderungen, Verheerungen des Landes, Verbrennen der Dörfer, Belagern der Burgen zum Alltag dieser Kriege. An die betroffenen Menschen scheint keiner der Streithähne einen Gedanken verschwendet zu haben.

Mit dem Ende des Waffenstillstandes brachen zwischen Rudolf und Ludwig endgültig die Feindseligkeiten aus. »Der Bruder zieht das Schwert gegen den Bruder«, schreibt der Mönch von Fürstenfeld und beklagt sich bitter über den Streit, der auch sein Kloster in Mitleidenschaft zog. »Nicht genug, daß uns das schönste Vieh aus den Ställen getrieben ward, sondern wir wurden überdies noch durch Brandschäden, durch schwere Auflagen und Einquartierungen, die wir zu beköstigen hatten, arg beschwert . . .« Der arme Mönch erlebte natürlich nur die Feindseligkeiten Ludwigs, da sich Rudolfs Aktivitäten im Raum Ingolstadt abspielten. Er gab deshalb dem jüngeren Bruder, der zwar »die größere Jugend, aber nicht die größere Tugend« habe, die Schuld an dem Zwist. Glücklicherweise kamen beide Kampfhähne bald zur Besinnung und schlossen am 4. August einen vorläufigen Friedensvertrag. Rudolf machte sich nach Italien auf, um sich Heinrich VII. anzuschließen.

BEATRIX VON SCHLESIEN-GLOGAU

In den Jahren nach 1308[3] schloß Ludwig die Ehe mit der schlesischen Prinzessin Beatrix, einer Tochter des Herzogs Heinrich III. von Schlesien-Glogau und seiner Frau Mechthild aus dem Herzogshause Braunschweig-Lüneburg. Eine Hochzeit war gewöhnlich ein herausragendes Ereignis im Fürstenleben, und es ist deshalb seltsam, daß von Ludwigs Eheschließung kein Dokument oder Bericht eines bayerischen Chronisten vorhanden ist. War zu diesem Zeitpunkt möglicherweise der Bruderzwist schon ausgebrochen? Fand die Hochzeit deshalb in Schlesien statt?

Auch Ludwigs Verhältnis und seine Einstellung zu Frauen kann man nur aus wenigen Nebenbemerkungen in zeitgenössischen Chroniken erschließen. Wenn es um die Privatangelegenheiten der Herrscher ging, waren deutsche Chronisten grundsätzlich überaus schweigsam, während über jeden noch so unbedeutenden Feldzug mit der größten Akribie berichtet wurde. Aus dem wenigen, das man erfährt, kann man aber schließen, daß beide Ehen Ludwigs glücklich waren. Eine kleine Episode aus der Limburger Chronik zeigt, daß seine Einstellung zu Frauen noch ganz von der Hochachtung des 13. Jahrhunderts geprägt war, der Blütezeit des Minnesangs und der übertriebenen Frauenverehrung. Es wird erzählt, daß während einer Reise auch Reinhard von Westerburg in Ludwigs Kavalkade ritt, ein Ritter, der »neben Vorzügen an Wuchs, Verstand und Aussehen« leider »ein wenich zu wilde« war und noch der höfischen Erziehung bedurfte. Dieser Ritter dichtete und sang übermütig ein Lied, das nicht sehr schmeichelhaft für seine Dame war:

> »Bräche ich um ihretwillen den Hals,
> wer würde mir diesen Schaden rächen?
> Ich hätte niemand, der mich rächen würde,
> ich bin ein Mann ohne Freunde und Verwandte.
>
> Deshalb muß ich selbst aufpassen,
> wie es mir geht.
> Bei der Schönen habe ich nichts zu hoffen,
> die tut, was sie will.
>
> Will sie mich nicht, die edle Reine,
> so muß ich Abschied nehmen.
> Um ihre Gnade kümmere ich mich nicht –
> siehe, das gebe ich ihr zu verstehen.«[4]

Der Minnesang stellte normalerweise das musterhafte Verhalten des höfisch gebildeten Mannes der höfischen Dame gegenüber dar, und so war der sonst so liebenswürdige Wittelsbacher mit diesem Lied überhaupt nicht einverstanden. Er tadelte die Respektlosigkeit, die daraus gegenüber einer Dame sprach, und verlangte, daß das Lied »im Hinblick auf die Dame gebessert« würde. Das nächste Lied des Herrn von Westerburg – nun ganz in der üblichen Minnesangskonvention des männlichen Dienens und Leidens – war dann nach Ludwigs Geschmack, denn der übermütige Ritter wurde gelobt, als er sang:

»In jammervoller Bedrängnis vergehe ich völlig
wegen einer liebenswürdigen Frau ...«

Die kleine Episode ist recht aufschlußreich für die Einstellung der
Zeit zur Liebe. Einerseits behauptete sich die Vorstellung von der
reinen, ritterlichen, treuen und selbstverleugnenden Liebe als
wesentlicher Bestandteil des ritterlichen Lebensideals das ganze
14. und 15. Jahrhundert hindurch. Andererseits ist zunehmende
Skepsis zu beobachten gegenüber dem Wert des treuen, einer
verheirateten Dame geweihten Dienstes.
Und die Einstellung Ludwigs des Bayern zur Ehe? In seinen
Ritterregeln für Ettal verordnete er, daß »die Ritter ihre Ehe so
halten« sollten, wie die Mönche ihren Orden«.[5] Ein sehr hoher
Anspruch also, den Ludwig an Gewissen, Treue und Zuneigung
eines Ehemannes stellte. Ob er sich selbst daran hielt? Es ist von
ihm nur ein einziges uneheliches Kind bekannt, ein Sohn namens
Ludwig von Riggertshofen (Reichertshofen). Da dieser Sohn unter
den Rittern genannt wird, die den Wittelsbacher im Jahre 1327 auf
dem Romzug begleiteten,[6] darf man durchaus annehmen, daß er
ein Kind aus Ludwigs Junggesellenzeit war.
Beatrix von Glogau schenkte Ludwig sechs Kinder, darunter den
späteren Ludwig den Brandenburger und Herzog Stephan II. Sie
war bei Ludwigs Königskrönung in Aachen anwesend und wurde
an seiner Seite zur Königin gekrönt. Beim anschließenden Festbankett wurde auch die Frau Königin »gepriesen«. Das ist fast
alles, was über Beatrix zu erfahren ist, und sie muß deshalb
zwangsläufig schattenhaft bleiben. Aber da der Wittelsbacher Beatrix auch nach ihrem Tod nicht vergessen hat, darf man auf eine
glückliche Ehe schließen. Bei ihrem Grabmal wurde ein Altar
errichtet, später stiftete er eine ewige Messe an diesem Altar und
sechzehn Jahre nach ihrem Tod ein Ewiges Licht »der kunigen
unserr gemaheln seligen sele willen ... vor dem Altar ze iru
begrebnüzze in unser frowen Chor ze Münichen«.[7] Selbst 22 Jahre
nach ihrem Tod gedachte er noch ihrer, denn eine kleine Tochter
aus seiner zweiten Ehe erhielt damals den Vornamen Beatrix.
Als sicher kann gelten, daß die schlesische Prinzessin im höfischen
Sinne gut erzogen war und eine annehmbare Schulbildung hatte,
hoffte doch jeder Vater, seine Tochter mit einem möglichst mächti-

gen, einflußreichen Schwiegersohn verbinden zu können. Sie mußte deshalb gerüstet sein, auch am prächtigsten Hof Ehre einzulegen. Da nach dem höfischen Lebensprinzip, dem der Minnesang Ausdruck gab, alle Bildung von den Frauen ausging, da durch ihre Gesellschaft die Männer kultiviert und verfeinert werden sollten, war eine gute Bildung eine Notwendigkeit. Erst recht im Hinblick darauf, daß eine Tochter vielleicht nicht verheiratet werden konnte; denn dann würde sie über kurz oder lang als Äbtissin einem Kloster vorstehen.

Auch die anspruchsvollen Benimmregeln mußten beherrscht werden: mit kleinen Schritten gehen, doch nicht trippeln oder beim Gehen die Arme bewegen; lächeln, aber nicht laut lachen; nicht laut sprechen oder eifrig umherschauen. »Wie der Falke auf dem Ast weder starr blickt, noch allzu beweglich den Kopf wendet, so soll der Blick der Frauen sein und ihre ganze Erscheinung wie die des glattgestrichenen Sperbers oder Sittichs«,[8] war die Forderung eines Dichters. Die heute seltsam anmutende Haltung der Frauen mit leicht zurückgelehntem Oberkörper und etwas schräggehaltenem Kopf, der man so oft bei mittelalterlichen Plastiken begegnet, galt offenbar als Gipfel der Vornehmheit und Anmut. Kosmetische Tricks waren bekannt und wurden genutzt, auch wenn man sich damit der Sünde der Eitelkeit schuldig machte.

Was die jungen Damen nicht lernten, war Prüderie. Man nannte im Mittelalter die Dinge beim Namen. Diese Freiheit der Sprache wurde erst in unseren Tagen wieder erreicht. Zu Anfang unseres Jahrhunderts jedenfalls empfand man das mangelnde »zarte Empfinden« der mittelalterlichen Weiblichkeit noch als schockierend. Zum »livre du chevalier de la Tour Landry«, das dieser zur Belehrung seiner Töchter verfaßt hatte, schrieb Heinrich Linke im Jahre 1913 mit unüberhörbarer Mißbilligung: »Da werden Dinge moralisierend breitgetreten, die in unseren Tagen in guter Gesellschaft, geschweige denn zwischen Eltern und Kindern nicht erwähnt würden.«

Problematische Vormundschaft

Ob Beatrix manchmal ihre Schwester Agnes traf, die mit Herzog Otto III. von Niederbayern verheiratet war? Auf jeden Fall waren Ludwig und Herzog Otto miteinander in Kontakt, da sie gemeinsam die Vormundschaft über die Kinder von Ottos verstorbenem Bruder Stephan ausübten.

Das Leben Ottos, eines unruhigen Zeitgenossen, dessen »qualmende Phantasie nie zur Ruhe kam«,[9] erinnert zeitweilig an einen aufregenden Ritterroman. Durch seine Mutter ein Enkel König Belas IV., war er sogar einmal König von Ungarn gewesen. Angeblich soll er als Kaufmann verkleidet durch das immer noch oder schon wieder verfeindete Österreich zu seiner Krönung gereist sein. Er wurde als Kandidat einer starken ungarischen Adelsgruppe im Jahre 1305 zum König gekrönt, aber von einer anderen, noch stärkeren Partei, die dem vom Papst favorisierten Kandidaten Karl Robert von Anjou anhing, abgelehnt. Einer der Gegner, der mächtige Woiwode von Siebenbürgen, griff deshalb zu einer List, versprach Otto die Hand seiner Tochter und lud ihn zu Heiratsverhandlungen auf seine Burg. Dort nahm er den Niederbayern gefangen und lieferte ihn der Anjou-Partei aus. Angeblich durch die Hilfe der Frau des Woiwoden erlangte Otto gegen Zusicherung eines riesigen Lösegeldes wieder seine Freiheit und kam auf der Heimreise völlig abgerissen an den Hof Herzog Heinrichs III. von Schlesien-Glogau. Aus diesem Haus hatte sein Onkel, Ludwig der Strenge, eine Prinzessin geheiratet. Um den Ritterroman perfekt zu machen, verliebte sich Otto in eine Tochter des Herzogs, heiratete Agnes in Straubing und vertrieb sich während der letzten Jahre seines Lebens die Zeit durch einen weiteren Krieg gegen Österreich.

Otto muß während der gemeinsamen Vormundschaft über Stephans Kinder großes Zutrauen in Ludwigs Fähigkeiten als Landesherr und in seine Rechtschaffenheit gewonnen haben. Bei seinem Tode am 9. September 1312 bestimmte er den oberbayerischen Vetter als Vormund über die bisher gemeinsamen beiden Mündel, aber auch über seinen eigenen, gerade dreizehn Tage alten Sohn.

Dieser Vertrauensbeweis war ein großes Kompliment für Ludwig, vor allem aber ein enormer Macht- und Prestigegewinn. Für eine Reihe von Jahren war Niederbayern damit in seine Hand gegeben. Otto muß befürchtet haben, daß seine Umgebung diese Anordnung unterlaufen könnte, denn er beauftragte auf dem Totenbett nicht die Herzoginwitwen oder seine Räte, sondern die Bürger von Landshut und Straubing damit, für die Erfüllung seines letzten Willens zu sorgen.

Einer problematischen Vormundschaft sah Ludwig da entgegen, denn das Land war finanziell in keiner guten Lage. Die drei Söhne Heinrichs XIII. – Otto, Stephan und Ludwig – hatten Krieg mit Österreich geführt, zudem das Land mit drei Hofhaltungen belastet. Aber das herzogliche Dreigespann war durchaus einsichtig gewesen, wie eine neue Hofordnung von 1294 zeigt, die auch ihren eigenen Lebensstandard beschnitt. Es ist ganz interessant, welche Einschränkungen die »armen« Herzöge auf sich zu nehmen bereit waren:

Jeder Herzog durfte nur noch einen Kämmerer haben, alle drei gemeinsam einen Kammermeister mit einem Kammerschreiber. Ferner durfte sich jeder einen Türhüter, Scherer und Schneider leisten, einen Küchenmeister mit drei »laufenden« Köchen, einen Speiser, Kaplan, obersten Schreiber und Hofmeister, einen Marschall, zwei Schützen und zwei Knappen, einen Falkner, einen Jägermeister, einen Arzt und drei Spielleute, sowie Knechte für Botenritte. Einige dieser Beamten hatten Unterbeamte und Knechte – schließlich konnte man vom Marschall nicht erwarten, daß er selbst die Pferde fütterte, von den Köchen, daß sie Geschirr spülten, und vom Hofmeister, daß er Fenster putzte. Für sich selbst durfte jeder Herzog zwölf Pferde im Marstall halten und ebenso viele gebührten einem bei Hofe anwesenden Viztum – ein sprechendes Zeugnis für die gewaltige Stellung dieser Herren.[10]

Aber die Einsparungen hatten nicht gereicht, auch nicht, als Ottos Brüder starben. Ottos kostspieliges ungarisches Abenteuer, seine Hochzeit und ein weiterer Krieg mit Österreich hatten zu Notsteuern, wieder Notsteuern und schließlich zur sogenannten »Ottonischen Handfeste« geführt. Sie besagt, daß die Stände – Adel, Kirche und Klöster, Städte und Märkte – die Notlage des Landes anerkannten und Herzog Otto ein weiteres Mal großzügig unter die Arme griffen. Der Herzog seinerseits verzichtete auf weitere Versuche einer eigenmächtigen Besteuerung und trat als ausdrückliche Gegenleistung die niedere Gerichtsbarkeit an die Bezahler seiner Schulden ab.

Die Ottonische Handfeste, die später als die Grundlage der ständischen Freiheit in Bayern galt, zeigt die erstaunliche Machtposition der Stände in dieser Epoche. Es war ein Vorgang, der, mit territorialen Unterschieden und Schwankungen, überall zu beobachten war. Die Stände waren klug genug, ihren Fürsten in Notsituationen die benötigten Gelder zu gewähren, allerdings selten, ohne zumindest einige kleine Freiheiten und Privilegien für sich herauszuschlagen, und nie, ohne zu betonen, daß es sich um ein einmaliges Entgegenkommen handle. Sie verhüteten dadurch, daß der Fürst in seiner Not auf den Gedanken einer Zwangssteuer kam, die sie um keinen Pfennig weniger gekostet, ihnen aber jede Möglichkeit zur Mitsprache und zur Erlangung von Privilegien genommen hätte. Es war allerdings keine bleibende Erscheinung. Im Absolutismus späterer Jahrhunderte gingen die ständischen Freiheiten wieder verloren.

Im 14. Jahrhundert aber waren sie ein Faktum, und Ludwig der Bayer wird nicht ohne Sorge an die Ottonische Handfeste gedacht haben, die ihm finanziell die Hände band. Er trat die Vormundschaft über seine drei Mündel – den siebenjährigen Heinrich d. Ä., den fünfjährigen Otto IV. und den neugeborenen Heinrich d. J. – sofort an und gewann in kurzer Zeit die zwölf herzoglichen Räte, Mitglieder des niederbayerischen Adels, für sich und seine Politik eines Bündnisses mit Österreich. Leicht dürfte es nicht gewesen sein, dieses Gremium, das sich durch Ottos letzten Willen übergangen fühlte, auf seine Seite zu ziehen. Aber das gewinnende, liebenswürdige Wesen des Wittelsbachers und sein selbst von seinen Feinden nie bestrittenes großes diplomatisches Geschick taten offenbar ihren Dienst. Es wurde sogar eine Heirat Herzog Heinrichs d. Ä. von Niederbayern mit der habsburgischen Prinzessin Guta ins Auge gefaßt.

Für Ludwig war die Annäherung Niederbayerns an Österreich ein folgerichtiger Schritt. Er sicherte damit den Frieden zwischen diesen beiden ständig zerstrittenen Ländern und konnte sich selbst auf Oberbayern und die Umtriebe seines Bruders konzentrieren. Denn Rudolf, der Heinrich VII. in Italien große Dienste geleistet und sich besonders bei den Straßenkämpfen in Rom ausgezeichnet hatte, war vorzeitig zurückgekehrt, als der Luxemburger nichts von einer Entschädigung für die enormen Kriegskosten Rudolfs wissen wollte. Auch ein schwerer Schicksalsschlag hatte Rudolf unterdessen getroffen: Sein mit der Kaisertochter verlobter Sohn war gestorben. Und bei seiner Rückkehr mußte er feststellen, daß ihm der junge Bruder durch die niederbayerische Vormundschaft über den Kopf gewachsen war.

Der alte Unfriede zwischen den Brüdern lebte sofort wieder auf, und Bündnisse, durch die sich Rudolf militärische Hilfe sicherte, deuteten sogar auf eine Eskalation. Noch dramatischer aber veränderte sich für Ludwig die Lage in Niederbayern. Vor allem die Städte hatten den habsburgfreundlichen Kurs seiner Regierung mit Mißtrauen beobachtet. Nach den vielen Kriegen mit Österreich witterten sie darin offenbar eine Gefahr für ihr Herzogshaus. Sie wandten sich deshalb an Rudolf als einen erklärten Feind der Habsburger. Er ging nur zu gerne auf ihre Beschwerden ein, schloß mit ihnen am 15. Mai 1313 einen Schirm- und Bundesvertrag und erhielt Hilfe im Kriegsfall gelobt.

Ludwig stand damit vor der schwersten Entscheidung seines bisherigen Lebens. Sollte er seine habsburgfreundliche Politik fortsetzen auf die Gefahr hin, dem Bruder in Niederbayern das Feld überlassen zu müssen? Dieser Fall würde Rudolf auch in Oberbayern und der Pfalz entscheidende Vorteile bringen. Oder sollte er sich von Österreich lösen, die Beziehung zu den Habsburgern nicht mehr vom Standpunkt der Freundschaft und Verwandtschaft aus sehen, sondern vom Standpunkt der politischen Notwendigkeit? Ludwig entschloß sich für den zweiten Weg, der zudem die Möglichkeit einer Einigung mit Rudolf bot. Der Punkt, an dem sich der ganze Streit entzündet hatte, die Besitzüberschreibung pfälzischer Güter an die Kaisertochter, war durch den Tod von Rudolfs Sohn hinfällig geworden.

So kam es zwischen den Brüdern tatsächlich zur Versöhnung – ein Entschluß, den beiden ihre angespannte Finanzlage ungemein erleichtert haben dürfte. Rudolf wurde in die Vormundschaft mitaufgenommen, Ludwig in das Schutzbündnis, am 21. Juni 1313 wurde die Landesteilung von 1310 rückgängig gemacht und eine gemeinsame Landesverwaltung beschlossen. Kurwürde und Kurstimme, auf die Rudolf außerordentlich viel Wert legte, sollten ihm zu seinen Lebzeiten bleiben; danach sollte sie an Ludwig oder, falls er diesen Tag nicht erlebte, an den ältesten Sohn fallen, den die Brüder hinterließen. Der nächste Punkt dieses Vertrages ist erstaunlich: Sollte Ludwig seinen Bruder überleben, so fiele ihm bis zu seinem Tode die Alleinregierung Bayerns und der Pfalz zu. Die Söhne Rudolfs sollten zu Lebzeiten Ludwigs auch keine Erbteilung der Länder fordern können.[11]

Damit konnte in Oberbayern vorerst wieder Friede einkehren. Aber der Vertrag mit Österreich war gebrochen. Für eine Verschärfung der Lage sorgten dann die beiden Herzoginwitwen Jeute und Agnes von Niederbayern. Es dürfte für die beiden Schlesierinnen (Jeute stammte aus dem Herzogshaus Schlesien-Schweidnitz) von Anfang an ein Ärgernis gewesen sein, daß Herzog Otto III. die Vormundschaft über ihre Kinder dem oberbayerischen Vetter übertragen und sie von der Regierung ausgeschlossen hatte. Im Sommer 1313 begannen sie nun, eine sehr undurchsichtige Rolle zu spielen. Ohne rechtliche Basis oder einleuchtenden Grund boten sie plötzlich in bewußter Frontstellung gegen die oberbayerischen Herzöge Friedrich dem Schönen von Österreich die alleinige Vormundschaft über ihre Söhne an.[12]

Das bedeutete unzweifelhaft Krieg, denn keine Seite war gewillt, sich Niederbayern aus der Hand nehmen zu lassen. Durch üppige »Handsalben« und noch größere Versprechungen für die Zukunft konnte Friedrich zudem einen großen Teil des niederbayerischen Adels für sich gewinnen.

Noch einmal versuchte man, den Frieden zu erhalten. Die bisherigen Freunde Ludwig und Friedrich trafen sich auf der Burg Landau an der Isar zu einem Friedensgespräch. Die Aussprache verlief jedoch so hitzig, daß sich der Bayer sogar jähzornig dazu hinreißen ließ, sein Schwert zu ziehen und auf Friedrich einzudringen. Nur durch die vereinten Anstrengungen der anderen Anwesenden wurde verhindert, daß Friedrich ein ernstes Leid geschah.[13] Damit konnte man das Friedensgespräch als gescheitert betrachten. Man vereinbarte noch einen achttägigen Waffenstillstand, dann sollten die Waffen entscheiden.

Dieser Temperamentsausbruch zeigt, daß Ludwig seine Abstammung von Herzog Otto I. und Ludwig dem Strengen nicht verleugnen konnte, aber er war trotzdem nicht typisch für ihn. Er verstand es später, sein hitziges Temperament bewundernswert unter Kontrolle zu halten, denn seine Besonnenheit wurde allgemein gerühmt.

5. Kapitel

». . . breitete sich der Ruhm Herrn Ludwigs des Herzogs
. . . ins Unermeßliche aus«.

Die finanzielle Lage der Habsburger war zu diesem Zeitpunkt recht günstig. Sie konnten eine alte Schuld König Albrechts einlösen und die Güter Heinrichs von Hohenlohe in Stainz kaufen. Geld aber war wie zu allen Zeiten auch im Mittelalter die Voraussetzung für militärischen Erfolg.
Ludwigs Finanzen waren dagegen in einem äußerst mißlichen Zustand. Aber er wußte um die Wichtigkeit des Augenblicks, und ohne auf seine pekuniären Schwierigkeiten zu achten, warf er Geld und Gut mit vollen Händen zur Verstärkung seines Heeres aus. »Er verpfändete sich und das Seine und alles, dessen er habhaft werden konnte«, wird berichtet.[1]

Kriegsvorbereitungen

Friedrich der Schöne hatte das Glück, daß er sich auf seine Brüder verlassen konnte. Er eilte auch unverzüglich zu seinem kriegerischen, kampferprobten Bruder Leopold, der die habsburgischen Vorlande regierte. Leopold sollte Friedrich beim Kampf unterstützen und wahrscheinlich auch den Kriegsplan ausarbeiten, denn er hatte für derartige Dinge eindeutig den besseren Kopf. Man entschied, daß Herzog Leopold I. in Schwaben ein Heer aus den Streitkräften der Stammlande aufstellen sollte, das vom Westen her nach Bayern zog. Vom Osten würde ein österreichisch-steierisches Heer unter dem bewährten Marschall Dietrich von Pilichdorf, verstärkt durch eine Streitmacht des verbündeten Königs von Ungarn, nach Bayern geführt werden. Die ungarischen Bogenschützen, vor allem die ob ihrer Grausamkeit berüchtigten heidnischen Kumanen, waren gefürchtet. Dann würde man den wittelsbachischen Vetter mit vereinten Kräften angreifen und vernichtend schlagen. Zweifel am Gelingen dieses Planes dürften kaum aufgekommen sein. Schließlich kannte man die oberbayerischen Verhältnisse. Ludwigs Geldmittel waren durch den Bruderzwist erschöpft, und daß er trotz Versöhnung an seinem Bruder eine Hilfe haben würde, war zumindest zweifelhaft.

Dennoch überließ man in Österreich nichts dem Zufall. Die Fürstenfelder Chronik berichtet, daß die Aufforderung um Unterstützung nicht nur an Verbündete erging. »Sogar an ganz Fremde, die mit ihnen nichts zu tun hatten, lassen sie die Aufforderung gelangen, daß, wer sich im Kriege Schätze erwerben wolle, nicht säumen möge, zu ihnen zu stoßen.«

Bis zu dieser Auseinandersetzung wird Ludwig der Bayer manchmal in Chroniken erwähnt, aus Urkunden erfahren wir von seinem Tun und Treiben: Er hatte sich in den vergangenen Jahren als Landesherr glänzend bewährt, sein Rat war gefragt, immer wieder war er als Schlichter gerufen worden – und trotzdem ist er bis zu dieser Auseinandersetzung als Persönlichkeit kaum zu fassen. In diesen Tagen der Gefahr aber erhält der Wittelsbacher plötzlich Profil. Zum ersten Mal ist auch zu erkennen, daß mit ihm eine Persönlichkeit herangereift war, die das Zeug hatte, über die engen territorialen Grenzen hinaus der Geschichte ihren Stempel aufzudrücken.

Mit Rührigkeit, Tatkraft und großer Umsicht traf er seine Vorbereitungen. Boten wurden in die Orte an der Salzach, am Inn, an Donau, Isar und Lech mit dem Befehl gesandt, sich auf Widerstand einzurichten, und die Verteidigung der Mauern vorzubereiten. Die großen Städte hatten Truppenkontingente zu stellen. In den fünfhundert Ritterburgen Oberbayerns und des Nordgaus wurde die Aufforderung des Herzogs an Ritter und Knechte überbracht, sich bis zum Oktober-Neumond zum Kampf einzustellen. Auch in den Nachbarländern Schwaben, Franken und Württemberg waren seine Boten unterwegs, um befreundete Ritter als Verbündete zu gewinnen. Jeder, der Mut hatte und kein Freund der Habsburger war, sollte zu Ludwig stoßen. Er würde reich belohnt werden. Nördlich von München zwischen Dachau und Altomünster war das Sammellager.[2]

Ludwigs Kriegsplan war recht einfach: Es durfte zu keiner Vereinigung der beiden habsburgischen Heere kommen. Welches auch zuerst erschien, ob vom Osten oder Westen her, mußte zur Schlacht gestellt und geschlagen werden.

Das Ostheer war das erste, das nach Bayern vordrang, 1200 österreichische und steierische Ritter, zu denen das starke Kontingent niederbayerischer Adeliger gestoßen war, die sich von Friedrich hatten kaufen lassen; außerdem 4000 Mann Fußvolk und die wilden Helden der Pußta; so beutegierig waren die Kumanen, daß sie Säcke und große Beutel mit sich schleppten, um die erwartete Beute bequem transportieren zu können. Ludwigs Kundschafter meldeten, daß die österreichischen Streitkräfte in der Nähe von Gammelsdorf (westlich von Landshut) ein befestigtes Lager aufgeschlagen und sich verschanzt hatten. Hier wollten sie auf Leopold warten.

Ludwig setzte unverzüglich sein Heer in Bewegung und stellte sich um die Mittagsstunde des 9. November 1313 zur Schlacht. Seine eigene Streitmacht war zahlenmäßig unterlegen, aber das Glück war an diesem Tag eindeutig auf seiner Seite. Den ganzen Morgen hatte dichter Nebel geherrscht, so daß seine Truppenbewegungen vom Feind nicht wahrgenommen werden konnten. Das hieß nun keineswegs, daß Ludwig das österreichische Heer überfallen wollte. Eine Ritterschlacht spielte sich nicht nach den Regeln eines Indianerüberfalls ab. Eine Schlacht wurde angesagt, vom Feind angenommen oder auch nicht, aber wenn sie angenommen wurde, hatte man den Gegnern Zeit zu geben, die Rüstungen anzulegen, eine Messe zu feiern und ihren Frieden mit Gott zu machen.

Der dekorative, starre Krebspanzer, den man heute in alten Schlössern und Burgen als beliebtes Dekorationsstück bewundern kann, war zu Zeiten Ludwigs IV. noch nicht in Gebrauch; man trug den Haubert, den Maschenpanzer, manchmal schon mit einem festen Brustpanzer darüber. Oder den Schuppenpanzer, bei dem unzählige Eisenschuppen dicht auf Leder aufgenäht waren. Aber diese Eisenhemden warf der Ritter nicht einfach über, sondern er legte seine gewöhnliche Kleidung ab und behielt nur die Unterkleidung an. Darüber zog er als erstes ein Hemd, mit Vorliebe aus Seide, denn Seide war leicht und schützte vor Schwerthieben. Dann wurden die Knie mit weichem Filz umwunden und der Unterleib durch das Senftenier, eine gepolsterte Binde, gegen Stöße ge-

schützt. Nun halfen ihm die Knechte in die »Hosen«, eiserne
Strümpfe aus Kettengliedern, die von den Zehen bis weit die
Oberschenkel hinauf reichten und an einem Gürtel befestigt wurden. Darüber streifte man noch eiserne Schuhe, schützte die
Unterschenkel zusätzlich durch eine geschnürte Gamasche aus
starkem Leder oder durch Eisenschienen, und die Knie erhielten
passende Eisenschalen. Nun kam das stark mit Werg ausgepol-
sterte Wams an die Reihe, der Hals wurde durch eine feste, starke
Binde, das Kollier, geschützt – und dann wurde erst das Eisen-
hemd angelegt und das Hersenier aus Kettengliedern über Kopf
und Hals gestreift. Die eisernen Handschuhe waren oft direkt am
Haubert befestigt, und wenn der Ritter sie ausziehen wollte, zog er
die Hände durch einen Schlitz auf der Rückseite heraus und ließ
die Handschuhe einfach baumeln.

Mit dieser Gewandung dürfte der Ritter bereits einen recht stattlichen Anblick geboten haben, zumal die Rüstung gewöhnlich auf
Hochglanz poliert wurde, bis sie wie Eis glänzte. Aber man tat
noch ein übriges und legte darüber den Waffenrock oder Kursit an,
oft aus kostbaren Seidenstoffen gefertigt. Er diente durch die
aufgestickten Wappen als Erkennungszeichen und schützte
gleichzeitig die Rüstung vor Feuchtigkeit oder – noch wichtiger –
vor zu intensiver Sonnenbestrahlung. Nun noch das Schwert
umgegürtet, den Helm aufgesetzt! Die Lanze nahm er erst in die
Hand, wenn er zu Pferde saß.[3]

Wenn die Ritter in der Regel von Schlachten und Turnieren grün-
und blaugeschlagen nach Hause kamen – falls ihnen nichts Schlim-
meres widerfahren war –, lag es also nicht an mangelnder Vorsorge, sondern schlicht an der Härte der Hiebe und Stöße, die sie
sich gegenseitig austeilten.

DIE SCHLACHT VON GAMMELSDORF

Die Schlacht hatte ihre festen Formen wie alles im Mittelalter. Daß
der Nebel dem Mönch von Fürstenfeld als Vorteil für Ludwig
erschien, kann deshalb nur bedeuten, daß er es möglich machte,
eine besonders günstige Stellung zu beziehen. Und auf jeden Fall
half der Nebel, die Österreicher über die Stärke von Ludwigs Heer

zu täuschen. Der Wittelsbacher konnte ein Truppenkontingent unter Herrn von Schlüsselfeld abseits versteckt halten. Denn ein verschanztes Heer, das auf eine bedeutende Verstärkung wartete, zu einer Schlacht herauszufordern, war ein Kunststück, das im Mittelalter selten gelang – es sei denn, es fühlte sich so haushoch überlegen, daß ihm das Warten als Dummheit erschienen wäre.

So frohlockten die Österreicher, als Ludwig die Schlacht ansagte und sie sein Heer abschätzen konnten. Sie sahen, daß sie viel stärker waren und zweifelten nicht, »sie würden das feindliche Häuflein vernichten. . . . Die Mittagsstunde war schon vorüber, als die beiden Scharen sich gegeneinander in Bewegung setzten, unter Anrufung Gottes sich zum Treffen ordneten und handgemein wurden, wobei sie den üblichen Schlachtgesang anstimmten, dessen Schall widerhallend in die Lüfte stieg.«[4]

Ein beliebter Schlachtgesang, der auch bei der Schlacht von Göllheim gesungen worden war, begann: »In Gottes Namen fahren wir.« Allerdings dürfte der Gesang nicht der einzige Lärm gewesen sein, denn für eine Schlacht wurde alles aufgeboten, was tüchtigen Krach machte. Hörner und Posaunen schmetterten, Trommeln wurden gerührt, Trompeten riefen zum Angriff und das Wicliet, der Schlachtgesang, ging bald in das übliche Kriegsgeschrei über.

Anfangs war der Kampf trotz der zahlenmäßigen Überlegenheit der Österreicher ausgeglichen. Aber dann errangen sie Vorteile. Ludwig, »der sich wacker im Kampfe tummelte«, wie die Fürstenfelder Chronik berichtet, feuerte immer wieder die Seinen an, zu kämpfen und nicht zu erlahmen. Aber noch stand ja Herr von Schlüsselfeld mit seiner Schar in Reserve. Sie »bemerkten kaum, daß der Herzog und die Seinen gefährdet seien, als sie kampfbereit mit gewaltigem Nachdruck sich auf die feindlichen Scharen stürzten, deren Reihen an mehreren Stellen durchbrachen und nicht wenige zu Boden streckten«. Bei diesem Anblick wuchsen den Herzoglichen neue Kräfte und das Kriegsglück neigte sich nun eindeutig Ludwig zu.

Die Ungarn und Kumanen waren die ersten, die vom Schlachtfeld flohen, nachdem sie ihre Pfeile verschossen hatten. Und bald befand sich das ganze österreichische Heer in wilder Flucht. Hunderte von niederbayerischen und österreichischen Rittern gerieten

in bayerische Gefangenschaft, darunter so berühmte Namen wie
Marschall Dietrich von Pilichdorf, die Grafen von Schaunberg und
Retz, die Herren von Kuenring, Meisau, Kapellen, Walsee u. a.[5]
Nach der Fürstenfelder Chronik sollen es dreihundertfünfzig der
tapfersten und stolzesten Ritter der Zeit gewesen sein, die gefan-
gengenommen wurden; die Vita, die sich über diese Schlacht
überraschend gut informiert zeigt, spricht von fünfhundert und
die 1. bayerische Fortsetzung der sächsischen Weltchronik sogar
von sechshundert.

Es war auf jeden Fall eine große Leistung. Seit Göllheim hatte es
keine so große Schlacht und keinen so glänzenden Sieg mehr
gegeben. Wie viele Tote und Verwundete auf dem Schlachtfeld
blieben, ist nicht überliefert, aber keiner der Zeitgenossen, auch
nicht der älteste Mann, hatte je erlebt, daß so viele bedeutende
Ritter in Gefangenschaft gerieten. Um Donau und Inn gab es
damals kaum eine Burg, die nicht einen vornehmen Gefangenen
beherbergt hätte. Manche wurden in milder, andere – besonders
die Niederbayern – in strenger Haft gehalten, wieder andere gegen
den Eid, sich zu einem bestimmten Tag wieder einzufinden,
entlassen.

Anschließend nahm der Herzog in Niederbayern bedeutende Burgen ein: Neben Schärding, Griesbach, Ernek, Julbach und Winzer
noch zweiundsiebzig weitere. Bayern hatte seinen umjubelten
Volkshelden! Und überall »breitete sich der Ruhm Herrn Ludwigs
des Herzogs, als man die Kunde von seinem glorreichen Siege
vernahm, ins Unermeßliche aus«.[6]

KAISER HEINRICH IST TOT

Rudolf hatte sich am Kampf nicht beteiligt und soll nach dem
glänzenden Erfolg des Bruders eher verstimmt als erfreut gewesen
sein. Selbst der Mönch von Fürstenfeld, der Rudolf immer wohlge-
sonnen war, vermerkt es übel, daß dieser nach dem Sieg nicht
fröhlich zu seinem Bruder eilte, um ihn zu beglückwünschen. Bald
darauf reiste Rudolf mit seiner Frau Mechthild nach Heidelberg,
um seines Amtes als Pfalzgraf zu walten. In Deutschland stand
nämlich wieder eine Königswahl bevor. Während des Herbstes,

als sich in Süddeutschland der Konflikt zwischen Friedrich und Ludwig zuspitzte, war aus Italien die erschütternde Nachricht eingetroffen, daß der 38jährige Kaiser Heinrich VII. am 24. August 1313 gestorben war.

Heinrichs Romzug war ein glückloses Unternehmen gewesen. Seine Frau, der er sehr zugetan war und mit der er eine glückliche Ehe führte, starb an einer ansteckenden Krankheit. Sein Bruder Walram fiel bei der Belagerung von Brescia. Mit Papst Klemens V., der Heinrich VII. anfangs viel Wohlwollen bewiesen hatte, war es zuletzt zum Streit gekommen. Darüber hinaus konnte Heinrich seine politischen Ziele nicht erreichen und erlebte Enttäuschung auf Enttäuschung. Und seine militärischen Mittel waren zu schwach, um diese Ziele mit Gewalt durchzusetzen. Außer Herzog Rudolf von Oberbayern, Herzog Leopold von Österreich, der wegen einer Erkrankung bald nach Deutschland zurückgekehrt war, und Heinrichs Bruder, Erzbischof Balduin von Trier, hatte sich keiner der bedeutenden Reichsfürsten am italienischen Unternehmen beteiligt.

Als einzigen Erfolg konnte Heinrich die Krönung zum Kaiser erwirken. Sie fand unter demütigenden Umständen durch zwei päpstliche Legaten im brandzerstörten Lateranpalast statt, da der Stadtteil rechts des Tibers mit St. Peter von feindlichen Truppen besetzt war und trotz schwerer Verluste nicht freigekämpft werden konnte. Doch immerhin hatte der Luxemburger damit etwas erreicht, das seit der Kaiserkrönung Friedrichs II. im Jahre 1220 keinem deutschen Herrscher mehr gelungen war.

Wer würde der nächste König werden? Habsburg oder erneut Luxemburg? Auf diese Frage lief von Anfang an alles hinaus, ein Beweis dafür, daß die kurzsichtige Politik der Erwählung kleiner Grafen endlich der Vergangenheit angehörte.

VERSÖHNUNG MIT FRIEDRICH DEM SCHÖNEN

Während am Rhein der Handel um den Thron im Gange war, Versprechen gegeben, Absprachen getroffen und wieder gebrochen wurden, hatte man in Süddeutschland etwas Wichtiges zu erledigen: Die Scherben von Gammelsdorf mußten beseitigt wer-

den. Herzog Leopolds Heerzug war bei der Nachricht von der
österreichischen Niederlage jäh zum Stehen gekommen. Die Pläne
für eine Ausdehnung Österreichs nach Niederbayern wurden
vorerst aufgegeben. Nun mußte man versuchen, einen Frieden
und die Freigabe der Gefangenen zu erreichen.

Die Friedensgespräche zwischen Ludwig und Friedrich im Kloster
Ranshofen bei Braunau und in Salzburg, die Erzbischof Wichard
von Salzburg vermittelt hatte, verliefen in freundschaftlicher At-
mosphäre. Beide Vettern waren – jeder Zoll ein Fürst – mit großem
Gefolge erschienen. Aber dann zeigte es sich, daß es gar nicht nötig
war, sich gegenseitig mit Gepränge zu imponieren. In kürzester
Zeit war die alte Vertrautheit der Knabenjahre wieder vorhanden.
Ludwig der Bayer machte dabei eine sehr großzügige, schöne
Geste. Von Rechts wegen stand ihm für jeden seiner Gefangenen
ein Lösegeld zu. Aber Ludwig zeigte sich – von Gefühlen der
Freundschaft übermannt oder berechnend? – nobel und großzü-
gig. Er ließ die meisten seiner Gefangenen ohne langes Feilschen
gegen ihr Gelübde frei, ihn nicht mehr zu bekämpfen.

Äußerst unzufrieden war der Mönch von Fürstenfeld mit dieser
Entwicklung. Er liebte die Österreicher nicht, und wenn es nach
ihm gegangen wäre, hätte der Herzog »einigen von ihnen den
Kopf vor die Füße gelegt, andere bis auf den letzten Pfennig
ausgebeutelt«. Es verschaffte ihm keinerlei fromme Genugtuung,
daß Ludwig, »der das Evangelium nicht mit tauben Ohren ver-
nommen«, den Österreichern »Böses mit Gutem« vergalt.

Entsprang Ludwigs Handlungsweise Gefühlen echter Großzügigkeit und Freundschaft oder ließ der Wittelsbacher seine freund-
schaftlichen Gefühle die Oberhand gewinnen aufgrund der neuen
politischen Lage? Die Habsburger hatten zwar die Schlacht verloren, aber in der Zwischenzeit war die Niederlage durch Bündnisverträge mit König Johann von Böhmen, Herzog Heinrich von
Kärnten, Heinrich von Görz und Erzbischof Wichard von Salzburg
wieder ausgeglichen worden. Zudem war Friedrich der Schöne mit
dem Grafen Heinrich von Ortenburg verbunden, und in Schwaben
saß der kämpferische Leopold. Sollten die Kampfhandlungen wieder aufleben, hätte sich Ludwig auf drei Seiten von Feinden
umgeben gesehen. Außerdem mußte er damit rechnen, in Friedrich den nächsten König zu sehen. Die Habsburger waren vereint

mit großer Energie tätig, um dem ältesten Bruder den Königsthron zu verschaffen.

Aber was auch Ludwigs Gründe waren – nach außen wirkte seine noble Geste schön und edel. Die »Vita« schildert anschaulich das Versöhnungstreffen: »Als nun hier die erlauchten Herzöge Ludwig und Friedrich einander von Angesicht zu Angesicht erblickten, umarmten und küßten sie sich stürmisch, faßten die größte Zuneigung zueinander und gaben derselben, indem sie sich beide als Enkel des ruhmreichen Königs Rudolf bekannten, öffentlich Ausdruck. Da gab es nun große Freude und Ruhm auf beiden Seiten, und es kam zwischen ihnen zu Friede und Eintracht. Ein prächtiges Festgelage, von den Klängen fröhlicher Musik und lautem Jauchzen belebt, vereinte die Versöhnten.«

Hollywood in Bayern also, wie die Zukunft zeigen sollte!

6. Kapitel

*»Der verständigere oder bessere Teil der Wähler
aber wählte Herzog Ludwig.«*

Wieder versuchte König Philipp der Schöne von Frankreich die
Kurfürsten für einen französischen Kandidaten zu gewinnen,
dieses Mal für seinen Sohn Philipp. Jedoch stießen seine Anstrengungen in Deutschland auf keine größere Gegenliebe als bei der
letzten Wahl. Trotzdem zeichnete sich von Anfang an die Gefahr
einer Doppelwahl ab. Wie schon im Jahre 1198, als gleichzeitig
Philipp von Schwaben, der jüngste Sohn Barbarossas, und der
Welfe Otto von Braunschweig, Sohn Heinrichs des Löwen, gewählt worden waren, nahm das Verhängnis auch dieses Mal
seinen Lauf wegen der Uneinigkeit und Eifersucht der Erzbischöfe
von Mainz und Köln.

Wahlverhandlungen

Es war ganz natürlich, daß eine Dynastie, die einmal den König
gestellt hatte, daraus die Folgerung zog, für alle Zeiten ein Recht
auf die Krone zu haben. Die Habsburger hielten es deshalb für an
der Zeit, daß das luxemburgische Zwischenspiel auf dem deutschen Thron beendet wurde und nach dem Großvater Rudolf I.
und dem Vater Albrecht I. nun Friedrich der Schöne folgte. Für die
Luxemburger dagegen war der fast achtzehnjährige König Johann
von Böhmen der gegebene Nachfolger seines Vaters.
Es gab jedoch neben der Rivalität zwischen den beiden zur Zeit
mächtigsten Fürstentümern des Reiches auch eine zwischen den
beiden führenden geistlichen Fürsten, den Erzbischöfen von Köln
und Mainz. Jeder wollte der Königsmacher sein und das Reich in-
direkt durch den König beherrschen. Der Kölner Erzbischof, Heinrich von Virneburg, hatte unter Kaiser Heinrich so gut wie keine
Rolle gespielt, während seine beiden geistlichen Kurkollegen zu

Macht und Einfluß gekommen waren. Er legte sich deshalb früh auf Friedrich den Schönen fest, da ihm überdies die Habsburger die Entscheidung sehr leicht machten. Sie nahmen sogar eine Nichte des Erzbischofs, die zu verheiraten war, klaglos in Kauf; der sechzehnjährige Herzog Heinrich von Österreich, ein jüngerer Bruder Friedrichs, heiratete sie ohne alle Umstände noch vor der Königswahl.

Auf der Gegenseite konnte Johann von Böhmen mit drei sicheren Kurstimmen rechnen: seiner eigenen, der Trierer Kurstimme seines Onkels Balduin und der Stimme des Mainzer Erzbischofs Peter von Aspelt. Der Mainzer – der unter König Rudolf I. hochgekommen war und Karriere gemacht hatte – haßte inzwischen die Habsburger, seit ihm ein Gefolgsmann König Albrechts I. eine Ohrfeige gegeben und Albrecht diese ruchlose Tat nicht bestraft hatte. Im Gegenteil, der Übeltäter war mit einem Kanonikat in Basel bedacht worden.[1] Ein Beispiel, wie Zufälle und Kleinigkeiten Geschichte machen können. Möglicherweise wäre ohne diese Ohrfeige der Aufstieg der Habsburger zur führenden und erblichen Monarchie schon hundertzwanzig Jahre früher erfolgt.

Die pfälzische Kurstimme, Rudolf von Oberbayern, hegte anfangs für sich selber Hoffnungen und machte Erzbischof Peter von Mainz ein sehr üppiges Angebot. Als er jedoch die Nutzlosigkeit seiner Bewerbung einsah, ließ er sich für die luxemburgische Seite gewinnen, ging aber doch bald zur habsburgischen über. Markgraf Woldemar von Brandenburg ging den umgekehrten Weg. Die sächsische Kurstimme war zwischen zwei Linien strittig, und so versprach sie Johann von Sachsen-Lauenburg den Luxemburgern, Rudolf von Sachsen-Wittenberg den Habsburgern.

Auch zwischen Ludwig und Friedrich soll nach Abt Johann von Victring, einem sehr patriotisch gesinnten österreichischen Chronisten, im Rahmen der Ranshofener und Salzburger Friedensgespräche die Königswahl erörtert worden sein, und Ludwig soll dem Vetter seine Unterstützung zugesagt haben.

Alles deutet darauf hin, daß es die Habsburger von Anfang an auf eine Doppelwahl anlegten. Man konnte dann die Entscheidung dem Papst in die Hände legen, der, mit dem verstorbenen Heinrich VII. verfeindet, den Kurfürsten bereits signalisiert hatte, er würde König Johann von Böhmen nicht gerne als Nachfolger seines Vaters sehen – oder notfalls um die Krone kämpfen. Als Papst Klemens V. im April 1314 starb, ein Nachfolger nicht in Sicht war, zeichnete sich die Gefahr eines Thronkampfes ab. Zudem tauchten bei der luxemburgischen Partei Zweifel auf, wie König Johanns Eigenstimme zu bewerten war, ob sie nicht angefochten werden konnte.

Im Sommer 1314 trat eine überraschende Wendung ein: Die luxemburgische Partei verzichtete, gab auf, wollte aber auf keinen Fall Friedrich auf dem Thron und sah sich deshalb nach einem neuen Kandidaten um. Fast selbstverständlich tauchte nun der Sieger von Gammelsdorf in den Überlegungen auf. Er galt als klug und tüchtig, die böhmische Stimme hätte er unanfechtbar, und man konnte in seinem Fall doch sicher mit der pfälzischen Kurstimme rechnen. Sollten die Habsburger dann immer noch nicht aufgeben, so hatte er schon einmal bewiesen, daß er ihnen gewachsen war.

Im Sommer erschien Graf Berthold von Henneberg am Münchner Hof und überbrachte die Aufforderung der Erzbischöfe von Mainz und Trier und König Johanns von Böhmen, sich zu bewerben.

Was in diesem Augenblick wohl in Ludwig vorging? Die Fürstenfelder Chronik berichtet, er hätte im ersten Moment fast erschrokken abgelehnt. Er sei nicht würdig genug für dieses hohe Amt und seine finanziellen Mittel seien zu gering für eine ausreichende Repräsentation des Heiligen Römischen Reiches.

Sollte Ludwig sich tatsächlich so verhalten haben, so kann das nur bedeuten, daß er sich auch in diesem aufregenden Augenblick an seine gute Erziehung erinnerte. Je höher man stand, um so mehr war es Pflicht, sich erst ein zweites Mal bitten zu lassen. Lange ließ er sich auf keinen Fall bitten. Das Haus Wittelsbach war der Krone schon einige Male nahe gewesen, ohne daß es ganz gereicht hätte.

Ludwig war entschlossen, diese neue Chance zu nutzen. Im September ging er an den Rhein, um die letzten Verhandlungen zu führen. Denn wenn die luxemburgische Partei auch selbst an ihn herangetreten war, so hieß das nicht, daß ein Kurfürst auf seine Handsalben verzichtet hätte. Allerdings ließen sich Erzbischof Heinrich von Köln und Rudolf von Sachsen-Wittenberg auch jetzt nicht der habsburgischen Seite abspenstig machen.

Auch Pfalzgraf Rudolf nicht! Die Situation dürfte für Rudolf recht peinlich gewesen sein. Würde er gegen den eigenen Bruder stimmen, so mußte das bei dem ausgeprägten Familiensinn des Mittelalters Befremden auslösen. Aber er hatte zudem noch eine Schwenkung zu vollziehen, die seiner ganzen bisherigen habsburgfeindlichen Politik entgegengesetzt war.

Königswahl

Trotzdem zeichnete sich eine eindeutige Mehrheit für Ludwig ab. Da aber zauberten die Habsburger eine Überraschung aus dem Hut, mit der niemand gerechnet hatte: Heinrich von Kärnten wurde als böhmischer König und Inhaber der böhmischen Kurstimme präsentiert. Seit vier Jahren gab es mit Johann von Böhmen einen gekrönten König Böhmens, für den sämtliche Kurfürsten ihre Willebriefe abgegeben und den die Habsburger im Jahre 1311 selbst als böhmischen König anerkannt hatten. Aber nun trat plötzlich Heinrich von Kärnten, ein Onkel Friedrichs und ein Cousin Ludwigs des Bayern, als böhmischer König auf.

So rückte der 19. Oktober 1314, der Wahltag, heran. Beide Wahlkandidaten näherten sich Frankfurt mit Hunderten von Gefolgsleuten »und so großem Gepränge wie möglich«.[2] Viele Persönlichkeiten waren schon unter Ludwigs Gefolge zu entdecken, die in seinem ganzen weiteren Leben eine wichtige Rolle spielten: Wilhelm III. von Holland-Hennegau, Gerhard von Jülich, Adolf von Berg, Berthold von Henneberg, Berthold von Marstetten, genannt von Neuffen, die Grafen von Truhendingen und Graisbach, die Herzöge Hermann und Ludwig von Teck usw.

Ludwig und seine Anhänger schlugen ihr Lager auf der traditionellen Wahlstätte, der sog. Frankenerde, unmittelbar vor den Toren Frankfurts auf. Friedrich der Schöne und sein Gefolge versammelten sich auf der anderen Seite des Flusses bei Sachsenhausen.

Das war ungewöhnlich und ein weiteres Indiz dafür, daß die Habsburger gezielt auf eine Doppelwahl hinarbeiteten. Eine Einladung der wittelsbachischen Partei, sich der Wahlhandlung auf der Frankenerde anzuschließen, wurde deshalb nicht beantwortet. Statt dessen schritt man in Sachsenhausen, sobald sich die Wittelsbacher Delegation entfernt hatte, zur Wahl. Heinrich von Kärnten,

Rudolf von Sachsen-Wittenberg und Pfalzgraf Rudolf, der als Vertreter des abwesenden Kölner Erzbischofs auch dessen Stimme vergab, wählten einstimmig Herzog Friedrich von Österreich zum römischen König.

Auf der Frankenerde wartete man bis zum nächsten Tag auf die Habsburger. Am 20. Oktober – inzwischen hatte man von der hinterlistig abgehaltenen Wahl der Gegenseite erfahren – schritt man auch hier zur Wahl. Genauso einstimmig wählte »der verständigere oder bessere Teil der Wähler«,[3] nämlich Erzbischof Peter von Mainz, Erzbischof Balduin von Trier, Markgraf Woldemar von Brandenburg, König Johann von Böhmen und Herzog Johann von Sachsen-Lauenburg ihren Kandidaten zum römischen König: Pfalzgraf Ludwig, Herzog von Oberbayern!

»Als diese Wahl bekannt wurde«, erzählte der Mönch von Fürstenfeld, »erhob sich in der Stadt, die ihm stets in treuer Anhänglichkeit ergeben war, lautes Freudengeschrei und alles lobte den Herrn.« Die traditionell während der Wahlhandlung verschlossenen Tore Frankfurts öffneten sich für Ludwig, er wurde nach alter Sitte auf den Altar des hl. Bartolomäus gehoben, man sang das vorgeschriebene Te Deum und Ludwig nahm die Huldigung des Volkes und der Kurfürsten entgegen.

Es war tatsächlich der Fall eingetreten, daß beide Fürsten, wenn sie wollten, sich als rechtmäßig gewählte römische Könige sehen konnten. Und sie wollten beide! Friedrich konnte für sich vier Kurstimmen zählen, Ludwig fünf. Bereits die zeitgenössischen Chronisten hielten fast ohne Ausnahme Ludwig für den wahren König, die späteren demokratisch geschulten Historiker ohnehin. Allerdings war die Mehrheitswahl durch die Kurfürsten zu Beginn des 14. Jahrhunderts gesetzlich noch nicht verankert, sondern wurde erst mit der »Goldenen Bulle« im Jahre 1356 Gesetz. Sie scheint aber bereits vorher informell gegolten zu haben, denn Ludwig hat sich im Rahmen der späteren päpstlichen Prozesse immer auf die Majorität berufen, die er auf seiner Seite gehabt hatte. Für die Zeitgenossen jedoch fiel weit stärker ins Gewicht, daß bei Ludwig das nötige Zeremoniell beachtet worden war. Er war auf der Frankenerde gewählt, von Frankfurt aufgenommen worden, ihn hatte man auf den Altar des hl. Bartolomäus gehoben! Diesen Dingen wurde ungeheurer Wert beigemessen. Friedrich geriet zu diesem Zeitpunkt eindeutig ins Hintertreffen, aber er konnte bei der Krönung Boden wettmachen.

Krönung

Welcher der beiden Fürsten sich auch mit größerem Recht als wahrer König fühlen konnte – vorerst wurden beide am 25. November zum römischen König gekrönt: Ludwig in der seit Karl dem Großen traditionellen und im Sachsenspiegel vorgeschriebenen Krönungsstadt Aachen. Er wurde allerdings von der falschen Person gekrönt, dem Mainzer Erzbischof. Friedrich wiederum erhielt die Krone von der richtigen Person, dem Kölner Erzbischof, aber am falschen Ort. Er war in Aachen abgewiesen worden, da man dort durch Frankfurter Boten von der Anerkennung des Wittelsbachers als des wahren Königs erfahren hatte. Auch die Kölner Bürger hielten zu Ludwig und ließen Friedrich nicht in ihre Mauern – mochte ihr Erzbischof, mit dem sie ohnehin chronisch verfeindet waren, wählen, wen er wollte. So wurde Friedrich schließlich in Bonn gekrönt.

Aber Friedrich hatte einen unschätzbaren Vorteil voraus: In seinem Besitz befanden sich die Reichskleinodien, »das rich«, wie sie voller Ehrfurcht genannt wurden. Ludwig wurde in Aachen mit den Krönungsinsignien gekrönt, die Richard von Cornwall der Aachener Marienkapelle gestiftet hatte, wertvolle und kunstreiche Arbeiten, aber eben nicht das hochverehrte »rich«. Unklar ist, woher Friedrich die Reichskleinodien hatte. Möglicherweise waren sie nach dem Tod Albrechts I. nie an Kaiser Heinrich VII. ausgeliefert worden, oder sie gelangten nach dem Tode Kaiser Heinrichs in den Besitz des Kölner Erzbischofs.

Ludwig aber scheint trotz »falscher« Person und »falscher« Insignien mit seinem »richtigen« Ort recht zufrieden gewesen zu sein, denn seine Krönung wurde mit allem Pomp gefeiert, die das alte Reich aufzubieten imstande war. Boten luden in allen Teilen des Landes zur Krönung ein. Küche und Keller mußten entsprechend vorbereitet, der richtige Ablauf der Zeremonien organisiert werden. Königin Beatrix wurde mit dem angemessenen Gefolge nach Aachen geleitet.

Die Krönungszeremonien hatten sich seit ottonischer Zeit wenig verändert, so daß man Ludwigs Krönung durch Berichte über andere Krönungen ergänzen kann.[4] Der Herrscher betrat zusammen mit seiner Gemahlin und umgeben von den Großen des Reiches in festlichen Laiengewändern die Kirche und wurde von der hohen Geistlichkeit empfangen. Man reichte dem zukünftigen Caesar Augustus das Lotharkreuz mit der Kamee des Augustus zum Kuß. Die kostbarsten Teppiche waren ausgelegt, Hunderte von Kerzen brannten, Gebete und Gesänge erklangen. Unter dem Radleuchter Barbarossas mußte sich der König niederwerfen, während über ihn die Worte gesprochen wurden: »Domine salvum fac regem, Herr mache den König glücklich und erhöre uns an dem Tage, an dem wir Dich anrufen werden.«

Vor dem Marienaltar fand die Krönung statt. Vergoldete Tafeln standen vor dem altkarolingischen Altartisch, darüber erhoben sich die als Gnadenbild verehrte Madonna mit dem Christuskind und der Marienschrein, ein großes Kunstwerk des 13. Jahrhunderts. Der Consekrator, in Ludwigs Fall Erzbischof Peter von Mainz, hielt das Hochamt.

Die Salbung begann mit dem feierlichen Eid des Königs, die Rechte des Reichs und des Kaisertums zu bewahren; er gelobte die christliche Glaubenstreue, die kirchliche Schutzherrnschaft, den Schutz der Armen und Reichen und die Amtsgerechtigkeit. Vor allem Gerechtigkeit war es, die sich das Mittelalter vom Herrscher wünschte, und er mußte sie während der Krönungszeremonie insgesamt dreimal versprechen. Fürsten, Klerus und Volk gelobten ihm im Gegenzug Gehorsam und Treue. Anschließend wurde der König mit Katechumenöl an Haupt, Brust, Nacken, den Ellbogen und Händen gesalbt.

Für die eigentliche Krönung wurden dem König in der Sakristei Alba und Stola sowie der mit Gold und Perlen bestickte Krönungsmantel angelegt. Alba und Stola als Teil des Krönungsornats, dem Zuschnitt nach identisch mit dem liturgischen Gewand der Geistlichkeit, zeigen deutlich das Wesen der abendländischen Reichsidee, die ein Jahrtausend lang als Vereinigung zwischen Kirche und Reich verstanden wurde. An den Altar zurückgekehrt, wurden dem knienden König von den Kurfürsten die Insignien seiner Würde – Schwert, Ring, die Armreifen, Zepter, Krone – mit den vorgeschriebenen Worten überreicht. Unter den Gesängen des Klerus schritt der König nun zum Thron Karls des Großen, dessen Stufen und Sitz mit golddurchwirkten Stoffen verkleidet waren, und nahm den Stuhl ein. Eine Geste voller Symbolik. Der Erzbischof von Mainz sprach als erster und vornehmster Kurfürst des Reiches seine Glückwünsche aus.

Erst danach fand die Krönung der Königin statt. Auch sie wurde vor dem Altar gesalbt und unter vielen Gebeten mit einer goldenen Krone gekrönt. Dann folgten weitere Gesänge.

Das Mittelalter hatte unleugbar Talent, große Ereignisse feierlich zu begehen. Allerdings herrschte bei einer Krönung meist ein beängstigendes Gedränge. Bei der Krönung König Albrechts I. wurde in dem Gedränge der Kurfürst Albrecht von Sachsen erdrückt.

Von Ludwigs Krönung ist keine solche Panne überliefert, und der überschwengliche Chronist der »Vita« berichtet, wie es weiterging: »Und während der Ruf der ganzen Bevölkerung: ›Es lebe der König, es lebe der König!‹ sich gewaltig erhebt, wird er als der Herr des Erdkreises ausgerufen und dem Volk persönlich vorgestellt, ein schöner, kräftiger, ehrenfester Jüngling... O Gott, welche Freude, welcher Jubel! Und so möge er fort und fort König sein. Festliche Gelage werden veranstaltet; frohe Stimmung ergreift alle Teilnehmer. Auch die Frau Königin wird gepriesen; Geschenke werden erteilt, Pfänder eingelöst. Möge die ganze Welt teilnehmen an der Freude über einen so ruhmvollen König in Ewigkeit.«

Zum ersten der »festlichen Gelage«, dem offiziellen Krönungsmahl im Rathaus von Aachen, schritt man nach der Krönung in feierlicher Prozession, der König im Krönungsornat, die Kurfürsten in rotem Samt mit den hermelingefütterten Kurfürstenhüten. Königliche Diener warfen Münzen in die Menge. Dem Bürgermeister von Aachen stand das Recht zu, einen Griff in den Sack Münzen zu tun. Im Bericht über eine spätere Krönung heißt es: »Man wartete mehr auf das Geld als auf den König.«[5] Vermutlich war das im 14. Jahrhundert nicht anders.

DIE BUNTE MODE

Der Abend des Festbanketts war eine weitere erwünschte Gelegenheit, durch den Reichtum der Kleidung tüchtig zu prot-
zen. Die Damenmode bestach, wie fast im ganzen Mittelalter,
auch im 14. Jahrhundert durch Eleganz. Die Geckenhaftigkeit
blieb Jahrhunderte hindurch fast ausschließlich den Männern vorbehalten. Die Damenkleider waren nun aber viel enger als früher.
Vor allem das untere der beiden Kleider, das meist lange,
schmale, bisweilen unten fahnenartig verlängerte Ärmel hatte,
konnte nun nicht mehr über den Kopf gezogen, sondern mußte
durch Knöpfe geschlossen werden. Das obere ärmellose Kleid
war weiter geschnitten, aber am Dekolleté und an den Seiten so
weit offen, daß man durch diese »Teufelsfenster« die Schlankheit
der Figur erkennen konnte.
Der Schnitt dieser Kleider war relativ schlicht, aber der Aufputz
so üppig wie möglich. Die Kleider – für festliche Gelegenheiten
aus kostbaren Seiden- und Brokatstoffen gefertigt und mit einer
Schleppe, dem »swenzelin« versehen – waren nicht nur reich
bestickt, mit kostbaren Pelzen verbrämt oder mit Blattgold belegt,
sondern auch verschwenderisch mit Perlen und Edelsteinen verziert. Über all dieser Pracht trug man das unentbehrlichste Kleidungsstück des Mittelalters, den ärmellosen, halbrunden, oft mit
einer langen Schleppe versehenen Mantel, dessen üppigen Faltenwurf man längst nicht mehr dem Zufall überließ. Seit dem
13. Jahrhundert waren eigene Mantelschneider für die Anferti-
gung zuständig und fixierten den eleganten Faltenwurf.
Auch der Kopfputz – die verheiratete Frau ging das ganze Mittelalter hindurch in der Öffentlichkeit mit bedecktem Kopf – war oft
sehr kostbar. Blanche von Bourbon z. B. erhielt zur Ausstattung
einen goldenen Hut mit 12 Rubinen, 20 Smaragden, 16 Diaman-
ten und 42 großen Perlen. Der Herzog von Burgund überraschte
1371 seine Frau mit einem Hut, der mit 600 großen und kleinen
und 50 Unzen kleinster Perlen verziert war.[6]
Kleinen Veränderungen bei der Damenmode stand seit Beginn
des 14. Jahrhunderts ein revolutionärer Wandel in der Herrenmode gegenüber. Die langen Gewänder der Herren aus dem
13. Jahrhundert, die den kühnen Rittern ein seltsam weibliches

Aussehen gaben, so daß man heute auf mittelalterlichen Miniaturen Männer und Frauen kaum auseinanderzuhalten vermag, gehörten im 14. Jahrhundert der Vergangenheit an. Die Röcke wurden kürzer, und die Herrenmode machte sich auf den endgültigen Weg in die Zweiteilung von Beinkleid und Rock.

Das verursachte bei den älteren Menschen große Aufregung. Nach der Schlacht von Crécy im Jahre 1346 war der Verfasser der großen Chronik von St. Denis felsenfest davon überzeugt, daß die Franzosen, als göttliche Strafe für die unanständige Mode der französischen Männer, die Schlacht verloren hatten. »Die einen trugen so kurze Gewänder«, schrieb er empört, »daß sie, wenn sie sich bücken mußten, um einen Herrn zu bedienen, denen, die hinter ihnen standen, die Hosen, und was darunter, zeigten.«[7]

In Deutschland hieß die Hose, die einer heutigen Badehose ähnlich war und den französischen Chronisten empörte, »die bruoch« (Bruch), und die Strümpfe, die umständlich durch Strumpfhalter mit dem Gürtel der bruoch verbunden waren, nannte man wie bei der Rüstung »die Hosen«. Diese Kleidungsstücke hatte der Herr des 13. Jahrhunderts bereits unter seinem knöchellangen Kleid getragen, aber daß sie nun sichtbar wurden, erregte auch hier die Gemüter. »In jenen Tagen«, schrieb die Mainzer Chronik, wobei sie das Jahr 1367 im Auge hatte, »ging die Torheit der Menschen so weit, daß die jüngeren Männer so kurze Röcke trugen, daß sie weder die Schamteile noch den Hintern bedeckten. Mußte sich jemand bücken, so sah man ihm in den Hintern. O, welch unglaubliche Schande!« Im 15. Jahrhundert verschmolzen Beinlinge und »bruoch« endgültig zu »einem Paar Hosen«, wie das Kleidungsstück noch heute unlogisch benannt wird.

Aber der Rock wurde nicht nur kürzer, sondern auch enger, und mußte nun aufgeschnitten und durch Knöpfe geschlossen werden. Modenarren konnten gar nicht genug Knöpfe verwenden, und man hört von fünf bis sechs Schock Knöpfen an einem einzigen Kleidungsstück. Herren, die es sich leisten konnten, bevorzugten aber offenbar weiterhin Edelsteine als Schmuck, die genauso verschwenderisch wie bei den Damen die Kleidung zierten. Das Korsett kam auf, auch bei den Herren; Petrarca erzählt in einem Brief an seinen Bruder von den großen Leiden, die er beim Schnüren zu erdulden hätte.

Vor allem aber wurde die Herrenkleidung noch bunter, als sie es bisher schon war. Das »mi-parti«, die Zweiteilung der Kleidung, bei der jede Körperseite in einer anderen Farbe prunkte, war schon seit dem 12. Jahrhundert beliebt, aber nun wurde die Buntheit in einer Weise übertrieben, daß die tapferen, ruhmreichen Ritter in Zivilkleidung dem Hauptakteur des Kasperltheaters recht ähnlich gesehen haben dürften. Ein Prediger redete den Modenarren der Zeit ins Gewissen: »Ihr habt nicht genug davon, daß euch der allmächtige Gott die Wahl unter den Kleidern gelassen hat, indem er sagte: Wollt ihr sie braun, rot, blau, weiß, grün, gelb, schwarz? Nein, in einer unverständlichen Hoffart zerschneidet ihr eure Gewänder zu Flicken, hier der rote in dem weißen, da den gelben in den grünen, das eine gewunden, das andere gestrichen, hier einen Löwen, dort einen Adler.«[8]

Kurios wirkt auch die so überaus beliebte Zattelung an Ärmeln und Säumen, zu der Johann von Victring schreibt, einstmals hätten sie die Narren getragen. Und natürlich darf man die Glöckchen nicht vergessen, will man sich einen Elegant des 14. Jahrhunderts in voller Pracht vorstellen. Glöckchen am Kragen, an Säumen, Gürteln und Schuhen!

Die seltsamste Modeerscheinung aber waren die Schnabelschuhe. Sie sollen vom Grafen Fulco von Anjou erfunden worden sein, der in solchen Schuhen die Frostbeulen an seinen Zehen verbergen wollte.[9] Er kreierte damit eine Mode, die bald kein Maß mehr kannte. Die mutigsten Modenarren trugen sie schließlich so lang, daß sie nur noch darin laufen konnten, wenn sie die Schnäbel nach aufwärts bogen und mit Kettchen am Knie befestigten.

Alle diese Moden hielten sich meist das ganze 14. und auch noch das 15. Jahrhundert hindurch. Wie weit nun diese Modetorheiten von einzelnen Herren aufgegriffen oder verachtet wurden – auf jeden Fall dürfte sich Ludwig der Bayer bei seinem Festbankett einer weit bunteren Gesellschaft gegenübergesehen haben als Fürsten anderer Zeiten.

Aber weder feierliche Krönungszeremonien, noch Festlichkeiten und Hochrufe des Volkes täuschten Ludwig oder einen seiner Gäste darüber hinweg, daß der Wittelsbacher noch einen schweren Weg vor sich hatte, bis er sich als unbestrittener König über das gesamte Reich sehen konnte. Niemand konnte allerdings ahnen, daß es acht Jahre dauern würde, bis zwischen Ludwig und Friedrich die endgültige Entscheidung fiel.

7. Kapitel

»Der größte Hader aller Zeiten!«

In Avignon konnte sich das zerstrittene Kardinalskollegium immer noch nicht auf einen Kandidaten einigen. Beide gewählten Könige sandten deshalb ihre Wahlanzeige an »den zukünftigen Papst«. Wie seine Vorgänger umging auch Ludwig der Bayer elegant die von den Päpsten verlangte Bitte um Approbation. Seine Wahlanzeige ist mit aller erforderlichen Höflichkeit abgefaßt, aber es wird lediglich um die Kaiserkrönung gebeten. Friedrich der Schöne dagegen erwies sich im Sinne der Kurie als wahrer Musterknabe, denn neben der Kaiserkrönung erbat er auch die Approbation.[1]

Der Anspruch auf Approbation

Der Approbationsanspruch des Papsttums galt als heißes Eisen. Er besagte, der von den Fürsten erwählte König bedürfe der Genehmigung und Bestätigung durch den Papst; erst dann sei sein Königtum rechtmäßig. Das deutsche Reichsrecht dagegen kannte keine derartige Notwendigkeit. Der erwählte und gekrönte König befand sich sofort im Besitz der vollen Königsgewalt über das gesamte Imperium mit allen Rechten und Pflichten dieses Amtes. Natürlich ging es bei den gegensätzlichen Ansichten um weit mehr als eine bloße Formalität. Wenn das Papsttum seine Ansicht durchsetzte, hörte das Reich auf, ein eigenständiger Staat zu sein, und das seit langem angestrebte Ziel der Kirche war erreicht, den römischen König zu einem Lehnsmann, das Reich zu einem Lehen des Papstes zu machen. Seit man im Reich diese Gefahr erkannt hatte, war es immer ein Balanceakt gewesen, die Bitte um Approbation zu umgehen und trotzdem einen offenen Konflikt mit der Kurie zu vermeiden. Doch davon später (siehe Kapitel 10).
Natürlich waren auch Friedrich der Schöne und die Kurfürsten der

habsburgischen Partei mit diesem Problem vertraut. Sie wußten jedoch auch, welch großen Nutzen – vor allem bei den geistlichen Fürsten – die päpstliche Approbation für Friedrich in der Situation des Doppelkönigtums bedeutet hätte. Da Ludwig in der gleichen Lage wie der Habsburger war, ist es ihm hoch anzurechnen, daß er im Interesse der Reichsrechte nicht den bequemen Weg ging, sich durch die Bitte um Approbation bei der Kurie Liebkind zu machen. Aber Papst Johannes XXII., auf den sich die Kardinäle erst zwei Jahre später einigen konnten, griff nicht in den deutschen Thronstreit ein. Weder versuchte er den Frieden zu vermitteln, noch ergriff er für einen der Vettern Partei. Es paßte ganz vortrefflich in seine Pläne, daß sich in Deutschland zwei Könige bekämpften und er selbst inzwischen in Italien freie Hand hatte.

Die Chancen der beiden Vettern, den Thronkampf jeweils für sich zu entscheiden, waren zunächst in etwa gleich. Friedrich hatte die größere Hausmacht, hinter Ludwig standen von Anfang an bedeutende Reichsstädte und weite Gebiete in Franken, am Mittel- und Niederrhein. Viele Landstriche Deutschlands und die meisten Fürsten hielten sich völlig aus dem Kampf heraus und warteten aus der Ferne die Entscheidung ab.

Trotzdem hatte Friedrich Vorteile. Seine beflissene Bitte um Approbation, aber auch seine Heirat mit Isabella von Aragon, deren Vater an der Kurie Einfluß hatte, wirkten sich bei der Neubesetzung von Bistümern aus. Sie wurden seinen Anhängern zugeteilt. Er war zudem finanziell in einer weit besseren Lage und konnte sich während aller Höhen und Tiefen der folgenden acht Jahre bedingungslos auf seine Brüder verlassen. Dagegen mußte Ludwig nicht nur die Habsburger, sondern auch den Feind im Inneren Bayerns im Auge behalten, seinen Bruder Rudolf.

DIE FEINDLICHEN BRÜDER

Als König Ludwig im Frühjahr 1315 nach Bayern zurückkehrte, zog ihm sein Bruder an der Spitze der Münchner Bürgerschaft zur feierlichen Einholung entgegen. Da Ludwig kurz vorher in Augsburg erfahren hatte, daß ihm Rudolf diese Stadt hatte abspenstig machen und für die Habsburger gewinnen wollen, dürfte er kei-

nen Augenblick in Versuchung geraten sein, den Empfang als
etwas anderes zu sehen als eine Geste für die Münchner Bürger.
Stolz und glücklich über die hohe Ehre, die ihrem Herzogshaus
widerfahren war, hätten sie für ein anderes Verhalten kein Verständnis aufgebracht. Mochte der Landesfürst Ludwig den
Münchner Bürgern zuliebe beim Empfang auch gute Miene zum
bösen Spiel machen, so war es dem König und Politiker von
Anfang an klar, daß der Zustand unhaltbar war, wenn »der einzige bisher unbedingte und verläßliche Partisan des Habsburgers, Pfalzgraf Rudolf«,[2] seine Politik beibehielt.

Und er behielt sie bei. Der äußere Anlaß für Rudolfs neue Feindschaft waren die Wahlgeschenke an die Kurfürsten, teilweise
Wittelsbacher Hausbesitz. Rudolf war im Falle seiner eigenen
Wahl zwar zu den gleichen Zugeständnissen bereit gewesen,
aber nun verhärteten sich die Fronten noch mehr, so daß wieder
ein Bruderkrieg nahe schien. Die Gefolgsleute der Brüder liefer-
ten sich bereits blutige Gefechte, wo immer sie aufeinandertra-
fen.

Ludwig aber benötigte den Frieden im Inneren des Landes,
wollte er gegen die Habsburger eine Chance haben. Er ging deshalb im Mai 1315 auf einen Vergleichsvorschlag der bayerischen
Stände ein, durch den der Friede gerettet werden sollte. Rudolf
erkennt den Bruder als König an, so wurde vertraglich festgelegt, trennt sich von den Habsburgern und erklärt sich gegen
einen finanziellen Ausgleich mit den Wahlgeschenken nachträglich einverstanden. Als Gegenleistung würde er weitgehend
freie Hand bei der Regierung Oberbayerns und der Pfalz erhalten.[3]

Aber die Beziehung der Brüder war nicht mehr zu retten. Rudolf
hielt trotz Vertrag und Abmachungen an Friedrich fest. Ein Einfall der Habsburger ins schwäbische Bayern, auf den Ludwig
sich konzentrieren mußte, schob die Auseinandersetzung noch
einmal auf. Aber nachdem dieser Angriff abgeschlagen war,
ging Ludwig rigoros gegen den Bruder vor. Die Burgen von
Rudolfs Anhängern wurden eine nach der anderen eingenommen und zerstört. Rudolfs eigene Burgen ebenso. In der zweiten
Oktoberhälfte 1315 wurde seine Hauptburg Wolfratshausen angegriffen und trotz großer Schwierigkeiten eingenommen. Ru-

dolf, der diese Burg selbst verteidigt hatte, konnte entkommen und sich unter den Schutz des habsburgisch gesinnten Bischofs von Worms flüchten. Im Februar 1317 kam es zur endgültigen Unterwerfung Rudolfs.

Es ist bis heute nicht geklärt, wodurch sie zustande kam. Möglicherweise war er zu diesem Zeitpunkt schon schwerkrank. Im Unterwerfungsvertrag übertrug er für die Dauer des Thronkampfes Ludwig die Alleinregierung in Oberbayern und der Pfalz und gab sich mit Geld- und Naturaleinkünften sowie einigen Burgen und Städten zufrieden. Er gab sogar die Erklärung ab, daß er Ludwig in seinem Kampf gegen die Habsburger unterstützen werde, soweit es ihm seine Gesundheit erlaubte. Anschließend ging Rudolf zusammen mit Mechthild an den Wiener Hof. Kurz vor seinem Tod war er noch einmal in Heidelberg und starb am 13. August 1319 im Alter von 45 Jahren.

Es fällt schwer zu entscheiden, ob man Rudolf bedauern oder verurteilen soll. Er war als Herrscher begabt. Und er war ehrgeizig – weit ehrgeiziger als der jüngere Bruder –, wie seine Bemühungen um seine Wahl zum König, seine Verbindungen zu den regierenden Häusern und eine kleine Episode bei der Vertreibung seines Cousins Heinrich von Kärnten aus Böhmen zeigen. Heinrichs Frau, die Przemyslidin Anna, wandte sich damals zuerst an ihre jüngere Schwester Elisabeth, die neue böhmische Königin, mit der Bitte um Geleit und um eine entsprechende Anzahl von Wagen und Pferden für den Rücktransport nach Kärnten. Elisabeth lehnte ab. Daraufhin wandte sich Anna an den Cousin Rudolf mit der gleichen Bitte. Aber auch er wollte nicht helfen. Er fürchtete, er könnte die Gunst Heinrichs VII. einbüßen, wenn er ihr oder Heinrich von Kärnten in irgendeiner Weise beistand.[4] Anna erhielt schließlich Hilfe durch Fremde, nämlich durch Burggraf Friedrich von Nürnberg und einen der Grafen von Oettingen.

Mühen, Pläne, Taktieren! Und immer wieder zerschlugen sich Rudolfs Pläne, während Ludwig manches in den Schoß fiel, worum der ältere Bruder vergebens kämpfte. So, wie die Brüder zueinander standen, mußte das Neid bei dem Älteren wecken. Es ist allerdings mehr als wahrscheinlich, daß bei Rudolfs Ehrgeiz und seiner Feindschaft gegen den Bruder auch seine Frau, die Tochter König Adolfs, ein gewichtiges Wort mitsprach. Nach Rudolfs Tod

baute Herzogin Mechthild in der Pfalz eine neue Front gegen
Ludwig auf, und es ist offensichtlich, daß sie dem Schwager die
Königswürde nicht gönnte. Oder war es die jüngere Schwägerin,
die sie nicht als Königin sehen wollte?

Morgarten

Derartige Sorgen hatten die Habsburger zwar nicht, aber eine
militärische Niederlage gegen die Schweizer Eidgenossenschaft
am 15. November 1315 am Morgarten, die Herzog Leopold durch
bodenlosen Leichtsinn verschuldet hatte, kostete sie einiges an
Durchschlagskraft. Nach dem erfolglosen Einfall ins schwäbische
Bayern sollte ein Überraschungsangriff auf die Waldstätte –
Schwyz, Uri und Unterwalden–, die von Ludwig ihre Reichsun-
mittelbarkeit bestätigt haben wollten, auf die die Habsburger aber
weiterhin Anspruch erhoben, für einen spektakulären Erfolg sorgen und das etwas ramponierte Image aufpolieren.
Doch die Schweizer Eidgenossen bereiteten Leopold eine vernichtende Niederlage. Als er sein Heer bei Dunkelheit in einen Engpaß
führte – ohne daß er vorher die Höhen hatte absuchen lassen–,
wurden von oben Steine und Baumstämme heruntergerollt. Das
habsburgische Heer wurde völlig aufgerieben, Leopold selbst
konnte sich nur mit Hilfe eines Ortskundigen über die Berge
retten. Kurz darauf erhielten die Waldstätte ihre Reichsunmittel-
barkeit durch König Ludwig bestätigt. Den Habsburgern wurden
alle ehemals innegehabten Rechte entzogen.
Die Schweizer Befreiungssage, die sich im 15. Jahrhundert formte
und die dann später von Aegidius Tschudi zum eindrucksvollen
Bild gestaltet wurde (eine der Quellen für Schillers »Wilhelm
Tell«), hat die Bestrebungen der Schweizer, sich von der habsburgischen Landesherrschaft zu lösen, auf einen kurzen dramatischen
Ausschnitt zusammengedrängt. In Wirklichkeit zog sich der historische Ablauf über achtzig Jahre hin (seit Uri im Jahre 1231 Reichs-
freiheit erhalten hatte), und es war nicht der Tod König Albrechts,
sondern die Schlacht am Morgarten, die für die Entstehungsge-
schichte der Schweizer Eidgenossenschaft ausschlaggebend war.

Vorsichtiges Taktieren

Leopold war nach der Niederlage völlig verzweifelt – sicher auch aus Reue über die eigene unverantwortliche Sorglosigkeit. Denn in der Kriegsführung hieß das Gebot der Zeit: Vorsicht! Keine Schlacht riskieren, wenn der eigene Sieg nicht sicher schien! Zwischen ungleich starken Heeren kam es nur zum Kampf, wenn der schwächere Teil eine günstige Stellung beziehen und sich dadurch eine Chance ausrechnen konnte, oder wenn ein Rückzug noch katastrophalere Folgen für das Heer befürchten ließ als die Schlacht. Die beiden grandiosen Siege der Engländer bei Crécy und Poitiers in den Jahren 1346 und 1356 zu Beginn des Hundertjährigen Krieges kamen zustande, weil sich beide Male die Engländer auf ihrem Rückzug vor der Gefahr sahen, von einem überlegenen französischen Heer völlig aufgerieben zu werden. Beide Male stellten sie sich notgedrungen zur Schlacht, um zumindest eine kleine Chance wahrzunehmen – und siegten dank der größeren Disziplin in ihrem Heer.

Diese Vorsicht hatte absolut nichts mit persönlicher Feigheit der Fürsten zu tun, sondern sie war ein finanzieller Zwang. Im Grunde waren die Heere des 14. Jahrhunderts bereits Söldnerheere. Jeder Gefolgsmann bedeutete für den Feldherrn einen Dienstvertrag, in dem festgelegt war, mit wie vielen »Helmen« er kommen würde und was er dafür zu erhalten hatte. Es waren stolze Summen. Zusätzlich war jedem dieser »Helme« für jeden Tag seiner Anwesenheit ein fester Sold zu zahlen. Es wurden Entschädigungssummen für jedes verlorengegangene Pferd und jeden nur erdenklichen Schaden vereinbart, und meist mußte sich der Feldherr auch verpflichten, im Falle der Gefangennahme seines Verbündeten die Lösegeldsumme zu bezahlen. Dieses kostbare und kostspielige Heer durfte nicht durch Leichtsinn aufs Spiel gesetzt werden!

Der achtjährige Thronkampf in Deutschland – »der größte Hader aller Zeiten!«, wie die »Vita« klagt – wurde deshalb mit der gleichen Vorsicht wie der Hundertjährige Krieg in Frankreich geführt. Allerdings waren die Habsburger zielstrebiger. Sie wollten eine schnelle Entscheidung. Eine Unzahl von Dienstverträgen in der ersten Zeit erweckt fast den Eindruck, als wollten sie ein stehendes Heer unterhalten, um für alle Eventualitäten gerüstet zu sein.

Ludwig rief immer nur von Fall zu Fall ein Heer zusammen und war darauf bedacht, es möglichst kurz unter Waffen zu halten. Aber selbst die Habsburger konnten den Aufwand der ersten Zeit nicht acht Jahre lang durchhalten. Ob es der Wittelsbacher bewußt darauf anlegte, die Entscheidung solange hinauszuzögern, bis die Habsburger finanziell ausgeblutet waren, wie angenommen wurde? Wenn das seine Taktik war, gab ihm der Erfolg recht. Die habsburgischen Dienstverträge wurden bescheidener, die Verpfändungen von Familienbesitz nahmen beunruhigend zu. »Wollte man berechnen, wie viele Dienstverträge die Habsburger in den nächsten Jahren völlig vergeblich geschlossen haben, weil sie keine Gelegenheit erhielten, die erkauften Dienste erfolgreich zu nützen, so würde sich bloß aus den überlieferten Verschreibungen eine erstaunlich hohe Summe ergeben.«[5] Als es endlich zur Entscheidungsschlacht kam, hätte aus Ersparnisgründen manch österreichischer Ritter gefehlt, erzählt Johann v. Victring, da Friedrich der Schöne die preisgünstigeren Ungarn bevorzugte.

Aber was im einzelnen auch die Gründe waren – Ludwig zögerte. Er wollte nicht alles auf eine Karte setzen, wich aus. Die Habsburger, die als die reichste Dynastie der Zeit galten, konnten am Morgarten eine Schlacht verlieren und anschließend ein neues Heer aufstellen. Für Ludwig hätte eine verlorene Schlacht das völlige Aus bedeutet.

VEREITELTE PLÄNE

Fünfmal wäre die Entscheidungsschlacht möglich gewesen, ohne daß man die Gelegenheit ergriff. Zweimal wurde sie durch einen jener Zufälle verhindert, durch jene kleine Abweichung vom ursprünglichen Plan, die im Mittelalter die Menschen so völlig aus der Fassung brachte, daß sie lange und unter großem Aufwand vorbereitete Pläne einfach fallenließen. Zu einem späteren Zeitpunkt würde man den Versuch wiederholen – möglicherweise. Die geplante Invasion in England durch die Franzosen im Jahre 1386, die das grandioseste kriegerische Unternehmen der Weltgeschichte werden sollte, kam nicht zustande, weil einer der drei Onkel des jugendlichen Königs Karl VI. Verspätung hatte. Zwölfhundert Schiffe waren dafür gesammelt, gebaut und beschlagnahmt, in ganz Europa Lebensmittel und Waffen zusammengekauft worden, der gesamte Adel Frankreichs wartete mit unzähligen Rittern und Fußsoldaten auf die Einschiffung – aber der Onkel fehlte. Da seine Teilnahme vereinbart war, konnte man nicht ohne ihn starten. Als der Onkel, der Herzog von Berry, der erste berühmte Kunstsammler der Geschichte und ein höchst unkriegerischer Herr, endlich kam, war es später Herbst, und das Unternehmen mußte für dieses Jahr abgesagt werden. Es ist nie wiederholt worden.[6]

Kleine Ursachen, große Wirkung! Das war in Deutschland nicht anders. Im September 1316 erhielt der Wittelsbacher die Nachricht, daß Friedrich mit einem großen Heer die pro-wittelsbachische Stadt Eßlingen belagerte. Ludwig zog herbei, um Eßlingen zu helfen. Auch er mit einem großen Heer, darunter – gegen die entsprechenden Summen natürlich – Balduin von Trier und König Johann von Böhmen mit starken Streitmächten. Nichts stand der Entscheidungsschlacht im Wege.

Vor Eßlingen, nur durch den Neckar getrennt, lagen sich die Heere gegenüber. Einige Tage wagte keine Seite, der anderen die Schlacht anzusagen. Während man noch die eigenen Chancen abschätzte und über die beste Aufstellung nachdachte, gerieten eines Abends Pferdeknechte aus beiden Lagern beim Tränken der Pferde im Neckar miteinander in Streit. Der Wortwechsel wurde hitzig, schließlich stürzten sich die Knechte »wutschnaubend« aufeinander, berichtet der Mönch von Fürstenfeld. Von beiden Seiten kamen immer mehr Knechte den Kampfhähnen zu Hilfe. Schließlich wappneten sich die ersten Ritter und warfen sich ins Kampfgetümmel, erst einzelne, dann immer mehr, und ehe man sich's versah, war eine Schlacht im Gange, die von beiden Seiten bis in die Nacht hinein noch bei Fackelschein verbissen fortgesetzt wurde.

Fast alle Chronisten berichten über dieses Ereignis, und es werden sogar Berechnungen angestellt, wer gesiegt habe. Offenbar war Ludwig der Sieger, aber natürlich zählte das Ereignis im traditionsbewußten Mittelalter nicht als wirkliche Schlacht – ohne Kampfansage, ohne Oberleitung, vor allem ohne Fahnen! Und eine Fortsetzung nach den Regeln der mittelalterlichen Kriegskunst gab es

nicht, der Kampfgeist war gebrochen und die mit riesigem Aufwand aufgestellten Heere trennten sich ohne Ergebnis. »Nachmals
brach man auf beiden Seiten auf; jedermann zog weiter ungeschla-
gen wieder heim; niemand hatte Lust zu solcher Schlacht, unter so
nahe gesippten Freunden . . .«[7]
Die nächsten drei Jahre ging man sich aus dem Weg. Die Ursache
mag die verheerende Hungersnot gewesen sein, die in den Jahren
1316/17 Europa heimsuchte. Drei Jahre später aber standen sich die
Heere bei Mühldorf gegenüber. Hier sollte im Jahre 1322 die
Entscheidung fallen, aber 1319 entwickelte sich das Treffen für
Ludwig zu einem Debakel, das den ansonsten immer optimisti-
schen und hochgemuten Wittelsbacher tief deprimierte. Er spielte
sogar mit dem Gedanken, sein Königtum niederzulegen und
Friedrich das Feld zu überlassen. Wieder war es eine – nach
heutigem Verständnis – Kleinigkeit, die alles auslöste.
Die Heere lagen sich gegenüber, und man wartete nur noch auf
Herzog Leopold, der bei aller sonstigen Tatkraft bei solchen Gelegenheiten immer eine merkwürdige Saumseligkeit zeigte. Plötzlich tauchte im wittelsbachischen Lager das Gerücht auf, mit Hilfe
bestochener Verräter aus Ludwigs Heer sollte der König »an einem
bestimmten Tage noch vor der Schlacht, wenn er zur Messe gehe«,
ermordet werden.[8] Ob dieser Mordplan wirklich bestand oder ob
– vielleicht bewußt – eine falsche Information eingeschleust
wurde, ist nicht mehr festzustellen. Aber die Nachricht wirkte sich
katastrophal aus und läßt die Schwierigkeiten ahnen, mit denen
ein Feldherr des Mittelalters zu kämpfen hatte. Ludwigs Verbündete gerieten völlig aus der Fassung. Es trat der gleiche Effekt ein,
der im Mittelalter beim Tod oder der Gefangennahme eines Feldherrn sein Heer jedesmal in kopfloser Flucht davonstürzen ließ;
»denn wenn der Hirt umgekommen ist, so ist auch die Herde
gefährdet und geht zu Grunde«.[9]
Herzog Heinrich d. Ä. von Niederbayern, stolze vierzehn Jahre alt
und gerade volljährig geworden, verließ mit seinen Streitkräften
als erster das Lager. Heinrich war seinem früheren Vormund
damals noch sehr ergeben, er zeigte sich später als tapferer und
kriegerischer Fürst, aber auf diese erschreckende Nachricht hin
zog er – trotz einer erregten, harten Auseinandersetzung mit
Ludwig – mit einer Geschwindigkeit ab, als säße ihm der Feind

bereits im Nacken. »Auf sein Beispiel lief alles auseinander«, berichtet eine Chronik. An eine Schlacht war unter diesen Umständen nicht zu denken, vor allem nicht, als die Nachricht eintraf, Herzog Leopold sei mit einer sehr starken Streitmacht im Anmarsch. Ludwig blieb nichts anderes übrig, als sich mit den verbliebenen Getreuen ebenfalls zurückzuziehen und den Habsburgern das Feld zu überlassen, die plündernd und brennend bis Regensburg zogen.

Beim Wittelsbacher löste dieses Debakel eine tiefe Mutlosigkeit aus. Er hatte die Zeit zwischen Eßlingen und Mühldorf ja nicht in Tatenlosigkeit verbracht, sondern durch viele Maßnahmen eine gute Ausgangslage für die Entscheidungsschlacht schaffen können. Beispielsweise war durch geschickte Bündnisverträge von Schleswig bis Tirol zwischen Österreich und die habsburgischen Vorlande ein Korridor gelegt worden, der beide Länder trennte. Tirol, bzw. Ludwigs wankelmütigen Cousin, Herzog Heinrich von Kärnten, Graf von Tirol, der einige Jahre vorher als böhmischer König Friedrich den Schönen gewählt hatte, dafür zu gewinnen, war eine diplomatische Glanzleistung gewesen.

Auch in Böhmen war Ludwig erfolgreich eingeschritten, als sein schlagkräftigster Verbündeter, König Johann, 1318 in Gefahr schwebte, wegen seiner Verschwendungssucht sein Königreich zu verlieren. Der aufständische böhmische Adel hatte sich bereits wieder einmal mit Herzog Heinrich von Kärnten – damals noch Verbündeter der Habsburger – in Verbindung gesetzt. Ludwig zog auf König Johanns Hilferuf hin in Eilmärschen nach Böhmen und konnte den Frieden wieder herstellen. – Sogar seine erste Landfriedensorganisation hatte Ludwig im Rheinland und dem Maingebiet errichtet und sich damit die Dankbarkeit und Anhängerschaft dieser städtereichen und wirtschaftlich rührigen Gebiete sichern können – was Truppenkontingente bedeutete.

PECHSTRÄHNE

»Von tiefer Trauer ergriffen und gequält«[10] mußte sich Ludwig nach Mühldorf sagen, daß er seinem eigentlichen Ziel, unbestrittener römischer König zu sein, keinen Schritt nähergekommen war.

Noch dazu hatte Bayern großen Schaden erlitten. Zweifel tauchten auf, ob die Krone dies alles wert wäre. Er konnte nicht mit »den Seinen« über seine Nöte und Zweifel sprechen, wird berichtet, aber er vertraute sich Peter von Aspelt an, dem Mainzer Erzbischof. Es war das Verdienst Peters von Mainz, Ludwigs alten Kampfgeist wieder aufzurichten und ihm die Gedanken an einen Rücktritt auszureden. Peter von Mainz galt als ränkevoll, geldgierig und hochmütig. Tatsächlich ist sein Grabmal, das ihn als hochragende Gestalt über drei kleine Königlein zeigt, das Hochmütigste, was das Mittelalter hervorgebracht hat, aber er war Ludwig in diesen schwierigen Jahren des Thronkampfes immer eine zuverlässige Stütze. Es muß für den Bayern ein großer Schlag gewesen sein, als Peter von Mainz im Juni 1320 starb.

Seit dem mißglückten Abenteuer bei Mühldorf schien Ludwig vom Pech geradezu verfolgt zu werden. Peters Tod war erst der Anfang. Das Bistum Mainz ging an den Habsburgerfreund Mathias von Buchegg verloren, der Passauer Bischofssitz wurde mit einem Verwandten der Habsburger besetzt. In der Pfalz begann Rudolfs Witwe Mechthild mit Unterstützung ihres Vetters, des Grafen Johann von Nassau, eine starke Front gegen den Schwager aufzurichten. Als erste Stadt ging Heidelberg an die Habsburger verloren.

Das Bündnis mit Heinrich von Kärnten ging in die Brüche. König Johann hatte sich mit Heinrich verwandtschaftlich verbinden wollen – wohl in der Hoffnung, der Kärntner würde dann endlich seine Ambitionen auf Böhmen begraben – und Ludwig um Vermittlung gebeten. Der inzwischen verwitwete Herzog Heinrich sollte König Johanns junge Schwester Maria heiraten (die einst als Vierjährige mit Rudolfs Sohn verlobt worden war). Aber nun trat der seltene Fall ein, daß sich eine Prinzessin des Mittelalters einfach weigerte, die ihr zugedachte Aufgabe zu erfüllen. Maria behauptete, sie hätte sich Gott geweiht, und war durch nichts zu bewegen, den alternden Herzog zu heiraten. (Zwei Jahre später heiratete sie Karl IV. von Frankreich.) Herzog Heinrich war tief gekränkt und ging wieder zu den Habsburgern über.

Als Ludwig im September 1320 vor Straßburg eine weitere Gelegenheit ungenutzt ließ, die Entscheidung zu suchen, als er auswich und sich nicht zur Schlacht stellte, konnten die Habsburger auch andere Gefolgsleute des Wittelsbachers auf ihre Seite ziehen, ein eindeutiges Zeichen, daß Ludwigs Chancen zunehmend skeptischer beurteilt wurden. Sogar der treue Graf Ludwig von Oettingen, einer der Vertrauten des Wittelsbachers, der über alle seine Pläne Bescheid wußte, ging ins gegnerische Lager, als ihm Friedrich der Schöne seine Schwester Guta zur Ehe gab. Der Wittelsbacher kämpfte verbissen, schloß neue Dienstverträge, konnte in der Rheinpfalz Herzogin Mechthilds Cousin niederkämpfen. Aber er wußte, daß er nun alles auf eine Karte setzen mußte. Seine Verbündeten würden sonst in Scharen davonlaufen, um bei der Entscheidung auf der Seite des Siegers zu stehen. Für den Herbst 1322 wurde die Entscheidungsschlacht vereinbart, wieder bei Mühldorf.[11]

FÜRSTEN UND PRINZESSINNEN

Es ist auffallend, wie sehr alle mittelalterlichen Chronisten Ludwigs Armut und den Reichtum der Habsburger betonen. Abt Johann von Victring ist der Meinung, daß beide Herrscher »an Adel, Würde und Hochsinn« sich glichen, daß aber Friedrich an Reichtum und Macht sehr bedeutend überlegen war. Die »Macht« stellte eindeutig Leopold dar. Friedrich selbst war ein eher unselbständiger Mensch. Nach dem Tod König Albrechts wurde er stark von seiner Mutter, Königin Elisabeth, beeinflußt, und nach ihrem Tod stützte er sich auf seinen Bruder Leopold. Es war ein Glück für Ludwig, daß der energische Leopold in den Jahren nach Morgarten zwar die Sache seines Bruders nie aus den Augen verlor – aber ebensowenig die Schweizer. Er wollte sich an ihnen rächen und schloß manche Dienstverträge ausdrücklich für den Kampf gegen die Waldstätte ab.[12]

Eine ungewöhnlich starke Fähigkeit zu hassen und ein starkes Bedürfnis, sich zu rächen – das waren offenbar die bei Leopold am stärksten ausgeprägten Eigenschaften. Im Grunde machten sie seine Bedeutung aus. Als nach dem Tod König Albrechts seine Witwe von dem Gedanken geradezu besessen schien, sich an den Mördern ihres Mannes zu rächen, war es der siebzehnjährige Leopold, den sie zum Werkzeug ihrer Rache erkor. Johann Parri-

cida blieb zwar verschollen, und von den übrigen Attentätern fiel
Leopold nur Rudolf von Wart in die Hände, den er auf das Rad
flechten ließ, aber die ungeheure Energie, mit der er Burgen und
jeden Besitz der Attentäter dem Erdboden gleichmachte, beein-
druckte ganz Deutschland.

Und der große Reichtum der Habsburger und Ludwigs Armut? Die
Habsburger waren reich, aber Ludwig war natürlich nicht so arm,
wie es die Chronisten schilderten. Oberbayern und die Pfalz waren
ein stolzer und einträglicher Besitz. Ludwigs Finanzpolitik litt
lediglich unter der Krankheit aller Fürsten seiner Zeit: Wieviel er
auch einnahm, er gab immer mehr aus. König Johann von Böhmen
hatte durch die reichen böhmischen Silberminen sehr üppige
Einnahmen, aber noch größere Schulden. Seine Gläubiger saßen in
allen Ländern Europas. Ludwigs Schwager, Eduard III. von England, versetzte sogar die englischen Kronjuwelen. Am französischen Königshof sah es allerdings dank der Langmut der fanzösi-
schen Patrioten auf dem apostolischen Stuhl meist besser aus.
Wenn alle Stricke rissen, schrieben die französischen Könige einen
Kreuzzug aus, kassierten den Kreuzzugszehnten und konnten
dann politischer Gründe wegen nicht ins Heilige Land aufbrechen.
Aber wie reich ein Fürst auch immer war – ein Krieg, aber ebenso
seine Hochzeit, ließen seine Finanzwirtschaft meist völlig zusam-
menbrechen. Es zeugt von der Finanzkraft der Habsburger, daß sie
sich neben dem Thronkampf und der verlorenen Schlacht von
Morgarten in kurzer Zeit auch zwei Hochzeiten leisten konnten.
Im Januar 1314 hatte Friedrich die Königstochter Isabella von
Aragon geheiratet und im Juni 1315 vermählte sich Herzog Leopold mit Katharina von Savoyen. Beide Ereignisse waren mit dem
erforderlichen Prunk gefeiert worden. Jedoch gingen solche Bela-
stungen nicht einmal an den Habsburgern spurlos vorüber.

Es wurde bereits erwähnt, daß sie zum Ende des Thronkampfes
hin die Dienstverträge verringerten. Aber auch die Ausgaben für
die private Lebensführung mußten eingeschränkt werden. Bereits
im Juni 1315 sandte Isabella ihr großes Gefolge ohne Entlohnung
nach Aragon zurück.[13] Ihre einzige verbleibende Hofdame aus der
Heimat, Blanca de Calderis, machte sich sogar Sorgen um das
Seelenheil ihrer Herrin, da sie nicht einmal mehr einen Beichtvater
habe, der ihre Sprache verstünde. Später verpfändete Isabella

sogar ihre Kronen, Juwelen und Kleinodien, die zu ihrer Mitgift
gehörten, und trennte die Perlen von ihren Kleidern, um Friedrich
unter die Arme zu greifen. Ja, sie versuchte, ihrem Vater die
Urkunden abzulisten, durch die ihr Heiratsgut sichergestellt worden war. Aber König Jayme II. wurde trotz der überaus optimisti-
schen, rosarot gefärbten Berichte, mit denen ihm Tochter und
Schwiegersohn ständig die Lage schilderten, mißtrauisch und
lehnte ab.

Nun, im September 1322, würde sich Isabellas Schicksal entscheiden. Ob Königin Beatrix, die schlesische Prinzessin, vor ihrem
Tode noch erfuhr, daß bald die endgültige Entscheidung fallen
würde? Sie starb am 25. August 1322. Es wird lediglich berichtet,
daß »die gnädigste Königin Frau Beatrix einer Krankheit erlag und
von Gott zu sich genommen ward. Ihr ward in der genannten Stadt
(München), im Münster der seligen Jungfrau Maria, ein Grabmal
errichtet, in welchem sie unter den gebührenden Feierlichkeiten
beigesetzt wurde.«[14]

8. Kapitel

*». . . striten sie mit einander in Payiern oberthalben
Landshut auf der kykelvehenwyse . . .«*

Es gibt wenige Schlachten, die sich dem Gedächtnis der Zeitgenossen und der Nachwelt so eingeprägt haben wie die Schlacht von Mühldorf. Möglicherweise deshalb, weil danach in Deutschland jahrzehntelang keine Schlacht mehr geschlagen wurde. Auch durch die vielen Gefangenen und Toten wurde die Phantasie angeregt, so daß sich bald Sagen und Legenden um dieses Treffen woben. Die letzte Ritterschlacht auf deutschem Boden wird sie gerne genannt, weil zum letzten Mal keine Feuerwaffen eingesetzt wurden.

Vor der Schlacht

Es gab günstige Weissagungen für Ludwig. In München vertrat »ein gewisser Martin«, der dem König schon oft die Zukunft vorausgesagt hatte, die Meinung, Friedrich würde in Gefangenschaft geraten, noch ehe der Michaelstag zu Ende wäre. Er war sich seiner Sache so sicher, daß er seinen Hof im Wert von hundert Mark verwettete. Sein Wettpartner glaubte so wenig an einen Sieg Ludwigs, daß er Martins Hof schon am Morgen dieses Tages durch richterlichen Beschluß in Besitz nehmen ließ, obwohl Martin immer wieder darauf hinwies, daß der Tag noch nicht zu Ende sei! Martin erhielt am nächsten Tag seinen Hof zurück.[1] In Regensburg war es der berühmte Gelehrte »Bruder Arnold vom Predigerorden«, der Ludwigs Sieg voraussagte. Der genaue Wortlaut seiner Weissagung zeigt allerdings, daß die Mehrheit seiner Zunftgenossen anderer Ansicht war: »Wenn schon alle Doktoren und Astrologen behaupten, daß der Herzog von Österreich, als der Überlegene, den Sieg davontragen werde, so sage ich dagegen, daß die Österreicher den Baiern unterliegen werden, oder meine ganze

Wissenschaft ist für alle Zeiten falsch und nichtig.«[2] Auch der an allen Höfen Europas bekannte und berühmte Magister Bartholomäus erklärte in Verona, daß Friedrich »stets im Schweife des Löwen erscheine und keinen Erfolg haben werde«.[3] Und nicht zuletzt war es Abt Engelbrecht vom Kloster Admont, der Unheil für Friedrich voraussagte. Er hatte diese Erkenntnis wahrscheinlich nicht aus den Sternen gelesen, sondern sie entsprang seiner frommen Überzeugung, daß auf einem Unternehmen kein Segen ruhen könne, das so gottlos wie Friedrichs Heerzug begonnen hatte.

Dieser Zug war in zwei Heersäulen von Wien aus die Donau aufwärts nach Bayern gezogen. Auf der einen Seite des Flusses die österreichischen Ritter und Fußknechte, auf der anderen Donauseite die Ungarn und Kumanen. Zusätzlich führten von Salzburg her die mit Friedrich verbündeten Bischöfe von Salzburg und Lavant eine Streitmacht direkt nach Mühldorf. Und von Schwaben her machte sich Herzog Leopold auf den Weg mit »achthundert auserlesenen Behelmten« und den entsprechenden Fußknechten, die er in den Rheinlanden, in Schwaben und dem Elsaß gesammelt hatte. Gewöhnlich entfielen auf jeden Ritter zwei bis drei Fußsoldaten.

Von Leopolds Streitmacht und der Salzburger wird nichts Ungewöhnliches berichtet. Das Heer aus Wien aber, das Friedrich der Schöne und Herzog Heinrich führten, scheint völlig außer Rand und Band geraten zu sein. Dieser Heerzug macht deutlich, wie schwer es war, in einem mittelalterlichen Heer Disziplin zu halten. Auf beiden Seiten der Donau fielen die Heerhaufen über das Land her, sobald sie Wien verlassen hatten. Sie überfielen und plünderten Dörfer, nahmen die Bauern fest, und wenn diese sich nicht loskaufen konnten, wurden sie mißhandelt, ihr Hausgerät zerschlagen oder verbrannt. Lebensmittel und Wein warf man, soweit die Kriegsmeute sie nicht wegtransportieren konnte und man sie nicht zurückkaufte, in den Kot oder ins Wasser. Selbst kleinere Burgen griff man an und bombardierte sie mit Feuerbränden, wenn die Edelleute ihren Besitz nicht freikauften. Frauen wurden vergewaltigt und Kirchen geplündert. Und das taten nicht etwa nur die Ungarn und Kumanen auf ihrer Seite des Flusses, die sich in einem fremden Land aufhielten, sondern auch die christlichen österreichischen Ritter und Fußsoldaten in ihrem eigenen Heimatland. Sie benahmen sich, berichtet der empörte Zwettler Mönch, als würden sie nie wieder heimkehren.

In Passau vereinigten sich die beiden Heersäulen und zogen, verstärkt durch die Streitkräfte des Bischofs von Passau, weiter in Richtung Bayern. Am 21. September überschritten sie die Grenze, und man kann im Interesse von Ludwigs Landeskindern nur hoffen, daß die Kriegsmeute ihr erstes Mütchen schon gekühlt hatte. Heinrich von Kärnten, der im Jahre 1319 als Ludwigs Verbündeter nicht zur geplanten Schlacht gekommen war, faßte sein Bündnis mit Friedrich genauso locker auf und kam auch dieses Mal nicht.

So rückte der 28. September 1322 heran, der Tag, auf den das Reich acht Jahre lang gewartet hatte. Auf Ludwigs Seite kämpften Kontingente von Reichsstädten, Ritter vom Mittel- und Niederrhein, viele Franken, wie immer bei Schlachten der bayerischen Herzöge. Und natürlich König Johann von Böhmen und Herzog Heinrich d. Ä. von Niederbayern mit ihren Rittern. Der Wittelsbacher verließ bereits am Tag vorher sein Sammellager, etwa eine Meile nördlich von Ötting, und rückte bis zur Isen vor.

Abermals fehlte Herzog Leopold mit seiner auserlesenen Streitmacht. Am Tag der Schlacht war er noch vier Tagesreisen vom Schlachtfeld entfernt, und zwar, wie Mathias von Neuenburg mäkelte, weil er sich zu lange mit der Verheerung der Güter des Grafen von Montfort aufhielt, eines Gefolgsmannes Ludwigs. Andererseits berichtet der Mönch von Fürstenfeld, die Boten, die zwischen den habsburgischen Heeren die Verbindung hielten, hätten ihre Mission nicht erfüllen können. »Zufällig« wurden ihnen in der Nähe des Klosters Fürstenfeld die Pferde gestohlen, so daß sie ihre Briefe nicht überbringen konnten.

Das mag sich tatsächlich so zugetragen haben. Aber daß diese Gründe allein für Leopolds Verspätung verantwortlich waren, ist schwer zu glauben. Weit wahrscheinlicher ist W. Erbens Annahme, daß »von lange her getroffene Vorkehrungen des Wittelsbachers« Leopolds Zug aufhielten.[4] Z. B. gab es jederzeit die Möglichkeit, eine Brücke abzubrechen. Es dauerte Tage, bis eine neue provisorische geschlagen war. Ludwig mußte das größte Interesse daran haben, daß die Brüder sich nicht vereinten. Friedrichs österreichische Streitmacht war mit 2200 Rittern, dem entsprechenden Fußvolk und 4000 Ungarn und Kumanen Ludwigs Heer zahlenmäßig ohnehin überlegen.

Friedrichs Berater waren dafür, die Schlacht bis zu Leopolds Ankunft hinauszuschieben, aber Friedrich muß wohl zu der Erkenntnis gekommen sein, daß dies nicht gelingen würde. Zudem fürchtete er offenbar, daß ihm am Ende auch noch die Kumanen davonliefen.[5] Und sicher war auch sein Stolz beteiligt; denn stolz war Friedrich über die Maßen, stolz und tapfer. Nicht einmal ein schlechtes Omen machte ihn wankend. Als man vor der Schlacht die Messe las, verschwand nämlich »auf wunderbare Weise« ein Ring der Habsburger, der die Zukunft voraussagen konnte. Bei bevorstehendem Unglück wurde das Gold matt, bei Erfolg leuchtete es kräftig. Und dieser Wunderring, den man zu den Reliquien auf den Altar gelegt hatte – offenbar um das Gold zum kräftigen Leuchten anzuregen – war plötzlich verschwunden. Ganz eindeutig ein schlechtes Omen! (Er tauchte erst im Jahre 1343 wieder auf, wo man ihn im Nachlaß eines verstorbenen österreichischen Priesters fand, wie Johann von Victring berichtet.)

Am Abend vor der Schlacht wurden die bei solchen Anlässen obligatorischen Ritterschläge vorgenommen. Auf bayerischer Seite werden neben anderen Namen auch Herzog Heinrich d. Ä. von Niederbayern und sein jüngerer Bruder Otto genannt. Beim Gegner waren es 93 Knappen, die in den Ritterstand aufgenommen wurden. Wie Ludwig wohl diese Nacht verbrachte? Schlief er? Von Friedrich weiß man (die österreichischen Chronisten sind eindeutig die mitteilsameren), daß er bis in die Nacht hinein zusammen mit seinem Marschall Dietrich von Pilichdorf im Lager umherritt, in alle Zelte trat, um die Treue und Tapferkeit der Gefolgsleute anzumahnen.[6]

DIE SCHLACHT VON MÜHLDORF

Und so »striten sie mit einander in Payern oberthalben Landshut auf der kykelvehenwyse (Gickelvehenwiese, also einer bunten Blumenwiese) bey einem chleinem wazzer heizzet di Ysent«.[7] Bereits beim Morgengrauen, nachdem man vorher die Messe gehört und die Kommunion empfangen hatte, vollzog Ludwig den

Übergang über die Isen. Auf den unteren Erhartinger Wiesen, einem Gelände bei Erharting, einige Kilometer von Mühldorf entfernt, stellten sich die Heere einander gegenüber auf. Auf beiden Seiten wurde jeder der Herren auf seinen Platz gestellt, die Reihen geordnet, feurige Ansprachen gehalten, Belohnungen in Aussicht gestellt und letzte Ermahnungen gegeben, einen tapferen Kampf zu liefern. Und unter Trompetengeschmetter und Geschrei eröffneten auf bayerischer Seite die Böhmen unter König Johann den Angriff.

Der Herr von Schlüsselfeld, der bei Gammelsdorf die Schlacht durch seinen wuchtigen Angriff entschieden hatte, trug dieses Mal das Reichsbanner mit dem Adler. Auch dies eine unerhört verantwortungsvolle Aufgabe; denn ging das Banner verloren, war das für ein mittelalterliches Heer fast so erschreckend wie der Verlust des Anführers. Die Rolle, die der Franke bei Gammelsdorf gespielt hatte, würde dieses Mal der Burggraf von Nürnberg übernehmen. Fünfhundert Ritter hielt der Wittelsbacher in Reserve. Beide Gegenkönige hatten sich offenbar »getarnt«.[8] Ludwig trug einen blauen Waffenrock mit silbernen Kreuzen.

Acht Stunden lang tobte die Schlacht. Lange Zeit war es zweifelhaft, welche Seite gewinnen würde. Ludwig hielt sich erst hinter der Schlachtlinie seines Mitteltreffens und leitete von hier aus die Schlacht, nach anderer Version von einem Hügel aus. Aber als die Österreicher das bayerische Banner zerfetzten, »stürmte er vor, diese Unbill zu rächen«.[9] Einmal geriet er in so harte Bedrängnis, daß er verloren schien, aber er konnte herausgehauen werden. In dem Haufen, dem das gelang, waren viele Münchner Bäcker vertreten. Ein Lied sang noch lange von dieser Tat.

Die Österreicher kämpften tapfer, und der tapferste von allen soll Friedrich gewesen sein. Sie konnten Vorteile erringen, die bayerischen Reihen begannen zu wanken, die Böhmen hatten schwere Verluste. »Sieh!« fährt Mathias von Neuenburg mit dramatischem Talent fort, »da riefen die bayerischen Reiter die weichenden Fußknechte zurück, und von den Pferden steigend, gingen sie mit ihnen wieder zum Kampfe vor.« Vor allem aber rief Ludwig nun seine Reserve, die ausgeruht und tatendurstig heranstürmte. Aber starke Nerven gehörten eindeutig dazu, so lange zu warten! Allerdings muß es wohl der psychologisch richtige

Augenblick gewesen sein, denn auch dieses Mal funktionierte es. Wieder ergriffen die Ungarn und Kumanen als erste die Flucht. Nach achtstündigem Kampf, nach zahllosen Gefallenen, ergaben sich schon bald danach fast alle noch lebenden österreichischen Ritter.

Ein grandioser Sieg! Nach übereinstimmenden Berichten aller zeitgenössischen Chronisten fielen Ludwig dreizehn- bis vierzehnhundert Gefangene in die Hände. Darunter Friedrichs jüngerer Bruder Heinrich – was eine riesige Lösegeldsumme bedeutete – und der kostbarste aller Gefangenen, Friedrich der Schöne selbst!

Das fliehende Heer wurde entgegen der üblichen Praxis verfolgt, und wen man erwischte, der wurde niedergemacht. Nicht die Ritter, sie bedeuteten hohes Lösegeld! Man wollte wahrscheinlich die Bevölkerung vor Greueltaten und Plünderungen durch Banden herumziehender Soldaten schützen. Diese unangekündigten Horden waren gefährlicher als ein heranziehendes Heer, vor dem die Bauern in die Wälder fliehen oder sich auf festen Burgen in Sicherheit bringen konnten.

Das erste Zusammentreffen der beiden Rivalen nach der Schlacht ist überliefert. Es war Vesperzeit (18.00 Uhr), als man Friedrich vor Ludwig führte, der, unter einem Baum stehend, in der guten Laune des Siegers ausrief: »Vetter, es freut uns, Euch hier zu sehen.« Friedrich war sehr blaß und antwortete nichts.[10]

Bedeutete Ludwigs Ausruf Sarkasmus? In den vergangenen acht Jahren mußte sich auf beiden Seiten viel Haß angesammelt haben. Möglicherweise aber freute sich der Wittelsbacher aufrichtig, Friedrich zu sehen. Bisher hatte er geglaubt, er selbst habe den Vetter in der Schlacht getötet. Offenbar hatte ein anderer zu Friedrichs Tarnung dessen Feldzeichen getragen. Aber die Schlacht war nun vorbei, Friedrich unschädlich. Warum sollte sich Ludwig nicht freuen, daß der Vetter lebte? Er war nie nachtragend.

Als Leopold die ersten Gerüchte zu Ohren kamen, die Schlacht sei für Friedrich verlorengegangen, wollte er es nicht glauben. Boten wurden auf schnellen Pferden nach München gesandt. Sie stießen unterwegs bald auf Leute, die berichteten, in der Stadt hätten königliche Herolde den Sieg Ludwigs verkündet. Leopold geriet völlig aus der Fassung und trat noch in der Nacht, sengend und brennend, den Rückweg nach Schwaben an.

Ganz persönlich hatte der arme Mönch von Fürstenfeld unter
Leopolds Rückzug zu leiden: »Ich, welcher ich damals mich in dem
unserem Kloster benachbarten Dorfe Puoch aufhielt und dort
unter großen Mühen und Ängsten einen dem Kloster gehörenden
Hof bewachte, wurde in jener Nacht, in der Abteilungen des
österreichischen Heeres unaufhörlich durchzogen, sich wie Wü-
tende gebärdeten und rings die Dörfer anzündeten, damit die
Flammen ihnen durch die Nacht leuchteten, von zweien dieser
Leute ergriffen, von einem dritten mit der Lanze geprügelt, und in
dieser selben Nacht zweimal wie ein Schalksnarr nackt ausgezo-
gen, was ich alles gleichmütig über mich ergehen ließ, da ich
merkte, daß meine Peiniger sich auf der Flucht befänden und unser
König rühmlich obgesiegt habe.«

BELOHNUNGEN

Ludwigs erste Station nach der Schlacht war Regensburg, dessen
ganze Einwohnerschaft ihm »unter Lobgesängen und Pauken-
schall jauchzend und heilrufend« entgegenkam. Sicher entspra-
chen die Begeisterung und jubelnde Freude, in die der Verfasser
der phrasenreichen Vita ausbricht, der allgemeinen Stimmung in
Bayern: »O, welche Freude in aller Welt. Jetzt kehren Friede und
Eintracht zurück, und großer Jubel erhob sich im Volke. Gelobt sei
Gott!«
In diesen wenigen Worten sind wenigstens zwei Irrtümer enthalten. Die große Freude in aller Welt war zumindest in Avignon nicht
festzustellen. Und der Friede und die Eintracht sahen recht wacke-
lig aus, sobald sich Herzog Leopold von seiner Verzweiflung erholt
hatte und die alte Tatkraft zurückgewann. Aber das lag in der
Zukunft. Dort in Regensburg war noch ein gewichtiges Werk zu
tun. Die Verbündeten mußten entschädigt und belohnt werden.
Am üppigsten König Johann, der auch die größten Verluste erlitten hatte. Für die 30000 Mark Silber, die er verlangte, erhielt er
Eger verpfändet und den Rest »in Gefangenen«, mit denen Ludwig ein recht bequemes Zahlungsmittel zur Verfügung stand.
Friedrich den Schönen gab er natürlich nicht aus der Hand. Der
Rivale wurde auf der Burg Trausnitz in der Oberpfalz gefangenge-

setzt; in einer sehr milden Haft, denn er wurde zwar mit aller Sorgfalt bewacht, aber auch mit größter Ehrerbietung behandelt und durfte seine eigene Dienerschaft um sich haben. Weniger gut hatte es Herzog Heinrich, der an den Böhmenkönig ging. Dieser ließ Heinrich nach Bürglitz bringen, wo der gefangene Herzog keineswegs bloß Festungshaft, sondern Kerker erdulden mußte. Zwar wurde er nach zwei Monaten auf Ehrenwort freigelassen und konnte nach Österreich zurückkehren, aber als die Lösegeldverhandlungen an der Unnachgiebigkeit Herzogs Leopolds scheiterten, kehrte er im Februar in die Gefangenschaft zurück.

Gefangene und Verpfändungen! Ein Verbündeter nach dem anderen wurde damit entschädigt, denn bares Geld hatte Ludwig nicht. Pech hatte Herzog Heinrich d. Ä., der u. a. Herrn von Walsee erhielt. Ein hohes Lösegeld war zu erwarten. Auf Ehrenwort in die Heimat entlassen, soll sich Herr von Walsee allerdings nicht mehr gestellt haben. Ein unerhört schmachvolles Benehmen im Mittelalter!

LUDWIG DER BAYER IN DER SAGE

Der Schlacht von Mühldorf aber bemächtigte sich die Sage. So berichtet eine Sage, daß Ludwigs Pferd auf dem Ritt nach Regensburg bei Frauensattling nahe Vilsbiburg gestürzt sei und nicht mehr hochgebracht werden konnte. Da machte der Stallmeister des Königs, Parzival von Sporneck, ihn darauf aufmerksam, daß er noch nicht der Himmelskönigin gedankt habe; »denn sie hat ihn ja im Gewühl der Schlacht mit ihrem Schilde gedeckt, ihm so das Leben gerettet«. Ludwig tat nun das Gelübde, der Gottesmutter am Ort des Unfalls ein Betkirchlein zu bauen. »Alsbald soll sich des Königs Roß ermannt haben und freudig wiehernd aufgesprungen sein. Ludwig erbaute das Kirchlein und schenkte das edle Roß samt herrlichem Sattel und Zeug zur neuen Kapelle, welche davon den Namen hat.«[11]

Am bekanntesten ist die Sage vom alten Ritter Seyfried Schweppermann, der schon bei Gammelsdorf mitgekämpft und für den dort erlittenen Schaden die Burg Grunsberg erhalten hatte. Es ist nicht sicher, ob der inzwischen Sechzigjährige in Mühldorf überhaupt dabei war (auf keinen Fall hatte er den Oberbefehl, wie Aventinus annimmt). Die Sage aber erzählt sehr anschaulich, wie dem alten Ritter bei einem Kundschafterritt die Füße zittern, so daß die Steigbügel klirren und jüngere Kriegsleute sich darüber lustig machen; wie nach gewonnener Schlacht, in der der Ritter mit unglaublicher Tapferkeit gefochten hat, der König beim dürftigen Abendessen gutmütig scherzt:»Jedem Mann ein Ei, dem frommen (tapferen) Schweppermann zwei.« Ein Sprichwort, das in Bayern immer noch scherzend benutzt wird, wenn jemand besser entlohnt wird als andere.

Die Münchner Bäcker ließen es sich nicht ausreden, daß der Sieg ihnen zu verdanken war, denn sie hatten König Ludwig herausgehauen. Sie führen heute noch den Reichsadler in ihrem Zunftwappen auf diese Heldentat zurück. In München sang man das Lied:

> Unglück tät ob dem Kaiser schweben,
> Der Feind hätt ihn gar hart umgeben.
> Da solches die Bäckenknecht ersahen,
> Täten sie sich dem Kaiser nahen,
> Trieben mit ihrer Gegenwehr
> Zurück das österreichisch Heer,
> Und erretteten den Kaiser bald,
> Gewunnen die Schlacht mit großer Gewalt.

Es gibt unzählige Sagen und Geschichten, die sich um Ludwigs Person ranken und seine Schritte ein Leben lang begleiten.[12] Nach seinem Tod beschäftigte sich die Sage sogar mit seinem Leben im Jenseits, obwohl er auch dem Diesseits erhalten blieb; denn noch im letzten Jahrhundert konnten phantasievolle Zeitgenossen Kaiser Ludwig hören, wenn er in mondhellen Nächten über sein geliebtes München hinzog und Nachschau hielt. Daß sich so viele Sagen erhielten, zeigt, wie lebhaft Ludwig der Bayer die Volksphantasie beschäftigte. Das ist um so bemerkenswerter, als es unter den Herrschern der späteren Kaiserzeit kaum Gestalten gibt, mit denen sich die Sage befaßte.

9. Kapitel

». . . entfaltete Ludwig der Vierte, König der Römer,
. . . seine Schwingen wie ein Adler . . .«

Wie oft mag Ludwig der Bayer in den zurückliegenden zwei Jahren begehrlich in Richtung Mark Brandenburg geblickt haben? Dort war im Jahre 1319 Markgraf Woldemar von Brandenburg gestorben. Woldemar hatte das »Glück«, daß alle seine Verwandten vor ihm starben und der vorher stark zersplitterte askanische Besitz unter ihm eine mächtige Einheit wurde. Ein prächtiger Hintergrund für Woldemars Prunkliebe, seine Sehnsucht nach Macht und Einfluß, sowie den Wunsch, Mittelpunkt zu sein. Für ein Fest, das der Markgraf im Jahre 1311 gab, waren »auf dem Felde Zelte aufgeschlagen, mit Scharlach bekleidet, die mit Teppichen, Sitzen und Fußdecken wie Gold erglänzten. Brunnen waren mit Wein, Bier und Met zum Trinken da, Höhlen voll Fleisch, Fischen und Getreide, Schiffe beladen mit Wohlgerüchen waren vorhanden, die Bedürfnisse des Leibes aufs Beste zu befriedigen.«[1]

Vergrösserung der Hausmacht

Nach Woldemars Tod lebte noch sein unmündiger Neffe, Markgraf Heinrich von Brandenburg-Landsberg, der einzige Sohn von Ludwigs Schwester Agnes. Der Wittelsbacher hatte den jungen Cousin bereits im Jahre 1320 für mündig erklärt, um die Vormünder daran zu hindern, sich weiter auf Kosten der Mark zu bereichern, hatte ihn aber noch nicht mit dem Fürstentum belehnt. Bald darauf starb der junge Markgraf im Sommer 1320, und die Mark Brandenburg konnte endgültig als erledigtes Reichslehen gelten.
Die Lehnshoheit des Reiches war im Grunde nur eine Formsache, die Lehen waren längst erblich geworden. Schon die Salier und Staufer hatten sich mit dieser Tatsache abfinden müssen. Sobald aber ein Fürstenhaus ausstarb, wie nun die Askanier, die Nach-

kommen Albrechts des Bären, gewann die Lehnshoheit des Reiches völlig ihre alte Bedeutung zurück. Der Wittelsbacher hatte notgedrungen abwarten müssen, aber »nach dem Mühldorfer Sieg sah er den Augenblick gekommen, um nun die Macht an sein eigenes Haus zu bringen, und dieses Ziel verfolgte er mit hohem politischen Geschick und mit allen Mitteln, die die königliche Vorrangstellung und Rechtsgewalt ihm in die Hand gaben.«[2]

Im April 1323 belehnte der König auf dem Reichstag zu Nürnberg seinen Sohn Ludwig, später der Brandenburger genannt, mit der Mark Brandenburg – durch die damit verbundene Kurwürde ein besonders wertvoller Erwerb –, den Herzogtümern Pommern und Stettin und noch einigen kleineren Gebieten im Nordosten. Manche Absicherung war nötig, da es weitentfernte Linien ohne Anrecht auf die Mark gab, die dennoch Ansprüche anmeldeten. Bereits im Januar hatte der König deshalb mit der Landgräfinmutter Elisabeth von Meißen/Thüringen Gespräche geführt, einer sehr einflußreichen Frau in Mitteldeutschland. Herausgekommen war eine Verlobung seiner Tochter Mechthild mit dem dreizehnjährigen Landgrafen Friedrich dem Ernsthaften von Meißen. Der junge Landgraf war zwar schon mit Guta von Luxemburg verlobt, einer Tochter des Böhmenkönigs, und das Mädchen befand sich bereits auf der Wartburg. Doch nun wurde sie nach Hause geschickt und die neue Braut im Mai 1323 in Nürnberg geheiratet. Ein Beistandspakt mit Herzog Otto dem Milden von Braunschweig, dem dritten Ehemann von Ludwigs Schwester Agnes, und ein Freundschaftsbündnis mit König Christoph II. von Dänemark sollte die Wittelsbacher Herrschaft in Brandenburg ebenfalls stützen.

Weit mehr als allen Freundschafts-, Beistands-, Angriffs- oder sonstigen Bündnissen traute man im Mittelalter Verwandtschaftsbanden, und so wurde zusätzlich zum dänischen Bündnis eine Ehe zwischen König Christophs Tochter Margarete und dem jungen Brandenburger verabredet. Ganze neun Jahre zählte der Bräutigam, als Ende 1324 in Werdingborg seine Hochzeit mit der achtzehnjährigen Margarete gefeiert wurde.

Solche Kinderheiraten aus politischen Gründen waren in kaum einem Zeitalter so häufig wie im Mittelalter. Kein Alter war zu jung für Verlobung und Heirat.

Wenn man vom böhmischen Königshaus absieht, scheinen sich

jedoch in der Mehrzahl der Fälle die Eheleute – ob sie als Kinder oder als Erwachsene miteinander verheiratet wurden – eher zugetan gewesen zu sein. Im schlimmsten Fall lebte man nebeneinander her. Auf keinen Fall war die Zahl der enttäuschenden Ehen höher als heutzutage, wo man ja wohl meist aus Liebe heiratet. Die Ehe Ludwigs des Brandenburgers mit der dänischen Königstochter, die 1333 vollzogen wurde, verlief ebenfalls glücklich.[3] Dem jungen Markgrafen wurde einer der fähigsten Diplomaten der Zeit an die Seite gestellt, um den Übergang der Mark an das Haus Wittelsbach zu vollenden: Graf Berthold VII. von Henneberg, genannt der Weise. Er war wegen seiner großen Erfahrung für diese Aufgabe besonders geeignet und kannte zudem als Verwandter der Askanier und Freund des verstorbenen Woldemar Land und Leute der Mark wie kein anderer.

Wechselbeziehungen

Im Frühjahr 1323 wurden endlich auch die Reichskleinodien durch eine Habsburger Gesandtschaft übergeben. Es ist möglich, daß sich der Wittelsbacher erst als wahrer König fühlte, als sie endlich in seinem Besitz waren.

Welch enormer Wert auf ihren Besitz gelegt wurde, geht aus einem Bericht des Mönchs von Fürstenfeld hervor. Er erzählt, daß die Kleinodien »ehrfurchtsvoll« nach Nürnberg gesandt wurden, wo sie der König unter Ehrenbezeugungen entgegennahm, und fährt fort: »Alsbald strömten viele Tausend von Menschen herbei, um sie zu sehen, und betrachteten sie voll Freude und Andacht. Darnach wurden die Insignien nach Bayern gebracht, wo sie zu München an einem sichern Ort aufbewahrt werden unter Obhut von vier Mönchen des Klosters Fürstenfeld, welche bei den hochheiligen Sakramenten den Gottesdienst versehen und außer anderen frommen Obliegenheiten Tag für Tag feierliche Messen abzuhalten haben. Darum möge die Stadt München sich freuen und laut jubeln, daß sie gewürdigt ist, einen so kostbaren Schatz zu hüten, denn, was vielen berühmten, uralten Städten versagt ist, das ist ihr allein von allen zu Teil geworden.«

»Das rich« oder auch »die Heiltümer des Reichs« enthielten neben den Krönungsinsignien noch einen weiteren kostbaren Schatz, nämlich viele hochverehrte Reliquien. Die Heilige Lanze war darunter, mit der einst der römische Legionär Longinus den gekreuzigten Christus in die Seite gestoßen haben soll. Nach anderer Version war es die Lanze Konstantins des Großen, in die er einen Nagel vom heiligen Kreuz einfügen ließ. Heinrich I., der Vogler, hatte die Lanze ihrem damaligen Besitzer, König Rudolf II. von Burgund, durch Drohungen abgepreßt. Seitdem gehörte die den Sieg garantierende Heilige Lanze in Deutschland zu den wichtigsten Investitursymbolen des Königs. Durch ihren Bezug zu Kaiser Konstantin galt sie insbesonders auch als Sinnbild des Herrschaftsanspruchs der römischen Könige und Kaiser über Italien. Viele weitere Kostbarkeiten beinhaltete das »rich«: ein Stück vom heiligen Kreuz, ein Stück vom Strick, mit dem man Christus an die Säule gebunden und der Schwamm, den man ihm am Kreuze gereicht hatte. Es gab auch einen Zahn Johannes' des Täufers, ein Stück vom Arm der hl. Anna, der Mutter Marias, und viele Reliquien von Heiligen, darunter z. B. das Schwert des hl. Mauritius.[4]

Auch im Sommer setzte sich die Erfolgsserie des Wittelsbachers fort: In der Pfalz kam es nach dem Tod von Rudolfs Witwe, der unversöhnlichen Herzogin Mechthild, endlich zur Aussöhnung. Der Verfasser der Vita zeigt sich hochzufrieden mit den bisherigen Ergebnissen und berichtet schwärmerisch: »Im Hinblick auf die Lehre des heiligen Apostelfürsten Petrus . . . entfaltete Ludwig der Vierte, König der Römer, da er sich im Besitz der von Gott eingesetzten Herrschergewalt sah, seine Schwingen wie ein Adler, der über seine Jungen hinwegfliegen will, zu sehen und zu scheiden zwischen guten und schlechten, denn er, welcher der Gerechtigkeit wieder eine Stätte gab, war weise in seinem Sinne, klug im Rate und hielt siegekrönt das Scepter der Weltherrschaft in seinen Händen.«

Allerdings stand im Elsaß und in Schwaben Herzog Leopold »noch schäumend von Drohung und Mord schnaubend«[5] weiterhin zum Kampf bereit. Auch kühlte die Beziehung zu König Johann von Böhmen merklich ab. Es war nicht nur die gelöste Verlobung seiner Tochter Guta, »was Johann gewaltig verdroß«, sondern auch die Belehnung des Königssohnes mit der Mark.

Offenbar war der Böhmenkönig der Meinung, er selbst sollte für seine treuen Dienste damit belehnt werden. So etwas zu erwarten, war mehr als naiv. Zum einen war Johann für seinen Beistand bei Mühldorf mehr als königlich belohnt worden. Zum anderen stellten die Luxemburger neben den Habsburgern ohnehin die mächtigsten Reichsfürsten dar. Ludwig konnte Johanns Macht nicht noch weiter stärken, sondern mußte im Gegenteil versuchen, gleichauf zu ziehen.

Doch König Johann grollte und begann separate Friedensverhandlungen mit Ungarn und den Habsburgern. Als Folge davon wurde Herzog Heinrich am 23. September 1323 endgültig aus der böhmischen Haft entlassen. Die Bedingungen für diese Freilassung werfen ein bezeichnendes Licht auf die heillose Verpfändungswirtschaft des Mittelalters. Die Habsburger übergaben König Johann die ihnen verpfändeten mährischen Städte Znaim, Kostel und Lundenburg sowie 9000 Mark Silber. Natürlich hatten sie das Geld nicht in bar – welcher Fürst hatte schon bares Geld? – und so verpfändeten sie Johann die Orte Laa a. d. Thaya und Weitra.[6]

Eigentlich hatte Ludwig seinen Sohn selbst in die Mark Brandenburg einweisen wollen und war nordwärts gereist. In Arnstädt in Thüringen machte er Station und beschäftigte sich mit den Angelegenheiten norddeutscher Städte. Bevor er jedoch weiterreisen konnte, wurde er nach Bayern zurückgerufen. König Johanns Umtriebe mögen dabei eine gewichtige Rolle gespielt haben. Bis zum Herbst hatten sich die Gemüter jedoch wieder beruhigt.

Ludwig war zwar über Johanns separate Friedensverhandlungen nach wie vor verärgert, aber bei einem Treffen im Oktober 1323 in Donauwörth waren beide Fürsten nicht ohne Verstimmung, jedoch bemüht, ihr gutes Verhältnis aufrechtzuhalten.

Zum erstenmal griff Ludwig in diesem Jahr auch entscheidend in Italien ein und war dabei sehr erfolgreich (siehe unten). Insgesamt also ein Jahr, mit dem der Bayer hätte zufrieden sein können. Aber im Oktober tauchte ein Feind auf, der weit gefährlicher war als Habsburger und Luxemburger zusammengenommen. Papst Johannes XXII. eröffnete den Kampf gegen den König. Nun erst begann Ludwigs eigentlicher Kampf um sein Königtum, der Kampf mit dem Papsttum, der seiner Regierungszeit ihren unverwechselbaren Stempel aufdrücken sollte.

10. Kapitel

»Lernen sollen jetzt die Könige und alle Fürsten
der Welt, wie groß ihr seid . . .«

Es gibt eine Witzelei über die Ehe, nach der ein Mann die ersten sieben Jahre seiner Ehe um die Vorherrschaft kämpfe, die zweiten sieben Jahre um die Gleichberechtigung und von da an nur noch ums nackte Leben. Unwillkürlich fällt einem diese Redensart ein, wenn man die geschichtliche Entwicklung zwischen Kaisertum und Papsttum betrachtet, eine Entwicklung, die unter Kaiser Ludwig dem Bayern dem letzten dramatischen Höhepunkt zustrebte. Jetzt ging es darum, ob der Staat als selbständige Ordnung weiterleben würde oder ob das Papsttum neben seinem Anspruch, das geistliche Haupt der Christenheit zu sein, auch die weltliche Oberherrschaft über das Reich durchsetzte. Der Weg bis zu diesen Ansprüchen war lang, aber zielstrebig gewesen:

Um die Herrschaft der Welt

Noch für Papst Leo III. war es keine Frage, daß Karl der Große sein Lehnsherr war, so wie vorher die Kaiser in Byzanz. Der Kaiser wiederum betrachtete den Papst als sehr angesehenen Bischof seiner Landeskirche, auch als den Hüter der apostolischen Überlieferung, aber durchaus nicht als Oberhaupt der Christenheit; denn dies war Karl selbst. Der große Franke ernannte Bischöfe und Äbte, rief die kirchlichen Reichssynoden ein, bestätigte die kirchlichen Gesetze und vergab Kirchengut als Lehen.

Doch die Macht der Kirche nahm zu, wobei eine ganze Reihe von Fälschungen sehr hilfreich waren – darunter als die bekanntesten die sogenannte Konstantinische Schenkung und die Pseudo-Isidorischen Dekretalen –, durch die man neue Ansprüche als altes Recht ausgeben konnte. Trotzdem wurde noch unter den Ottonen[1] die Vormachtstellung der Kaiser über Kirche und Papst entschieden weitervertreten. Sie setzten Päpste ab und ein, und jeder neugewählte Papst bedurfte der Bestätigung durch den Kaiser.

Das Mönchstum befand sich damals in einer Phase des Niedergangs. Innerhalb der Kirche wurden deshalb etwa ab dem Jahre 1000 Reformen nach dem Muster des französischen Klosters Cluny angestrebt, die vom überaus frommen Kaiser Heinrich III. nachdrücklich unterstützt wurden. Aber auch das Papsttum bedurfte einer Regeneration. Als Heinrich III. im Jahre 1046 zu seiner Kaiserkrönung nach Rom zog, gab es dort nicht weniger als drei Päpste, die alle ihr hohes Amt durch Geld gekauft hatten und sich gegenseitig befehdeten. Er setzte alle drei ab und verschaffte dem Papsttum wieder Geltung und Ansehen, indem er im Laufe seiner Regierung vier deutsche Bischöfe – kluge und achtunggebietende Männer – nacheinander auf den apostolischen Stuhl setzte.

Mit der Erneuerung des Papsttums bahnte Heinrich III. aber gleichzeitig den Weg für die Ansprüche des großen Gegenspielers seines Sohnes, für Papst Gregor VII., mit dem die zweite Phase der Beziehung des Kaisertums zum Papsttum begann, der Kampf um die Gleichberechtigung. Der »heilige Satan«,[2] wie Gregor VII. genannt wurde, wollte nicht mehr und nicht weniger als die Weltherrschaft. Mit ihm, der die Tiara mit einer Krone, dem Zeichen der weltlichen Macht, schmücken ließ und als Papst kaiserliche Insignien trug, der später mit der gefälschten Konstantinischen Schenkung als Begründung von den Königen verlangte, sie sollten nach Rom kommen, um ihm zu huldigen und ihre Länder als Lehen von ihm zu empfangen, kam es zum ersten dramatischen Höhepunkt in der Auseinandersetzung zwischen Papsttum und Kaisertum. Der Machtkampf, der im Jahre 1075 zwischen Gregor VII. und Kaiser Heinrich IV. begann, als Investiturstreit[3] bekannt, in dessen Verlauf sich Papst und Kaiser gegenseitig absetzten und der im berühmten Gang nach Canossa gipfelte, läßt bereits ahnen, daß bei der schmalen materiellen Grundlage des Kaisertums und der streng idealistischen Geistesrichtung jener Zeit der Weg in die erdrückende Übermacht der Kirche der dritten Phase münden mußte.

Aber noch war es nicht soweit. Zwar rief Gregor VII. auf der Synode in Rom, auf der er Heinrich IV. ein weiteres Mal exkommunizierte und für abgesetzt erklärte, den Prälaten zu: »Lernen sollen jetzt die Könige und alle Fürsten der Welt, wie groß ihr seid, was ihr vermögt, fürchten sollen sie sich davor, die Befehle eurer Kirche zu mißachten.«[4] Aber Heinrich IV. behielt die Oberhand. Er zog 1084 nach Rom und vertrieb Gregor VII. Er ließ Erzbischof Wibert von Ravenna als Klemens III. zum Papst wählen und sich von ihm zum Kaiser krönen.

Trotzdem, Canossa war die Wende. Zum ersten Mal hatte das Papsttum die Gewalt über beide Schwerter, das geistliche und das weltliche, angefordert. Und dieser Anspruch wurde das ganze Mittelalter hindurch nicht mehr fallengelassen. Zu Zeiten des Staufers Kaiser Friedrich Barbarossa, der mit insgesamt zwölf Päpsten zu tun hatte, davon vier Gegenpäpsten, waren es besonders Hadrian IV. und Alexander III., die das, was »der heilige Satan« angebahnt hatte, siegreich zu Ende führen wollten. Zwanzig Jahre befand sich Barbarossa im Kirchenbann, weil er die Gegenpäpste Alexanders III. unterstützte, die nicht die Ambition hatten, den Kaiser zum Lehnsmann des apostolischen Stuhls zu machen.

Es war der Anfang der Feindschaft der Päpste gegen die Staufer, die solange dauerte, solange ein Repräsentant dieses Geschlechts lebte. Aber noch kämpfte das Kaisertum nicht ums nackte Leben. Diese Phase begann erst zu Zeiten Kaiser Friedrichs II., Barbarossas Enkel. Papst Innozenz III. († 1216), einer der größten Päpste, die jemals den Stuhl Petri eingenommen hatten, läutete diese Ära ein. Als erster Papst entzog er dem Kaisertum den Titel »Vicarius Christi« und nahm ihn für sich selbst an. Dieser Titel bedeutete für Innozenz dasselbe, was er für den Kaiser immer exklusiv bedeutet hatte: der von Gott eingesetzte Weltherrscher.

Innozenz III. war auch der erste Papst, der die Approbationstheorie aufstellte, wonach der von den deutschen Kurfürsten erwählte König erst nach seiner Bestätigung durch den Papst rechtmäßiger König sei. Bei einer Doppelwahl stand nach Innozenz dem Papst die Entscheidung zu.

Unter seinem Pontifikat erreichte das Papsttum tatsächlich die Weltherrschaft. Nicht nur im Reich, wo der junge Friedrich II. dem Papst für dessen Unterstützung bei seiner Königswahl Zugeständnisse machen mußte, die einer Abdankung des Kaisertums gleichkamen, sondern auch in anderen Staaten.

Aber Rom konnte die Macht nicht festhalten. Nach dem Tode Innozenz' III. war es vor allem der vorher so fügsame Kaiser Friedrich II., der dagegen aufbegehrte und die Rechte zurückhaben wollte, die er aus den Händen gegeben hatte. Von da an begann der gnadenlose Vernichtungskampf gegen den Staufer: Exkommunikationen, Verleumdungen, Absetzungserklärungen, Aufforderungen an alle Fürsten des Abendlandes, den Papst in seinem Kampf gegen den Kaiser zu unterstützen, Aufrufe zum Kreuzzug gegen ihn . . .

Nach dem Tode Friedrichs II. im Jahre 1250 ging der Kampf gegen seine Söhne weiter. Erst in Deutschland, wo König Konrad IV. nacheinander gegen zwei Gegenkönige kämpfen mußte, die von der Kurie finanziell unterstützt wurden; nach seinem Tode gegen seinen Halbbruder Manfred, König von Sizilien. Als Manfred das päpstliche Heer schlug, bot Papst Urban IV. die sizilianische Königskrone dem finsteren Bruder des französischen Königs, Karl von Anjou, an. Der Anjou kam mit einem »Kreuzfahrerheer« über die Alpen, und Manfred verlor auf dem Schlachtfeld Thron und Leben.

Der Sohn Konrads IV., Konradin, der beim Tode seines Vaters zwei Jahre alt gewesen war, trug den Titel eines Herzogs von Schwaben. Er war bei der Königswahl im Jahre 1257, als die Kurfürsten mit Alfons von Kastilien und Richard von Cornwall in zwiespältiger Wahl zwei Ausländer zum deutschen König wählten, nicht berücksichtigt worden. 1267 zog Konradin als Fünfzehnjähriger mit einem Heer über die Alpen, um das italienische Stauferreich zurückzugewinnen, wurde von Karl von Anjou besiegt und nach einem Scheinprozeß auf dem Marktplatz von Neapel enthauptet.

Das Papsttum hatte einen grandiosen Sieg errungen. Die Staufer, die »Schlangenbrut«, waren ausgerottet. Allerdings kamen über Manfreds Tochter, die Pedro von Aragon geheiratet hatte, doch wieder Staufer auf den Thron Siziliens. Karl von Anjou konnte nur den festländischen Teil mit Neapel behaupten.

Rom und das Reich seit dem Interregnum

Während all der staufischen Wirren war auch der Approbationsanspruch der Päpste weitergekommen. Nicht sofort! Der Staufer
Friedrich II. hatte die Bitte um Bestätigung ebenso vermieden wie
seine Söhne und die beiden Gegenkönige, die man König Konrad IV. beschert hatte. Die beiden ausländischen Schattenkönige
aber baten ausdrücklich um Approbation.[5] Da sie den Papst gleichzeitig als Schiedsrichter in ihrem Thronstreit ablehnten, erhielt
keiner die Bestätigung – ohne daß sich darüberhinaus weitere
Folgen ergaben. Als aber Papst Klemens IV. den Stuhl Petri bestieg, der letzte der vierzehn Päpste, die ihre wichtigste Aufgabe
darin sahen, die Staufer zu vernichten, versuchte er, das päpstliche Bestätigungsrecht zu einer endgültig feststehenden Tatsache
zu machen. Da weder Alfons von Kastilien noch Richard von
Cornwall die Approbation hatten, erklärte er das Reich für vakant
und ernannte Karl von Anjou zum Reichsvikar – was die rechtliche
Grundlage für den Prozeß gegen Konradin schuf. Zudem ging er
über den von Innozenz III. formulierten Approbationsanspruch
noch hinaus und sprach den Gedanken aus, er könnte sogar beide
Könige absetzen und aus eigener Machtvollkommenheit einen
König seiner eigenen Wahl ernennen.
Damit aber war der Bogen bei den deutschen Kurfürsten über-
spannt, die um ihr Wahlrecht fürchteten. Von nun an wurde nur
noch um die Kaiserkrönung gebeten, das Wort Approbation in den
Wahlanzeigen peinlich vermieden. Die Bestätigung wurde deshalb König Rudolf I. ungebeten erteilt, damit der päpstliche Anspruch aufrecht erhalten blieb; zur offenen Konfrontation kam es
nicht. Das änderte sich unter König Albrecht I. Sein Gegenspieler,
der überaus stolze und selbstherrliche Papst Bonifaz VIII., der sich
schon zu seinen Lebzeiten Denkmäler errichten und von seinen
Schmeichlern »Christus auf Erden«[6] und »Gott der Götter« nennen ließ, scheute keine wie immer geartete Konfrontation. Wie vor
ihm Gregor VII. und Innozenz III. oder wie nach ihm Johannes XXII., sah Bonifaz praktisch keine Grenzen für die päpstliche
Gewalt. Der römische Oberpriester, so hatte er verkündet,
herrscht über die Könige und die Königreiche und über alle Krea-
tur; alle Christgläubigen, welch hohen Rang sie auch einnehmen,

müssen sich ihm unterordnen. Dem Papst stehen beide Schwerter zu, das höhere geistliche, das er selbst handhabt, und das weltliche, das durch ihn den Königen überlassen ist. Für ihn ist deshalb die weltliche Gewalt nur eine Delegation der geistlichen und bleibt ihr untergeordnet, von ihr abhängig. Bonifaz räumt zwar ein, daß auch der Inhaber der geistlichen Gewalt nur ein Mensch ist, aber seine Gewalt selbst ist keine menschliche, sondern eine göttliche. Wer ihr also nicht gehorsam ist, ist Gott ungehorsam, ohne Gehorsam gegen Gott aber gibt es kein ewiges Heil.

Unter allen offiziellen Erlassen, die von der römischen Kurie jemals ausgegangen sind, ist mit Bonifaz' Bulle »Unam sanctam« wohl der Gipfel aller priesterlich-päpstlichen Machtansprüche erreicht. Weitere Kampfschriften seiner Anhänger erhärteten diese Thesen. Im Traktat »Von der geistlichen Gewalt« des Ägidius von Colonna wird klipp und klar »bewiesen«, daß nicht nur jede Herrschaft, sondern auch alles Eigentum nur durch die Kirche und unter der Kirche besessen werden könne.

Bonifaz lehnte Albrecht ab, weil er gegen seinen rechtmäßigen König (Adolf I.) rebelliert und weil er nicht um Approbation nachgesucht hatte. Gleichzeitig machte Bonifaz den entscheidenden Fehler, sich mit König Philipp dem Schönen von Frankreich anzulegen. Und das französische Königshaus, schon seit dem Untergang der Staufer daran gewöhnt, im Papsttum ein willfähriges Werkzeug seiner Politik zu sehen, scheute vor einem Machtkampf nicht zurück.

Albrechts Aussichten auf das Wohlwollen des Papstes stiegen mit der Zuspitzung des Streites. Der Papst, der dringend einen Schutzherrn benötigte, mäßigte seine Angriffe gegen den Habsburger, und aus einem heftig geschmähten, wegen seines fehlenden Auges verhöhnten, des Königsmords bezichtigten Feind des Papstes wurde plötzlich ein Freund. Albrecht erhielt die Approbation, obwohl er immer noch nicht darum gebeten hatte. Auch die Kaiserkrönung wurde in Aussicht gestellt.

Allerdings nicht ohne Gegenleistung! Der normale Treueschwur und das Schutzgelöbnis, das alle römischen Könige dem Papsttum als Bedingung für die Kaiserkrönung leisten mußten, wurden ausgedehnt. Albrecht war so erpicht auf die Kaiserkrönung als ersten Schritt zu einer habsburgischen Erbmonarchie, daß er sich

auf alles einließ und strenggenommen einen Untertaneneid leistete – etwas, was nach ihm kein deutscher Herrscher mehr tat.[7]
Zu diesem Zeitpunkt spitzte sich der Streit zwischen Bonifaz und
Philipp von Frankreich dramatisch zu. Als der Papst daran dachte,
Philipp mit dem Bann zu belegen, der schon so viele stolze Fürsten
von ihrem Thron gestürzt hatte, bekam er die Grenzen seiner tatsächlichen weltlichen Macht gezeigt. Einen Tag vor dem Gründonnerstag des Jahres 1303, an dem er den Bannfluch schleudern
wollte, wurde Bonifaz von Philipps Beamten Wilhelm von Nogaret
– Sohn eines durch die Inquisition hingerichteten Albigensers und
erfüllt von dem Wunsch, den Tod seines Vaters zu rächen – in
seiner Sommerresidenz Anagni überfallen und gefangengenom-
men. Der cholerische alte Herr wurde zwar nach drei Tagen wieder
befreit, aber er überlebte die Aufregung und Schmach nur um
wenige Tage. Und damit war auch Albrechts Traum vom Kaisertum und einer habsburgischen Erbmonarchie ausgeträumt.
In der Zukunft mußte das Papsttum dem französischen König
beim Prozeß gegen die Templer Schergendienste leisten, mit dem
gebannten Wilhelm von Nogaret verhandeln und ihn auf Geheiß
des französischen Königs auch vom Bann lossprechen. Ein hoher
Preis für die Unabhängigkeit vom Kaisertum, die man mit der
Ausrottung der Staufer erlangt hatte!
Nach Albrechts Ermordung machte der neugewählte Heinrich VII.
aus dem Hause Luxemburg einen neuen Anlauf zur Kaiserkrönung, und seinen Wünschen kamen die äußeren Umstände entgegen. Papst Klemens V. hatte den Stuhl Petri nach Frankreich
verlegt und war ein willfähriges Werkzeug in den Händen Philipps
des Schönen. Aber er sah dennoch die Gefahr, die dem Papsttum
durch die Unterwerfung unter Frankreich drohte, und versuchte,
im Kaisertum ein Gegengewicht zu schaffen. Philipp wiederum
konnte speziell in Heinrichs Fall wenig dagegen tun. Der Luxemburger war in Frankreich erzogen worden, hatte von Philipp selbst
den Ritterschlag erhalten und war gegen eine Geldrente Philipps
Vasall geworden.
So erhielt Heinrich VII., der zwar um die Kaiserkrönung, aber
nicht um die Approbation gebeten hatte, nicht nur ungebeten die
Bestätigung, sondern auch die Zusage zur Kaiserkrönung. In Rom
mußte er seinen Weg in die Stadt freikämpfen, was trotz schwerer

Verluste nur teilweise gelang. Den Urheber aller seiner Schwierigkeiten in Italien sah Heinrich zu Recht in König Robert von Neapel. Dieser ansonsten sehr umgängliche, kunstsinnige und gelehrte Nachfahre des finsteren Karl von Anjou wollte keine Kaiserherrschaft in Italien und verlor alle Weichheit – die ihm manchmal vorgeworfen wurde–, wenn es darum ging, sie zu verhindern. Heinrich VII. verbündete sich deshalb mit König Friedrich von Sizilien, dem Abkömmling von König Manfreds Tochter und Erzfeind König Roberts, und man verabredete einen gemeinsamen Feldzug gegen Neapel. Das aber ging Papst Klemens V. nun doch zu weit. Die Anjou waren schließlich Verwandte des französischen Königshauses, Klemens V. ein französischer Patriot. Er gebot Heinrich einen Waffenstillstand mit König Robert unter dem Hinweis, daß beide Herrscher dem Stuhl Petri den Treueid geleistet hätten und beide Lehnsleute der Kurie seien.

Diese Gleichstellung mit Robert von Neapel, der ganz unbestreitbar ein Lehnsmann der Kurie war, wurde selbst von einem so frommen Mann wie Kaiser Heinrich VII. empört zurückgewiesen. Er und seine Vorgänger hätten der Kurie ihre Sicherheit garantiert, aber keinen Lehnseid geleistet. Und er ließ sich Rechtsgutachten ausarbeiten, die jedes Recht des Papstes, sich in weltliche Angelegenheiten des Reiches einzumischen, bestritten. Es wurde offenkundig, daß unabhängig davon, was seit 1257 geschehen war, der alte Gegensatz fortbestand. Klemens V. ließ Gegenschriften ausarbeiten, drohte Heinrich VII. den Bann an, falls er gegen König Robert vorgehen würde.

Die Auseinandersetzung wäre sicher nicht auf wissenschaftliche Gutachten und Drohungen beschränkt geblieben, aber Heinrich VII., durch eine lange, vergebliche Belagerung von Florenz erschöpft, erlag einem Malariaanfall,[8] als er sich in der heißesten und ungünstigsten Jahreszeit zum Feldzug gegen König Robert von Neapel nach dem Süden aufmachen wollte. Nach seinem Tode legte Klemens V. in seiner Bulle »Romani principes« fest, daß die Erhebung eines römischen Königs der Approbation bedürfe und der deutsche Herrscher ein Lehnsmann des Papstes sei. Gleichzeitig ernannte er, als Inhaber der kaiserlichen Gewalt während der Thronerledigung, König Robert von Neapel zum Reichsvikar über Reichsitalien.

Und nun gab es mit Ludwig dem Bayern wieder einen römischen König, der nicht um die Bestätigung gebeten und sogar ohne Erlaubnis des Papstes in Italien eingegriffen hatte. Ihm stand der eisenharte, machtbewußte Johannes XXII. gegenüber, der alle seit Innozenz III. bis Bonifaz VIII. erhobenen Anschauungen und Ansprüche des Papsttums endgültig durchsetzen wollte, ja sogar darüber hinausging, denn selbst für Bonifaz VIII. war der »erwählte römische König«, wenn er auch nicht der »Romanorum rex« war, doch immerhin der »rex Alamanie«. Für Johannes XXII. jedoch hatte der von den deutschen Kurfürsten erwählte König weder Anspruch auf den Königstitel noch das Recht, innerhalb oder außerhalb Deutschlands Regierungshandlungen vorzunehmen, solange er vom Papst nicht die Approbation erhalten hatte.

Der Streit um die Autonomie des Reiches stand nun zur endgültigen Entscheidung an, und das gibt dem Kampfe Ludwigs des Bayern mit der Kurie seine Bedeutung und seine Größe.

11. Kapitel

»Nos faciemus decretale in contrarium!«

Der Papst hatte seinen Entschluß, gegen den Wittelsbacher den Kampf zu eröffnen, im Geheimen Konsistorium bekanntgegeben. Er beabsichtigte, den Kampf im Rahmen eines kanonischen Prozesses zu führen, in dessen Mittelpunkt Ludwigs Verstöße als nichtapprobierter König stehen würden. Johannes XXII. kündigte an, mit aller Härte gegen den Herrscher vorzugehen, stieß mit seinen Absichten im Kardinalskollegium allerdings auf allgemeine Ablehnung. Vereinzelt wurde sogar offen widersprochen.

So machte Napoleon Orsini, ein Anhänger der Machttheorie, geltend, die Waffen hätten für Ludwig entschieden, und somit sei er der rechtmäßige König. Außerdem würde der heilige Vater mit seinem Vorhaben in Deutschland Unordnung und Unruhe auslösen. Kardinal Jakob Caetani gab zu bedenken, daß man Deutschland nur gegen die Kurie aufbringen würde. Auch Kardinal Petrus Colonna war dieser Ansicht und trat der Approbationstheorie in jeder Beziehung entgegen. Er verwies auf die Reichsrechte, die einem gewählten und gekrönten König das Recht auf Titel und Regierung gaben.

Johannes XXII. war höchst aufgebracht über diese Belehrung und rief erregt, er würde ein Dekretale schaffen, das das Gegenteil aussage: »Male dicitis, male dicitis! Nos faciemus decretale in contrarium!« [1] Petrus Colonna antwortete sehr kühn, auch dieses Dekretale würde Unrecht nicht in Recht verwandeln.

Der erste päpstliche Prozess

Johannes XXII. war nicht der Mensch, sich durch Einwände von einem Entschluß abbringen zu lassen. Am 8. Oktober 1323 wurde der erste der sogenannten päpstlichen Prozesse gegen Ludwig eröffnet. Dem Bayern wurde vorgeworfen, er habe sich nach zwiespältiger Wahl den Titel eines römischen Königs angemaßt, ohne vom Papst, dem die Prüfung und Bestätigung oder Verwerfung der Wahl zustehe, die Approbation erhalten zu haben. Auch die Regierung in Regnum und Imperium habe er widerrechtlich an sich gerissen unter schwerer Beleidigung Gottes und offenbarer Verachtung der heiligen Kirche. Nur ihr stehe die Verwaltung des gegenwärtig vakanten Imperiums zu. Er habe über Würden und Ehren, die zur Verfügung des Regnum und Imperium stünden, nach Belieben verfügt, so z. B. durch die Belehnung seines Sohnes mit der »Mark Magdeburg« – ein Schnitzer, der später eine spöttische Bemerkung Ludwigs nach sich zog. Aber nicht genug damit, unterstützte er Häretiker wie die Visconti von Mailand. Damit dieses übermütige Gebaren nicht Sitte und Beispiel werde, müsse Ludwig innerhalb von drei Monaten Krone und Regierung niederlegen, alle unter königlichem Titel bisher ergriffenen Maßnahmen widerrufen und von der weiteren Unterstützung kirchlicher Gegner absehen. Innerhalb von drei Monaten habe er sich an der Kurie einzufinden, um sich zu verantworten, sonst würde über ihn der Kirchenbann verhängt.[2]

Darüber hinaus wurden alle ihm geschworenen Treueide gelöst und unter Androhung des Banns verboten, dem Bayern noch länger Gehorsam und Hilfe zu leisten. Da man nicht in Sicherheit zu Ludwig gelangen könne, solle die Anklage an den Türen der Kathedrale von Avignon angeschlagen werden. Es sei nicht anzunehmen, daß dieser Anschlag Ludwig unbekannt bliebe.

Der Papst sah keine Sicherheitsprobleme dabei, seine Anklagen gegen den Wittelsbacher an allen Fürstenhöfen des christlichen Abendlandes bekanntzumachen und sie durch Boten in die entlegensten Teile des Reiches zu senden, damit sie dort von den Kanzeln veröffentlicht werden konnten. Daß er Ludwig gegenüber den Anschlag in Avignon als Form der Zustellung wählte, war darauf berechnet, die Schärfe des Verfahrens zu unterstreichen.

PAPST JOHANNES XXII.

Johannes XXII. war äußerlich klein und unscheinbar und zur Zeit des ersten Prozesses bereits achtzig Jahre alt. Von Charakter ein Choleriker, starrköpfig, ungemein reizbar, leicht aufbrausend und rechthaberisch bis zur Sinnlosigkeit.

Bonifaz VIII. hatte die Kirche durch seinen unbändigen Stolz in Verruf gebracht, Klemens V. durch seine Finanzpolitik. Johannes XXII. stand beiden nicht nach. Man konnte nicht stolzer von den Rechten des Papstes sprechen als er, und seine Finanzpolitik übertraf an Skrupellosigkeit alles, was man bisher erlebt hatte. Noch nie hatte sich ein Papst so erfindungsreich darin gezeigt, immer neue Abgaben aus den Völkern und dem Klerus herauszupressen. Die unbegrenzten Rechte des Papsttums, die Johannes XXII. beanspruchte, konnten natürlich auch nicht durch bestehende Gesetze eingeschränkt werden. So begann mit ihm eine neue Epoche der kirchlichen Gesetzgebung, das Zeitalter der »Extravaganten«, jener Gesetze, die von den Päpsten kraft ihrer unbeschränkten Regierungsgewalt erlassen und damit rechtskräftig wurden, ohne daß sie je eine förmliche Kodifikation erfahren hätten. Das war »der Absolutismus in Vollendung. Damit hat Johannes XXII. dem Papsttum von Avignon den Stempel aufgedrückt. Gegen dieses Papsttum richten sich im fünfzehnten Jahrhundert die Versuche der kirchlichen Reform, im sechzehnten Jahrhundert die kirchliche Revolution.«[3]

Verfolgte Papst Johannes seine Feinde mit gnadenlosem Haß, so waren auch seine Freunde, wie die Königshäuser von England, Frankreich und Neapel, nie sicher davor, daß er sich nicht in ihre Regierungsangelegenheiten einmischte oder ihr Benehmen kritisierte. Eduard II. von England wurde ermahnt, er solle sparsam sein in Essen, Kleidung und Dienerschaft, in der Kirche keine Unterhaltung führen, die kindischen Manieren ablegen, sich geeignete Ratgeber wählen und sich nicht auf seinen eigenen Kopf verlassen. Die Königinwitwe von Frankreich sollte ihre Schulden bezahlen und ihren Umgang besser wählen. König Philipp V. wurde dazu angehalten, seine Schwägerin besser zu behandeln, seine Rechnungen selbst zu überprüfen und nicht zu kurze Röcke zu tragen, denn das gezieme sich nicht für einen König.

Zum Drang Johannes' XXII., sich überall einzumischen, Bullen zu erlassen, Dogmen zu schaffen und unentschiedene Streitpunkte zu fixieren, kamen ein bienenhafter Fleiß und eine hohe Bildung. Bei aller Habgier war er persönlich bedürfnislos, auch wenn er es seinem hohen Rang schuldig zu sein glaubte, würdig zu repräsentieren.

EINE PAPSTWAHL

Die Wahl Johannes' XXII. zum Haupt der Christenheit war eigentlich eine Verlegenheitslösung gewesen. Klemens V., ein Gascogner, hatte während seines Pontifikats hauptsächlich gascognische Kardinäle ernannt, so daß beim ersten Konklave nach seinem Tod im Bischofssitz von Carpentras von den 23 anwesenden Kardinälen elf Gascogner waren. Ihnen standen als eindeutige Gegner sieben Italiener gegenüber. Der Rest waren Franzosen aus anderen französischen Provinzen.

Die Gascogner als die stärkste Gruppe wollten natürlich einen Papst aus ihren Reihen. Die Italiener hätten ebenso gerne einen Landsmann gehabt, doch dafür bestanden keine Aussichten. Aber zumindest wollten sie einen Papst, der den Stuhl Petri wieder nach Rom verlegte, und auf keinen Fall einen Gascogner. Nach den Erfahrungen mit Klemens trauten sie keinem seiner Landsleute über den Weg. Die übrigen Franzosen hätten im Interesse einer Entscheidung mit den Gascognern gestimmt. Da nach den Regeln die Stimme des endgültigen Siegers aber abgezogen wurde, war ohne italienische Stimme unter keinen Umständen eine Zweidrittelmehrheit zu erreichen.

Das erste Konklave zog sich unter diesen Umständen lange hin. Und keine Einigung in Sicht! Da verloren gascognische Edelleute, die mit ihren Kardinälen nach Carpentras gekommen waren und einen gascognischen Papst feiern wollten, die Geduld. Sie überfielen die Quartiere der italienischen Kardinäle, machten das Gesinde nieder und zogen aufgebracht vor das Konklave. Die Italiener, die an diesem Tag als erste im Bischofssitz erschienen waren, hörten den Ruf: »Nieder mit den Italienern! Wir wollen einen Papst! Einen Papst wollen wir!«[4] Dann wurden alle Ausgänge besetzt und das

Gebäude in Brand gesteckt. Die Kardinäle konnten sich nur retten, indem sie auf der Rückseite ihres Gefängnisses ein Loch in die Mauer schlugen, durch das sie entkamen. Sie waren überzeugt, daß die gascognischen Kardinäle hinter dem Anschlag steckten.

Von da an konnten sich die frommen Väter zwei Jahre lang nicht einmal mehr auf einen Versammlungsort einigen. Verschiedene Städte waren im Gespräch, wurden aber wieder verworfen. König Philipp der Schöne schaltete sich ein, ohne daß eine Lösung zustande kam. Eine Kommission wurde eingesetzt, ihre Vorschläge jedoch abgelehnt. Die Gascogner schienen eine Zeitlang sogar gewillt, ohne die anderen ihren eigenen Papst zu wählen. König Philipp konnte sie nur mit Drohungen davon abhalten, denn sonst hätten die Italiener ebenfalls ihren Papst gewählt und die Christenheit hätte sich wieder mit einem Schisma herumschlagen müssen.

Da starb Philipp der Schöne und sein Sohn König Ludwig X., der Zänker, setzte die Bemühungen um eine Papstwahl mit größtem Eifer fort. Er benötigte nämlich dringend einen Papst für seine Scheidung von Marguerite, die des Ehebruchs angeklagt war. Ob seine Tochter Johanna wirklich sein leibliches Kind war, hielt man auch nicht mehr für sicher – zu Ludwigs X. Zeit war die weibliche Thronfolge noch nicht ausgeschlossen –, aber als König benötigte er unzweifelhaft legitime Nachkommen. Der Brautzug Klementias von Ungarn, der neuen in Aussicht genommenen Gemahlin, war bereits unterwegs, und immer noch kein Papst und keine Scheidung! Graf Philipp von Poitiers, der Bruder des Zänkers, ritt monatelang erfolglos von einer Gruppe Kardinäle zur nächsten, um sie auf einen Versammlungsort zu einigen. In dieser Bedrängnis starb Marguerite plötzlich und unerwartet – sie wurde erwürgt –, und die Hochzeit mit Klementia konnte fristgerecht stattfinden.

Doch Philipp von Poitiers war nun entschlossen, die Papstwahl endlich zum Abschluß zu bringen. Unter dem Vorwand, man wolle in Lyon über den Ort des nächsten Konklaves gemeinsam beraten, konnte er die 23 Kardinäle dorthin locken. Da starb im Juni 1316 auch König Ludwig X.

Die Nachfolge war unsicher. Klementia war schwanger, aber das Kind, das geboren wurde, lebte nur drei Tage. Was sollte mit

Johanna geschehen? Vorerst wurde Philipp von Poitiers die Regierung übertragen, und er machte nun kurzen Prozeß. Unter dem Vorwand, im Dominikanerkloster würde eine Totenmesse für seinen Bruder gesungen, lockte er die Kardinäle dorthin und ließ die Türen versperren. Sie sollten erst wieder geöffnet werden, wenn der Papst gewählt worden war.

Der Ärger der Kardinäle war groß, und der Schock saß ihnen so in den Gliedern, daß sie am ersten Tag ihres unfreiwilligen Konklaves fast einen Papst gewählt hätten: den Italiener Graf Arnold Novelli. Aber dieser war ein so frommer und gerechter Mann, daß Philipp nie hoffen konnte, mit ihm ein so willfähriges Werkzeug der französischen Krone wie Klemens V. zu erhalten. Er erhob deshalb Einspruch, vier französische Kardinäle schwenkten um und die Gascogner bestanden wieder auf einem Papst aus ihren Reihen usw.

Nun griff König Robert von Neapel mit einem Kompromißvorschlag ein und plädierte für Jacques Duèse aus Cahors in der Provence, seinen früheren Erzieher, der am Hof von Neapel zum Kanzler aufgestiegen war. Auch Philipp von Poitiers unterstützte den Vorschlag, und so konnte Jacques Duèse am 7. August 1316 als Papst Johannes XXII. den apostolischen Stuhl einnehmen.

Zunächst mußte er sich nach der langen Vakanz des Papsttums um organisatorische Dinge kümmern. Zudem hatte Papst Klemens V. seine Laufbahn mit einem Skandal ohnegleichen gekrönt und fast alles Geld, das er im Laufe der Jahre den Kirchen für einen Kreuzzug abgenommen hatte, in einem Testament – dessen Inhalt die Zeugen bei der Beurkundung nicht sehen durften – seinen Verwandten hinterlassen.[5] Johannes XXII. kassierte das Testament und mußte in einem peinlichen Prozeß den Haupterben zur Herausgabe des Geldes zwingen. Ab 1317 fand Johannes die Zeit, sich in seinem Sinne um Italien zu kümmern, und im Herbst 1323 wurde der erste Prozeß gegen den Wittelsbacher eröffnet, die Exkommunikation angedroht.

ZANKAPFEL ITALIEN

Wie so häufig in der Geschichte, war auch dieses Mal Italien der unmittelbare Anlaß für die Feindschaft des Papstes. Bereits während der Jahre des Thronkampfes ernannten sowohl Ludwig wie auch Friedrich jeweils einen Generalvikar für Italien. Da diese nicht sonderlich in Erscheinung traten, nahm sie Johannes XXII. hin. Friedrich engagierte sich später noch weiter, aber nicht auf Seiten der kaiserlich gesinnten Ghibellinen, sondern im Lager der papsttreuen Guelfen.[6] Als damals ein päpstliches Heer gegen die reichstreuen Visconti von Mailand zog, sandte Friedrich seinen Bruder Heinrich mit einer Streitmacht zur Unterstützung der päpstlichen Truppen nach Italien. Darüber hinaus verheiratete er im Jahre 1316 seine Schwester Katharina mit Karl von Kalabrien, dem einzigen Sohn des Guelfenführers König Robert von Neapel. Alles geschickte Schachzüge, um den Papst freundlich zu stimmen.

Die Approbation brachte es trotzdem nicht ein. Zum einen hatte sich Herzog Heinrich an den Kämpfen nicht beteiligt und war ohne einen Handstreich wieder heimgekehrt – man sprach von Bestechung durch Ghibellinenhäupter –, zum anderen hatte Friedrich König Roberts Widerstreben gegen eine deutsche Herrschaft in Italien gewaltig unterschätzt. Auch die nahe Verwandtschaft konnte daran nichts ändern. Der Anjou ließ schon Papst Klemens V., der ihm sehr ergeben war, präzise wissen, welche kuriale Politik er für Italien erwartete. Der Papst sollte dafür sorgen, »daß entweder überhaupt keine neue Wahl eines römischen Königs mehr zustande käme oder, falls dies nicht gelänge, die päpstliche Genehmigung nicht erteilen«. Sollte aber auch das nicht möglich sein, so durfte zumindest keine Kaiserkrönung mehr stattfinden.[7] Johannes XXII. schien diese Wünsche seines früheren Schülers nun genauestens erfüllen zu wollen – hauptsächlich deshalb, weil sie sich vollkommen mit seinen eigenen Vorstellungen deckten. Der einzig wahre Herr über Italien, den Papst Johannes anerkannte, war er selbst. Schon im März 1317 hatte er in seiner Bulle »Si fratrum« verkündet, daß das Imperium vakant sei und seine Regierung dem Papst zustünde, welchem alle Rechte des heiligen Petrus im Himmel und auf Erden übertragen seien. Aus diesem

Grund sei es nicht erlaubt und eine schwere Beleidigung gegen Gott und den apostolischen Stuhl, wenn in Italien einzelne das Reichsvikariat, das sie von Kaiser Heinrich VII. bekommen hatten, beibehielten. Johannes gebot bei Strafe der Exkommunikation und des Interdikts, jedes Reichsvikariat, wenn es nicht vom Papst bestätigt sei, aufzugeben.

Der Anspruch des Papsttums auf die Statthalterschaft war für Italien auch früher schon geltend gemacht worden, aber noch nie wurde er so konsequent durchgeführt wie nun. Johannes XXII. setzte in Italien Beamte ein, prägte Münzen, vergab Lehen und beanspruchte die Gerichtsgewalt. Der Annullierung aller Vikariate, die teilweise durchgesetzt wurde, folgte die Ernennung König Roberts zum Generalvikar für Italien.

Was Papst Johannes XXII. eigentlich mit Italien vorhatte, ist nicht ganz geklärt. Seine Umtriebe dort, die er mit seiner Verpflichtung erklärte, den Frieden zu sichern, konnten ja nicht Selbstzweck sein. Zeitweilig sah es aus, als wollte er Reichsitalien in Form eines päpstlichen Lehens an Frankreich bringen. Auch die Annahme, daß er den Stuhl Petri nach Rom zurückführen wollte und für das machtvolle Papsttum, das ihm vorschwebte, eine solide Machtbasis in Italien benötigte, daß er dazu den Kirchenstaat um die östliche Lombardei vergrößern wollte, hat viel für sich.[8]

Selbst dem Anjou gegenüber war Johannes XXII. deshalb vorsichtig und mißtrauisch, und als König Robert gegen die oppositionellen Ghibellinen nicht wirksam genug einschritt, wurde der Neffe des Papstes, Kardinal Bertrand de Poget, nach Italien gesandt. Vordringlichste Aufgabe des neuen Legaten scheint es gewesen zu sein, die Bekämpfung von politischen Gegnern des Papstes auf kirchliches Gebiet zu ziehen und sie der gefährlichen Waffe der Inquisition auszusetzen.

Die Visconti z. B. hatten nach der Androhung der Exkommunikation das Reichsvikariat, das sie für Mailand innehatten, dem Namen nach zwar niedergelegt, die Regierungsgewalt aber behalten. Nun wurden sie als Ketzer angeklagt. Angeblich hatten sie versucht, durch eine verzauberte Statue den Tod des Papstes herbeizuführen. Sogar Dante – der in dichterischer Vision unter der Führung Vergils die Schrecken der Hölle geschaut und einigen seiner Zeitgenossen deshalb als ein Mann voller geheimnisvoller

Kräfte und Künste erschien – wurde in dieses Verfahren verwikkelt. Wo aber die kirchlichen Waffen nicht ausreichten, den Willen des Papstes durchzusetzen, wie wiederum im Falle der mächtigen Visconti, scheute der sonst so sparsame Johannes XXII. auch nicht vor den Kosten eines päpstlichen Söldnerheeres unter Bertrand zurück.

Aber wie die Pläne des Papstes auch im einzelnen aussahen – auf jeden Fall kam ihm dabei Ludwig der Bayer in die Quere. Als der König ihm nach der Schlacht von Mühldorf seinen Sieg mitgeteilt hatte, antwortete Johannes zwei Monate lang überhaupt nicht. Dann kam ein äußerst lauer Brief, in dem er den Erhalt der Nachricht bestätigte und dem »erwählten« König Ludwig schrieb, er solle ein Gott wohlgefälliges Leben führen und Friedrich milde behandeln. Außerdem bot Johannes – nun, da sie nicht mehr gebraucht wurde – seine Vermittlung im Thronstreit an.

Damit war klargestellt, daß Papst Johannes den Zustand der letzten acht Jahre beibehalten wollte. Es gab für ihn wie schon zu Zeiten des Thronkampfes zwei »erwählte« Könige, aber keinen regierenden König. Das Reich war vakant, ihm selbst stand für Italien die Statthalterschaft zu.

Sollte Ludwig der Bayer auf diese Ambitionen Rücksicht nehmen? Bereits zu Beginn des Jahres 1322 hatten die Visconti den Wittelsbacher um Hilfe gebeten. Er konnte ihnen damals nicht beistehen, aber seit Mühldorf lagen die Verhältnisse anders. Als wieder ein Hilferuf aus Italien kam, ernannte Ludwig im März 1323 Graf Berthold von Marstetten, genannt von Neuffen, zum Generalvikar für Italien und sandte ihn mit den Grafen von Graisbach und Truhendingen sowie einer Streitmacht in den Süden. Der Generalvikar erhielt als Stellvertreter des Königs das Recht, Huldigungen entgegenzunehmen, Untervikare, Hauptleute und Richter zu ernennen, Privilegien zu bestätigen und Lehen zu vergeben.

Es gelang den Deutschen mit Unterstützung der Ghibellinenhäupter Castruccio von Lucca, Passerino von Mantua und Cangrande von Verona – denen sie die Verpflichtung zur Hilfe als Folge der ihnen von Heinrich VII. verliehenen Vikariate klarmachen konnten –, vor Mailand das päpstliche Heer zu verjagen. Auch ein regelrechter Kreuzzug zur Verbrennung der Gebeine des inzwischen im Bann verstorbenen Matteo Visconti wurde zerschlagen.

Der König erhielt die Quittung für sein Eingreifen unverzüglich mit der Eröffnung des ersten Prozesses gegen ihn. Der letzte Akt im Drama des Mittelalters, im Ringen zwischen Sacerdotium und Imperium, nahm seinen Anfang. Die drei Grafen wurden vor das Inquisitionsgericht geladen, und da sie der Einladung nicht folgten, wegen schweren Ungehorsams exkommuniziert. Ihre gesamte Habe fiel laut Urteilsspruch an die Inquisitionsbehörde.

INQUISITION UND KIRCHENBANN

Die Inquisition, mit der die erwachende geistige Selbständigkeit der Völker gebrochen, die Reinheit und Einheit des Glaubens gewahrt werden sollte, hatte sich seit ihren Anfängen im 13. Jahrhundert zu einer furchtbaren und gefährlichen Waffe entwickelt. Im Jahre 1227 war Konrad von Marburg, der rabiate Beichtvater der verstorbenen hl. Elisabeth, zum ersten Inquisitor Deutschlands ernannt und im Jahre 1233 vom aufgebrachten Volk erschlagen worden. Seitdem waren sowohl die Organisation, wie auch die schauerliche Erbarmungslosigkeit und Folgerichtigkeit des Prozeßverfahrens perfektioniert worden. Die »inquisitio« hatte es als eine der drei Formen des Strafprozesses schon von jeher gegeben, aber das ursprüngliche Verfahren hatte alle möglichen Kautelen und Sicherheitsvorkehrungen enthalten, die den Angeklagten vor Willkür schützen sollten. Die kirchliche Glaubensinquisition jedoch entfernte alle diese Sicherungen planmäßig und gab den Angeklagten im Interesse der Reinhaltung des Glaubens wehr- und hilflos dem Ermessen des Richters preis.
Daß die Inquisition so schnell in alle Winkel Europas vordrang, hing mit der Ausbreitung der Bettelorden zusammen, besonders der Dominikaner, denen man die Inquisition größtenteils anvertraut hatte. Wenn der Orden in neue Gebiete vorstieß und sich niederließ, war auch der Pater Inquisitor präsent. Durch die straffe Organisation des Ordens in Länder und Provinzen konnten auch Ketzer oder Verdächtige aufgespürt werden, die von einem Land in ein anderes flohen. Die Inquisition war die erste planmäßig arbeitende Polizei der neueren Zeit. Den damaligen Zeitgenossen erschien ihre Wirksamkeit als unbegreiflich, fast übernatürlich.

Die Amtsgewalt eines Inquisitors war ohne Maß und Grenzen, alle weltlichen Behörden waren sowohl zu seinem persönlichen Schutz vor einer aufgebrachten Bevölkerung, wie auch zum Aufspüren und der Gefangennahme der Opfer verpflichtet. Jedes Widerstreben bedeutete den Verdacht der Begünstigung der Ketzerei, und der Unbotmäßige kam selbst in größte Gefahr. Ziel des Inquisitionsprozesses war das Geständnis des Angeklagten, dessen Schuld, sobald er angeklagt wurde, bereits als erwiesen galt. Seit 1300 wurde die Folter gewohnheitsmäßig angewandt, diese Tatsache aber in den Protokollen sorgsam verschwiegen oder verschleiert. Papst Klemens V. unternahm vergeblich einen Versuch zu ihrer Einschränkung.

Gestand das Opfer, wurde es entgegen der landläufigen Meinung nur relativ selten dem weltlichen Arm zur Verbrennung übergeben. In den meisten Fällen wurden die Geständigen, je nach dem Grade der angenommenen Schuld, zum Verlust ihres Vermögens, zu lebenslänglicher oder begrenzter Einkerkerung oder auch dazu verurteilt, zeitlebens oder für begrenzte Zeit gelbe, auf die Kleidung aufgenähte Kreuze zu tragen, die sie brandmarkten.

Es ist verblüffend, daß das 14. Jahrhundert fähig war, über diese furchteinflößende Institution Scherze zu machen wie z. B. Boccaccio. Er erzählt im Decamerone die Geschichte eines habgierigen und bestechlichen Inquisitors, der einem reichen Mann den Prozeß macht, um dessen Vermögen an sich zu bringen. Der Mann hatte in fröhlicher Gesellschaft geäußert, in seinem Keller läge ein Wein, den Jesus selbst gerne getrunken hätte, und der Inquisitor klagte ihn daraufhin an, er hätte Christus als seinesgleichen hingestellt, nämlich als Säufer, Kneipenhocker und Trunkenbold. Der Mann kam relativ ungeschoren davon, und der Inquisitor stand zum Schluß als der Blamierte da.

Mit der Inquisition hatte die Kirche ein Mittel ihrer Herrschaft geschaffen, das ganze Völker lähmte und ihr blindlings unterwarf. Es erscheint deshalb unglaublich mutig, daß Boccaccio Mißstände in dieser Organisation als Thema aufzugreifen und zu verspotten wagte. Allerdings konnte auch die Inquisition in der Praxis nur dort zugreifen, wo es ihr die Machtverhältnisse erlaubten. Boccaccio war ein allseits bewunderter und verehrter Dichter und hatte einflußreiche Gönner und Freunde. Die drei deutschen Grafen hatten eine Streitmacht hinter sich. So wurde auch ihnen in der Praxis kein Haar gekrümmt.

Der Bannfluch, der sie traf, war jedoch ein ebenfalls recht wirkungsvolles Schreckensinstrument der Kirche. Die Hölle mit all ihren Qualen war für die Menschen dieser Zeit eine nie bezweifelte Realität. Die Kunst zeigte äußerst realistisch, wie die nackten, namenlosen, vergessenen Seelen in der Hölle von häßlichen Teufeln oder monströsen Schlangen und Dämonen gequält wurden. Selbst an den Eingangstüren der Kathedralen war zur eindringlichen Erinnerung drastisch dargestellt, welch grauenvolle Leiden die hartgesottenen Sünder nach ihrem Tod zu erwarten hatten. Manche Geistliche malten in ihren Predigten die ewigwährenden Qualen der Hölle so phantasievoll aus, daß die gesamte Zuhörerschaft vor Angst in lautes Weinen ausbrach.

»Halten wir uns«, predigte Dionysius der Kartäuser, »einen überheizten und weißglühenden Ofen vor Augen und darin einen nackten Mann liegend, der nimmer aus einer solchen Qual erlöst werden wird. Würde uns nicht die Qual, ja schon der Anblick unerträglich erscheinen? Wie unselig würde uns der Mann dünken! Stellen wir uns vor, wie jener Mann in dem Ofen sich hin- und herwälzen, wie er schreien, heulen, *leben* würde, welche Angst ihn bedrängen, welcher Schmerz ihn durchdringen würde, vor allem, wenn er merkte, daß jene unerträgliche Strafe niemals endet.«[9]

Man war tatsächlich phantasievoll in der Darstellung des Schreckens. Wir glauben deshalb heute gefühlsmäßig, ein Mensch des Mittelalters, für den die Religion eine beherrschende Rolle spielte, die Hölle eine Realität war, müßte über seine Exkommunikation außer sich geraten und voller Seelenangst der Verzweiflung nahe gewesen sein.

Aber war das wirklich der Fall? Die Strafe der Exkommunikation – auch Kirchenbann, Bannfluch oder schlicht »der Bann« genannt – wurde von der Kirche verschwenderisch und mit fast heidnischer Unbekümmertheit eingesetzt. Der Bannfluch wurde auch geschleudert, um von einem zahlungssäumigen Bischof Gelder einzutreiben oder die Gerichtssitzung eines weltlichen Gerichts über einen kriminell gewordenen Kleriker zu rächen. Die drei niederbayerischen Herzöge waren im Jahre 1322 vom Erzbischof von

Salzburg exkommuniziert, ihr Land mit dem Interdikt belegt worden, weil sie eine allgemeine Viehsteuer ausgeschrieben und davon die Geistlichkeit nicht ausgenommen hatten. Erst als sie dem erbosten Erzbischof versprachen, so etwas nie wieder zu tun, wurden Bann und Interdikt im Mai 1323 wieder aufgehoben. Selbst eine An- und Abmeldepflicht für Bischöfe, die an die Kurie kamen, setzte Johann XXII. mit Androhung der Exkommunikation bei Zuwiderhandeln durch.[10] Und natürlich eignete sich der Kirchenbann vorzüglich dazu, aufsässige Fürsten zur Raison zu bringen.

Aventinus schrieb über die päpstliche Bannpraxis zur Zeit Ludwigs des Bayern: »Wen sie verbannten, den gaben sie den Teufeln und geboten denselben, daß sie die Seele des Verbannten in die Hölle führten; wem sie aber Gnadenbriefe gaben, von denen geboten sie den Engeln, daß sie sie in den Himmel führten. Also wollten sie über Teufel und Engel und allerlei Geister zu gebieten haben.«

Die kirchliche Binde- und Lösegewalt leitete sich von dem Bibelwort ab: »Wahrlich sage ich euch, alles, was ihr bindet auf Erden, das wird auch im Himmel gebunden sein.« Trotzdem hatte die Exkommunikation nicht die Macht, einen Menschen grundsätzlich von Gott und der göttlichen Gnade zu trennen. Das konnte nur die Sünde, derenthalben er gebannt worden war; denn die Kirche ging davon aus, daß die Exkommunikation nur ausgesprochen werden durfte, wenn ein Mensch in schwerer Sünde lebte und zu verstockt war, ohne die Schrecken des Banns auf den rechten Weg zurückzufinden. Wenn ein Unschuldiger exkommuniziert worden wäre, auch wenn es vom obersten Haupt der Christenheit und in formal vorschriftsmäßiger Weise geschah, so änderte das an dem Verhältnis dieses Menschen zu Gott nichts.

Für den zu Recht gebannten Sünder aber sah die Lage traurig aus. Der Bann entzog ihm, der durch seine Sünde ohnehin die Gnade Gottes verloren hatte, jene Hilfeleistungen und Gnaden, die die Kirche sonst ihren Mitgliedern bot: Der Verstoßene war ausgeschlossen von den Verdiensten und Fürbitten der Heiligen, den Gebeten und guten Werken der Gläubigen, dem Empfang der hl. Sakramente. Der nichtgebannte Sünder und Gottlose war immer noch Glied der Kirche, und die Gebete und Verdienste seiner

Glaubensbrüder konnten bewirken, daß sich ihm die göttliche Barmherzigkeit wieder zuwandte und ihn zur Einsicht brachte. Der Gebannte aber war völlig sich selbst überlassen, wehr- und hilflos den Einflüsterungen des Satans ausgesetzt. Denn wie innerhalb der Kirche Christus herrscht und die Gläubigen unter seinen Schutz nimmt, ist außerhalb das Reich des Bösen, in dem der Satan herrscht. In diesem Sinne ist das Wort des Apostels zu verstehen, der die Exkommunikation als ein Überliefern an den Satan bezeichnet.

Die Kirche selbst hatte nie das Ziel, jemand durch den Kirchenbann der Hölle auszuliefern, sondern lediglich, ihn zu bessern, auf den rechten Weg zurückzuführen. Auch das Anathem, die feierliche Exkommunikation, die oft von gräßlichen Verwünschungen und Verfluchungen begleitet und durch symbolische Handlungen eindringlich gestaltet wurde (siehe Prolog), hatte an sich keine andere Wirkung als die normale Exkommunikation. Sie sollte dem Sünder nur besonders eindringlich die Größe seiner Schuld vor Augen führen, um ihn um so eher von seiner frevelhaften Sinnesart zu kurieren und in den Schoß der Kirche zurückzuführen. Auch sollte das versammelte Volk »mit Abscheu vor einer solchen Sünde und mit Schrecken vor deren Strafe erfüllt werden«.[11]

Eine Exkommunikation war für den Betroffenen nicht nur ein religiöses, sondern auch ein gesellschaftliches Problem. Niemand durfte mit ihm Kontakt halten, ausgenommen die engste Familie und das Hausgesinde. Damit niemand sich herausreden konnte, er hätte die Situation nicht gekannt, mußten die Sentenzen öffentlich, vorzugsweise von der Kanzel, verkündet werden.

Wie konnten Menschen des Mittelalters – gottesfürchtige, von der Angst vor der Hölle geschüttelte Menschen – unter diesen Umständen in politische Opposition zur Kirche gehen und ihre Überzeugung trotz Exkommunikation aufrechterhalten? Ihrem Verhalten nach zu urteilen, waren sie durchaus fähig, einen aus politischen Gründen ausgesprochenen Bannfluch als Politikum zu nehmen und als für ihr Seelenheil nicht maßgebend anzusehen – während sie gleichzeitig ihrer täglichen kleinen Sünden wegen in ständiger Sorge um ihr Seelenheil lebten. Ludwig der Bayer ist das beste Beispiel. Er war nicht bereit, eine ungerechte und nur politischer Gründe wegen ausgesprochene Exkommunikation zu akzeptieren. Er ging trotzdem in die Messe, beichtete, empfing das Abendmahl. Trotzdem – Ludwig der Bayer und seine Anhänger waren Kinder ihrer Zeit. Man kann sich recht gut vorstellen, daß von Zeit zu Zeit Ängste hochkamen, der Bann und die Opposition zum Papst könnten den Weg ins Paradies verbauen.

12. Kapitel

». . . erheben wir Berufung . . . an ein Concilium . . .«

Unabhängig davon, was Ludwig der Bayer bei der Androhung des Banns als Christ empfand, mußte der Herrscher die Exkommunikation unter allen Umständen zu verhindern suchen. Wie oft war in der Geschichte die Exkommunikation eines Königs von den Unzufriedenen im Lande zum Vorwand genommen worden, ihm die Gefolgschaft aufzukündigen!

Auf die Forderungen des Papstes einzugehen, dürfte für Ludwig nie zur Diskussion gestanden haben. Daß Johannes XXII. den Anspruch eines päpstlichen Reichsvikariats jetzt sogar auf Deutschland ausdehnte, ließ keinen Zweifel, daß es nun »in einem Grade wie kaum jemals seit den Zeiten Gregors VII. um die Behauptung der unveräußerlichen Rechte, um die Autonomie und im letzten Grunde um die staatliche Existenz des Reiches«[1] ging. Und die Reichsrechte preiszugeben, war Ludwig der Bayer zu keiner Zeit seines Lebens bereit. Die Exkommunikation mußte deshalb mit juristischen Mitteln verhindert werden.

Die Appellationen

Es war von Anfang an Ludwigs Ziel, die Angelegenheit vor ein Konzil zu bringen, um dem Papst die Entscheidung über die Berechtigung seiner Anklagen und die Stichhaltigkeit von Ludwigs Verteidigung aus den Händen zu nehmen. Jedoch war nichts unwahrscheinlicher, als daß Johannes XXII. freiwillig ein Konzil einberufen und einem solchen Gremium das Urteil überlassen würde. Also mußte er zu diesem Schritt gezwungen werden. Aber wie?

Man kam in München auf eine gut durchdachte Lösung. Ludwig würde dem Papst jedes Recht bestreiten, über die Befugnisse des römischen Königs zu urteilen, und ein Konzil fordern. Da der Papst bei Ludwigs Prozeß nicht nur Ankläger, sondern gleichzeitig auch Richter war, könnte er diesen Einspruch als unzulässig zurückweisen. Wenn er jedoch durch einen persönlichen Vorwurf inkriminiert wurde, konnte er nach dem Gesetz als Richter nicht über sich selbst richten, sondern mußte die Angelegenheit an ein unabhängiges Gremium, an das gewünschte Konzil, delegieren.

Entsprechend wurde die Appellationsschrift[2] (Prozeßeinspruch) am 18. Dezember 1323 in Nürnberg abgefaßt. Zunächst bekundete Ludwig seine Liebe und Verehrung zur heiligen Mutter Kirche und versprach, als ihr Vogt und als Eiferer für den Glauben, die Kirche zu beschützen. Wie seine Vorgänger wollte er dem Papst Ehrfurcht und Gehorsam erweisen. Damit war seine Pflicht als Christ dem Haupt der Christenheit gegenüber erfüllt. Nun änderte sich der Ton, denn das Konzil mußte überzeugt werden.

Der Staatsmann Ludwig schrieb, daß er von dem Prozeß gehört habe, der hassenswert und beleidigend sei und auf Unwahrheit beruhe. »Bekleidet mit dem Gewand der Gerechtigkeit und ange-tan mit dem Mantel der Wahrheit«[3] widerlegte Ludwig dann Punkt für Punkt die päpstlichen Vorwürfe. Von der Mehrzahl der Kurfürsten zum römischen König gewählt, in Aachen gekrönt und gesalbt, habe er als Geweihter des Herrn das Recht, wie es seit uralten Zeiten der Brauch ist, den Königstitel zu führen, die Rechte des römischen Königs auszuüben und deshalb auch die an das Reich heimgefallene Mark Magdeburg, die in Deutschland Mark Brandenburg genannt wird, mit Zustimmung der Stände seinem erstgeborenen Sohn zu verleihen. Zum Vorwurf des Beistandes für Ketzer erklärte Ludwig, die Verurteilung der Visconti als Ketzer sei ihm nicht mitgeteilt worden. Zudem habe er oft jene Ketzer nennen hören, die sich für die Verteidigung des Reiches einsetz-ten. Er forderte deshalb ein Konzil, vor dem er selbst erscheinen wollte, um seine Sache persönlich vorzutragen.

Nun fehlte noch der persönliche Vorwurf an die Adresse des Papstes. Ein Streit zwischen Pfarrgeistlichkeit und Minoriten über die Beichtpraxis bot die Möglichkeit, Johannes XXII. zu beschuldi-gen, er würde die Minoriten begünstigen, »die das Beichtgeheim-nis nicht wahrten«.[4] Wäre dieser Punkt vom Konzil abgeschmet-tert worden, wäre das für Ludwig ohne Belang gewesen. Es war kein Vorwurf, der an Glaubensgrundsätzen rüttelte. Wichtig war einzig das Konzil.

Zunächst zog eine Gesandtschaft unter dem Großmeister der deutschen Johanniter, Albert von Schwarzburg, nach Avignon mit dem offiziellen Auftrag, bei der Kurie anzufragen, ob der Prozeß, von dem der König nur vom Hörensagen wisse, tatsächlich eröffnet worden sei. Wegen der langen Wege sollte sie zugleich um einen Aufschub der Frist um sechs Monate bitten. Offenbar hoffte der Wittelsbacher, er könnte inzwischen auf diplomatischem Wege ein günstiges Klima für die Beurteilung der Angelegenheit durch das Konzil schaffen.

Johannes XXII. gab zwei Monate Aufschub, das mindeste, was er geben mußte, denn offiziell würde Ludwig von dem Prozeß erst erfahren und mußte reagieren, wenn seine Gesandtschaft zurückkehrte. Allerdings waren zwei Monate Fristverlängerung für Ludwig uninteressant. Die Gesandtschaft, die die Nürnberger Appellation vorausahnend in der Tasche hatte, übergab sie deshalb bereits am 4. Januar.

Alles war klug und geschickt eingefädelt, und es kam dennoch zu keinem Konzil. Die deutsche Gesandtschaft hatte Johannes XXII. unter- bzw. überschätzt. Er verstand es äußerst raffiniert, den Einspruch widerrechtlich zu unterdrücken. Der Fehler der Gesandtschaft und auch der Ludwigs bestand darin, anzunehmen, der Papst würde sich an die Vorschriften des kanonischen Prozeßrechtes halten. Sie hatten deshalb versäumt, die Angelegenheit an die Öffentlichkeit zu bringen. Dadurch konnte Johannes XXII. den Einspruch heimlich verschwinden lassen.

In der Zwischenzeit war man in Deutschland auf »Qui celum« aufmerksam geworden, ein Weistum der deutschen Fürsten aus dem Jahre 1263, in dem man sich ähnlicher Ansprüche wie zu Ludwigs Zeiten erwehrt hatte. Der Königshof schätzte die Entdeckung so hoch ein, daß am 5. Januar 1324 zu Frankfurt eine weitere Appellation nach dem Muster von »Qui celum« ausgestellt wurde. Dieses Mal verzichtete man auf Angriffe an die persönliche Adresse des Papstes und forderte ein Konzil nicht zum Schutze des Glaubens, sondern allein zum Schutze des Reiches und seiner Rechte. Der Papst wurde ausdrücklich wegen Befangenheit als Richter abgelehnt.

Ob, wann und wie die Frankfurter Appellation überreicht wurde, ist nicht überliefert. Auf jeden Fall hatte sie keine Auswirkungen. Statt der Einberufung eines Konzils verkündete Johnnes XXII. am 23. März 1324 die Exkommunikation König Ludwigs. Der Papst hatte jeden Einspruch so geschickt unterdrückt, daß er sogar den Eindruck erwecken konnte, der Bayer habe zwar um Fristverlängerung gebeten – die ihm auch gewährt worden war –, hätte sich anschließend aber nicht mehr um seinen Prozeß gekümmert, sondern mit Trotz reagiert. Und hatten die Anklagen des Papstes wegen Ludwigs Regierung in Regnum und Imperium bisher auf wackligen Füßen gestanden, so waren Trotz und Eigensinn gegenüber der Kurie ein Verbrechen, das unter allen Umständen auch die schwerste Strafe verdiente. Sollte Ludwig auch weiterhin die Forderungen des Papstes nicht erfüllen, wurde seine Absetzung (Deposition) als König, seinen Anhängern der Bann und ihren Ländern das Interdikt angedroht.

Es gab noch eine Möglichkeit für Ludwig, um den Bann rückgängig zu machen und die drohende Deposition zu verhindern. König Philipp der Schöne war diesen Weg in seinem Kampf gegen Papst Bonifaz VIII. gegangen. Wurde der Papst wegen Häresie angeklagt, so mußte diese Anklage durch ein Konzil untersucht werden. Die Möglichkeit dazu bot der sogenannte Armutsstreit, der in diesen Jahren für große Unruhe in der Kirche sorgte.

Es handelte sich dabei um das Armutsideal der Franziskaner oder Minoriten (fratres minores). Sie waren der Ansicht, daß Jesus und seine Jünger sowohl als Einzelpersonen wie auch als Gemeinschaft völlig besitzlos gewesen waren, und strebten für sich selbst die gleiche Armut an. In der Praxis leichter gesagt als getan. Gerade dieser Orden wurde als Gegenstück zur sich feudalistisch gebärdenden Herrschaftskirche besonders verehrt und deshalb sehr üppig mit Stiftungen und Vermächtnissen bedacht. Auch benötigte der Orden Klosterbauten, Kirchen usw. Unter früheren Päpsten konnten die Minoriten ihre Armutsidee dennoch hochhalten. Auf ihr Ansuchen hin war im 13. Jahrhundert ihre gesamte Habe – selbst die Kleider, die sie trugen, die Speisen, die sie aßen, jedes andere Hab und Gut – zum päpstlichen Eigentum erklärt worden, das ihnen lediglich zur Nutznießung überlassen war.

Johannes XXII. ließ sich nicht darauf ein. In der Bulle »Ad Conditorem Canonum« vom 8. Dezember 1322 erklärte er die franziskanische Unterscheidung zur Wortspielerei. Noch einen Schritt weiter ging er in der Bulle »Cum inter nonnullos« vom 12. November 1323, in der er die franziskanische Ansicht von der völligen Besitzlosigkeit Christi und der Apostel als ketzerisch verwarf. In einer Zeit, in der die Kirche, gerade unter Johannes XXII., die stärkste Kapitalmacht des Abendlandes darstellte, hätte es in der Tat den vollendeten Widerspruch in sich selbst bedeutet, sich zum religiösen Ideal der absoluten Besitzlosigkeit zu bekennen. Da seine Vorgänger anderer Meinung gewesen waren, tat Johannes XXII. ein übriges und verkündete im Dekretale »Quia quorundam«, daß den Päpsten das Recht zustehe, die Entscheidungen ihrer Vorgänger in Glaubens- und Sittensachen zu widerrufen.

Im Minoritenorden gärte es. Ludwig aber bot »Cum inter nonnullos« die Möglichkeit, den Papst wegen Häresie anzuklagen, um das Konzil zu erzwingen. Am 22. Mai 1324 wurde deshalb in der Hauskapelle des Deutschordens in Sachsenhausen eine weitere Appellation verfaßt. Die sogenannte Sachsenhäuser Appellation, weit heftiger im Ton als die beiden vorhergehenden, wirft dem Papst vor, daß er dem Reich feindlich gesinnt sei und die Vakanz des Reiches behaupte, um es zu zerstören. Sein Verhalten sei nicht das eines Vikars Christi, sondern das eines Menschen, der die Christenheit in Blutvergießen und Schisma stürzen wolle. Zudem wurde er wegen seiner Stellungnahme zur Armutsfrage der Häresie angeklagt.[5] »Und so erheben wir Berufung an eine freie, allgemeine Versammlung der ganzen Christenheit und an ein Concilium.«[6]

Wie sehr man sich am Kampf Philipps des Schönen orientierte, zeigen jene Sätze der Sachsenhäuser Appellation, in denen ein Konzil gefordert und Johannes XXII. nicht mehr als rechtmäßiger Papst anerkannt wird. Sie sind fast wörtlich der Anklageschrift aus dem Jahre 1303 gegen Bonifaz VIII. entnommen.[7] Allerdings war es für Ludwig den Bayern dieses Mal weit gefährlicher als für Philipp zwanzig Jahre vorher, den Papst der Häresie anzuklagen. 1303 war es darum gegangen, ob Bonifaz VIII. Lehren vertrete, die von der Kirche längst verurteilt worden waren. Im Jahre 1324 aber waren die Ansichten der Theologen über die apostolische Armut geteilt. Wenn Ludwig die Ansichten des Papstes als Ketzerei bezeichnete, stellte er sich zwangsläufig auf den gegenteiligen Standpunkt. Würde das Konzil die Meinung des Papstes zum Armutsstreit gutheißen, hätte sich der Wittelsbacher plötzlich selbst in der Rolle des Häretikers gefunden. Das aber durfte schon allein aus prozeßrechtlichen Gründen unter keinen Umständen geschehen.

Man kam am Münchner Hof schließlich auf die Lösung, eine »Kanzleifälschung« zu inszenieren. Da in großen Kanzleien der Siegelinhaber, in diesem Fall der König, das Anhängen des Siegels meist seinem Protonotar überließ, konnte die Passage über den Dogmenstreit von Ludwigs Protonotar Ulrich Wild in des Schriftstück aufgenommen werden, ohne daß Ludwig offiziell davon Kenntnis haben mußte.[8] Möglicherweise machte sich der Bayer mit den Einzelheiten dieser langen Passage voller theologischer Spitzfindigkeiten tatsächlich nicht vertraut, so daß er später wahrheitsgemäß erklären konnte, er hätte ihren Inhalt nicht gekannt. Er sicherte sich gegenüber der Kurie und dem ungewissen Ausgang eines Konzils noch weiter ab und erklärte vor Zeugen, er wolle sich nicht in den Armutsstreit einmischen. Als Ulrich Wild im Jahre 1328 starb, erwies er seinem Herrn auf dem Sterbebett einen letzten Dienst und »gestand« vor Zeugen, er habe auf ihn einen Haß gehabt und deshalb hinter seinem Rücken den Armutsexkurs in das Schriftstück aufgenommen. Dieses »Geständnis« erwies sich für Ludwig später als recht nützlich.

Aber wie geschickt man am Münchner Hof auch taktierte – Johannes XXII. war immer um eine Spur raffinierter. Er dürfte gewußt haben, daß es im Kardinalskolleg eine lebhafte Opposition gegen ihn gab und seine Finanzwirtschaft ihm auch unter dem übrigen Klerus Feinde geschaffen hatte. Ein Konzil war deshalb ein zu großes Risiko. Die Sachsenhäuser Appellation wurde zwar überreicht,[9] aber Johannes XXII. brachte es fertig, sie dennoch offiziell nicht zur Kenntnis zu nehmen. Am 11. Juli 1324 wurde Ludwig als König für abgesetzt erklärt, seine Anhänger mit dem Bann belegt, über ihre Länder und den Wittelsbacher Besitz das Interdikt verhängt.

Es ist wohl nicht übertrieben, das Interdikt, das das ganze Mittelalter hindurch eine der Hauptwaffen der Kirche war, als eine üble Erpressung zu bezeichnen. In der Theorie konnten in einem mit

dem Interdikt belegten Land keine Gottesdienste gehalten, keine
Kinder getauft werden, keine Hochzeiten oder kirchlichen Be-
gräbnisse stattfinden, den Sterbenden nicht die letzten Sakramente gereicht werden. Und das in einer Zeit, in der die Religion
im Leben des Volkes eine beherrschende Rolle einnahm!

Ludwig war juristisch ausgetrickst worden und machte nun den
einzig noch möglichen Schritt: Nun mußte auf außergerichtlichem
Wege über die Öffentlichkeit versucht werden, dem Papst das
Konzil abzuzwingen. Die Sachsenhäuser Appellation wurde nun
als Propagandaschrift benutzt – wofür sie sich vorzüglich eignete
– und überall in Italien und im Reich in Übersetzungen verbreitet.
Und wieder erwies sich Johannes XXII. als der Überlegene. Bonifaz VIII. hatte unter ähnlichen Umständen versucht, ein Konzil
einzuberufen. »Daß Johann XXII. sich im Interesse seiner politischen Pläne nicht zu einem solchen Schritt verleiten ließ, spricht –
nebenbei bemerkt – für sein taktisches Geschick.«[10] Er gab sich
einfach den Anschein, von der Sachsenhäuser Appellation und
ihrer Veröffentlichung nichts zu wissen. Und Ludwig – gewissermaßen als der betrogene Betrüger – konnte das unkorrekte Verhalten des Papstes publizistisch nicht auswerten, da er vom Vorwurf der Ketzerei in der Appellation offiziell ja nichts wissen
durfte.

PÄPSTLICHE MISSERFOLGE

In der ersten Runde hatte somit vordergründig Johannes XXII.
gesiegt. Er dürfte allerdings dieses Sieges nicht sonderlich froh
geworden sein. Bereits seine Anordnung, die päpstlichen Prozesse in deutscher Sprache von allen Kanzeln zu verkünden –
womit die Treue der Bevölkerung zum König erschüttert werden
sollte –, war ein zweischneidiges Schwert. Der Papst hatte große
Schwierigkeiten, seine Sentenzen »an den Mann« zu bringen.
Johann von Victring schreibt, die Prozesse des Papstes »wurden
vielerwärts von manchen angenommen, während die meisten sie
anzuhören verschmähten. Der Abt Otto von St. Lambert in Kärnten verdiente sich die Gunst des Papstes dadurch, daß er beim
Verlassen der Kurie die Prozesse zu publizieren versprach, was er

auch an einigen Orten Deutschlands zur Ausführung brachte, freilich in größter Furcht und Bangigkeit.«

Der Abt von St. Lambert mußte deshalb kein Feigling sein. Was er tat oder tun wollte, war nicht ungefährlich. Als Erzbischof Burkhard von Magdeburg die Sentenzen veröffentlichen wollte, wehrte sich seine mit ihm ohnehin zerfallene Herde energisch dagegen. Es kam zum Streit, und als der Erzbischof nicht nachgab und auch noch das Interdikt anordnete, wurde er ins Gefängnis geworfen und schließlich erschlagen; seine Leiche – eine besondere Schmähung – nicht begraben. Erst als der Papst die Magdeburger exkommunizierte, bequemten sie sich dazu, den Bischof zu begraben und ihre Reue zu zeigen, so daß sie in den Schoß der Kirche zurückkehren konnten. Der neue, vom Papst eingesetzte Bischof wurde von König Ludwig abgefangen und in Haft genommen.

Auch die Bürgerschaft von Lüttich entzweite sich mit ihrem Bischof. In Basel verhinderten die Bürger durch Gewalt jede Veröffentlichung. Als der Papst einen eigenen Boten zur Verlesung der Prozesse schickte, wurde dieser in den Rhein geworfen, und als er sich schwimmend retten wollte, verfolgt und erschlagen.

In Mainz wurden die Sentenzen verkündet, aber auch hier mußte der Papst mit größtem Druck arbeiten. Mathias von Buchegg, der als Habsburgerfreund auf den Mainzer Stuhl gekommen war, hatte seine Politik nach Friedrichs Gefangennahme grundsätzlich geändert. Nun wollte er sein zunehmend besser werdendes Verhältnis zum König nicht aufs Spiel setzen und weigerte sich anfangs, die Prozesse überhaupt anzunehmen. Aber Mathias war in einer schwierigen Situation. Er hatte bei der Übernahme des Mainzer Bistums der Kurie große Zahlungen zugesagt, die er nicht einhalten konnte. Er war deshalb exkommuniziert, nach einer demütigen Bitte um Zahlungsaufschub wieder absolviert worden, aber es wurde ihm zu verstehen gegeben, daß er bei neuer Zahlungssäumigkeit nicht mehr mit Pardon rechnen durfte. Die Kurie nutzte diese Schwierigkeiten auch als Druckmittel, um die Veröffentlichung der Prozesse zu erreichen. Mathias gehorchte endlich, schloß aber vorsichtshalber mit Herzog Leopold von Österreich ein Beistandsbündnis. Auch die Erzbischöfe von Würzburg und Salzburg verlasen die Prozesse und sicherten sich durch ein Bündnis mit dem allzeit bereiten Leopold vor eventuellen Folgen.

Heinrich von Köln zögerte lange, da er Ausschreitungen der ihm ohnehin feindlichen Bürgerschaft befürchtete. Erst während Ludwigs Italienzug, als sich die Kurie zudem direkt an die Kölner Bürger wandte und die Ehre der Kirche beschwor, konnte es der Erzbischof wagen, die Sentenzen zu veröffentlichen.

In Bamberg hatte es das Domkapitel hingenommen, daß sein Wahlrecht mißachtet und ihm von der Kurie der papsttreue Heinrich von Sternberg aufgezwungen worden war. Als er aber auch noch die Prozesse veröffentlichen wollte, brachte dies das Faß zum Überlaufen. Der Bischof wurde verjagt und die Tore vor ihm verschlossen. Das Bamberger Domkapitel war so erbost, daß es sogar einen militärischen Einfall ins Nachbarbistum Würzburg unternahm, als es hörte, daß der dortige Bischof die päpstlichen Sentenzen veröffentlichte.

An manchen Orten ging die Verkündigung der Prozesse ohne Schwierigkeiten über die Bühne, an einigen wurden sie nie veröffentlicht wie in Freising, Regensburg oder Trier. Doch selbst dort, wo man die Prozesse veröffentlichte und das Interdikt einhielt, weigerten sich die Menschen, daraus Konsequenzen zu ziehen und dem König die Treue aufzukündigen. Zwar galt der Papst immer noch als Nachfolger Petri, und seinem Wort mußte gehorcht werden. Gleichzeitig wurde das Haupt der Christenheit seit dem politischen Papsttum des 13. Jahrhunderts hauptsächlich als politischer Gegner des Königs gesehen – ein Zwiespalt, den das Pontifikat Johannes' XXII. ganz entscheidend zuungunsten des Papsttums verschärfte.[11]

Ludwig hatte den Vorteil, daß fast überall die Domkapitel und die Ordensgeistlichen auf seiner Seite standen. Obwohl er sich zunächst noch nicht so massiv ins kirchliche Leben einmischte wie in späteren Jahren, wurden dadurch die Absichten Johannes' XXII. meist unterlaufen. Die Domkapitel, die jahrhundertelang gemeinsam mit dem Papst für die Durchsetzung ihres Wahlrechts gegen das Königtum gekämpft hatten, wehrten sich erbittert dagegen, daß nun der Papst unter Mißachtung ihres Wahlrechts freiwerdende Kirchenämter mit seinen Anhängern besetzen wollte. Sie gingen deshalb fast überall in Opposition und wählten mit Vorliebe königstreue Kandidaten; wenn der Papst ihre Wahl nicht anerkannte und einen eigenen Mann providierte, wurden diesem die Tore des Bistums versperrt, und der gewählte königstreue Bischof hielt die Stellung. Das ging nicht immer ohne Kämpfe ab. Es kam auch vor, daß Ludwig ein Heer schickte, das den päpstlichen Kandidaten vertrieb und dem königstreuen zum Sieg verhalf. Es gab eine ganze Reihe durch den Papst eingesetzter Bischöfe, die ihr Bistum nie aus der Nähe sahen.

Recht häufig kam es auch vor, daß Johannes XXII. einen freien Bischofsstuhl mit einem ihm ergebenen Anhänger besetzte und dann erleben mußte, daß dieser sofort nach seiner Investitur zum König überlief – manchmal von den Bürgern dazu gezwungen, oft aber auch aus freien Stücken. Die deutschen Bischöfe fühlten sich viel zu sehr als Landesherrn und Fürsten, als daß sich alle zu päpstlichen Beamten hätten machen lassen.

Schon die letzten Päpste hatten manchmal das Wahlrecht der Kapitel mißachtet und ihre eigenen Kandidaten eingesetzt. Johannes XXII. aber trieb diese Praxis auf eine nie gekannte Höhe, indem er bestimmte, daß jene kirchlichen Ämter von ihm neu besetzt werden konnten, die deshalb vakant waren, weil er dem bisherigen Inhaber ein anderes Benefiz gegeben hatte. Das klingt ganz einleuchtend und seriös. In der Praxis verstand Johannes XXII. aus dieser Bestimmung überall in Europa eine schier unerschöpfliche Geldquelle zu machen. Villani, alles andere als ein Feind des Papsttums, erklärt es mit einfachen Worten: »Nach dieser Reservation bestätigte der Papst fast niemals mehr die Wahl eines Prälaten, sondern beförderte einen Bischof auf ein erledigtes Erzbistum, und auf das Bistum eines beförderten Bischofs ernannte er einen niedriger gestellten Bischof. So hatte oft die Erledigung eines bedeutenden Bistums, Erzbistums oder Patriarchats diejenige von sechs oder mehr Bistümern zur Folge.«[12] Jede Ernennung bescherte Johannes XXII. die Annaten, die Einkünfte eines Jahres, die ein neuernannter oder umbesetzter Bischof an die Kurie zahlen mußte.

Auch die Ordensgeistlichen waren größtenteils auf der Seite des Königs. Besonders die mit dem Papst zerfallenen Minoriten, im Volk meist »die Barfüßer« genannt, sprangen mit großem Eifer überall dort ein, wo der Gottesdienst ausfiel. »Allein die Predigermönche (Dominikaner) waren päpstlich«, schrieb Aventinus. »Doch fielen sie manchmal zu Zeiten auf des Kaisers Seite Brotes

halber.« Sie wurden in vielen Städten vor die Alternative gestellt,
entweder »zu singen«, d. h. den öffentlichen Gottesdienst zu
halten, oder die Stadt zu verlassen. In anderen wurde ihnen die
Nahrung knapp. Sie sperrten deshalb ihre Kirche »von sich selbst
wieder auf, hielten öffentlich den Gottesdienst und hielten sich
wie andere Geistliche im Reich«.[13]

Die ganze Situation, der ganze unfruchtbare Kampf wirkt auch
heute noch bedrückend. Ludwigs Landespolitik, seine Kirchenpolitik, seine Gesetzgebung, viele Dinge zeigen, welch ein großes
politisches Talent hier für das Reich hätte wirken und ihm auf den
Weg zu einem modernen Staatswesen helfen können. Statt dessen
mußte der König seine Tatkraft in einem Kleinkrieg um die Beset-
zung von Kirchenämtern und Bistümern verschwenden und seine
Energien der Auseinandersetzung mit der Kurie widmen. Das
gelang allerdings so vortrefflich, daß Johannes XXII. als der eindeutig Stärkere in diesem Kampf dennoch keines seiner Ziele
erreichen konnte. Weder in Italien, wo das Papsttum gerade stark
genug war, eine Einheit mit dem Reich zu verhindern, ohne selbst
eine neue Ordnung schaffen zu können; noch in Deutschland, wo
der Papst letztendlich nichts anderes erreichte, als dem Ansehen
des Papsttums ungeheuer zu schaden. Immer wieder gelang es
Ludwig durch sein taktisches Geschick, manchmal auch durch
kühne und überraschende Schachzüge in diesem diplomatischen
Spiel, als der Schwächere dennoch nicht besiegt zu werden.

13. KAPITEL

». . . und uns bede Romische chunige und merer
dez riches schriben . . .«

»Sieh Margareta, der Tugenden Abbild, die edle, wahrhaft gütige Gemahlin Ludwigs! Sie ist eine Zelle der Sittenreinheit, sie verbreitet Honigsüße, sie ist ein Gefäß der Süßigkeit, ein Baum beladen mit Früchten der Ehre, eine schöne blühende Rose voll Anmut, ein weithin strahlender Stern des Adels, ein Frauenspiegel von herrlicher Arbeit; einen Tempel der Natur sollst du sie nennen, der einen leuchtenden Schatz von Wonnen in sich schließt.«[1]

Die schwärmerischen Worte Konrad von Megenbergs aus dem Jahre 1337 sprechen von Margarete von Holland-Hennegau (ca. 1296–1356), die der Witwer Ludwig am 26. Februar 1324 heiratete – eine vitale Frau, und wie sich nach Ludwigs Tod herausstellte, auch eine höchst energische und kriegerische Dame! Die Ehe wurde geschlossen, um Ludwigs Position im Nordwesten des Reichs zu stärken. Margaretes Vater, Graf Wilhelm III., zu dessen Besitz Holland, der Hennegau, Seeland und Friesland gehörten, war eindeutig der mächtigste und einflußreichste Fürst im Nordwesten. Durch ihre Mutter, Johanna von Valois, war Margarete mit dem französischen Königshaus verwandt. Ihre Schwester Philippa heiratete den englischen König Eduard III., ihre Schwester Johanna den Grafen von Jülich – eine weitere wichtige Verschwägerung für König Ludwig. Eine politische Ehe also mit einer Dynastentochter aus hohem und kultiviertem Haus! Aber es wurde ganz offensichtlich weit mehr. Zehn Kindern schenkte Margarete das Leben – das letzte wurde kurz vor Ludwigs Tod im Jahre 1347 geboren.

HOCHZEIT IN KÖLN

Die Hochzeit wurde im reichen, mächtigen Köln gefeiert, einer Stadt, die sich für Groß-Ereignisse besonders gut eignete. Schon die Belehnungen der Reichsfürsten – bei denen es für die Fürsten eine Prestigeangelegenheit war, mit Hunderten, wenn es zu machen war, auch mit über tausend Gefolgsleuten zu erscheinen – hatte Ludwig nach seiner Königswahl in Köln vorgenommen. »Ein Ort, berühmt durch seine Lage und seinen Strom«, schrieb Petrarca nach einem Kölnbesuch im Jahre 1333. »Berühmt auch durch seine Bevölkerung. Erstaunlich, wie groß im Barbarenlande die Gesittung, wie schön der Anblick der Stadt, wie gesetzt die Haltung der Männer, wie schmuck das Gebaren der Frauen!« Über die Schönheit der Kölnerinnen weiß er zu berichten: ». . . Gute Götter! Was für Gestalten, was für Gesichter, welch eine Haltung! In Liebe hätte entbrennen können, wer nur ein nicht schon gebundenes Herz mitgebracht hatte.« Auch der hohe Bildungsstand der Kölner wird gelobt, als Petrarca entdeckt, daß er viele Dolmetscher in der Stadt vorfindet und offenbar jedermann Ovid liest und bewundert. Und natürlich der Dom: »Ich sah inmitten der Stadt die überherrliche, obschon unvollendete Domkirche, die man nicht ohne guten Grund die allerhöchste nennt.« Anbetend verharrte er auch vor der kostbarsten Reliquie des Doms, den Leichnamen der heiligen drei Könige. Kein Besucher versäumte, sie anzubeten. [2]
Im Februar 1324 kamen zur Hochzeit von beiden Seiten zweitausend Gäste zusammen, für die in Köln respektable Unterkünfte gefunden werden mußten. Acht Tage lang wurde »mit groisser eren«, mit großer Prachtenfaltung also, die Hochzeit des Königs gefeiert. Besonders zu loben weiß der Chronist, daß alle Gäste mit »großen Zuchten traktiert« wurden und selbst ebenso mit »großen Zuchten« handelten, woraus man schließen darf, daß es hochkultiviert und höfisch fein zuging. Ein Turnier wurde nahe dem Judenfriedhof abgehalten, das 11 000 Ritter anzog. [3]
Die Braut des Mittelalters durfte sich auf keinen Fall erfreut oder gar glückstrahlend zeigen, weil sie »unter die Haube« kam. Es zeugte von gutem Benehmen, wenn sie schamhaft und furchtsam zur Trauung erschien, beim Ringwechsel ihre Hand nur wie gezwungen hinhielt und oft erst auf die zum drittenmal gestellte

Frage ihr Ja-Wort hauchte. Wenn sie etwas weinte, wurde das sehr beifällig aufgenommen.

Zweitausend Menschen acht Tage lang ein anspruchsvolles Unterhaltungsprogramm und Festmähler zu bieten, mit denen man Ehre einlegte, war keine Kleinigkeit. Gewöhnlich lieh man sich für solche Anlässe sämtliche Klosterköche im weiten Umkreis aus. Und was sie zustande brachten, ließ an Vielfalt nichts zu wünschen übrig. Im 14. Jahrhundert waren außer Kartoffeln und Tomaten bereits alle Früchte und Gemüsesorten bekannt, die auch heute in unseren Breiten gedeihen. Von der Landshuter Hochzeit im 15. Jahrhundert, die ebenfalls acht Tage gefeiert wurde, ist die Speisenfolge eines Festmahles bekannt, und im 14. dürfte sie nicht viel anders ausgesehen haben:

Der erste Gang sollte offenbar den größten Hunger stillen. Eier und Schmalz gab es, gespickte Vögel, Mandelgemüse und Konfekt. Der zweite Gang war schon vielfältiger, und den Gästen wurden gefüllte Oblaten, Hühner in einer weißen Brühe, heißer Fisch, »Ohrenbraten«, weißes Gemüse, drei Pasteten aufeinander, die drei verschiedene Gerichte enthielten, angeboten.

Mit dem dritten Gang wurde dann ordentlich geprotzt, und es gab braunes Gemüse, Schweins-Wildbret, Sülze, Hühner in Rosinen, frische Lachsforellen in saurer Tunke, Schweinsköpfe, gebackene »Schiffl«, Siedfleisch, dicke weiße Milch, Lebersulz von Spanferkeln, heiße Krebse, gepreßten Schweinskopf in einer Gallerte, dicke Erbsen, Vögel in einer braunen Brühe, grüne Lachsforellen mit Petersilie, Braten.

Wenn dann immer noch jemand hungrig war, durfte er sich an viel Kuchen, Milch und Gebackenem laben. Und danach kam »ein Essen, auf dem das ganze Schachbrett hergerichtet war«, was immer das gewesen sein mochte. Insgesamt wurden bei der Landshuter Hochzeit alles zusammengenommen 300 ungarische Ochsen verzehrt, 62 000 Hühner, 5000 Gänse, 75 000 Krebse, 75 Wildschweine, 162 Hirsche, 1772 Scheffel Hafer, und 170 Fässer Landshuter Wein und 270 Fässer ausländischer getrunken. Alles zusammen kostete die Hochzeit – einschließlich der Musiker und Gaukler, der Turnierkosten und der Geschenke – über 70 000 Dukaten – ein Anhaltspunkt, welch tiefes Loch Ludwigs Hochzeit in seine Taschen riß.[4]

Aber das oben beschriebene Festmahl war nach dem Schachbrett-essen immer noch nicht zu Ende, denn der Chefkoch hatte sich noch eine besondere Überraschung ausgedacht und aus Lebzelten eine Wiege gebacken, die nun feierlich serviert wurde. Mit derarti-gen Anspielungen war man nicht zimperlich. Johan Huizinga schrieb über das spätere Mittelalter: »Und alle Dinge des Lebens waren von einer prunkenden und grausamen Öffentlichkeit.« Wie weit die Öffentlichkeit im Fürstenleben ging, zeigt der weitere Verlauf der Landshuter Hochzeit.

Am Abend wurde getanzt. Der anwesende Kaiser tanzte den ersten Tanz mit der Braut. Anschließend tanzte der Bräutigam, Herzog Jörg von Bayern-Landshut, mit ihr, »und nachdem eine Weile getanzt war, führte der Kaiser die Königstochter in des Altdorfers Haus durch eine Tür, die zu dem Tanzhaus durchgebro-chen war, zu dem Beilager. Es gingen mit Markgraf Albrecht und sein Gemahl, die alte Frau von Sachsen, Herzog Ludwigs Gemah-lin, die alle dem Beilager beiwohnten.«[5] Allerdings wurde das Beilager vor den Zuschauern in der Regel nur symbolisch vollzo-gen.

FEINDSELIGKEITEN

Die Wochen nach der Hochzeit Ludwigs des Bayern dürften nicht zu den unbeschwerten seines Lebens gezählt haben. Der Bann war angedroht und wurde am 23. März verhängt, gleichzeitig die De-position angekündigt. Und das war keine leere Drohung! Gleich nach der Exkommunikation wurde nämlich deutlich, weshalb Johannes XXII. so zielstrebig die Absetzung des Wittelsbachers betrieb. Wenn schon ein römischer König sein mußte, so sollte es nach dem Willen des Papstes wenigstens ein Franzose sein. Er forderte deshalb die Kurfürsten zur Absetzung Ludwigs und zur Wahl König Karls IV. von Frankreich auf. Zweimal hatte Philipp der Schöne versucht, die römische Königs- und Kaiserkrone an Frankreich zu bringen. Papst Johannes XXII. war ein Patriot und entschlossen, die Sache endlich perfekt zu machen.

Um seinem Wunsch den nötigen militärischen Nachdruck zu geben, zog er Herzog Leopold von Österreich auf seine Seite. Der

Habsburger dürfte zwar schwer an der Erkenntnis geschluckt haben, daß der Papst wohl die Vernichtung Ludwigs, jedoch keinen König Friedrich wollte, aber Leopolds Haß auf Ludwig war stark genug, sich auf alles einzulassen, das die Vernichtung des Wittelsbachers versprach. Am 27. Juli 1324 traf er sich in Bar-sur-Aube mit dem französischen König, und man wurde handelseinig. Leopold wurden bedeutende Reichsstädte und französische Hilfe im Kampf gegen die Schweizer Eidgenossenschaft versprochen.[6] Als Gegenleistung würde Leopold die Kurfürsten für Karls IV. Wahl gewinnen, dem Wittelsbacher bewaffneten Widerstand leisten – Frankreich übernahm die Kriegskosten – und Ludwig auch den Eintritt nach Italien versperren. Seine Brüder wollte der Habsburger zwingen, sich dem Bündnis anzuschließen und Friedrich nicht länger als König zu betrachten.

Leopold hatte lange versucht, Friedrich durch Verhandlungen freizubekommen. Er soll sogar einen berühmten Schwarzkünstler, einen Magier, engagiert haben, um Friedrich auf übernatürlichem Wege zu befreien. Selbst ernstzunehmende Chronisten wie Mathias von Neuenburg erzählen die Geschichte als Tatsache. Der vom Magier geschickte Dämon soll in der Tracht eines Schülers aus dem Aargau bei Friedrich erschienen sein, um ihn zu befreien, wurde aber von Friedrich, der mit solchem Teufelsspuk nichts zu tun haben wollte, durch das Kreuzeszeichen und die Anrufung des Namens Christi verjagt.

Daß Leopold nun Karl IV. unterstützte, macht deutlich, daß er keine Chance mehr für Friedrichs Königtum sah. Jedoch warteten er und der französische König in Bar-sur-Aube vergebens auf die Kurfürsten, die Karl IV. zum römischen König hätten wählen sollen. Nicht einmal König Johann von Böhmen war erschienen, obwohl er mit dem französischen König inzwischen doppelt verschwägert war. In König Johanns Fall lag es aber weniger an Gefühlen der Freundschaft oder Treue zu König Ludwig, sondern er hätte die Kaiserwürde und mit ihr die »Kaisergebiete« Burgund und Italien nur zu gerne an sich selbst gebracht. 1323 hatte er sogar einen Plan zu ihrer Erringung ausgearbeitet – wobei er durchaus bereit war, Ludwig als deutschen König zu akzeptieren.

Trotz Bar-sur-Aube schienen die Habsburger das ganze Jahr 1324 hindurch selbst nicht zu wissen, was sie eigentlich wollten. Einerseits führten sie Friedensverhandlungen mit Ludwig dem Bayern, andererseits bemühten sie sich mit Eifer um Verbündete gegen ihn. Im Oktober schien endgültig Krieg in der Luft zu liegen. Zwischen Leopold, Gesandten des Papstes und des Königs von Frankreich kam es zu neuen Verhandlungen, im November erteilte der Papst Leopold und seinem Heer eine Generalabsolution.

Es war eine sehr gefährliche Allianz, der sich Ludwig gegenübersah: der Papst, der mit den Waffen der Kirche für Unruhe und Unsicherheit sorgen konnte, das französische Geld und die Kampfkraft Leopolds! Wie gefährlich Leopold als Gegner war, sollte sich in den ersten Tagen des Jahres 1325 zeigen. Von der kleinen Grafschaft Burgau aus, die zum habsburgischen Streubesitz in Schwaben gehörte, zog die habsburgische Besatzung immer wieder plündernd und brandschatzend ins benachbarte bayerische Gebiet und nach Augsburg. Im November 1324 machte sich Ludwig deshalb auf, diesen Unruheherd zu beseitigen. Aber die Besatzung verteidigte die Burg geschickt und tapfer und die Belagerung zog sich hin. Weihnachten nahte, und die Augsburger Verbündeten in Ludwigs Streitmacht baten, während der Weihnachtstage nach Hause gehen zu dürfen. Ludwig erlaubte es. Auch andere Einheiten verspürten plötzlich Sehnsucht nach einem heimatlichen Weihnachten und verschwanden heimlich mit der gewohnten Disziplinlosigkeit mittelalterlicher Truppen. Der König harrte aus und hielt mit den verbliebenen Truppen die Stellung.

Als Leopold zugetragen wurde, daß die Streitmacht des verhaßten Vetters kläglich zusammengeschmolzen war, erkannte er augenblicklich seine Chance. Voller Tatkraft sammelte er in Windeseile ein Heer und rückte bereits Mitte Januar nach Burgau vor, um Ludwig zu überfallen. Aber der Wittelsbacher, dessen Verbündete offenbar immer noch Weihnachten feierten, wurde gewarnt und konnte sich zurückziehen. Diese Episode hatte jedoch gezeigt, daß Ludwig mit allen Mitteln versuchen mußte, die Habsburger von der gefährlichen päpstlich-französischen Koalition, die ihnen neuen Auftrieb gab, abzusprengen. Es mußte endlich zum Frieden kommen.

VERSÖHNUNG MIT FRIEDRICH

Ludwig der Bayer ging nun den kürzesten und aussichtsreichsten Weg zu diesem Ziel und nahm mit dem gefangenen Vetter Verbindung auf. Friedrichs Beichtvater, der Prior von Mauerbach, soll Ludwig als erster diesen Schritt nahegelegt haben. Graf Berthold von Henneberg führte die Gespräche, und auch Ludwigs und Friedrichs Beichtväter waren eingeschaltet.

Am 13. März 1325 kam es zu einem Vergleich, in dem Friedrich auf die Krone verzichtete und für sich und seine Brüder mit Ludwig ein Bündnis schloß, das sich gegen jedermann richtete – auch wider den Papst. Reichsgut, das sich noch in Händen der Habsburger befand, sollte an das Reich zurückgegeben werden. Ludwig kam vor Friedrichs Abreise selbst auf die Burg Trausnitz, um mit ihm zu sprechen. Es war Friedrichs Aufgabe, nach Österreich zurückzukehren und seine Brüder für den Vertrag zu gewinnen. Sollte dies nicht gelingen, würde er sich bis zur Sonnenwende wieder bei Ludwig einfinden.

Ob Friedrich wirklich glaubte, er könnte seine Brüder für einen Vertrag gewinnen, in dem er sämtliche Positionen ohne Gegenleistung aufgab? Aber zumindest Ludwig und Friedrich kamen sich bei dieser Gelegenheit persönlich wieder näher. Wie Johann von Victring erzählt, hörten sie gemeinsam die Messe, teilten sogar eine Hostie und tauschten den Friedenskuß.

Den Papst beunruhigte diese Entwicklung. Er schrieb an Friedrich und erklärte alle Eide für ungültig, die dieser in der Trausnitzer Sühne geschworen hatte. Ohnehin sei durch die Exkommunikation und Reichsentsetzung des Bayern der Gehorsam gegen ihn verboten. Friedrich dürfe deshalb bei Strafe der Exkommunikation nicht mehr in sein Gefängnis zurückkehren. Auch durch vage Andeutungen, aus denen Friedrich eine mögliche Approbation herauslesen konnte, die den Papst aber nicht festlegten, versuchte Johannes XXII., Friedrichs Annäherung an Ludwig rückgängig zu machen. Gleichzeitig erhielt Leopold neben ständigen Ermahnungen, sich von Ludwig nicht verführen zu lassen, auch die Erinnerung an sein dem König Karl gegebenes Wort.

Habsburg – Luxemburg – Wittelsbach! Es wurde oben schon erwähnt, daß die gesamte Politik des 14. Jahrhunderts durch die

Stellung dieser drei mächtigsten Fürstentümer des Reichs zueinander bestimmt wurde. Die übrigen Fürstentümer spielten keine eigenständige Rolle, sondern waren nur als jeweilige Verwandte oder Verbündete dieser großen Drei von Bedeutung. Waren sie alle drei untereinander zerstritten, hatte Johannes XXII. eine Chance, seine politischen Ziele durchzusetzen. Waren sich aber nur zwei einig, bestanden wenig Aussichten, etwas zu erreichen, das nicht in ihrem Interesse lag. Das wußte der Papst und das wußte Ludwig der Bayer.

Kein Wunder, daß die Briefe des Papstes äußerst gereizt klangen, als Friedrich – der seine Brüder nicht für die Trausnitzer Sühne hatte gewinnen können – vereinbarungsgemäß im Sommer 1325 nach Bayern zurückkehrte. Er mußte jedoch nicht mehr in sein Gefängnis, sondern konnte am Hof Ludwigs in München leben, wo in freundschaftlicher Atmosphäre weiterverhandelt wurde. Johannes XXII., der inzwischen über die bisherigen Abmachungen unterrichtet war, schrieb am 25. Juli einen empörten Brief an Leopold und verwarf alles, was die beiden Gegenkönige miteinander abmachen wollten, als betrügerisch, egoistisch, kirchen- und reichsfeindlich, ja, warnte Leopold sogar vor der Verlogenheit seines Bruders Friedrich.[7]

Aber dann fiel die Versöhnung noch gründlicher aus, als der Papst befürchtet hatte. Ludwig machte einen rigorosen Schritt – eine äußerst noble Geste – und erklärte Friedrich Anfang September zu seinem Mitkönig. Im Aussöhnungsvertrag gestand Ludwig zu, daß auch Friedrich ein gewählter und gekrönter König sei. Deshalb durften sich »bede Romische chunige und merer des riches schriben und nennen«[8]. Es ging nicht nur um Äußerlichkeiten, denn die Lehen des Reiches sollten gemeinsam von beiden verliehen werden. Auch würde Friedrich während Ludwigs Zug nach Italien das Generalvikariat für Deutschland ausüben und für Ludwigs Familie und das bayerische Land sorgen.

Was mag Ludwigs Grund gewesen sein? Überschäumende Gefühle der Freundschaft? Wohl kaum, auch wenn sich der Schritt nicht denken läßt ohne gegenseitige Sympathie. Die Worte des Priors von Mauerbach, mit denen dieser die Versöhnung angeregt hatte, zeigen sehr deutlich Ludwigs Situation: »Ruhmvoller Fürst! . . . Erwägt doch, daß die Herzöge von Österreich ihren Kriegseifer noch keineswegs gedämpft haben, daß sie weder mit ihrer Macht noch mit ihren Reichtümern am Ende sind. Wenn sie Euch zur Seite stehen, werdet Ihr gekräftigt werden und sowohl im Innern, wie nach Außen Ruhm gewinnen.«[9] Um Ruhm ging es wohl weniger, als um den Frieden im Inneren, damit Johannes XXII. nicht zum Ziele kam.

Der Papst war aufs höchste beunruhigt. Er erkannte, daß Ludwigs Italienzug nicht länger außerhalb der Möglichkeiten lag, und machte König Karl IV. von Frankreich bittere Vorwürfe. »Jetzt möge er endlich seine Schläfrigkeit abschütteln und wirken, solange es Tag sei.«[10] So energisch zu Aktionen angespornt, schritt Karl IV. nun zur Tat. Heraus kam ein Angebot an Ludwig, dieser möge ihm die Königswürde für Geld verkaufen. Karl war bereit, für Krone und königlichen Namen die riesigen Schulden Ludwigs zu bezahlen und ihm außerdem, solange er lebte, die Einnahmen des deutschen Königreichs zu überlassen.

Leider ist König Ludwigs erste Reaktion nicht überliefert. Da man ihm Humor nachsagte, wäre sie ganz interessant. Offiziell wurde das Angebot höflich abgelehnt. Mit der endgültigen Versöhnung mit den Habsburgern aber ging es immer noch nicht recht vorwärts. Leopold blieb mißtrauisch. Er sah das Widerstreben der Kurfürsten, die sich von einem vereinten Habsburger und Wittelsbacher Königtum nichts Gutes erhoffen konnten. Außerdem hielt sich Leopold zu diesem Zeitpunkt noch an das Karl IV. gegebene Wort gebunden.

Auch wegen Johannes XXII. dürfte er gezögert haben. Der Papst kämpfte mit eiserner Entschlossenheit um die Habsburger Verbündeten. Während Friedrich mit Schmähungen und Beschimpfungen überhäuft wurde, überbot sich der Papst mit Gefälligkeiten für dessen Brüder. Zum Schluß sprang Johannes XXII. über seinen eigenen Schatten und schenkte ihnen sogar die beträchtlichen Summen des zweijährigen Kirchenzehnts, den päpstliche Kollektoren gerade in den Ländern der Habsburger erhoben.

Nun machte Ludwig einen kühnen Schritt, der die unheilvolle Allianz endgültig auseinanderbrechen mußte. Im »Verzicht« von Ulm erklärte er am 7. Januar 1326, er würde als König zurücktreten und Friedrich als alleinigen König anerkennen, wenn es dem

Vetter gelänge, innerhalb eines halben Jahres die Approbation zu erreichen.

Von früheren Historikern wurde dieser Schritt als augenblickliche Ermüdungserscheinung des Königs kommentiert. Die neuere Forschung ist sich jedoch einig, daß es lediglich ein gerissener Schachzug war und der Wittelsbacher nie ernsthaft daran dachte, zurückzutreten. Es erscheint wie ein Hasardspiel, aber es war keines. Friedrich war inzwischen ebenfalls exkommuniziert, und Johannes XXII. war auf ihn mindestens so wütend wie auf Ludwig. Und die päpstlichen Pläne um Karl IV. gab es auch noch. So war sich Ludwig der Reaktion des Papstes sicher – und er behielt recht.

Johannes XXII. brachte Ludwigs Schritt in die größte Verlegenheit gegenüber den Habsburgern. Er benötigte sie weiterhin für seine Pläne und konnte ihnen deshalb nicht ehrlich sagen, was er über die Sache dachte. So hielt er sie mit Ausreden lange hin. Im Gegensatz zu ihnen erfuhr Balduin von Trier bereits im März, was der Papst von der Entwicklung hielt. Es sei ihm unbegreiflich, schrieb Johannes XXII. erbost, wie ein Mensch, der halbwegs bei Verstand sei, sich einbilden könnte, er würde die Abmachungen der beiden Gegenkönige billigen. Auch der Trierer bekam bei dieser Gelegenheit seinen Teil ab und erfuhr, der Papst könne sich nicht genug über Balduin wundern, weil er sich ebenso wie seine Mitkurfürsten so gar nicht um den gegen Ludwig eingeleiteten Prozeß bekümmere.

Leopold hätte den Papst wohl schneller durchschaut als seine Brüder, aber er war überraschend am 26. Feburar 1326 in Straßburg gestorben. Natürlich tauchte auch hier der Gedanke an Gift auf wie bei jedem plötzlichen Todesfall. Doch Leopold starb wahrscheinlich an einem Herzleiden. Er litt schon seit zwei Jahren an Ohnmachten und Schwächeanfällen; der Papst hatte ihm deshalb den Fleischgenuß an Fasttagen gestattet.

Sein Tod war ein großer Verlust für das Haus Habsburg. Leopold war eindeutig die stärkste Persönlichkeit unter den Brüdern. Außerdem, was man vom grimmen Leopold kaum erwarten würde, hatte er Charme und verstand es, die Menschen für sich und seine Ziele einzunehmen. Er wird – eine weitere Überraschung, denn alle übrigen Habsburger waren hochgewachsen – als klein, grazil und lebhaft geschildert.

Friedrich dagegen war so groß, wie man es von einem Habsburger erwartete. Ob er wirklich schön war, ist unbekannt. Der Beiname »der Schöne« tauchte erst im 16. Jahrhundert auf und geht wahrscheinlich auf die Königsfelder Chronik zurück, in der er als ein »gar stoltz schön Mann« bezeichnet wird.[11] Im Gegensatz zu Leopold war Friedrich seines unbändigen Hochmuts wegen unbeliebt. Seine persönliche Tapferkeit steht außer Zweifel, aber auch seine Unselbständigkeit. Zwar übertrieb der Chronist, der schrieb, daß Friedrich nach Leopolds Tod nur noch seinem eigenen Grab entgegenwankte, aber Friedrich trat politisch tatsächlich nicht mehr in Erscheinung. Er zog sich nach Österreich zurück, machte, wie auch in früheren Jahren, viele fromme Stiftungen, nahm manchmal in Österreich eine Regierungshandlung vor und führte den Königstitel, aber es wurde doch sehr bald ganz still um ihn. Die Leitung des Hauses Habsburg ging nun unübersehbar in die Hände Herzog Albrechts II., des Lahmen, auch der Weise genannt, über.

Möglicherweise machte Friedrich damals schon seine Gesundheit zu schaffen. Er war von jeher kränklich gewesen, wie alle Kinder der Elisabeth von Görz-Tirol. Zu seinen vielen Erkrankungen – einmal hatte man ihn sogar schon für tot gehalten – kam offenbar auch eine psychische Instabilität. Er litt häufig an Todesahnungen und Todesfurcht. Vielleicht waren daran die vielen Unglücks- und Todesfälle in seiner Familie schuld. Außer der erstgeborenen Agnes, die ein hohes Alter erreichte, und Herzog Albrecht II., der sechzig Jahre alt wurde,[12] starben alle Habsburger Geschwister sehr früh. Ein Jahr nach Leopolds Tod starb auch Herzog Heinrich, dessen schwache Gesundheit die böhmische Kerkerhaft vollends zerrüttet hatte.

14. Kapitel

»In den ziten wart daz buch gemaht,
daz do heisset ›Defensor pacis‹.«

König Ludwig schob den Romzug vorsichtshalber auf, bis er absolut sicher war, daß seine Rechnung aufging und Friedrich nicht bestätigt wurde. Die Habsburger selbst zeigten sich bei der ganzen Angelegenheit von einer erstaunlichen Naivität. Selbst nach der von Ludwig gesetzten Halbjahresfrist zogen noch habsburgische Gesandtschaften nach Avignon und versuchten hartnäckig, den Papst für Friedrichs Approbation zu gewinnen.

Marsilius von Padua

Im Sommer des Jahres 1326 erschienen zwei Pariser Professoren am Münchner Hof, Marsilius von Padua und Johannes von Jandun. Marsilius hatte eine staatstheoretische Schrift verfaßt, den »Defensor pacis« (Verteidiger des Friedens), und diese König Ludwig gewidmet. Das Werk war 1324 anonym in Paris erschienen, aber nun war der Verfasser bekannt geworden und es war nur eine Frage der Zeit, wann sich die Inquisition mit ihm beschäftigen würde. Der Paduaner hatte diesen Zeitpunkt nicht abgewartet, sondern war in Begleitung seines Freundes Johannes, den die Kurie als Mitverfasser des Defensor pacis betrachtete, nach München geflüchtet. Mit Marsilius, dem »christlichen Aristoteles«[1], kam eine Theorie nach München, die den Wittelsbacher in seinem Streit mit dem Papst aufs höchste interessieren mußte. Der Defensor pacis sprach dem Papst jeden Anspruch auf weltliche Macht grundsätzlich ab und erkannte für ihn keine größere Gewalt an, als sie jeder Priester durch seine Weihen innehat.
Der Empfang in München war für die beiden Professoren zunächst kühl, doch bald gehörte Marsilius zu Ludwigs nächster Umgebung und wurde sogar sein Leibarzt. Der damals etwa 50jährige Padua-

ner war eine interessante Persönlichkeit. Er hatte Medizin und Philosophie studiert, nebenbei theologische Studien betrieben und war als Professor, eine Zeitlang auch als Rektor der Pariser Universität, deren Lehrkörper damals schon die Zahl 500 überschritt, tätig gewesen. Seine Interessen beschränkten sich aber nicht nur auf wissenschaftliche Studien, wie sein Zwischenspiel in den Diensten der Ghibellinenhäupter Cangrande della Scala und Matteo Visconti zeigt, für die er einige Jahre lang in diplomatischen Missionen tätig war. Seit etwa 1320 war er zu seinen Studien nach Paris zurückgekehrt. Johannes von Jandun war ebenfalls ein angesehener Professor in Paris, Verfasser einiger philosophischer Schriften und offenbar das Haupt des Averroismus in Paris.

Der König beschäftigte sich eingehend mit dem Defensor pacis und versuchte mit großem persönlichen Eifer, sich in das ihm fremde Gebiet wissenschaftlicher Auseinandersetzungen hineinzudenken. Er ließ sich sogar bei Tisch daraus vorlesen.[2] Wie tief diese Studien gingen, ist im einzelnen zwar nicht bekannt, aber auf jeden Fall blieb der Eindruck bei ihm haften, den die volkstümliche Ausdrucksweise eines Fritsche Closener in die Worte faßt: »In den ziten wart daz buch gemaht, daz do heisset ›Defensor pacis‹. Daz bewiset mit redelichen sprüchen der heiligen geschrift, daz ein bobest under eime keiser sol sin und daz er kein weltlich herschaft sol han.«[3]

Nach Marsilius müssen die Staaten gegen die ständigen störenden Eingriffe einer fremden Macht, des Papsttums, geschützt werden. Er sieht den Weg dahin in der Staatsform der Volkssouveränität und Demokratie – so war das Buch seit dem Untergang des germanischen Volkskönigtums die erste große Proklamation einer Demokratie im Abendland. In der Kirche trifft die oberste Entscheidung das Konzil, die Versammlung der Priester und Laien; im Staate die Volksversammlung (ein in Verbeugung vor dem Zeitgeist allerdings sehr ausgewähltes, hausbesitzendes »Volk«, wie es etwa die italienischen Stadtstaaten regiert). Das souveräne Volk kann seine Macht delegieren, so daß in Deutschland die Königswahl durch die Kurfürsten durchaus mit den Theorien des Paduaners in Einklang gebracht werden konnte.

Die Kehrseite dieser Theorie liegt für Marsilius klar auf der Hand: Es ist gegen Gottes Willen, daß die Kirche als Folge einer geschichtlichen Entwicklung eine weltliche Herrschaft in Anspruch nimmt, die Christus seinen Jüngern ausdrücklich untersagt hat. »Daher ist es höchst verwunderlich«, schreibt Marsilius, »wieso ein Bischof oder ein Priester, wer auch immer er sei, sich eine größere oder andere Machtbefugnis anmaßt, als Christus oder seine Apostel sie in dieser Welt haben wollten«. Wo der Papst weltliche Gewalt besitzt, erhielt er sie durch den weltlichen Gesetzgeber übertragen. Selbst die seit Heinrich IV. unumstrittene Gewalt des Papstes in geistlichen Dingen wird von Marsilius auf ihr Wesen hin untersucht und er kommt zu dem Ergebnis: Die Gewalt, die Christus den Priestern hinterließ, beschränkt sich auf die Verkündigung seiner Lehre und die Spendung der Sakramente. Der Kraft dieser göttlichen Gaben kann die Priesterschaft nichts hinzufügen, sie kann aber auch nichts wegnehmen. Gott allein ist es, der den Menschen das Heil zuteilt. Marsilius versucht damit die Furcht zu beseitigen, die Priestergewalt könnte vom ewigen Leben ausschließen.

Wort und Sakrament! Da sich die Amtsgewalt der Kirche auf diese beiden Gnadenmittel beschränkt, spricht Marsilius der Kirche sowohl das Recht ab, die christliche Wahrheit – selbst gegen Ketzer – durch äußere Zwänge und irdische Strafen zu verbreiten, wie auch das Recht auf Exkommunikation. Selbst die Notwendigkeit des Primats bestreitet der Paduaner, da Wort und Sakrament allen Aposteln anvertraut wurden und nicht nur einem; somit haben auch alle Priester die gleiche Amtsgewalt und keiner steht höher als die anderen. Wenn die Verfassung der Kirche ein Primat vorsieht, so ist das eine Frage der Zweckmäßigkeit, aber keine Frage des zum Heil notwendigen Glaubens. Dies auch deshalb nicht, weil durch die Schrift nicht erwiesen sei, daß Petrus tatsächlich Bischof von Rom war; ja, es sei fraglich, ob er überhaupt jemals nach Rom gekommen ist.

Noch manche anderen Dinge durchleuchtet Marsilius mit scharfem Verstand, z. B. den über das Notwendige hinausgehenden Reichtum der Kirche, der von der weltlichen Gewalt eingezogen und für öffentliche Aufgaben verwendet werden sollte. – Und alles war niedergelegt in einer beredten und mitreißenden Form, die allein schon Interesse weckte.

Johannes Haller schreibt zum Defensor pacis: »Das war kein Re-

formprogramm mehr, das war – auch wir unterschreiben das Urteil
– ein Aufruf zur Revolution, zu einer jener Revolutionen, wie sie in
Jahrhunderten nur selten vorkommen und zu ihrer Vorbereitung
der Jahrhunderte bedürfen.«[4]

Daß die Zeitgenossen das Hauptgewicht des Werkes nicht in der
Staatslehre des Paduaners sahen, sondern in der Kritik des herrschenden Kirchenbegriffs und der Entwicklung eines neuen Ver-
hältnisses zwischen Kirche und Staat, zeigt Heinrich VIII. von
England, der auf dem Höhepunkt seiner Auseinandersetzung mit
der Kurie im Jahre 1535 den Defensor pacis ins Englische überset-
zen und verbreiten ließ – er, ein absolutistischer Herrscher!

Im Defensor pacis wurde im Grunde die geschichtliche Entwicklung der nächsten Jahrhunderte zwischen Kirche und Staat bereits
vorweggenommen. Aber im 14. Jahrhundert war die Zeit noch
nicht reif für diese Gedanken. Daß Ludwig IV. trotzdem versuchte,
die Theorien in die Praxis umzusetzen, mußte die Fronten verhär-
ten. Insofern mag man sein Bekanntwerden mit dem Werk bedauern. Andererseits erforderte die geradezu absurd zugespitzte Formulierung des päpstlichen Herrschaftsanspruch endlich auch im
Reich eine Erwiderung. Daß sie der Wittelsbacher gab, erschwerte
ihm manches, aber sie führte schließlich zum »Weistum von
Rhense«, das dem Papsttum auch für die Zukunft die Grenzen
aufzeigte, die es zu respektieren hatte.

Der Defensor pacis wurde Literatur und fand in Übersetzungen
und im Original bereits durch unzählige Handschriften in ganz
Europa Verbreitung. Schon 1522 wurde er das erste Mal gedruckt.
Die Hussiten sind früh mit dem Werk bekannt geworden, ebenso
Wyclif. Ob und wieweit es Luther beeinflußt hat, ist umstritten.
»Von Anhängern und Gegnern der Wittenberger Reformation sind
diese Beziehungen oft recht eng eingeschätzt worden und haben
das Urteil über Marsilius mitgeprägt«, schreibt Johannes Heckel.[5]

VORBEREITUNGEN FÜR ITALIEN

Was Ludwig im Jahre 1326 am meisten beschäftigte, war der
Romzug. Im Rückblick erkennt man, daß der deutschen Herrschaft
in Italien schon längst der Boden entzogen war. Nicht nur durch

die Politik der Kurie; auch das wachsende nationale Selbstbewußtsein der Italiener, selbst der reichstreuen Ghibellinen, konnte eine
Oberhoheit der Kaiser, die über ein Ehrenrecht hinausging, nicht
länger akzeptieren. Die Kaiser waren als mögliche Häupter und
Verstärkungen schon vorhandener Machtkonstruktionen erwünscht und geachtet, aber die Rechte eines tatsächlichen Ober-
lehnsherrn eingeräumt zu bekommen, durften sie nicht mehr
erwarten.

Die Kaiser des 15. Jahrhunderts begriffen sehr gut die Rolle, die sie
in Italien zu spielen hatten. Sie erteilten für Geld jedes Privileg, das
von ihnen verlangt wurde – legitimierten uneheliche Kinder, vergaben glänzende Titel, sanktionierten durch ihre Unterschrift den
Besitz geraubter Gebiete –, aber sie hüteten sich sorgsam, in bestehende Machtkonstruktionen einzugreifen.

In der ersten Hälfte des 14. Jahrhunderts herrschte noch eine völlig
andere Kaiservorstellung. Seltsamerweise auch in Italien – zumindest solange die kaiserliche Macht Theorie blieb –, wie die Literatur
jener Zeit zeigt, in der damals erst die theoretische Begründung
und jene glänzende Verherrlichung des Kaisertums auftraten, von
der es in der Wirklichkeit selbst in seinen besten Zeiten immer weit
entfernt gewesen war.[6]

Aus der Tradition seiner Zeit heraus sind dem Wittelsbacher wohl
nie Zweifel in den Sinn gekommen, ob das Kaisertum mit allen
seinen hergebrachten Ansprüchen und die auf Italien gerichtete
Imperialpolitik des Reiches weiterbestehen müßten. Seine Sorge
war einzig, das Kaisertum könnte in andere Hände übergehen. So
schrieb er an seinen Schwiegervater: »Lieber den Tod, als daß ich
das Weltreich, das durch so viel deutsches Blut erworbene, in
fremde und räuberische Hände kommen ließe!«[7]

Zu Beginn des Jahres 1327 sandten die Ghibellinen wieder eine
Nachricht nach Deutschland mit der dringenden Aufforderung,
der König möge nach Italien kommen. Wie Mussato bitter schreibt,
»auf daß sie Zwietracht säeten, indem sie der Majestät der Kirche
die des hochheiligen Kaisertums entgegenwürfen und einen Zusammenstoß der beiderseitigen Machtgebiete herbeiführten, welcher die gesamte Christenheit in Mitleidenschaft ziehe«.

Zur Vorbereitung des Romzuges lud Ludwig als erstes für Anfang
März 1327 alle reichstreuen Prälaten, Herrscher und Städte Italiens

zu einer Zusammenkunft nach Trient. Das Treffen fiel glänzend aus. Die wichtigsten oberitalienischen Anhänger waren fast alle persönlich erschienen: der stolze Cangrande della Scala von Verona, Passerino Bonacolsi von Mantua, Marco Visconti und sein Neffe Azo, die Markgrafen Obizzo und Nikolaus von Este, Franchinus Rusco von Como. Gesandte erschienen von König Friedrich von Sizilien, von Castruccio Castracani von Lucca, von den meisten Städten und sogar vom griechischen Kaiser. Auch Ludwigs alter Feind Heinrich von Kärnten war anwesend, und es kam zwischen ihm und dem König zu einer endgültigen Aussöhnung. Der Wittelsbacher benötigte seinen unzuverlässigen Cousin dringend, um für seinen Romzug freie und gesicherte Alpenpässe zu erhalten.

Ludwig plante, nach dem Treffen die deutschen Reichsstände für den Zug zu gewinnen – die Summen, die sie für das Unternehmen bereitstellen mußten, würden schließlich erheblich sein – und dann die militärischen Vorbereitungen und einen Bund mit den mächtigsten Reichsfürsten im Norden und Osten in Angriff zu nehmen, der die Gewähr für die Ruhe in diesen Gegenden während der Abwesenheit des Königs bieten sollte.

Und dann kam alles anders und Ludwig trat den Italienzug gewissermaßen aus dem Stegreif an. Die Ghibellinen fühlten sich durch starke päpstliche Truppen bedrängt und beunruhigt, und nach der Ankunft Karls von Kalabrien, des Sohnes König Roberts von Neapel, der sich mit einer großen Streitmacht in der Guelfenhochburg Florenz niedergelassen hatte, sahen sie sich kaum noch in der Lage, sich gegen die Übermacht zu behaupten. Äußerst besorgt drängten sie deshalb auf ein sofortiges Einrücken des Königs nach Italien. Da Ludwig nur mit hundert Rittern – nach der Version eines französischen Chronisten sogar nur mit zwanzig, als sei er auf einen Jagdausflug gegangen – nach Trient gekommen war, boten sie ihm nicht nur ihre persönliche Hilfe, sondern auch die Macht von neunzehn Bistümern, unzähligen Burgen und Schlössern, sowie zur Finanzierung des Zuges 150000 Goldgulden an. Die Summe klingt hoch, ist aber bescheiden im Vergleich zu den Kosten von 450000 Goldgulden, die Karl von Kalabrien in einem einzigen Jahr der Guelfenliga, vor allem den Florentinern, verursachte. Insgesamt zog Karl in den 19 Monaten seines Aufenthalts

900 000 Goldgulden »zum großen Kummer« und dem »nicht gerin-
gen Verdruß« der Florentiner ein, wie Villani berichtet.
Der König zögerte anfangs, wie er selbst sagte. Er hatte Termine in
Deutschland. Ein Reichstag war angesetzt, außerdem ein Fürsten-
treffen mit Herzog Johann von Brabant, Erzbischof Balduin und
Ludwigs Schwiegervater, bei dem es zu einem unauflöslichen
Bündnis mit diesen drei Fürsten kommen sollte. Auch wollte er die
Reichsangelegenheiten in Ordnung zurücklassen. Aber schließlich
drohten die Ghibellinen unterschwellig, daß sie möglicherweise
nicht länger Widerstand leisten könnten und sich mit der Kurie
aussöhnen müßten.
Das gab den Ausschlag. Boten wurden in alle Richtungen Deutschlands gesandt mit der Aufforderung, Truppenkontingente nach
Italien zu schicken. Margarete wurde gebeten, Ludwig nachzurei-
sen und seine Bayern mitzubringen.

Krönung in Mailand

Es war gewagt, den Italienzug ohne ausreichende deutsche Streitmacht anzutreten. Trotzdem ging am Anfang alles glatt, mochten
sich die italienischen Verbündeten später auch als äußerst unzuverlässig erweisen. Seit mehr als hundert Jahren hatte man so
etwas nicht mehr erlebt. Ludwig stieß nicht nur nirgends auf
Hindernisse, sondern der Zug entwickelte sich zu einem wahren
Triumphzug. Am 14. März war Ludwig von Trient aufgebrochen
und schon am 10. April konnte er berichten, daß ihm mehr Städte
und Schlösser gehuldigt hatten als Kaiser Heinrich VII. insgesamt.
Die erste Station war Bergamo gewesen, der erste glänzende
Empfang. Klerus und Volk waren ihm entgegen gegangen und
unter Glockengeläute und dem Jubelgesang »Gepriesen sei der,
der da kommt im Namen des Herren«, war er in die festlich
geschmückte Stadt eingezogen. Er ließ die Gefängnisse öffnen und
ordnete eine Amnestie an.
Kleinere Städte folgten, dann Como, wo Königin Margarete mit
fünfhundert Rittern und siebenhundert Bogenschützen zu Ludwig stieß. Und überall das gleiche Bild: Jubel und Freude bei der
Bevölkerung, Amnestie für die Gefangenen. Weitere Zuzüge tra-

fen aus Deutschland ein, und am 17. Mai konnte der Wittelsbacher mit einem nun schon sehr ansehnlichen Gefolge in Mailand einziehen. König und Königin wurden unter einem Baldachin zum Haus der Kommune geleitet, das zu einer prachtvollen Residenz hergerichtet worden war, alle Glocken läuteten, »Vornehme und Geringe jauchzten ihm zu«. Am 31. Mai 1327, dem Pfingstsonntag, wurde der König in der Kirche des hl. Ambrogio von den Bischöfen von Arezzo und Brescia, zwei mächtigen, allerdings gebannten Ghibellinenhäuptern, mit der eisernen Krone der Lombardei,[8] Königin Margarete mit einer goldenen Krone gekrönt. Danach nahm Ludwig den Lehnseid der italienischen Herren entgegen und schlug eine Reihe junger Edler zu Rittern.

Bald allerdings fielen in Mailand die ersten Schatten über diesen bisher so unbeschwerten und erfolgreichen Italienzug, und zwar ausgerechnet durch Galeazzo Visconti, seit dem Tod seines Vaters Matteo das Haupt der Visconti und das Haupt der oberitalienischen Ghibellinen. Dieser gewalttätige Herrscher war bei seinen Landsleuten und selbst bei manchen seiner Familienmitglieder verhaßt. Bereits in Trient hatten Galeazzos Bruder Markus und sein Onkel Ludwig an den König herangetragen, Galeazzo sei unzuverlässig und paktiere mit den päpstlichen Truppen. Der Wittelsbacher hatte die Untersuchung der Angelegenheit bis nach der Krönung vertagt. Nun wurden die Beschuldigungen wiederholt, hinzu kamen schwere Anklagen aus der Bevölkerung über Galeazzos Willkürherrschaft – und als der Visconti sich schließlich auch noch dem König gegenüber aufsässig benahm, war sein Sturz besiegelt.

Vorausgegangen war eine Szene, bei der Ludwig die versprochenen 150000 Goldgulden anforderte, die ihm durch Galeazzo überreicht werden sollten. Der Mailänder reagierte mit gereizten Worten und so hochfahrend – »ohne die Ehrfurcht, welche dem König zukommt«, wie Mussato berichtet –, daß Ludwig »hocherzürnt aufsprang und ihm untersagte, einen Fuß zu rühren, ehe er nicht das Geld ausgeliefert hätte«. Da sich Galeazzo aber »stolz und trotzig« weigerte, wurde er, auch im Hinblick auf die Beschuldigungen des Verrats, am 6. Juli durch eine Versammlung seiner Herrschaft enthoben und zusammen mit seinem Bruder Giovanni und seinem Sohn Azo verhaftet. Das rief »bei Adel und Volk von Mailand die größte Befriedigung und Freude hervor«.[9]

Nicht ganz geklärt ist, ob ein Giftanschlag auf Ludwigs Leben eine Folge der Verhaftungen oder der letzte Anlaß dazu war. Stephano Visconti, der jüngste Bruder Galeazzos, hatte dem Wittelsbacher einen Becher Wein kredenzt, ohne selbst davon zu trinken. Das aber war im mißtrauischen, von Vergiftungsängsten geplagten Mittelalter ungewöhnlich. Heinrich von Montfort schöpfte deshalb sofort Verdacht, hinderte den König zu trinken und zwang Stephano, selbst den Becher zu leeren. Stephano starb noch am gleichen Tage. Ludwig nahm nach dieser Erfahrung jeden Tag ein Gegengift, und zwar hatte er zwei, die er abwechselnd jeden Morgen schluckte. Da er auf seine Zeitgenossen einen recht gesunden Eindruck machte, dürften die Zutaten des Gebräus nicht weiter schädlich gewesen sein.

Auch Cangrande soll einiges zu Galeazzos Sturz beigetragen haben. Er war zur Krönung prahlerisch mit 1500 Berittenen erschienen. Um seine Bedeutung zu unterstreichen, ließ er sich über den Mailänder Stadtgraben »zu seinem alleinigen Gebrauche« eine Brücke schlagen, die aber Galeazzo wieder abbrechen ließ. Dann versuchte der Scaliger aufschneiderisch am Markt sämtliche Lebensmittel aufzukaufen, und wieder warf ihm Galeazzo Steine in den Weg. Es waren stolze Herren, die Häupter der italienischen Stadtstaaten, und den großen Auftritt so böswillig verdorben zu bekommen, mußte wohl Groll erregen.

Mit König Friedrich von Sizilien wurde in Mailand ein neuer Bündnisvertrag geschlossen, wohl auch zu dem Zweck, König Robert in seinem Königreich festzuhalten und während des Romzuges auszuschalten. Nach dem Sturz der Visconti mußte die Verfassung Mailands neu geordnet, ein neuer Reichsvikar eingesetzt werden, und am 13. August zog der König weiter in Richtung Süden.

Die Ghibellinenfürsten waren durch das rigorose Vorgehen gegen Galeazzo recht besorgt geworden. Ludwig rief sie deshalb in der Nähe von Brescia zusammen und zeigte ihnen eine abgefangene Vertragsurkunde, die zwischen Galeazzo und dem päpstlichen Legaten abgeschlossen worden war. Villani berichtet lakonisch:

»Die einen behaupteten, die Urkunde sei echt, die anderen, sie sei gefälscht.«

Auch die nächsten Stationen auf Ludwigs Weg nach Süden, Cremona, Borgo S. Domino, Pontremoli, Pietra Santa, waren erfüllt mit Jubel über die Ankunft des Königs. Vor Pisa aber tauchten die ersten Schwierigkeiten auf. In der ehemals streng kaisertreuen Stadt hatte die Guelfenpartei die Macht an sich gerissen, viele Ghibellinen vertrieben, und die Stadt weigerte sich nun, dem König die Tore zu öffnen. 34 Tage dauerte die Belagerung, während der die Stadt mit Unterstützung Castruccios, der sich mit seinen Streitkräften dem Wittelsbacher angeschlossen hatte, völlig eingeschlossen werden konnte. Der Hafen und die Kastelle der Umgebung wurden eingenommen, zwei Brücken über den Arno geschlagen und die Stadtmauern untergraben.

Als die Pisaner sahen, wie energisch die Belagerung betrieben wurde, als auch die Hilfe ausblieb, die man sich von Florenz und Karl von Kalabrien versprochen hatte, kamen ihnen Bedenken, ob das Unternehmen gut für sie ausgehen würde. Sie waren nun zu Verhandlungen bereit, und am 11. Oktober 1327 hielt Ludwig IV. seinen feierlichen Einzug in die Stadt.

Sein Heer war durch Zuzüge aus Deutschland von Monat zu Monat angewachsen. Der Unterhalt dafür verschlang Unsummen. Die Summe, die sich Ludwig in Mailand hatte auszahlen lassen, war bereits wieder verbraucht, und er legte den Pisanern eine Steuer über 150000 Goldgulden auf. Er gewann unter den Ghibellinen der Stadt trotzdem schnell Freunde, so daß man ihm die Signorie Pisas aus freien Stücken antrug. Die Verbannten wurden zurückgerufen. Beweise seiner Gerechtigkeit wie auch seine Bemühungen, den Handel Pisas, der in den vergangenen Jahren durch die ständigen Kämpfe zwischen den Guelfen und Ghibellinen Norditaliens heruntergekommen war, zu fördern, gewannen ihm auch bald die Herzen der großen Mehrheit.

JOHANNES XXII. GREIFT EIN

Der Papst war durch Ludwigs schnellen Einmarsch nach Italien überrascht worden. Als er im April die Tatsachen erfuhr, war er vor Zorn außer sich. Die italienischen Städte und Fürsten erhielten den Befehl zum Widerstand gegen den Bayern, Bertrand de Poget wurde angewiesen, sich mit Karl von Kalabrien in Verbindung zu setzen, vor allem gab es nach fast dreijähriger Pause wieder neue Prozesse gegen Ludwig.

Im ersten Prozeß wurden alle Vorwürfe der vergangenen Jahre wiederholt und geklagt, daß der Bayer von den gerügten Verbrechen nicht ablasse und sie sogar noch hartnäckiger verfolge, ja, daß er sich seines Verstocktseins auch noch rühme! Den Beweis für diese Behauptung sah Johannes in der Tatsache, daß Ludwig mit den rebellischen und ketzerischen Ghibellinen verhandelt habe und durch seinen Einmarsch in Italien den Schutz dieser Kirchenfeinde und die Unterdrückung der papsttreuen Guelfen bezwecke. Als besonderes Verbrechen wurde Ludwig noch angekreidet, daß er, ein mit dem Bann Belegter, die Gottesdienste besuchte und auch andere Gebannte dazu anhielt. Als Strafe für diese Verbrechen wurde dem Wittelsbacher das Herzogtum Bayern abgesprochen.[10]

Am gleichen Tag noch wurde eine zweite Sentenz erlassen – Johannes XXII. muß außerordentlich gereizt gewesen sein –, in der er besonders Ludwigs Ketzereien anprangerte. Der Bayer sei »mit dem Makel häretischer Schlechtigkeit befleckt«. Trotz Kenntnis der päpstlichen Erklärungen zur Armut Christi habe er »in verdammungswürdigem Wahnsinn« das Gegenteil behauptet. Außerdem wurden Vorwürfe erhoben über die Aufnahme der »Söhne des Verderbens und Zöglinge des Fluchs«, Marsilius von Padua und Johannes von Jandun, die mit dem König nach Italien gekommen waren.

Damit hatte der Papst sein Pulver aber noch lange nicht verschossen. Sechs Tage später gab es neue Prozesse, wieder in etwa mit dem gleichen Inhalt. Johannes XXII. verzehrte sich fast vor Haß auf Ludwig, und offenbar verschafften ihm die Prozesse Erleichterung. Sie begleiteten von da an Ludwigs Romzug wie ein Echo. Daneben erhob Johannes harte kirchliche Steuern in Deutschland, mit denen die Kosten der päpstlichen Kriegsführung in Italien bestritten werden sollten. Der König antwortete mit einem Rundschreiben an die Reichsfürsten, den Geistlichen ihres Gebietes im Namen des Königs jede Geldzahlung an den Papst zu verbieten. Sollte einer der Kleriker seinem Befehl trotzen, so hatten die Fürsten den Auftrag, die doppelte Summe der an die Kurie gezahlten Steuer für Reichszwecke einzutreiben.[11]

Einen besonders schweren Schlag bedeutete es für Johannes XXII., als er hörte, daß der Bayer auch Pisa für sich gewonnen hatte. War Ludwig vorher als Rebell gegen die Kirche und Freund der Ketzer angeklagt worden, so wurde er jetzt selbst als Ketzer verdammt. Zu den bisher ausgesprochenen Strafen wurde er nun auch der Pfalzgrafschaft und der Kurwürde für verlustig erklärt, und es wurden ihm alle seine beweglichen und unbeweglichen Güter entzogen. Wäre es nach Johannes XXII. gegangen, wäre König Ludwig tatsächlich nur noch »Ludovicus de Bavaria« oder »Ludovicus Bavarus« gewesen – ein Mann ohne Amt, Titel, Würden und Besitz.

Der Name blieb Ludwig. Als man sich in späteren Jahrhunderten schon längst nicht mehr der geschichtlichen Hintergründe für den Beinamen bewußt war, blieb Ludwig IV. für die Geschichte »Ludwig der Bayer«. Der italienische Chronist und Guelfenanhänger Villani nennt Ludwig zu Anfang seines Berichts den erwählten römischen König, »welcher von denjenigen, die nicht exkommuniziert zu werden wünschten, gewöhnlich der Bayer genannt wurde«.

Als Gipfel der Frechheit hat es der Papst sicher empfunden, daß Ludwig ihm einen Brief schrieb und höflich um die Kaiserkrönung bat. Wahrscheinlich sah Ludwig seinen Weg zu diesem Zeitpunkt schon klar vor sich, zu dem ihn Marsilius und der Defensor pacis angeregt hatten, und wollte sich lediglich juristisch absichern. Immerhin hatte er vor, die ganze herkömmliche Weltordnung auf den Kopf zu stellen. Durch die Bitte konnte er alle eventuellen Vorwürfe entkräften, er habe nicht einmal den Versuch zu einer herkömmlichen Kaiserkrönung unternommen.

DER WEG NACH ROM

Am 4. November verließ das königliche Heer Pisa und zog weiter nach Süden. Weder Karl von Kalabrien noch Bertrand de Poget versuchten, es aufzuhalten. Der junge Anjou blieb mit seinen Truppen in Florenz, entschlossen, diese Stadt zu verteidigen. Daß der als tapfer bekannte Kardinallegat das Heer des Bayern nicht angriff – was ihm von den Guelfen der Toskana sogar den Vorwurf des Verrats eintrug –, konnte er mit einem einleuchtenden Grund erklären: Der Papst hatte kein Geld für die Soldzahlung geschickt, und so wollte sein Heer nicht aufbrechen.

Aber auch Karl von Kalabrien kam nicht zum Einsatz, denn der König zog an Florenz vorbei. Es war nicht nur Klugheit, die Ludwig davon abhielt, sich wie Kaiser Heinrich VII. bei einer nutzlosen, geld- und kraftverschlingenden Belagerung dieser fast uneinnehmbaren Stadt aufzuhalten. Auch die Nachrichten aus Rom zogen ihn unwiderstehlich nach Süden.

Der Papst hätte es durchaus in der Hand gehabt, dem Wittelsbacher den Eintritt in die Stadt durch die Römer verweigern zu lassen. Zwar war es im Frühjahr der kaisertreuen Partei unter Sciarra Colonna durch eine kleine Revolution gelungen, das Ruder zu ergreifen und die Vikare König Roberts zu vertreiben, aber Ludwigs Anhänger waren nicht zahlreich. Die papsttreuen Guelfen Roms baten deshalb immer wieder »den sehnsüchtig begehrten heiligen Vater«,[12] nach Rom zu kommen. Die gesamte Bevölkerung würde in diesem Fall auf seine Seite treten. Die Antworten waren Ausreden, Vertröstungen und Aufrufe zum Widerstand gegen den Bayern. Selbst als man drohte, man möchte im Falle seines Fernbleibens als entschuldigt angesehen werden, wenn man Ludwig als römischen König in die Stadt aufnehme, lehnte Johannes XXII. mit Vorwürfen an die Römer und die Erinnerung an ihre Pflicht zum Widerstand erneut ab.

Dadurch nahm Ludwigs römische Anhängerschaft gewaltig zu. Man bat ihn, bald zu kommen, »auf daß Rom, das Haupt der Welt, von dem Gipfel seines Ruhmes nicht herabsteige«. Konnten die Römer nicht ihren Papst haben, so wollten sie wenigstens ihren Kaiser, um sich weiterhin als Mittelpunkt der Welt zu fühlen. Der König sollte deshalb kommen »und das Kaisertum, welches ihm zukomme, entgegennehmen; sie würden ihm unter allen Umständen unverbrüchlichen Gehorsam leisten«.

Obwohl es seit fünfhundert Jahren, seit der Krönung Karls des Großen, keine Kaiserkrönung mehr ohne die Mitwirkung des Papstes gegeben hatte, entbehrte Ludwigs Plan, sich vom römischen Volk zum Kaiser wählen und krönen zu lassen, durchaus nicht der rechtlichen Grundlage, denn in der Theorie stand den Römern dieses Recht unzweifelhaft zu. Bereits König Manfred von Sizilien hatte sechzig Jahre vorher darauf hingewiesen, daß ein Kaiser ohne Mitwirkung der Kirche legitim durch das römische Volk eingesetzt werden konnte [13]. Auch die Theorien des Defensor pacis untermauerten diese Tatsache. Trotzdem war das, was Ludwig vorhatte, geradezu eine Revolution.

An Mut fehlte es Ludwig nicht. Das sollte seine Geschichte noch oft zeigen. Immer wieder gelang es ihm, durch das Beschreiten ungewöhnlicher Wege seine Ziele auch gegen große Widerstände zu erreichen. Nicht alle Ziele – dazu war die Machtposition des Papsttums zu gewaltig –, aber doch weit mehr, als man es sich in Avignon wohl selbst in Alpträumen hatte vorstellen können. Im Augenblick benötigte Ludwig für eine wirkungsvolle Regierung in Italien die Kaiserkrönung, und so war er entschlossen, die Theorien in die Praxis umzusetzen. Auch die Römer waren überaus bereit, ihre alten Rechte in vollem Umfang wieder auszuüben.

So standen die Dinge, als im Herbst König Robert versuchte, das Steuer noch einmal herumzureißen. Er entsandte fünfhundert Ritter, die Rom einnehmen sollten. Der Angriff wurde abgeschlagen, aber Ludwig zog nun ohne weiteren Aufenthalt nach Rom und stand am 7. Januar 1328 vor den Toren der ewigen Stadt.

15. Kapitel

»Es lebe unser Herr, der König der Römer.«

Die Ereignisse des Jahres 1328 waren so sensationell, daß man aus der Literatur manchmal den Eindruck gewinnt, dieses Jahr mache Ludwigs Leben und Wirken aus: die Kaiserkrönung in Rom durch das römische Volk; die Absetzung des Papstes und die Einsetzung des Petrus von Corvara [1] als neuen Papst; die höchsten Häupter der Minoriten, des angesehensten und beliebtesten Ordens der Zeit, fliehen bei Nacht aus Avignon und stellen sich unter den Schutz Ludwigs des Bayern!

Dennoch waren die Ereignisse dieses Jahres nur Mosaiksteine auf einem langen Weg, der im Jahre 1317 begonnen hatte, als Johannes XXII. den Vikariatsanspruch für das vakante Imperium erhob, der in den Ereignissen des Jahres 1338 gipfelte und mit Ludwigs Tod noch nicht zu Ende war. Allerdings waren es auffallende Mosaiksteine.

Kaiserkrönung

Ludwigs Heer war von Monat zu Monat angewachsen, und am Tag der Kaiserkrönung befanden sich fünftausend Ritter in seiner Begleitung. »Es war der letzte italienische Kriegszug der Deutschen im Mittelalter, der die deutsche Macht in ihrer Gesamtheit stattlich vertreten fand«, schrieb Riezler.

Ludwig zog noch am 7. Januar 1328 in die Hauptstadt ein, jubelnd begrüßt von der Bevölkerung, die, zu Mussatos großer Mißbilligung, ihm »entgegenjauchzte, als wenn Gott selbst von seinem himmlischen Throne zu ihnen käme«. Wer zum Papst hielt, die Mehrzahl der Geistlichen und Ordensleute, war geflohen; die Stadt wurde mit dem Interdikt belegt. Es blieb jedoch ohne Wirkung, denn der König hatte genügend Geistliche bei sich, die die

Pflichten des geflohenen Klerus übernehmen konnten. Die Bevölkerung vermißte jedenfalls nichts und wurde immer eifriger und enthusiastischer in ihrer Begeisterung für Ludwig.

Ludwigs Hauptziel, die Kaiserkrönung, wurde sofort ins Auge gefaßt. Bereits für Montag, den 11. Januar, rief er zu einer großen Volksversammlung nach dem Capitol auf, und die ganze Stadt strömte zusammen. Es war immer noch ein ungewöhnlich gutaussehender Mann, der sich den Römern als ihr Herrscher präsentierte. Der Bericht Mussatos deckt sich verblüffend mit der Beschreibung über Ludwigs Aussehen bei der Königswahl vierzehn Jahre früher: Von hoher, schlanker Gestalt, sein Hals, der Nacken und die Schultern wohlgebaut, Arme, Schenkel und Füße proportioniert. Nur waren die Haare dünner geworden, denn die dichten Locken bei der Königswahl werden nun als »spärliches rotblondes Haar« bezeichnet. Auch die Charakteristik, die Mussato gibt, stimmt in ihren wesentlichen Zügen mit der anderer Zeitgenossen überein. Wie Konrad von Megenberg betont Mussato das Tapfere und gleichzeitig Freundliche und Gewinnende im Wesen des Bayern.

Auch auf die Römer verfehlte die Ausstrahlung von Ludwigs Persönlichkeit, die er bei Bedarf offenbar sehr gezielt und bewußt in die Waagschale warf, nicht ihre Wirkung. Er ließ seinen Willen, die Krone vom römischen Volk in Empfang zu nehmen, durch den Bischof von Aleria mitteilen, und das Volk jubelte ihm zu und rief begeistert: »Es lebe unser Herr, der König der Römer.«[2] Noch an Ort und Stelle wurde er zum Senator und Hauptmann der Stadt ernannt und seine Kaiserkrönung auf den kommenden Sonntag festgesetzt.

Die Römer bekamen am Krönungstag, dem 17. Januar 1328, das glänzende Schauspiel geboten, das sie erwarten durften. Sie hatten aber auch selbst alles getan, um ihren Herrscher zu erfreuen, zu ehren und zu beeindrucken: die Straßen, die der Festzug nehmen würde, frisch gekehrt und mit Myrten und Lorbeer bestreut, die Häuser mit bunten Tüchern, dem schönsten Zierrat und allen Kostbarkeiten geschmückt, die sie aufbieten konnten. Bereits früh am Morgen setzte sich der Festzug für Ludwigs weiten Weg vom Palast Santa Maria Maggiore nach St. Peter in Bewegung. 5000 festlich herausgeputzte deutsche und italienische Ritter schritten im Festzug mit. Voraus ritten 52 römische Bannerträger, vier für jeden Bezirk der Stadt, auf reich geschmückten und mit kostbaren Tüchern behangenen Pferden. Um den König und die Königin, beide ebenfalls hoch zu Pferde, schritten in Goldbrokat gekleidet die vier Syndicis, denen das römische Volk für diesen Tag seine Gewalt übertragen und die es mit der Krönung des Kaisers beauftragt hatte, allen voran Sciarra Colonna. Daneben umgaben Ludwig die 52 Mitglieder des Stadtrats, der Präfekt von Rom, Senatoren und die adeligen Römer. Dem König direkt voran schritt ein rechtsgelehrter Richter mit einem Auszug aus der Reichsordnung.

Der Wittelsbacher in weißem Atlas, auf einem Schimmel mit weißen Decken, muß prächtig ausgesehen haben, da er einen Zeitgenossen zu dem Vergleich anregte, die Natur habe ihn ebenso, wie sie es unter Bienen zu tun pflegt, bereits äußerlich zum Herrscher bestimmt.[3]

In St. Peter angekommen, wurden die bei jedem großen Ereignis üblichen Ritterschläge erteilt. Dann schritt man nach dem alten Ritual zur Krönung. Nach der kaiserlichen Weihe durch die Bischöfe von Venedig-Castello und Aleria setzte Sciarra Colonna im Namen des römischen Volkes dem König und der Königin die kaiserlichen Kronen auf. Das übliche Verlesen von drei kaiserlichen Dekreten wurde mit Begeisterung aufgenommen wie alles, was Ludwig in diesen Tagen tat. Das feierliche Hochamt und der Krönungszug zum Krönungsessen beschlossen die Feierlichkeiten.

Rund herum eine gelungene Inszenierung! Kaiserin Margarete zeigte sich hochbefriedigt, als sie an den Abt von Egmond schrieb, unter welch prächtigen Festaufzügen, Schalmeienklang und dem ganzen »hierfür hergebrachten und eigentümlichen Pomp« sie und ihr Ehemann mit den kaiserlichen Diademen gekrönt worden waren.[4]

Villani allerdings, der die Krönung ausführlich schildert, war empört über die Frechheit des »verdammten Bayern«, der sich vom römischen Volk zum Kaiser und König der Römer krönen ließ zur Schande und Schmach des Papstes und der römischen Kirche: »Und man vergegenwärtige sich, wie groß die Überhebung dieses Bayern war; denn in keiner alten oder neueren Chronik habe ich gefunden, daß irgend ein anderer christlicher Kaiser sich jemals habe von anderen als vom Papste oder dessen Legaten krönen lassen, wenn sie auch entweder vorher oder nachher arge Gegner der Kirche waren, so daß das Tun dieses Bayern wohl zum Verwundern war.«

DER KAISER, DAS PAPSTTUM UND ROM

Am 21. Januar schritt auch der Papst wieder zur Tat. Er konnte zu diesem Zeitpunkt noch nicht wissen, daß der unermüdlich geschmähte Bayer vier Tage vorher ohne päpstlichen Segen zum Kaiser gekrönt worden war. Möglicherweise ahnte Johannes XXII., was kommen würde, denn an diesem Tag predigte er das Kreuz gegen Ludwig. Der Krieg gegen den Bayern durfte nun als Kreuzzug gelten.

Die Nachrichten über die Kaiserkrönung brachten Johannes dann vor Zorn fast außer sich. Bannflüche wurden geschleudert, neue Prozesse eröffnet, Ludwigs Maßnahmen für null und nichtig erklärt, die Kurfürsten mit leidenschaftlichen Worten zu einer neuen Königswahl aufgerufen: Ludwig, diesem »neuen Pharao und Teufelsdiener«[5], diesem »Sohn Satans, der Rom durch seine verdammten Tritte entweiht hatte«, müßte endlich das Handwerk gelegt werden. Ihm und seinen Spießgesellen dürfe nicht länger erlaubt werden, Rechte und Gut des Reiches zu plündern und zu verprassen. Dabei maße sich der Bayer nicht nur an, über Rechte des Reiches zu verfügen, »nein, um Gottes Zorn noch heftiger gegen sich zu erregen, streckte er seine kirchenschänderischen, gottlosen Hände gar nach geistlichen, kirchlichen Gütern und Pfründen aus, damit die Seinen zu bereichern«!

Obwohl Johannes seinen Brief mit der unüberhörbaren Drohung schloß, notfalls selbst einen neuen König einzusetzen, »denn Schauder vor der furchtbar gefährlichen Lage leitet mich«, spielten die Kurfürsten nicht mit. Mit den Stimmen Brandenburgs und der Pfalz konnte der Papst ohnehin nicht rechnen, und auch die beiden Luxemburger widerstrebten. So verlief auch dieses Wahlprojekt schließlich im Sande.

In Rom wurden unterdessen die Stimmen immer lauter, die eine

Absetzung des Papstes verlangten. Als sich Johannes XXII. Ende
März dazu hinreißen ließ, allen Römern die Exkommunikation für
den 1. Juli anzudrohen, falls sie bis dahin den Bayern nicht vertrieben hätten, brachte das die Volksseele endgültig zum Kochen.
Auch bisher Zögernde schlossen sich nun der Meinung an, Johannes XXII. sei ein Ketzer und könne nicht länger als rechtmäßiger
Papst gelten, so daß »endlich alle einmütig ihren König Ludwig
angingen und dringend baten, daß der allgemeine Wunsch zur Tat
werde«.[6]

Ludwig hielt sich selbst bedeckt, stimmte weder zu, noch sträubte
er sich, sondern übergab die Angelegenheit seinem Rat. Auch
Marsilius von Padua, »ein kluger und beredter Philosoph«, und
Ubertinus von Casale, »ein ebenso verschlagener und gewandter
Mensch wie Marsilius«, wurden hinzugezogen. Der Rat kam –
recht geschickt – zum Ergebnis, daß die Römer beschließen sollten;
den Beschlüssen ihrer Vornehmen wie auch des Volkes wolle man
sich fügen.

»Während nun das römische Volk in leidenschaftlicher Aufregung
entbrannte und die Gemüter sich zur Vornahme von Neuerungen
mehr und mehr erhitzten«, wurde unter Mithilfe von Marsilius die
Absetzungsproklamation gefertigt, am 18. April 1328 in einer glänzenden Volksversammlung vor den Toren der Peterskirche die
Absetzung Papst Johannes' XXII. proklamiert.

Der Kaiser war in vollem Kaiserornat erschienen. In Purpur, die
Kaiserkrone auf dem Kopf, das goldene Zepter in der Rechten, den
Reichsapfel in der Linken, nahm er auf einem geschmückten,
erhöhten Throne Platz, umgeben von seinen Prälaten, Rittern und
Baronen. Dann ließ er Stille gebieten und ein Augustinermönch
trat vor und fragte dreimal: »Ist ein Bevollmächtigter da, der den
Priester Jacques von Cahors, der sich Papst Johannes XXII. nennt,
verteidigen will?«[7] Als niemand antwortete, wurde die Proklamation durch einen Abt verlesen.

Ludwig erklärte darin, daß es Aufgabe des Kaisertums sei, die
Kirche und das Volk vor Feinden zu schützen. Er dürfe deshalb
nicht länger die Vergehen jenes Jaques, der sich fälschlich Papst
nenne, übersehen. Jaques sei nicht nur der Anstifter jeder Rebellion im Reich, sondern bringe durch seine Vergehen auch die
Kirche in Gefahr. U. a. wurde dem Papst vorgeworfen, er hätte

Italien mit Krieg überzogen, die wirksame Bekämpfung der Sara-
zenen verhindert, die heidnischen Litauen dazu aufgehetzt, die
christliche Mark Brandenburg zu überfallen. Vor allem aber habe
sich Jaques durch die Leugnung der Armut Christi der Ketzerei
und durch seine Prozesse gegen Ludwig des Majestätsverbrechens
schuldig gemacht.

Für die letzten beiden Verbrechen sei Johannes XXII. bereits von
Christo abgesetzt worden. Diese Absetzung, als ipso facto erfolgt,
wird auf Bitten des römischen Volkes hin kraft der Vollmacht, die
nach Petri Zeugnis durch göttlichen Willen den Königen und
Kaisern zum Bestrafen der Bösen und Belohnung der Guten gege-
ben ist, nun vom Kaiser verkündet. Das Recht dazu wird durch
Beispiele aus der Geschichte – wie die Absetzung des Papstes
Johannes XII. durch Otto den Großen – erhärtet.[8]

Anschließend wurden die Römer auf Anregung von Johann Colonna, dem Sohn Sciarras, und Marsilius veranlaßt, einen Wahl-
ausschuß aus dem Klerus der Stadt zu bilden, der einen würdigen
Mann als neuen Papst wählen sollte. Auch dies nicht ohne Beispiel, denn die Papstwahl durch das Kardinalskollegium war erst
von Leo IX. im 11. Jahrhundert eingeführt worden. Die Wahl des
Ausschusses fiel auf Petrus de Corvara, einen frommen Minoriten,
der am 12. Mai, dem Himmelfahrtstag, unter dem üblichen Gepränge in St. Peter als Nikolaus V. zum Papst eingesetzt wurde. An
Pfingsten ließ sich der Bayer von ihm noch einmal zum Kaiser
krönen. Offenbar war Ludwig sein »Volkskaisertum« selbst nicht
ganz geheuer.

Der papsttreue Villani steht dem Ganzen höchst empört gegenüber und berichtet, es hätte selbst in Ludwigs eigenen Reihen
Leute gegeben, die seine Handlung verurteilten. Bekannt ist, daß
König Friedrich von Sizilien, obwohl er selbst im Bann lebte, nicht
damit einverstanden war. Das italienische Volk jedoch scheint
hochzufrieden gewesen zu sein, denn überall in den Städten
wurden beim Bekanntwerden der Ereignisse von Rom Freuden-
feuer abgebrannt.[9]

Im Gegensatz zu Villani läßt der ebenfalls papsttreue Mussato die
Anerkennung des jeweiligen Papstes und die Beurteilung der
römischen Ereignisse als recht- oder unrechtmäßig vom politischen Standpunkt abhängig sein:

»Der Ruf von diesen Vorgängen verbreitete sich über den Erdkreis und fand unter den Christgläubigen aller Länder verschiedenartige Beurteilung, so daß die Christenheit nahezu in zwei Parteien auseinandergerissen ward. Die eine Partei, welche sich die Miene gab, den Kaiser und das Reich hochzuhalten, sagte sich vom Papst Johann los, der allzu rasch sich zur Verurteilung Ludwigs habe hinreißen lassen und diesen in allzu großer Leidenschaft und Erregung der Ketzerei bezichtigt habe, wesentlich nur im Interesse und aus Vorliebe für König Robert, den er mit Hintansetzung aller gerechten Erwägung parteiisch bevorzuge; ... Auch sei er (Johannes) ein händelsüchtiger Mensch, der in ganz Italien, und besonders in der Lombardei, Zwietracht erweckt und die Kriegsfackel entzündet und die hochheilige Kirche in alle Wechselfälle und große Gefahren gestürzt, nie aber es sich habe angelegen sein lassen, versöhnend und beschwichtigend einzugreifen. Er verstehe es vortrefflich, die Zwietracht zu entzünden, nicht aber dieselbe beizulegen und die Eintracht zurückzuführen. Auch maße er sich Dinge an, welche weder ihn noch seine Würde im Geringsten berührten, indem er, mit der Verwaltung der geistlichen Angelegenheiten nicht zufrieden, die Satzungen des Heiligen Reiches hintansetze und angreife, das Recht der römischen Königswahl den Deutschen zu entziehen und an die Franzosen und Italiener zu bringen bemüht sei und überall seine Stimme erschallen lasse. Unter ihm als Papst sei Unruhe in die heilige Kirche eingezogen und nie werde diese unter seiner Lenkung zur Ruhe kommen.
Die andere Partei dagegen nannte den Papst einen heiligen, gerechten, erfahrenen und gütigen Herrn, einen hochgelehrten Philosophen, einen Meister der heiligen Theologie, der, wie es bei solchen Tugenden und Kenntnissen nicht anders sein könne, lediglich die Tyrannen hasse.«
War Ludwig gerne so weit gegangen? Aus den zeitgenössischen Chroniken ist klar ersichtlich, daß er von den Römern gewaltig unter Druck gesetzt wurde, ihnen einen Papst zu verschaffen. Andererseits wäre Ludwig nicht auf den Wunsch eingegangen, hätte er ihn nicht mit seinem Gewissen vereinbaren können. Es entsprach durchaus seinem Selbstverständnis, daß er mit der Absetzung des reichsfeindlichen Papstes und der Einsetzung eines

würdigeren im Recht war.[10] Die Zeit der Ottonen lag zwar weit
zurück, aber erst während des Romzuges Heinrichs VII. hatte
Dantes Monarchia den Gedanken an das kaiserliche Gottesgna-
dentum, das seine Ursache nicht in der Kirche hatte, wieder popu-
lär gemacht.

Mit Petrus von Corvara war allerdings nicht der Mann gewählt
worden, der einem Johannes XXII. hätte gefährlich werden können. Ein schwacher, milder Greis, war er dem großen Kämpfer in
Avignon in keiner Hinsicht gewachsen. Er ernannte einige Kardinäle, aber der Aufbau der neuen Hierarchie kam über die Anfänge
nicht hinaus. Er tat, was man ihm sagte, aber um gegen Johannes XXII. bestehen zu können, hätte Nikolaus V. aus ganz anderem Holz geschnitzt sein müssen.

Umschwung

All die prächtigen Schauspiele, die dem römischen Volk geboten
wurden – Volksversammlungen, Kaiserkrönung, Proklamationen,
Papstabsetzung und Papstneuwahl – waren jedoch nur die eine
Seite der Tage von Rom. Die andere wurde von Tag zu Tag
problematischer. Zwischen den Soldaten und der Bevölkerung
kam es immer öfters zu Reibereien, sogar zu einem blutigen Kampf
mit Toten, als Soldaten auf dem Markt Lebensmittel wegnehmen
wollten, ohne zu bezahlen. Hinzu kam die Finanznot des Kaisers.
Die zugesagten Summen blieben aus Sizilien ebenso aus wie aus
Norditalien. Schließlich gab es nur den Ausweg, den Römern
30 000 Goldgulden Steuern aufzuerlegen – je ein Drittel den Juden,
der Geistlichkeit und den Bürgern –, »was das Volk nicht wenig
erbitterte, da dasselbe an dergleichen Lasten nicht gewohnt ist und
von der Ankunft des Bayern in Rom Vorteil, aber keine Kosten zu
haben gehofft hatte. Deshalb begann die Abneigung und der
Unwille der Römer gegen den Bayern zu wachsen.«[11]

Das gespannte Verhältnis zwischen Soldaten und Bevölkerung
dürfte der Hauptgrund gewesen sein, daß der Kaiser nach Pfingsten die Stadt verließ und sich nach Süden gegen König Robert
wandte, obwohl ihm klar war, daß er den Anjou ohne Verbündete
kaum bezwingen konnte. Und mit den Verbündeten sah es traurig

aus. Castruccio war bereits im Februar aus Rom abgezogen, um
das reiche, blühende Pistoia zurückzuerobern, das zu seinem
Besitz gehörte und das die Florentiner durch Verrat eingenommen
hatten. Durch eine langandauernde Belagerung dieser Stadt fiel er
für alle weiteren Unternehmungen Ludwigs völlig aus. Im Norden
begann Cangrande della Scala einen Privatkrieg gegen Padua, und
weder mit ihm, noch mit seinem Geld war noch länger zu rechnen.
Der Bischof von Arezzo starb, auf dessen militärische und finanzielle Unterstützung sich Ludwig verlassen hatte, und die sizilianische Flotte erschien ebensowenig wie das sizilianische Geld.
Der Kaiser hoffte wahrscheinlich, König Robert in einer Feld-
schlacht dennoch besiegen zu können. Jedoch stellte sich der
Anjou nicht zu Schlacht, obwohl Karl von Kalabrien zur Unterstützung des Vaters mit seinem Heer nach Neapel zurückgekehrt war.
Ludwig eroberte nach kurzer Belagerung Molera und Cisterna,
aber damit waren seine Finanzen erschöpft. Hinzu kam, daß sich
der Gegensatz zwischen Nord- und Süddeutschen in seinem Heer
bemerkbar machte. Nach Cisterna nahm der Streit um die Beute
zwischen Bayern und Schwaben auf der einen, Rheinländern und
Norddeutschen auf der anderen Seite besorgniserregende Ausmaße an. Der Kaiser konnte zwar den Frieden wieder herstellen,
aber er trennte vorsorglich die beiden Parteien und verlegte die
Norddeutschen doch wieder nach Rom zurück. Als schließlich in
seinem Heer noch Seuchen auftraten, gab er für den Augenblick
auf. Für den langen Belagerungsfeldzug, den König Robert ihm
aufzwang, benötigte er unbedingt die versprochenen Truppen
und Gelder seiner Verbündeten, sonst war die Sache aussichtslos.[12]
Von da an stand das ganze Unternehmen unter einem unglückli-
chen Stern. Nach Rom zurückgekehrt, mußte Ludwig feststellen,
daß die Zustände in der Stadt unhaltbar wurden. Die Feindseligkeit der Bevölkerung wurde noch verschärft durch eine Lebensmittelknappheit und Teuerung, die der kluge Robert von Neapel der
Stadt bescherte. Er kannte »die Beweglichkeit und Unbeständigkeit« Roms, wie Mussato es nennt, und sorgte dafür, soweit es
von seinem Gebiet aus nur ging, daß die Lebensmittellieferungen
nach Rom unterbrochen wurden. Ludwig verlangte zwar von
seinen norditalienischen Verbündeten Lebensmittel und Geld,

aber außer Versprechungen scheint nicht viel gekommen zu sein. Er entschloß sich deshalb, die Stadt zu verlassen. Als das deutsche Heer abzog, in dessen Begleitung sich auch Papst Nikolaus V. mit seinen Kardinälen aufhielt, riefen die Römer Verwünschungen hinterher, nannten alle Ketzer und Gebannte und riefen: »Nieder mit ihnen, nieder, es lebe die heilige Kirche!«

In der Nacht nach dem Abmarsch des deutschen Heeres erschien bereits ein Truppenkontingent des päpstlichen Legaten in der Stadt, später kam Bertrand selbst und wurde mit großen Ehrenbezeugungen aufgenommen. Am 18. August zogen 800 Berittene König Roberts mit starkem Fußvolk in Rom ein und wurden willkommen geheißen, »so daß nunmehr die Stadt gesichert und gänzlich zum Gehorsam gegen die heilige Kirche und König Robert zurückgeführt war«, schrieb Villani befriedigt. »Rom sei eben eine Dirne, die sich bald dem, bald jenem zuwende«, hatte zu Zeiten der Staufer ein Chronist vermerkt.[13]

Es soll nicht verschwiegen werden, daß die Zurückführung der Römer zum Gehorsam nur fünf Monate dauerte. Rom wurde inzwischen von einem der Edlen König Roberts als Senator regiert, ein starkes Truppenkontingent aus Neapel war als Besatzung dort stationiert. Wieder war es eine Teuerung, die die Römer ergrimmte. Als noch Lebensmittelknappheit hinzukam, gerieten sie in einen solch ungestümen Zorn, daß sie mit dem Ruf: »Nieder mit dem Senator!« das Capitol stürmten und Senator und Besatzung aus Rom vertrieben. Anschließend wählten sie Stephano Colonna und Poncello Orsini zu ihren Senatoren, da die beiden ihre eigenen Kornvorräte und die anderer vermögender Römer auf den Markt kommen ließen.

Eigentlich kann man es den französischen Päpsten nicht verdenken, daß sie das sichere, ruhige Avignon so ungern mit dem vulkanischen Boden Roms vertauschen wollten.

DIE HÄUPTER DER MINORITEN IN PISA

Ludwig war von Rom aus nach Viterbo gezogen, dann nach Todi, wo er in der üblichen Weise unter dem Jubel der Bevölkerung in die Stadt eingezogen war und 10000 Goldflorenen erhalten hatte.

Mitte September begann er die Belagerung Grossetos und erhielt hier die Nachricht, daß Castruccio wenige Tage, nachdem er Pistoia endlich zurückerobert hatte, gestorben war. Seine drei Söhne hatten seinen Tod erst geheimgehalten – angeblich auf Anweisung ihres Vaters – und sich in den Besitz Luccas und Pisas gesetzt. Erst als dies gelungen war, gaben sie Castruccios Tod bekannt. Die Pisaner hatten sich mit Castruccio als Reichsvikar abgefunden, aber sie waren nicht gewillt, auch seine Söhne zu akzeptieren, und wandten sich an den Kaiser um Hilfe. Da es auch nicht in Ludwigs Absicht lag, Castruccios Söhnen Pisa zu überlassen, ließ er von der Belagerung Grossetos ab und zog in Eilmärschen nach Pisa. Bei seinem Herannahen gaben Castruccios Söhne die Stadt auf und verschanzten sich nun in Lucca.

Zwei Monate vor Ludwigs Rückkehr nach Pisa hatte sich hier Großes zugetragen. Am 9. Juli 1328 war jenes Genueser Schiff mit den führenden Persönlichkeiten des Minoritenordens eingetroffen, die bei Nacht aus Avignon geflüchtet waren, um sich unter den Schutz des Kaisers zu stellen. Der Papst hatte sie verfolgen lassen, aber nicht mehr erreichen können. Der General der Minoriten, Michael von Cesena, der Prokurator des Ordens, Bonagratia von Bergamo, der englische Ordensgeneral und große Gelehrte Wilhelm von Ockham (William Occam) und andere hatten sich nach ihrer Flucht erst nach Aigues Mortes gewandt. Dort wurden sie von einem Schiff der Genueser Ghibellinen erwartet, die mit Kaiser Ludwig verbündet waren.

Diese Flucht erregte in ganz Europa ungeheures Aufsehen und verstärkte im Kaiser und seinen Anhängern den Glauben an die Rechtmäßigkeit ihres Handelns. Wilhelm von Ockham, wegen angeblich ketzerischer Äußerungen in seinen Schriften seit vier Jahren in Avignon festgehalten, und die anderen Häupter des Minoritenordens, wegen des Armutsstreites mit dem Papst zerfallen, waren ungemein einflußreiche Persönlichkeiten. Der Minoritenorden war nicht nur im Volk der beliebteste Orden. Selbst mit dem Papst befreundete Fürsten wie König Robert von Neapel standen auf der Seite des Ordensgenerals und seiner Mitstreiter.

Entsprechend festlich waren die angesehenen Männer in Pisa empfangen worden. Und ihrer großen Bedeutung angemessen, verlief im September auch der erste Empfang beim Kaiser in feierlicher Form. Trotz der großen Fülle kaiserlicher Urkunden, die in diesem Winter von Pisa nach Deutschland gingen und die enorme Arbeitsleistung Ludwigs zeigen, scheint der Kontakt zu den Minoritenhäuptern von Anfang an lebhaft gewesen zu sein. Am 13. Dezember ließ der Wittelsbacher eine nochmalige Absetzungserklärung für Johannes XXII. verkünden, die nun sorgfältig den Vorwurf der Häresie begründete, der in Rom nur gestreift worden war. Hier lag wohl das größte Interesse des Bayern an diesen Männern, denn wenn sie beweisen konnten, daß der Papst ein Ketzer war, war es nicht nur Ludwigs Recht, sondern seine Pflicht als Kaiser, Johannes XXII. abzusetzen. Dann waren auch alle Sentenzen des Papstes ungültig.

Die wertvollsten unter seinen gelehrten Bündnispartnern waren für den Kaiser in der Zukunft Wilhelm von Ockham und Bonagratia von Bergamo. Beide Gelehrte bemühten sich, ihre Theorien mit den deutschen Verhältnissen und den speziellen Bedürfnissen des deutschen Wahlreichs in Einklang zu bringen und von der soliden Basis der deutschen Geschichte aus die Politik des Kaisers zu verteidigen. In Pisa aber herrschte noch der ungestüme Geist der Rebellion vor. Am 19. Februar 1329 wurde Johannes XXII. von Papst Nikolaus V. in feierlicher Versammlung exkommuniziert. Ludwig ließ es auch zu, daß eine Strohpuppe, die Johannes XXII. darstellen sollte, vom Volke verbrannt wurde, wahrscheinlich als Antwort auf einen Vorgang in Avignon, bei dem ein stroherner Ludwig in Flammen aufgegangen war.[14]

VERLUSTE

In Pisa fanden auch Gespräche mit Peter von Sizilien statt, König Friedrichs Sohn. Er war wenige Tage, nachdem der Kaiser Rom verlassen hatte, endlich vor den Küsten Roms erschienen. Bei einem ersten Zusammentreffen mit Ludwig hörte er bittere Vorwürfe über seine Unzuverlässigkeit und Unpünktlichkeit, aber inzwischen vertrug man sich wieder. In Pisa wurde ein neuer Feldzug gegen König Robert vereinbart. Dieses Mal mußten die Kräfte rechtzeitig vereinigt werden, und der Kaiser plante deshalb mit Peter in intensiven Verhandlungen alle Einzelheiten.

Wie sehr Ludwig aber von einer Pechsträhne verfolgt wurde, zeigen die nächsten Ereignisse. Die sizilianische Flotte geriet auf der Heimreise in einen schweren Sturm, 15 Schiffe gingen zugrunde, die meisten anderen wurden schwer beschädigt und landeten manövrierunfähig an verschiedenen Küstenstrichen Siziliens. Peter selbst lief nur mit vier Galeeren in den Hafen von Messina ein.

Der Kaiser verließ Pisa Ende Februar 1329. Er hielt sich mit wechselndem Kriegsglück noch zehn Monate in Norditalien auf, aber die enttäuschenden Erfahrungen überwogen bei weitem. Die Zahl seiner Verbündeten reduzierte sich nicht nur durch Abfall, sondern auch durch den Tod. Als nächstes starben Michael von Jandun, von Ludwig inzwischen zum Bischof von Ferrara ernannt, und Sciarra Colonna. Über Castruccios Söhne gab es Gerüchte, sie hätten sich inzwischen mit den Florentinern in geheime Verhandlungen eingelassen, und ihre Entschlossenheit, dem Kaiser den Eintritt nach Lucca zu verweigern, erhärtete diese Gerüchte natürlich. Ludwig ging deshalb rigoros gegen sie vor, nahm die Stadt in Besitz und setzte Castruccios Söhne ab. Er verbannte sie nach Pontremoli, wobei er jedoch ihrer Mutter genügend Besitz überschrieb, damit sie ein lebenslanges gutes Auskommen hatte. Pistoia hatte schon vorher eine deutsche Besatzung erhalten.

Es gab weitere Verluste. Passerino wurde ermordet und Cangrande starb. Die Erben des Scaligers gingen ohne Zeitverlust zur Kurie über. Die unzuverlässigen Markgrafen von Este, die schon vor Ludwigs Eintreffen in Italien immer wieder in Aussöhnungsverhandlungen mit der Kurie getreten, dann doch wieder zur ghibellinischen Partei zurückgeschwenkt waren, söhnten sich nun endgültig mit dem Papst aus.

Schlimm sah die Sache auch in Mailand aus. Der Kaiser hatte die gefangenen Visconti begnadigt, als letzten Galeazzo. Sie waren in die Dienste Castruccios getreten, aber sie wollten Mailand zurück. Für 152 000 Goldgulden ernannte Ludwig schließlich Azo, dessen Unschuld sich inzwischen herausgestellt hatte, zum Reichsvikar über Mailand. Johann Visconti, der Bruder Galeazzos, wurde von Papst Nikolaus V. zum Kardinal ernannt,[15] ohne daß die dafür gezahlte Summe bekannt wäre. Der Kaiser war in der verzweifelten Lage, jede Gelegenheit ergreifen zu müssen, um zu Geld zu kommen. Im Falle Mailands war es ein schlechtes Geschäft. Als der Wittelsbacher mit seinem Heer von Cremona zurückkehrte und sich Mailand näherte – in der Annahme, dort Freunde zu finden –, verschloß ihm Azo die Tore. Zum einen hatte der Visconti keine Lust, Ludwigs immer noch zahlreiches Heer in Mailand zu beherbergen, zum anderen hatte er ein schlechtes Gewissen, weil er sich inzwischen in Verhandlungen mit der Kurie eingelassen hatte.

Ludwig begann, Mailand zu belagern. Durch die Vermittlung Cangrandes, der damals noch lebte, kam es schließlich doch zu einer gütlichen Einigung. Der in Geldverlegenheiten steckende Kaiser verzichtete auf eine Absetzung Azos und erhielt von ihm 12000 Goldgulden.

Trotzdem war die italienische Angelegenheit mehr als verfahren. Die Florentiner, die bei jeder Bewegung von Ludwigs Heer lebhafte Hilferufe nach Neapel geschickt hatten, fingen an, sich auf ihre eigene Stärke zu besinnen und versuchten, eine guelfische Liga zusammenzubringen, die fünftausend Söldner stellen sollte. Und zu allem Unglück fiel ein Vierteljahr nach Ludwigs Abzug aus Pisa auch diese Stadt von ihm ab. Er hatte in Pisa Papst Nikolaus V. und zu seinem Schutz sechshundert Ritter als Besatzung zurückgelassen. Im Juni gelang es der Guelfenpartei unter Graf Donoratico, die deutschen Truppen zu vertreiben. Papst Nikolaus wurde für tot gehalten.

Trotzdem gab der Wittelsbacher nicht auf. Er war immer noch in der Lage, eine gute Figur zu machen, und so versuchte er zäh und verbissen, verlorenen Boden zurückzugewinnen. Zudem schien im Herbst 1329 über dem ganzen Unternehmen noch einmal ein guter Stern aufzuleuchten.

Der Kaiser hatte sich vorher in Pavia aufgehalten. Hier gönnte er sich eine Ruhepause – allerdings keine Arbeitspause. Gesandtschaften trafen aus allen Teilen Deutschlands und auch aus Italien ein, Urkunden gingen in alle Teile des Reichs. Auch der wittelsbachische Teilungsvertrag kam in diesen Tagen hier zustande. Ludwig trug sich schon seit 1325 mit dem Gedanken, den pfälzischen Neffen ihr väterliches Erbe zurückzugeben. Er hatte Friedrich den Schönen beauftragt, eine gerechte Teilung vorzubereiten, ohne daß die Angelegenheit vorangekommen war, aber im Hausvertrag von Pavia wurden Rudolfs Söhne endgültig in ihre Rechte eingesetzt.

In diesem Herbst begannen oberitalienische Städte, die zur Kurie übergelaufen waren, diesen Schritt zu bedauern. Der Übertritt Parmas zum Kaiser war ein Signal auch für andere Städte, die unbequeme Herrschaft des Kardinallegaten wieder abzuschütteln. Es bildete sich ein Städtebund, dem in kurzer Zeit fast alle norditalienischen Ghibellinen angehörten. Die Mitglieder dieses Bundes waren durchaus nicht alle Freunde des Kaisers, aber sie waren durchwegs Feinde Bertrands.

So begegnet man am Ende von Ludwigs Romzug den gleichen Bildern wie zu Beginn des Unternehmens. Als er in Parma einzog, wurde er unter dem Geläute aller Glocken von den Bürgern festlich eingeholt, im Palaste des Bischofs untergebracht und als Befreier der Stadt vom päpstlichen Joch gefeiert. In seiner Begleitung befanden sich die Kaiserin, und auch Marsilius hoch zu Roß. In Modena wurden Ludwigs Marschall, Heinrich von Montfort, und seine sechshundert Ritter mit dem gleichen enthusiastischen Jubel begrüßt. Man küßte sogar die Kleider der kaiserlichen Truppe aus Dankbarkeit über ihre schützende Anwesenheit. Von langer Dauer wäre die neue Freundschaft sicher nicht geblieben. Schon bald beschwerten sich die Bewohner über die kaiserlichen Truppen genauso bitter wie vorher über die päpstlichen. Wie zu allen Zeiten war auch im Mittelalter die Stadt glücklich zu nennen, die keinerlei militärischen Schutz benötigte.

Ludwigs letzte Aktivität in Italien, ein Angriff von Parma aus auf Bologna, mit dem der Herrschaft Bertrand de Pogets endgültig der Todesstoß versetzt werden sollte, scheiterte. Der Kaiser verließ deshalb Parma im Dezember und zog nach Trient. Bereits im April wollte er mit neuen deutschen Truppen zurückkehren, um Bertrand machtvoller entgegentreten zu können. Vor allem mußte nun auch Friedrich endlich etwas leisten. Er war nicht zum Mitkönig gemacht worden, damit er unter königlichem Namen das Leben eines Pensionärs führte. Während Ludwig im Januar 1330 in Trient noch mit Heinrich von Kärnten und anderen Großen Deutschlands und Italiens verhandelte und die Einzelheiten des Frühjahrsfeldzuges festlegte, erreichte ihn die Nachricht, daß

Friedrich der Schöne am 13. Januar auf der Burg Guttenstein gestorben war. Der Kaiser zog daraufhin ohne jede Zeitverzögerung über die Alpen zurück nach Deutschland.

Ludwig sah Italien nicht wieder, obwohl er sein Ziel, die deutsche Herrschaft in Italien wieder aufzurichten, nie aus den Augen verlor. Immer wieder wurde ein Italienzug geplant, und jedesmal gab es nördlich der Alpen dringende Reichsangelegenheiten, die einen Aufschub erforderten.

Papst Nikolaus V. war bei den Unruhen in Pisa nicht umgekommen. Ausgerechnet Graf Donoratico hatte sich seiner angenommen und ihn auf seinen Burgen versteckt gehalten. Als Johannes XXII. den Aufenthaltsort des Gegenpapstes erfuhr und seine Auslieferung verlangte, war der Graf dazu erst bereit, nachdem er Garantien für Nikolaus' Leib und Leben erhalten hatte. Sogar ein lebenslanges Gehalt und die Absolution von allen seinen Sünden mußte Johannes XXII. seinem Gegenpapst zusagen, bevor Graf Donoratico ihn, auch auf Nikolaus' innigen eigenen Wunsch hin, auslieferte.

Johannes XXII. war so hocherfreut über die Unterwerfung Nikolaus' V., daß er seine Versprechen hielt. Er soll sogar nur durch den Einspruch der Kardinäle daran gehindert worden sein, seinem Gegenpapst ein Bistum zu verleihen. So wurde Nikolaus bis zu seinem Tod, der allerdings bald eintrat, im Papstpalast in mildem Gewahrsam gehalten. Hier trat etwas in Erscheinung, was man dem starrsinnigen alten Mann in Avignon kaum zugetraut hätte: taktische Qualitäten. Die Este – die einige Jahre später Bertrand de Poget endgültig aus Italien vertrieben – konnten sich zu diesem Zeitpunkt unterwerfen, weil Johannes XXII. ihnen Ferrara beließ, um das der ganze Streit ursprünglich entbrannt war, Azo Visconti behielt Mailand, das damals seinem Großvater weggenommen werden sollte, und Johann Visconti, der von Nikolaus V. ernannte Kardinal, kehrte in die Arme der Kirche zurück, weil der Papst ihm versprach, er würde das erste freiwerdende Bistum erhalten. Gleichzeitig machen diese Vorgänge deutlich, wie wenig die Religion bei all den Ketzerprozessen und Bannflüchen eine Rolle spielte und wie sehr die Politik im Vordergrund stand.

Die von Papst Nikolaus V. ernannten Prälaten und Kardinäle,

soweit sie fürchteten, sich nicht in Italien halten zu können, begleiteten den Kaiser nach Deutschland. Auch die gelehrten Minoritenhäupter wollten in Zukunft in München leben.

16. Kapitel

». . . begann Ludwig ein Kloster nach neuer und
bisher unerhörter Weise zu bauen.«

Der Italienzug hatte nicht den erhofften Erfolg gebracht. Nach Ludwigs Abzug ging der Parteienhader weiter, und von einer Einheit mit Deutschland war Italien so weit entfernt wie je. Seltsamerweise schadete dies Ludwigs Ansehen nicht im geringsten. Als er bei seiner Heimkehr Anfang Februar 1330 an der Spitze einer immer noch ansehnlichen Schar glänzender deutscher und italienischer Ritter in München einzog, veranstalteten ihm seine glücklichen Bürger einen wahren Triumphzug, und in anderen Städten war das Bild ähnlich. Auch der recht unkonventionell errungene Kaisertitel wurde vom Volk und den meisten Fürsten vorbehaltlos anerkannt.

Rückkehr nach München

Ein gerüttelt Maß an Arbeit wartete nach der dreijährigen Abwesenheit auf den heimkehrenden Kaiser. In München, das damals etwa 10000 Einwohner zählte, hatte es inzwischen eine Feuersbrunst gegeben, der ein Drittel aller Gebäude zum Opfer gefallen war. Viele Menschen lebten bei Ludwigs Rückkehr noch in Ruinen. Auch die Herzogsburg, der »Alte Hof«, war teilweise zerstört worden, die ausgedehnten Bauten des Heiliggeistspitals, die Pfarrkirche St. Peter und das Franziskanerkloster in Flammen aufgegangen.

Es war im Augenblick eine Tragödie, aber nun erstand jenes München, dessen Schönheit später überschwenglich gelobt wurde. Um die leichtentzündlichen Holzhäuser mit ihren Stroh- und Schindeldächern zu verdrängen, wurden für Steinbauten und Ziegeldächer Zuschüsse gewährt. Neue Sicherheitsbestimmungen für offene Schmieden, für Bäckereien und die Einlagerung von

Heu und Stroh sollten in Zukunft Brände verhindern. Die feuergefährlichen Flachsdörren wurden vor die Tore der Stadt verbannt.
1342 erließ Ludwig ein Gesetz, das Holzbauten und Strohdächer
im Stadtbereich endgültig verbot.

Hundert Jahre später nennt der burgundische Edelmann Bertrandon de la Brocquière, der viele Städte im Abend- und Morgenland
gesehen hatte, in seinem Reisebericht München »die hübscheste
kleine Stadt, die ich jemals sah«[1] und spricht ihr »die Palme der
Schönheit« zu. Einige Jahrzehnte später wird München geschildert
als eine Stadt, die »prächtige Straßen, alle mit Kieselsteinen gepflastert, und breite Plätze, mit Brunnen in der Mitte« hat. Ob dem
Kaiser bereits etwas derartiges vorschwebte, als er verbot, auf dem
heutigen Marienplatz irgendwelche Bauten zu errichten? Er wollte
den Platz nicht »geengert« haben. Er verwies die Fleischbänke, die
sich dort angesiedelt hatten, vor das Taltor und gab dafür die
überraschende Begründung, »daß der Markt desto lustsamer und
desto schöner und desto gemachsamer sei Herren, Bürgern, Gästen und allen Leuten, die darauf zu schaffen haben«.[2]

In München entfaltete sich eine lebhafte Bautätigkeit. Auch der
Alte Hof wurde um- und ausgebaut. Das Heiliggeistspital war
schon durch die Eigeninitiative der Büger neu erstellt. Sogar ein
öffentliches Bad hatte die badefreudige Bürgerschaft dem Neubau
angefügt. Die Mittel zum Wiederaufbau hatte sich der rührige Rat
der Stadt durch einen Ablaß verschafft, der von Papst Nikolaus V.
erwirkt worden war. Denn wenn sich die Vorsorge des Mittelalters
für Arme und Kranke auch nicht mit unserem heutigen sozialen
Netz vergleichen läßt, überließ man Hilfsbedürftigen doch nicht
ihrem Schicksal.

Das Münchner Heiliggeistspital nahm neben den unbemittelten
Kranken auch gesunde Arme auf, die sich anders nicht durchbringen konnten, jedoch mußten sie beim Pflegen der Kranken helfen.
Die Aussätzigen lebten im Leprosenhaus auf dem Gasteig. Waisenkinder wurden auf Kosten der Stadt bei älteren Frauen untergebracht, bis sie alt genug waren, in eine Anstalt zu kommen.
Daneben gab es viele weitere Wohltätigkeitsanstalten, die wie die
gesamte Fürsorge des Mittelalters durch Privatinitiativen getragen
wurden. Auch von der Kirche wurde auf diesem Gebiet sehr viel
geleistet.

Daß der Staat sich völlig aus der Wohlfahrtspflege heraushalten konnte, war der Überzeugung des Mittelalters vom Wert der guten Werke zu verdanken. Sie ließ milde Stiftungen und Spenden so reichlich fließen, daß im 13. Jahrhundert ein Papst die Bürger Kölns bat, sich darin zu beschränken, damit Handel und Wandel nicht darunter litten.[3] Aber man gab nicht nur fleißig, es hatte auch auf eine Weise zu geschehen, die für den Armen nicht verletzend war, da man jedes Almosen als gegenseitiges Geben und Nehmen verstand. Der Bedürftige empfing, aber er revanchierte sich durch sein Gebet – dessen Wert man hoch einschätzte – und wurde so durch seine Fürbitte Wohltäter seines Wohltäters. Durch diese Überzeugung hatten auch die vielen »freien Bettler«, die der strengen Zucht des Spitals keinen Geschmack abgewinnen konnten, ihr Auskommen.

Kampfbetonte Kirchenpolitik

Ludwigs taktisches Geschick, das schon vor dem Italienzug bemerkenswert war, hatte durch die bitteren Erfahrungen mit seinen schwankenden italienischen Verbündeten noch gewonnen. Zu einer natürlichen diplomatischen Klugheit war eine Lehre gekommen, die es ihm in Zukunft fast immer ermöglichte, unterschiedliche politische Gruppierungen, selbst offene Gegner auf seine Seite zu ziehen. Gleichzeitig war er härter geworden, wie seine Kirchenpolitik nun erkennen läßt.

Er hatte wohl nicht erwartet, die Kirche in einem solch verworrenen, teilweise ihm feindlichen Zustand vorzufinden. In vielen Bistümern waren während seiner Abwesenheit die päpstlichen Sentenzen veröffentlicht und die Pfarrgeistlichkeit fürs gegnerische Lager gewonnen worden. Der volle Umfang der Veränderung wurde Ludwig im April 1330 in Eßlingen bewußt. Ein Teil der Geistlichkeit stellte dort während seiner Anwesenheit den Gottesdienst ein, weil er sich – ein Gebannter – in der Stadt aufhielt.

Der Kaiser ging nun rigoros gegen solche Tendenzen vor. Speziell für Eßlingen ordnete er an, daß der Klerus, der sich während seiner Anwesenheit geweigert hatte, den Gottesdienst zu halten, auf ewig aus der Stadt verbannt wurde. Ein zweites Dekret ging an alle

Fürsten, Herren, Vögte und weltlichen Amtleute des Reiches.
Ludwig gebot ihnen bei ihrem Eid, die Güter von Geistlichen und
Mönchen, die die päpstlichen Prozesse beachteten, einzuziehen
und als Reichslehen zu betrachten, die Kleriker selbst zu verhaf-
ten. Die Städte erhielten den gleichen Befehl. Der eingezogene
Besitz war hier zum allgemeinen Nutzen zu verwenden.

Solche Gütereinziehungen scheinen recht häufig vorgekommen
zu sein. Wo dennoch der Gottesdienst ausfiel, sprangen immer
noch Minoriten ein, obwohl es im Orden einen großen Umschwung gegeben hatte. Nach der Exkommunikation Michaels
von Cesena war ein Teil der Fratres zum Papst übergetreten und
hatte mit Gerardus Oddo ein willfähriges Werkzeug der Kurie zum
neuen General gewählt. Das wirkte sich natürlich auch auf die
Haltung der deutschen Minoriten aus. Aber es gab immer noch
eine große Zahl, die zu ihrem alten General hielt und den neuen
nicht anerkannte. Sie genossen den besonderen Schutz des Kaisers. ·

Die Ordenshäupter in München waren auch nicht müßig. Sie
werden anfangs kaum im zerstörten Franziskanerkloster gelebt
haben, sondern erst nach dem Wiederaufbau in das Kloster nahe
dem heutigen Nationaltheater umgezogen sein. Michael behielt
nach seiner Abwahl das Ordenssiegel und machte sich bis an sein
Lebensende im Jahre 1340 durch amtliche Verfügungen und Send-
briefe als der rechtmäßige General geltend. Er scheint, unterstützt
von dem ebenso unbeugsamen und kampfesfreudigen Bonagratia
von Bergamo, eine richtige Kanzlei unterhalten zu haben.[4] Streitschriften wider den ketzerischen Papst gingen in die Welt hinaus,
um an den Kirchentüren im Reich angeschlagen zu werden. Durch
Aufrufe an seine Ordensbrüder versuchte er, weitere Mitglieder
des Ordens auf seine Seite zu ziehen. Bei Bedarf wurde hier auch
für den Kaiser gearbeitet, wenn schwierige juristische Fälle zu
bearbeiten, Prozesse vorzubereiten oder besonders knifflige
Schriften zu entwerfen waren.

◁ 1 Ludwig der Bayer, Sandsteinrelief aus dem
Mainzer Kurfürstenzyklus, um 1320

2 Schlacht von Mühldorf, barockes Deckenfresko
in der Gedächtniskapelle von Wimpasing

3 Siegel Herzog Ludwigs IV. von Oberbayern,
Urkunde 1294

4 Königssiegel Ludwigs IV., 1314

6 König Albrecht I. von Habsburg, Gemälde aus der Porträtsammlung des Erzherzogs Ferdinand

7 König Johann von Böhmen, Gemälde aus der Porträtsammlung des Erzherzogs Ferdinand

◁
5 Grabplatte des Peter von Aspelt, Erzbischof von Mainz (1306–1320), mit Darstellungen Heinrichs VII., Ludwigs des IV. und Johanns von Böhmen, bei deren Krönung er mitwirkte (Mainzer Dom)

8 Friedrich der Schöne, Herzog von Österreich, Kupferstich von E. Nunzer, 17. Jahrhundert

9 Margarete Maultasch von Tirol, Herzogin von Bayern, Gemälde 16. Jahrhundert

10 Stifterrelief aus der Münchner Lorenzkirche, 1324 (die Kirche wurde Anfang 19. Jahrhundert abgebrochen)

11 Tympanon mit den knieenden Stifterfiguren Kaiser Ludwigs und Kaiserin Margaretes in der Klosterkirche Ettal

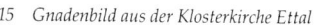

12   Ettal im Jahre 1654, Stich von Merian

15   Gnadenbild aus der Klosterkirche Ettal ▷

13   Legende von der Gründung Ettals durch Kaiser
Ludwig den Bayern, Gemälde von J. A. Wolff,
Anfang 18. Jahrhundert

14   Kaiser Ludwig der Bayer, Figur vom ehemaligen Stiftergrab der Klosterkirche Fürstenfeld,
um 1500

16 Krönung Ludwigs des Bayern in Mailand
1327. König Ludwig und Königin Margarete an
den Stufen des Altars (Dom von Arezzo)

◁ 17 Kopffragment Kaiser Ludwigs vom Nürnberger Rathaus, um 1340

18 Wappen Kaiser Ludwigs des Bayern aus der
Schloßkapelle Blutenburg, um 1497

19 Adlerdalmatika aus dem Kaiserornat, 14. Jahrhundert (Wien, Hofburg)

20 Unten links: Siegel Kaiser Ludwigs, Italien 1327/28

21 Unten rechts: Siegel der Kaiserin Margarete, Italien 1327/28

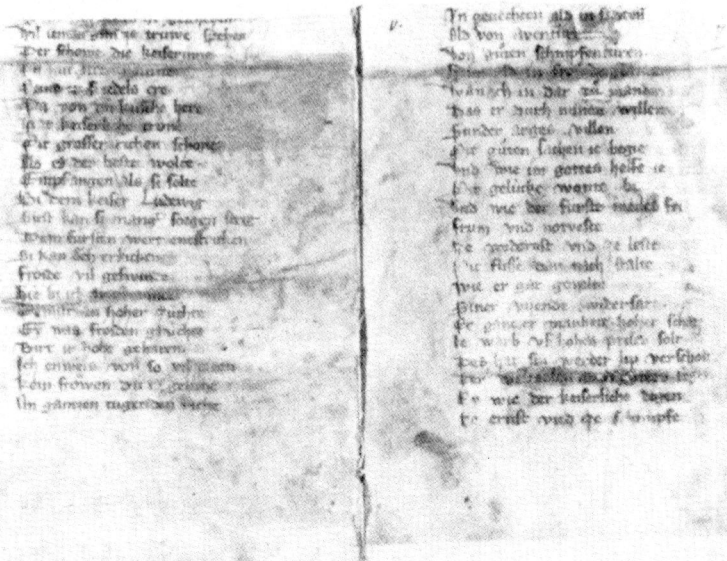

22 Bruchstück eines Gedichts auf Kaiser Ludwig den Bayern, 14. Jahrhundert

24 Das Oberbayerische Landrecht Kaiser Ludwigs des Bayern 1346 ▷

23 Urkunde Kaiser Ludwigs für den Deutschen Ritterorden: er belehnt während der Erbauung der Marienburg den Ordensmeister Theoderich von Aldenburg und den Deutschen Orden mit dem Lande der Litauer

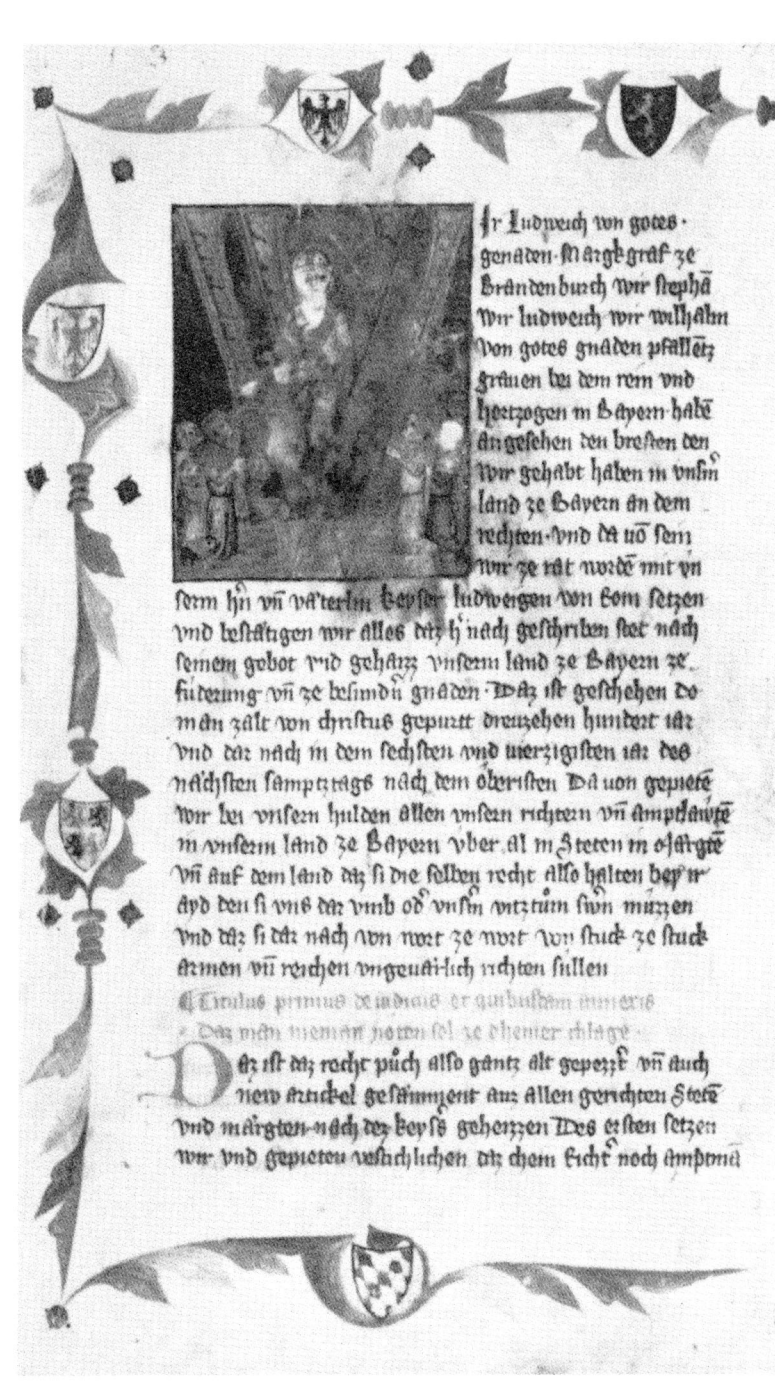

Jr Ludweich von gotes·
genaden Marggraf ze
Brandenburch Wir Stephã
Wir ludweich wir wilhalm
Von gotes gnaden pfalletz
grauen bei dem rein vnd
hertzogen in Bayern habē
angesehen den bresten den
wir gehabt haben in vnsin
land ze Bayern an dem
rechten· Vnd da uõ sein
wir ze rat wordē mit vn
serm hn vñ vaterlin keyser ludwigen von dem setzen
vnd bestätigen wir alles daz hie nach geschriben stet nach
seinem gobot vnd gehaiz vnserm land ze Bayern ze
fürderung vñ ze besundn gnaden Daz ist geschehen do
man zält von christus gepurt dreuzehen hundert jar
vnd dar nach in dem sechsten vnd vierzigisten jar des
nächsten samptztags nach dem oberisten Da uon gepiete
wir bei vnsern hulden allen vnsern richtern vñ amptlaute
in vnserm land ze Bayern vber al in Steten in oßärgũ
vñ auf dem land daz si die selben recht also halten bei ir
ayd den si vns dar vmb od vnsin vitztüm swn müzzen
vnd daz si dar nach von wort ze wort von stuck ze stuck
armen vñ reichen vngeuärlich richten sullen

Titulus primus de iudiciis et quibusdam numeris
· Daz man niemen peten sol ze ehenier chlage·

Daz ist daz recht puch also gantz alt gepezzt vñ auch
new stuckel gesamment auz allen gerichten Stete
vnd märgten nach der keys geheizzen Des ersten setzen
wir vnd gepieten vestichlichen daz chein richt noch amptma

25   Die Übergabe des Stadtrechtsbuches Kaiser Ludwigs des Bayern, 1. Hälfte 17. Jahrhundert

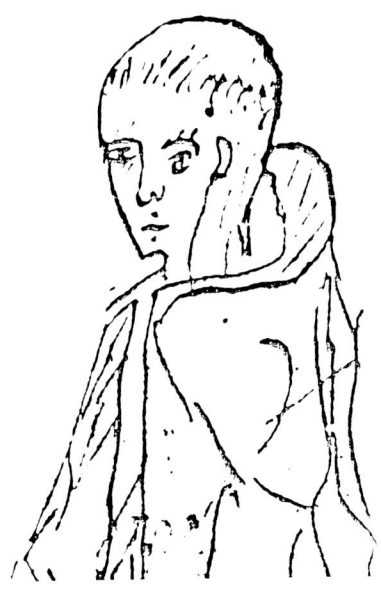

26   Oben: Wilhelm von Ockham,
Handzeichnung aus dem Jahre 1341

27   Unten: Kaiser Ludwig der Bayer, Figur vom
Grabmal der Isabella von Bourbon-Portugal, 1476

28 *Marsilius von Padua überreicht dem Kaiser sein Werk »Defensor pacis«, Miniatur aus einer Prunkhandschrift des 15. Jahrhunderts*

30   Kaiser Ludwig der Bayer am »Kaisergrab« im Münchner
Liebfrauendom, Ende des 15. Jahrhunderts   ▷

29   Initiale mit Bildnis Johannes' XXII. im päpstlichen Kanzleiregister

Unruheherde

Neben der Kirchenpolitik erforderten die Umtriebe in Niederbayern, Österreich und Böhmen die Aufmerksamkeit des Kaisers. Ihren Ausgang nahm die neue Unruhe im süddeutschen Raum von dem unbequemen Herzog Otto den Fröhlichen von Österreich. Den Beinamen des »Fröhlichen« erhielt Otto erst in neuerer Zeit. Er geht wohl auf seine Hofhaltung zurück, die seine lebenslustige, verschwenderische Gattin, Elisabeth von Niederbayern, nach ihrem Geschmack formte. Otto selbst fiel eher durch Launenhaftigkeit als durch Lebenslust auf. Während Ludwigs Romzug war er – eine Neuheit im Hause Habsburg – militärisch gegen seine Brüder vorgegangen, um eine Landesteilung zu erreichen. Inzwischen hatten sie ihm die Regierung der Vorlande übertragen, und es war wieder Friede eingekehrt.

Otto war mit der Aussöhnung zwischen Friedrich und Ludwig nie einverstanden gewesen. Auch deshalb war es zum Streit mit seinen Brüdern gekommen. Nun, nach Friedrichs Tod, wollte er den Kampf gegen den Wittelsbacher wieder aufnehmen und suchte Verbündete. Vom Papst, dem Otto diesen Entschluß mitgeteilt hatte, kam großes Lob und das Versprechen, einen erheblichen Beitrag zu den Kriegskosten zu leisten.

Die Lage ließ sich natürlich nicht mehr mit den Tagen des Thronkampfes vergleichen. Ludwig war nun der allseits anerkannte König. Trotzdem war sie durch die Verwandtschaft des Habsburgers mit den Niederbayern auch nicht ganz ungefährlich. Der Kaiser mußte feststellen, daß von den drei niederbayerischen Herzögen nur noch Herzog Otto von Niederbayern auf seiner Seite stand. Heinrich d. Ä., nach seiner Heirat mit einer Tochter des Böhmenkönigs ganz auf die Politik seines Schwiegervaters eingeschwenkt, hatte wegen der Ehe seiner Schwester mit Otto dem Fröhlichen auch die habsburgischen Interessen im Auge. Ebenso Heinrich d. J., der mit einer Tochter Friedrichs des Schönen verheiratet war. Eine recht undurchsichtige Rolle spielte König Johann von Böhmen. Er schloß noch am 9. Mai 1330 ein Bündnis mit Otto dem Fröhlichen, das auch den Kaiser nicht ausnahm, stand aber bereits Ende Mai wieder auf Ludwigs Seite und war in den nächsten Monaten eine äußerst wertvolle Hilfe für den Wittelsbacher.

Als erstes versuchte der Kaiser, mit den niederbayerischen Herzögen ins Reine zu kommen. Es gelang so schnell, daß er bereits Ende
März alle drei Herzöge wieder auf seiner Seite hatte. Schwieriger
war die Sache mit Otto dem Fröhlichen, der sich dem Papst
gegenüber in der Pflicht fühlte. Ende Mai, bei einem ersten Friedensgespräch in Worms, zu dem Balduin von Trier, König Johann,
Otto von Österreich und der Kaiser zusammengekommen waren,
machte Otto den endgültigen Frieden von Ludwigs Aussöhnung
mit der Kurie abhängig.

König Johann bemühte sich redlich, die feindlichen Parteien zu
einer Verständigung zu bringen. Nach langem Hin und Her einigte
man sich schließlich darauf, wenigstens einen Versuch zur Versöhnung mit der Kurie zu machen. Die Gesandtschaft, die daraufhin
nach Avignon zog, konnte jedoch nichts ausrichten, ja der uner-
müdliche und unerbittliche Johannes XXII. wollte wieder einmal
Ludwigs Absetzung und die Wahl eines neuen Königs betreiben.
Es muß den Papst äußerst erbittert haben, wie schnell der Kaiser
die deutsche Kirche wieder unter seine Kontrolle brachte. Da sich
ein französischer Kandidat in Deutschland als Gegenkönig ganz
offensichtlich nicht durchsetzen ließ, war Johannes XXII. nunmehr
bereit, einen deutschen Fürsten in Betracht zu ziehen. Er dachte an
Herzog Otto von Österreich, zu dem sein Verhältnis immer unge-
trübt gewesen war. Bevor er aber etwas unternehmen konnte, kam
es in Deutschland am 6. August 1330 zwischen Habsburg und
Wittelsbach zum endgültigen Friedensschluß. Der Papst ließ seinen Plan fallen, da man »jetzt doch den erhofften Erfolg nicht
haben könne«.[5]

Vorher sah es noch einmal nach einem Waffengang aus. Otto der
Fröhliche belagerte die früher habsburgisch gesinnte, inzwischen
kaisertreue Stadt Kolmar. Der Kaiser zog mit einem gewaltigen
Heer herbei, das Otto entweder doch zu bedrohlich fand – oder
war es Johann von Böhmens Überredungskunst zu verdanken?
Otto lenkte jedenfalls ein, und man schloß endlich Frieden. Der
Habsburger huldigte dem Kaiser, wurde mit seinen Ländern be-
lehnt und sogar zum Reichsvikar ernannt.

König Johann von Böhmen

Die Schelte des gereizten Johannes' XXII. ging hauptsächlich auf das Haupt König Johanns nieder. Er habe aus einem gläubigen Widersacher des Bayern einen Söldling und Untertan desselben gemacht. Der Papst sprach seine maßlose Verwunderung darüber aus, daß Johann auf diese Weise die heilige Mutter Kirche verfolge und offenbar alle Wohltaten vergessen habe, mit denen die Kurie ihn selbst, seinen Vater und seinen Onkel Balduin überschüttet habe.[6]

Der ungewöhnliche Eifer König Johanns in diesen Monaten, dem Kaiser gefällig zu sein, läßt sich nur mit der Lage in Tirol erklären. Auf dem Heimweg von Italien hatte Ludwig Heinrich von Kärnten, der keine Söhne hatte, versprochen, daß seine beiden Töchter erbberechtigt sein sollten. Er machte diese Zusage aber ausdrücklich von der Bedingung abhängig, daß er selbst mit den Schwiegersöhnen einverstanden sein müßte. Eine verständliche Forderung, denn sie würden nach Herzog Heinrichs Tod bei künftigen Italienzügen Ludwigs Verhandlungspartner sein. Eigentlich ging es nur um Margarete Maultasch, denn Adelheid war kränklich und kam für die Erbfolge nicht in Betracht. König Johanns Sohn Johann Heinrich aber war mit Margarete Maultasch verlobt.

Der Böhmenkönig war unter den Zeitgenossen Ludwigs des Bayern sicher die schillerndste Figur. Eine seltsame Mischung aus Geschmeidigkeit und Heftigkeit, Gutmütigkeit und Aufsässigkeit. Nicht unsympatisch, aber völlig unberechenbar. Eitel, habgierig, ein unermüdlicher Pläneschmied, ein glänzender, tapferer Ritter, rastlos umherreisend, mit fast allen Höfen Europas bekannt und in fast alle Händel der Zeit verstrickt. Bald kämpfte er an der äußersten Grenze Polens gegen die Litauen, bald war er in Mähren in Fehden mit den Österreichern verwickelt; er tauchte in Luxemburg oder Deutschland auf und nahm gleich darauf in Paris an einem Turnier oder in der Provence an einer Wallfahrt teil; entzweit mit seinen Freunden, und gleich darauf wieder versöhnt. Nie um eine Ausrede verlegen, ein Filou und gleichzeitig voll der mittelalterlichen Bereitschaft zu schneller Ergriffenheit, wie seine Verlobung mit Elisabeth von Österreich deutlich macht.

Er war die Verlobung nach dem Tod seiner ersten Frau eingegangen, aber als der Hochzeitstag näherrückte, kamen Johann Zweifel – sei es aus politischen, sei es aus privaten Gründen. Die Verlobung einfach zu lösen, hätte möglicherweise den ewigen Grenzstreit mit Österreich wieder aufleben lassen. So erklärte er, er sei behext und zu ehelichem Umgang nicht mehr fähig. Er bemühe sich aber um Heilung dieser Sache. Offenbar konnte er keine Erfolgsmeldung schicken, denn die Heirat wurde erst aufgeschoben und schließlich ganz fallengelassen. Ein Jahr später heiratete Johann die französische Prinzessin Beatrix und bekam ein weiteres Jahr später einen neugeborenen Sohn in die Arme gelegt. Die verschmähte Elisabeth wurde mit dem König von Serbien verlobt. Noch vor ihrer Heirat wurde sie todkrank. König Johann hielt sich gerade in Wien zu Verhandlungen auf und bat, seine frühere Verlobte besuchen zu dürfen. Als er das todkranke Mädchen sah, geriet er vor Kummer über ihren Zustand, aber auch vor Reue über seine frühere Falschheit so außer sich, daß er in Tränen gebadet war und immer noch laut schluchzte, als er das Krankenzimmer verließ.[7]

Johann von Böhmen hat es wohl Zeit seines Lebens nicht verwunden, daß ihm die römische Königskrone entgangen war. Deshalb sollte zumindest das Haus Luxemburg größer und mächtiger werden als jedes andere Fürstentum im Reich. Für dieses Ziel war er rastlos tätig, aber nie konsequent über einen längeren Zeitraum hinweg. Die Unzufriedenheit mit dem, was er hatte, verschärfte sich mit den Jahren und damit auch seine Gegnerschaft zu Ludwig.

FRANZÖSISCHES ZWISCHENSPIEL

Die Gesandtschaft, die von Worms aus nach Avignon geschickt wurde, war nicht der einzige Versuch zu einem Ausgleich zwischen Kaiser und Papst. Bereits Anfang Januar 1330 hatte König Christoph von Dänemark, der Schwiegervater des Brandenburgers, die Kardinäle gebeten, eine Aussöhnung in Gang zu bringen. Energischer war Ludwigs Schwiegervater, Graf Wilhelm III. von Holland-Hennegau, an die undankbare Aufgabe herangegangen. Als irrtümlich der Tod des Gegenpapstes nach Holland gemeldet wurde, machte er sich nach Paris auf den Weg. Es gelang ihm, seinen Schwager, König Philipp VI. von Frankreich, vorübergehend für Ludwigs Aussöhnung mit der Kurie zu gewinnen. Bei Wilhelms Weiterreise begleitete ihn der Bruder des französischen Königs.

In Frankreich hatte es eine große Veränderung gegeben. Dort war 1328 der letzte Kapetinger, König Karl IV. von Frankreich, gestorben und Philipp VI., ein Neffe Philipps des Schönen, als erster Valois auf den Thron gekommen. Philipp VI. war während Ludwigs Romzug auch der Kandidat des Papstes bei dem Aufruf zu einer neuen deutschen Königswahl gewesen.[8] Allerdings dürfte der Valois kein eifriger Anwärter auf die römische Königskrone gewesen sein. Er war sich nicht einmal seines Rechtsanspruchs auf die französische Krone sicher, denn es gab noch einen zweiten Neffen Philipps des Schönen und mit dem sechzehnjährigen König Eduard III. von England sogar einen Enkel. Zehn Jahre später sollte deshalb der Hundertjährige Krieg ausbrechen.

Der Tod Karls IV. von Frankreich war in Europa ein vielbeachtetes, vielbesprochenes Ereignis gewesen und ganz dazu angetan, die Legende vom »Fluch des Templers« weiterzutragen. Nach der Vernichtung des Ordens durch König Philipp den Schönen, der dadurch die ungeheuren Schätze der Templer an sich bringen wollte, widerrief der Großmeister Jacques de Molay im Jahre 1314 auf dem Scheiterhaufen die unter der Folter erpreßten Geständnisse und beteuerte ein letztes Mal seine eigene Unschuld und die des Ordens. Dann soll er Philipp den Schönen und dessen Nachkommen bis in die 13. Generation verflucht und angekündigt haben, er würde den König und dessen Helfershelfer, Papst Klemens V., innerhalb eines Jahres vor dem Richterstuhl Gottes treffen. Tatsächlich starb Klemens V. im folgenden Monat, der sechsundvierzigjährige Philipp der Schöne ohne erkennbaren Anlaß sieben Monate später. Auch das seltsame, sich dreimal wiederholende Schicksal der Söhne des verstorbenen Königs beschäftigte die Phantasie. Die drei Söhne, Ludwig X., Philipp V. und Karl IV., starben nacheinander im Alter von 27, 28 und 33 Jahren, ohne daß einer von ihnen länger als sechs Jahre regiert hätte. Da alle drei ohne männliche Nachkommen starben, war Philipp VI. als erster Valois auf den Thron gekommen.

Graf Wilhelm von Holland-Hennegau hatte mit seinem Aussöhnungsversuch kein Glück. Seine vorausgesandten Boten kamen zurück und berichteten, Johannes XXII. weigere sich, den Grafen zu empfangen, und habe sogar die Brücken nach Avignon abbrechen lassen. Er fürchtete, der Graf könnte mit seinen 800 Rittern Begleitung Gefahr bedeuten.

Graf Wilhelm war äußerst aufgebracht darüber, und auch Philipp VI. schrieb dem Papst einen gereizten Brief. Ende März 1331, als sich der Holländer während des Reichstags zu Nürnberg beim Kaiser aufhielt, wollte sich Johannes XXII. durch Gesandte bei ihm entschuldigen lassen. Nun weigerte sich aber Wilhelm von Holland-Hennegau, die Boten des Papstes zu empfangen und drohte, der Papst werde ihn »nolens volens« sehen.[9]

DIE GRÜNDUNG ETTALS

In das Jahr 1330 fiel auch die Gründung des Klosters Ettal. Wenn man der Sage glauben darf, wurde das Kloster unter recht romantischen Vorzeichen gegründet. Dem Kaiser soll in Italien, als er wieder einmal in Geldnöten steckte, ein grauer Mönch erschienen sein, der ihm voraussagte, seine Geldsorgen wären bald behoben. Ein welscher Herr würde kommen und ihm unter die Arme greifen »und mit dem gelde keme er dan auz«. Als Gegenleistung müßte er in seiner Heimat, im Ampherangtal, ein Kloster bauen. Ludwig war der Ort unbekannt, jedoch wußte der Mönch, daß ihm jemand den Weg weisen würde. Daraufhin versprach Ludwig die Klostergründung und schrieb den Namen des Ortes gleich »selbis in syn teffelyn«. Der Mönch überreichte ihm eine kleine Madonna aus Alabaster, das bis zum heutigen Tag hochverehrte Gnadenbild Ettals, und verschwand.[10]

Nach der Alpenüberquerung wurde Ludwig bei Partenkirchen von seinem Jägermeister Heinrich Fend empfangen. Der Kaiser erzählte von seinem Gelübde, und Heinrich Fend kannte das Tal. Unverzüglich suchten sie es zusammen auf. Die Sage erzählt, daß Ludwigs Pferd plötzlich vor einer Tanne stehenblieb und dreimal niederkniete. Sein Herr verstand natürlich den Wink des Himmels. An diese Stelle wurde später der Mittelpunkt des mächtigen Zentralbaus, der als ein Vorbote der Renaissance erscheint, gelegt.

Wahr an der Legende ist, daß die kleine Madonna aus der Schule Giovanni Pisanos stammt und etwa um die Zeit in Pisa entstand, als sich der Kaiser dort aufhielt. Wahr ist auch, daß er – zumindest vorübergehend – seine größten Sorgen los wurde, als ihm Azo Visconti für die Statthalterschaft über Mailand 152 000 Goldgulden zahlte. Möglicherweise bediente sich Azo zur ersten Kontaktaufnahme eines Mönchs.

Mit dem Bau des Klosters wurde sofort begonnen. Heinrich Fend überwachte die Rodungsarbeiten, und bereits am 28. April 1330 legte der Kaiser persönlich den Grundstein.

Wenn man heute das große Eingangstor zum Klosterhof betritt, der mit seinen Ausmaßen – etwa 100 mal 100 Meter – noch ziemlich die gleiche Größe hat wie zu Ludwigs Zeiten, sieht man vor sich in ihrer ganzen Breite die aus Ettaler Marmor gestaltete prächtige Rokokofassade der Klosterkirche. Sie wird von zwei Türmen flankiert und von einer imposanten Kuppel mit reichgegliederter Laterne überragt.

Vom Vorraum der Kirche aus fällt der erste Blick auf ein gotisches Sandsteinportal mit gestuftem Gewände und einer Gesamthöhe von 4,30 m. In seiner Spitzbogenarkade ist ein Tympanon eingefügt. Zu Seiten des Gekreuzigten stehen Maria und Johannes, flankiert von den knienden Stifterfiguren Kaiser Ludwigs und Kaiserin Margaretes. Durch dieses Portal, das schon Millionen von Wallfahrern durchschritten haben, betritt man das Innere der Kirche und übersieht von hier aus am besten die Pracht und Schönheit, die dem Bauwerk in der 2. Hälfte des 18. Jahrhunderts durch den Rokokoaufputz verliehen wurden.

Aber so prächtig die Kirche heute dasteht, so interessant war ihre Form in gotischer Zeit: ein zwölfeckiger Zentralbau von mehr als 25 m lichter Weite im Inneren, um den doppelgeschossig ein Umbau – meist Kreuzgang genannt – lief. In der Mitte stand eine mehr als 20 m hohe Säule, von der sich strahlenförmig das gotische Gewölbe zu der Umfassungsmauer, die heute die Kuppel trägt, hinüberschwang. Damals trugen die zwölfeckigen Mauern, heute durch vorgelagerte Pilaster zu der Rotunde umgestaltet, ein spitzes, zeltartiges, zwölfeckiges Dach. Das Gnadenbild hatte offenbar seinen Platz an der Mittelsäule, der Hochaltar stand in dem kleinen Presbyterium, das sich im Osten an den Zentralbau anschloß. Der in der gotischen Form noch erhaltene Kreuzgang setzte sich um diesen Hochaltarraum herum fort. Hohe Spitzbogenfenster führten der Kirche das Licht zu.

Zur Zeit der Spätromantik begann der ursprüngliche Bau, der sich trotz Rokokoumbau gut rekonstruieren läßt, die Phantasie anzuregen. Wollte Ludwig mit dieser Form eine Art Nachbildung des Gralstempels schaffen?[11] Der Standort in der romantischen Wildnis der Bergwelt sprach für diese These. Auch ein angegliedertes Ritterstift, für das neben dem Klostertrakt wahrscheinlich ein eigenes Gebäude errichtet worden war – »ein Kloster von neuer und bisher unerhörter Weise« nannte Johann von Victring das Projekt –, schien auf die Idee einer neuen Gralsburg hinzuweisen.[12] Zwölf unbemittelte, aber verdiente Ritter sollten hier zusammen mit ihren Frauen einen sorgenfreien Lebensabend verleben. Zusätzlich war noch Raum für sechs Witwen verdienter Ritter vorhanden. Die Ritter erhielten ihre Weisungen von einem Meister, der vom Landesherrn eingesetzt wurde, die Frauen von einer Meisterin, die sie aus ihrer Mitte wählten. Ritter und Rittersfrauen sollten ein frommes Leben führen, ohne daß von ihnen Askese erwartet wurde.[13]

Ludwig kümmerte sich selbst um die Regeln des Stifts und legte alle Einzelheiten fest. Für die Damen war blaue Kleidung vorgeschrieben, die Ritter gingen in Blau und Grau. Jagd, Sport, Spiel, Pflege bei Krankheit – alles war genau festgelegt. Jedes Ritterehepaar hatte zur persönlichen Bedienung einen Knecht, eine Magd und einen Heizer. Den sechs Witwen waren zusammen zwei Mägde erlaubt. Die Mahlzeiten sollten alle gemeinsam einnehmen, doch durfte bei Tisch nicht gesprochen werden, sondern es war aus frommen und erbaulichen Büchern vorzulesen. Auch das religiöse Leben regelte Ludwig bis ins einzelne. Vor dem Essen sollten zwei Paternoster gebetet, mindestens fünfmal im Jahr die Kommunion empfangen werden, der Freitag war als Fasttag einzuhalten usw. Viele Regeln entnahm der Wittelsbacher den Statuten des Deutschritter- bzw. Templerordens. Trotzdem wurde bisher kein eindeutiges Vorbild für das Ritterstift gefunden.

Schwebte Ludwig eine Parallele zur Gralssage vor? Oder sah sein allzeit wacher Blick für die Erfordernisse des Handels und einer florierenden Wirtschaft hier lediglich eine gute Möglichkeit, das

Praktische mit der Wohltätigkeit zu verbinden? Gekannt hat der Wittelsbacher die Gralsdichtungen sicher. Die gerade in Bayern damals oft auftretenden Personennamen aus dem Sagenkreis des Grals und der Artusrunde lassen auf eine starke Verbreitung dieses Gedankengutes schließen. Auch hat Ludwig sicher den populären »Jüngeren Titurel«, wahrscheinlich auch den Dichter des Werks, Albrecht von Scharfenberg, am Hofe seines Vaters kennengelernt. Das Werk ist Ludwig dem Strengen gewidmet.

Andererseits lassen sich auch recht prosaische Erklärungen finden. Die Zahl zwölf (dreizehn mit Meister) oder ein Vielfaches davon ist bei Spitals- und Klostergründungen uralter Brauch. Sie geht wahrscheinlich auf die Zwölfzahl der Apostel zurück und tritt aus dieser Tradition auch in der Gralssage und der Artusrunde auf. Auch der Standort in der Wildnis der Bergwelt hat möglicherweise keine romantische Ursache.

Heutzutage liegt Ettal abseits vom Verkehr. Damals aber kreuzten sich dort zwei wichtige Handelsstraßen, die durch das Räuberunwesen in dieser Gegend als unsicher galten. Sollte der Handel aus Italien und Tirol die Route über München nehmen – und München zu fördern und großzumachen lag Ludwig sein Leben lang am Herzen –, so mußte die Gegend sicherer werden. Mochte ein Ritter für den Kriegsdienst auch zu alt sein, so hatte er doch seit Jugendtagen sein Handwerk hart trainiert und war auch im Alter noch in der Lage, mit den meist schlechtbewaffneten und im Kampf unausgebildeten Wegelagerern fertigzuwerden. Wahrscheinlich reichte bereits die Anwesenheit der Ritter aus, Räuber und Diebe in weniger gefährliche Gegenden abwandern zu lassen.

Auch Ludwigs weitere Schritte machen deutlich, daß die Gründung des Ritterstifts gerade in dieser Gegend kein Zufall war. Durch Stadt- oder Markterhebungen, Gewährung von Niederlagsrechten, Steuerbefreiungen, damit Brücken unterhalten werden konnten, machte er diese Route immer attraktiver. Bald erfreute sich der Weg über München, der selbst von Kaufleuten aus Flandern gerne gewählt wurde, großer Beliebtheit.

Trotzdem kann die Gründung des Klosters nicht allein aus machtpolitischen und strategischen Gründen erklärt werden. Auch gibt die Zwölfeckform des Zentralbaus immer noch Rätsel auf. Sie wurde auch begriffen als Nachahmung des templum Salomonis –

jenes Gotteshauses in Jerusalem, an dem sich die erste Templerniederlassung befand. Wollte Ludwig dadurch auf das Unrecht aufmerksam machen, das dem Templerorden mit Unterstützung der Kurie widerfahren war? Auch an den Versuch einer Weiterführung der zentralen Spitalkirchentradition wurde gedacht. Weit häufiger tauchen jedoch Spekulationen über einen Zusammenhang mit der Gralssage auf.

Neben der Gründung des Klosters Ettal gab es im Jahre 1330 zahllose weitere fromme Stiftungen. Vor allem Klöster und Spitäler wurden mit Wohltaten geradezu überschwemmt. Ob der Wittelsbacher frömmer war als der Großteil seiner Zeitgenossen, ist schwer zu entscheiden. Die meisten Fürsten der Zeit waren fromm und hatten gegenüber der Kirche und ihren Einrichtungen eine ungemein offene Hand. Von den Habsburgern sind unzählige kirchliche Stiftungen und eine Reihe von Klostergründungen bekannt. König Friedrich von Sizilien, ein großer Verehrer der Franziskaner, führte aus Glaubensgründen das Leben eines Asketen. König Robert von Neapel, von Franziskanern erzogen, war völlig eingebunden in das religiöse Leben seiner Geistlichkeit und hielt selbst Predigten. 289 Predigten sind überliefert. Den Vogel schoß wohl der Nachfolger Ludwigs des Bayern im Reich, Kaiser Karl IV., ab. Er hielt streng sämtliche Gebetszeiten der Geistlichkeit ein, ließ sich oft tagelang in seine Reliquienkammer einschließen, nur durch eine Klappe mit der Außenwelt verbunden, machte unzählige fromme Stiftungen, und es gab Kreise, die sogar einen zukünftigen Papst in ihm sahen.

So weit ging Ludwigs Religiosität ganz offensichtlich nicht. Trotzdem ist an seiner persönlichen Frömmigkeit nicht zu zweifeln. Die auffallende Häufung seiner frommen und mildtätigen Stiftungen im Jahre 1330, im Jahr seiner Rückkehr aus Italien, dürfte jedoch einen besonderen Zweck gehabt haben. Wollte er der Welt beweisen, daß er trotz des Streites mit dem Papst der heiligen Mutter Kirche ein treuer, eifriger und wohlgesonnener Sohn geblieben war? Oder waren ihm seine Aktivitäten in Italien selbst nicht ganz geheuer, so daß er sein privates Konto im Himmel kräftig aufpolieren wollte?

17. Kapitel

». . . daz daz Reich und auch wir bei eren beleiben.«

Johann von Böhmen scheint seine Unterstützung der kaiserlichen Politik in den Sommermonaten des Jahres 1330 für weit wertvoller und bedeutender gehalten zu haben als der Kaiser. Offenbar glaubte der Böhmenkönig, er könne aufgrund seiner großen Verdienste gefahrlos eine Sache unter Dach und Fach bringen, die ihm ungemein am Herzen lag: die Länder Tirol und Kärnten endgültig für das Haus Luxemburg zu sichern.

LUXEMBURGISCHE AKTIVITÄTEN

Wie mehrmals in seinem Leben, schoß der Böhmenkönig dabei über das Ziel hinaus. Er zog im Herbst 1330 mit seinem Sohn Johann Heinrich nach Tirol, und ohne Ludwigs Zustimmung einzuholen – die Bedingung des Wittelsbachers für eine Berücksichtigung der weiblichen Erbfolge –, ja ohne ihn auch nur zu informieren, wurden im September die elfjährige Margarete Maultasch und der achtjährige Johann Heinrich miteinander verheiratet. Um vollendete Tatsachen zu schaffen, ließ sich König Johann als Vormund des künftigen Landesherrn überall im Lande huldigen.

Kaiser Ludwig reagierte äußerst verärgert. Er legte noch im November in einem Geheimvertrag mit den Österreichern fest, daß beim Tod Heinrichs von Kärnten die Länder Kärnten und Südtirol an die habsburgischen Vettern, das nördliche Tirol an ihn selbst fallen sollten. Falls König Johann Schwierigkeiten machen würde, sollte ein gegenseitiger Beistandspakt in Kraft treten.

Im Anschluß an seine Aktivitäten in Südtirol zog der Böhmenkönig nach Italien, und es schien eine Zeitlang, als sei er entschlossen, auch Italien an sich zu bringen. Eine sehr merkwürdige Angele-

genheit! Er gab sich in Ghibellinenstädten als Abgesandter und
Vorhut des Kaisers aus, in Guelfenkreisen erweckte er den Anschein, im Auftrag des Papstes zu handeln. In beiden Lagern
wurde er deshalb mit großem Jubel willkommen geheißen, bekam
Signorien übertragen und ließ sich huldigen. Sowohl Kaiser wie
Papst sahen sich schließlich genötigt, ihre jeweiligen Anhänger zu
benachrichtigen, daß sich König Johann nicht in ihrem Auftrag in
Italien aufhielt. Zusätzlich schloß Ludwig eine Reihe Bündnisse
mit den Nachbarn Böhmens, die König Johann gefährlich erscheinen mußten, und förderte einen Einfall der Polen und Ungarn
nach Böhmen. Der Luxemburger sah sich deshalb gezwungen,
schleunigst aus Italien abzuziehen und in sein bedrohtes Königreich zu eilen.

Als besonders schwerwiegender Verstoß gegen die Interessen des
Reichs mußte ein Treffen König Johanns mit Kardinallegat Bertrand gelten, bei dem der Luxemburger die Städte Parma, Reggio
und Modena, die Ludwig einst dem Kardinallegaten entrissen
hatte, als päpstliches Lehen nahm und als Gegenleistung versprach, den Bayern nicht mehr als Kaiser anzuerkennen. Die Sache
war so ernst, daß Ludwig über den Böhmenkönig zu Recht die
Reichsacht hätte verhängen können. Wahrscheinlich geht es auf
eine Initiative Balduins von Trier zurück, daß es nicht dazu kam,
sondern der Kaiser und König Johann sich im Sommer 1331 auf
einer Donauinsel bei Regensburg trafen. In langen, vertraulichen
Gesprächen – zu denen nur zwei Räte zugelassen waren – wurden
alle Streitpunkte ausgeräumt, und es kam eine Versöhnung zustande. Der Luxemburger versprach, die italienischen Städte, die
ihm gehuldigt hatten, wieder aus ihrem Eid zu entlassen.[1] Außerdem wollte er sich an der Kurie für Ludwigs Absolution verwenden.

Ludwigs schnelle Bereitschaft zur Versöhnung kam einerseits aus
Rücksicht auf König Johanns Onkel, Balduin von Trier, zustande,
mit dem er sich seit seiner Rückkehr aus Italien eng verbündet
hatte (s. u.). Andererseits spielte auch der Entschluß des Kaisers
eine Rolle, König Johanns gute Beziehungen zur Kurie und zum
französischen Hof für sich auszunutzen. Der Wittelsbacher hatte
sich im Frühsommer dieses Jahres nämlich entschlossen, einen
ernsthaften Aussöhnungsversuch mit dem Papst in Angriff zu

nehmen und bereits im Juni 1331 durch eine Gesandtschaft die Bedingungen in Avignon erkunden lassen.

SEHNSUCHT NACH FRIEDEN

Daß Ludwig einen Versuch zur Aussöhnung unternahm, war notwendig und richtig. Im Land herrschte eine tiefe Sehnsucht nach Frieden zwischen Kaiser und Papst. Nicht nur weltliche und geistliche Fürsten, die sich zwischen den beiden Mühlsteinen recht ungemütlich fühlen mußten, sehnten ihn herbei, sondern auch das Volk. Eine Reihe von Städten, z. B. Konstanz, hatten sich schon an Balduin von Trier mit der Bitte gewandt, er möge Kaiser und Papst miteinander versöhnen.

In phrasenreichen Wendungen vergleichen die Konstanzer Papst und Kaiser mit Sonne und Mond – ein beliebter Vergleich schon zu Zeiten Friedrichs II. – und bedauern es schmerzlich, daß die Gier nach irdischer Ehre diese beiden Lichter verdunkelt habe. Sie rufen Balduin, den Herrn des Glaubens, den Fürsten des Lichts und die festeste Säule des Baues kaiserlicher Majestät »mit klagender Stimme, mit den Tränen unermeßlichen Kummers« an, Abhilfe zu schaffen. Balduin wüßte selbst, daß Gott und die Kurfürsten »den frommen, milden, wohlwollenden, gütigen, wahrhaft gläubigen, katholischen und gottseligen« Kaiser Ludwig dem römischen Reich zum Kaiser, dem katholischen Glauben zum Vorkämpfer gewählt haben. Diesem leuchtenden Beispiel im Glauben wollen die Konstanzer bis in den Tod treu bleiben, wie auch die Zeiten sich gestalten mögen. Aber der Satan habe nach seiner angeborenen teuflischen Art diesen Fürsten beim apostolischen Stuhl verleumdet, so daß Zwietracht ausgebrochen sei. Balduin möge bedenken, welcher Schaden daraus entstehe, und seinen Einfluß beim apostolischen Stuhl und beim Kaiser geltend machen, damit wieder Friede einkehren könne.[2]

Dieser Brief ist vor allem, ebenso wie die Briefe anderer Städte, ein rührendes Zeugnis für die Treue des Volkes zu Ludwig. Erstaunlich wirkt es, daß Ludwigs italienische Aktivitäten im Volk keinen negativen Eindruck hinterlassen haben. Der Kaiser ist fromm und gottgefällig und hat an dem Streit keine Schuld, ist die allgemeine

Meinung. Zwar sprechen die Konstanzer nicht offen von einer Schuld des Papstes, sondern es war der Teufel, der den Kaiser verleumdet hat, aber es ist bezeichnend, daß der Satan seinen verderblichen Einfluß an der Kurie ausgeübt hat – nicht beim Kaiser.

Die Ansicht, daß Johannes XXII. für den Zwist verantwortlich war, herrschte auch unter dem Klerus vor. In einem Gedicht, das zum Einzug des neuen Eichstätter Bischofs, Heinrich Schenk von Reicheneck, im Frühjahr 1331 angefertigt wurde, wird der Papst gar mit »Nero dem Christenverfolger« verglichen.

Den vorherigen papsttreuen Bischof hatten die Eichstätter sein Bistum nie betreten lassen. Vom neuen Bischof, der »reiner ist als Gold und weißer als Schnee«, erwartete sich der Dichter, der Sprache nach ein Kleriker, endlich eine Zeit des Friedens und der Eintracht.[3] Zwar war auch Heinrich Schenk von Reicheneck nicht vom Kapitel gewählt, sondern vom Papst eingesetzt und hatte deshalb sein Bistum monatelang nicht betreten können. Aber als er Ludwig als Herrn und Kaiser anerkannt, ihm Treue geschworen und versprochen hatte, keinerlei gegen ihn gerichtete Mandate, Sentenzen und Prozesse des Papstes anzunehmen, öffneten sich die Tore der Stadt, und Heinrich konnte sein Bistum unter dem großen Jubel des Volkes, begrüßt von dem oben erwähnten hochgemuten Gedicht, in Besitz nehmen.

Allerdings wurde er nun unverzüglich exkommuniziert und sein Bistum mit dem Interdikt belegt. Heinrich hielt seine Zusagen gegenüber dem Kaiser, bewies gleichzeitig aber seine kirchliche Gesinnung und Treue gegen den Papst, indem er die Exkommunikation anerkannte und das Interdikt hielt. Die Volksseele kochte. Als der neue Hirte es noch wagte, einen Bürger gefangenzusetzen, sah er sich gezwungen, Eichstätt zu verlassen, um es bis zu seinem Tod nicht wiederzusehen.

Das war die Lage in Deutschland. Das Volk liebte den Kaiser, verehrte ihn und war entschlossen, unter jeder Bedingung zu ihm zu halten. Aber es litt trotzdem unter dem Zustand und wünschte den Frieden zwischen geistlicher und weltlicher Gewalt.

Verhandlungen mit der Kurie

Johannes XXII. hatte den Kaiser auf dem bisher beschrittenen Weg nicht überwinden können. Da er nun Verhandlungsbereitschaft zeigte, ist anzunehmen, daß er sich eine Chance ausrechnete, unter den gegenwärtigen Bedingungen die Anerkennung der kurialen Rechtsansprüche durchzusetzen. Die Kurie war im Rahmen eines Absolutionsprozesses als Ludwigs Richterin in einer überlegenen Position.

Dem gegenüber stand die Entschlossenheit des Wittelsbachers, zwar als Christ um die Gnade des Papstes zu bitten, die Rechte des Reiches und des Königtums aber zu verteidigen. Er war bereit, eine Pro-forma-Approbation hinzunehmen wie seine Vorgänger, aber er war nicht gewillt, die Regierungsübernahme im Reich durch den gewählten und gekrönten König von der Genehmigung des Papstes abhängig zu machen.

Die Gesandtschaft vom Sommer 1331 war aus Avignon mit zehn Forderungen zurückgekehrt, die zwar hart, aber nicht völlig abschreckend waren. Sie sind in einer zeitgenössischen Übersetzung erhalten. Es wurde verlangt, Ludwig müßte die Minoriten und Marsilius von Padua zum Gehorsam gegen die Kirche zwingen; gelänge dies nicht, so dürfe er sie nicht länger schützen. Weiter sollte er für »all sache, di er wider den stuol hat getan vnd dar an er den stuol vmb beschuldet hat, sich entschulde vnd buozze dar vmb empfach vnd tuon«. Als drittes sollte Ludwig um Lösung vom Bann bitten, und viertens und fünftens alle gegen Johannes XXII. unternommenen Schritte widerrufen. Die sechste Forderung lautete: »daz der kaiser nach disen sachen den namen des kuenigrichs vnd keyertuoms ein weil ligen lazze.« Siebtens mußte Ludwig mit den Fürsten und Herren des Reiches dem Stuhl Sicherheit geben, daß er die Vereinbarungen einhalte, achtens wurde eine bedeutende Schenkung erwartet. Als neunte Bedingung sollten die deutschen Fürsten den Papst um Ludwigs Kaiserkrönung bitten, und als letztes sollte sich der Kaiser der Gnade des Papstes unterwerfen.

Natürlich gab die Kurie nicht zu, daß politische Motive die Ursache des Streites waren. Sie begründete alle Strafen, die in den Jahren zwischen 1324 und 1330 über Ludwig verhängt worden waren, ausschließlich mit juristischen, d. h. kirchenrechtlichen Gründen. Demnach war der Wittelsbacher exkommuniziert und dann Stück um Stück von allen seinen Ämtern abgesetzt worden, weil er aus Trotz und Ungehorsam oder aus Verachtung für die Kurie die Zitationen nach Avignon nicht befolgt hatte. Zwangsläufig mußte der Kaiser seine eigenen Argumente ebenfalls mit dem kanonischen Recht in Einklang bringen. Jeder Schritt, jedes Wort mußten ungemein bedacht werden.[4]

Die zehn Forderungen der Kurie und ihre Behandlung durch die Juristen am Münchner Hof liefern bereits ein recht anschauliches Beispiel für die Fußangeln und Fallstricke, die vorsichtig zu umgehen waren. Abgesehen von der sechsten Forderung, Königs- und Kaiserkrone eine Zeitlang niederzulegen – wodurch der Approbationsanspruch der Kirche ein für alle Mal eine feststehende Tatsache geworden wäre –, erscheinen die Bedingungen bei oberflächlicher Betrachtung nicht unbillig. Das trifft jedoch nur teilweise zu. Ein Eingehen z. B. auf die harmlos klingende dritte Bedingung, der Kaiser solle um Lösung vom Bann bitten, wäre juristisch ein katastrophaler Fehler gewesen. Ludwig hätte damit zugegeben, daß alle Exkommunikationen – also auch die gesetzwidrige vom März 1324 oder jene wegen Häresie – zu Recht erfolgt waren. Er hätte damit gleichzeitig anerkannt, daß auch die Absetzungssentenzen berechtigt waren.

Natürlich hatte sich Ludwigs Absetzung durch den Papst in der Vergangenheit nicht ausgewirkt, und sie würde es voraussichtlich auch in Zukunft nicht tun, weil der Kaiser die Macht hatte, die Vollstreckung der päpstlichen Urteile in der Praxis zu verhindern. Das änderte aber nichts daran, daß die Depositionen rechtskräftig waren. Da Absolution nicht gleichbedeutend war mit Aufhebung der Deposition, mußte Ludwig diese ebenfalls zu erreichen suchen, sonst konnte es keinen Frieden geben. Er hätte als zwar absolvierter, aber rechtskräftig abgesetzter König weiterregiert, den Papst nicht als Reichsvikar anerkannt und der Streit hätte von vorne begonnen.

Um die Aufhebung der Depositionen über den Rechtsweg zu erreichen, mußte Ludwig seine gesamte Verteidigung auf die erste, gesetzwidrig erfolgte Exkommunikation aufbauen, die zwangsweise sein eigenes Verhalten und alle folgenden Strafen nach sich gezogen hatte, ohne daß er dafür im Sinne des kanonischen Rechts verantwortlich war.[5]

Ähnlich verhängnisvoll wäre die Anerkennung der Exkommunikation vom Oktober 1327 wegen Häresie gewesen. Das Kirchenrecht sah für Häresie neben dem Bann die Strafe der Deposition und die Einziehung sämtlicher Güter vor, was in Ludwigs Fall in der Theorie bereits geschehen war. Zwar konnte auch ein Häretiker nach verrichteter Buße wieder in seine frühere Stellung eingesetzt werden, aber nur über den Gnadenweg! Es gab keinen Anspruch auf diesen Akt.

Der Kaiser hoffte, die strittigen Punkte auf dem Verhandlungswege ausräumen zu können, und schickte bereits im Oktober 1331 eine Gesandtschaft unter dem Protonotar Ulrich Hofmaier und dem Eichstätter Chorherrn Arnold Minnebeck mit den entsprechenden Vollmachten und Instruktionen auf den Weg nach Avignon. Beide Prokuratoren waren erfahrene Juristen und Diplomaten. Ludwig schrieb außerdem einen persönlichen Brief an Johannes XXII., in dem er sein Bedauern ausdrückte über den Streit, »dessen kummerreiches, gottverhaßtes, Leib und Seele gefährdendes Wesen jedermann kenne«.[6] Mit um so größerer Sorgfalt müsse man also diesen Zwist zu heilen suchen. Er sei bereit zu allem, was sich mit den Reichsrechten – mit der Ehre des Reichs, wie er es nannte – vereinbaren ließe.

Die Gesandtschaft von 1331 sollte erreichen, daß das Kardinalskollegium als unabhängiges Gremium die Aussöhnungsbedingungen festsetzen konnte. Nur wenn das feststand und zudem inoffiziell bereits geklärt war, daß die Bedingungen der Kardinäle für Ludwig akzeptabel waren, durften die Gesandtschafts-Unterlagen – die u. a. ein indirektes Eingeständnis enthielten, daß Ludwigs Kaiserkrönung nicht rechtmäßig war – dem Papst überreicht werden. Jedoch dachte Johannes XXII. nicht daran, sich auf etwas einzulassen, das dem Kardinalskollegium strenggenommen die Entscheidung über die Rechtmäßigkeit seiner Zensuren überlassen hätte.

Die Unterlagen wurden deshalb nicht überreicht, und Ludwig faßte im Spätherbst des Jahres 1332 direkte Verhandlungen mit dem Papst ins Auge. Da es nun die vorher eingebauten Sicherungen nicht mehr gab, mußten die Gesandtschafts-Unterlagen verändert werden, um dem Papst nicht ohne Gegenleistung das schriftliche Eingeständnis einer Schuld zu liefern. Zugeständnisse, die 1331 möglich erschienen, wurden nun zurückgenommen, andere vorsichtiger formuliert.

So hatte sich Ludwig 1331 den Kardinälen gegenüber bereit gezeigt, die sechste Bedingung, Königs- und Kaiserkrone eine Zeitlang niederzulegen, teilweise zu erfüllen. Die Königswürde stand für ihn nicht zur Diskussion, aber er wollte die Kaiserkrone für kurze Zeit niederlegen, wenn Weihe und Krönung anschließend »von dem Babst oder von sinen sundern boten« wiederholt wurden. 1332 gab es keine derartige Übereinkunft vor Übergabe der Unterlagen, und so wird die Kaiserkrönung überhaupt nicht erwähnt, sondern lediglich eine Niederlegung der Königswürde kategorisch abgelehnt.

Auffallend ist, wie zweideutig manche Antworten formuliert sind. Alois Schütz wies darauf hin, daß dies eine bewußte Strategie war. Der Papst konnte die Bereitschaft Ludwigs herauslesen, bestimmte Exkommunikationen anerkennen zu wollen. Gleichzeitig blieb die Möglichkeit, eine solche Anerkennung abzustreiten. Der Hintergrund war der Wunsch, mit dem Papst zwar direkt zu verhandeln, trotzdem aber keine Vorleistungen zu erbringen, die später vielleicht nicht honoriert wurden.[7]

Besonders deutlich wird die recht gerissene Zweideutigkeit mancher Antworten bei Punkt neun. Die geistlichen und weltlichen Fürsten des Reichs sollen den Papst um Ludwigs Kaiserkrönung bitten. Erfüllte man diese Forderung, gab der Wittelsbacher zu, daß die Kaiserkrone nicht rechtmäßig erworben war. Abzustreiten, daß zur Kaiserkrönung der Papst benötigt wurde, verurteilte jede Aussöhnungsbemühung von vorneherein zum Scheitern. Schließlich wurde die Antwort formuliert: »Wol wirt der babst gebeten, daz er des kaisers kroenung stet halt vnd genaeme vnd seinen segen dar zu gebe selb oder sende, wan di kroenung ist ein sacrament, daz man nicht aendern muoz.«

In der Tat ist diese Antwort so zweideutig, daß sie in der Forschung sowohl als bedingungslose Erfüllung der päpstlichen Forderung, wie auch als ihre strikte Ablehnung gedeutet wird.[8]

Auch der Punkt drei, die geforderte Bitte um Lösung vom Bann, wurde recht elegant gelöst. Wie gesagt, durfte der Kaiser diese

Bitte nicht ohne Wenn und Aber aussprechen. Abzustreiten, daß er sich überhaupt im Bann befand, wäre als Vorbereitung für einen Absolutionsprozeß auch unsinnig gewesen. So gesteht er zu, daß die Prokuratoren für den Kaiser und seine Anhänger um Lösung von Exkommunikationen und Urteilen bitten »ze einer sicherheit, ob si gebunden sein, daz si los sein«. Damit bittet er um Lösung vom Bann, ohne zuzugeben, daß eine Exkommunikation zu Recht erfolgt ist. Er möchte nur »ze einer Sicherheit« die Absolution, denn es ist ja möglich, daß er und seine Helfer ohne Wissen und entgegen ihrer eigenen Anschauung mit einem rechtmäßigen Bann belegt sind.

Andere Forderungen waren weniger problematisch. Es fällt auf, wie sehr der Kaiser darauf bedacht war, als gleichberechtigter Partner aufzutreten, sich und das Reich nicht als Befehlsempfänger der Kurie erscheinen zu lassen. Der Papst wünscht als siebte Forderung Sicherheiten. Ludwig ist zwar der Meinung, »das im des nicht not sei gen uns«[9], aber wenn der Papst darauf bestehe, sei er bereit, Sicherheiten zu geben, jedoch nur auf Gegenseitigkeit, »daz daz Reich und auch wir bei eren beleiben«. Der Papst fordert, alle gegen ihn unternommenen Schritte zu widerrufen. Ludwig stellt eine Annullierung in Aussicht, wenn Johannes XXII. einen ähnlich entgegenkommenden Schritt unternimmt.

Zur ersten päpstlichen Forderung, die die Minoriten betraf, bot Ludwig für den Fall seiner Wiederaufnahme in die Kirche sein Bemühen um eine Rückkehr der Barfüßer in den Schoß der Kirche an. Er verlangte 1332 aber, was gegenüber den Kardinälen nicht der Fall gewesen war, daß vorher eine erneute Diskussion der Armutsfrage durch das Kardinalskollegium erfolge. Dem Ergebnis dieser Entscheidung würde er sich dann anschließen, wie immer sie ausfallen mochte. – War diese Forderung möglicherweise durch die Kardinäle angeregt worden? Wünschte man in diesem Kreis eine erneute Diskussion?

Der Wunsch nach einer bedeutenden Schenkung, für den Ludwig im Jahre 1331 noch Bereitschaft gezeigt hatte, wird 1332 – ohne daß der Grund für den Sinneswandel bekannt ist – abgelehnt, »wan vmb soelich sach mag man nicht haben noch nemen mit eren«. Und auf die zehnte Forderung, der Kaiser solle sich der Gnade des Papstes unterwerfen, wird eigentlich nicht eingegangen. Es heißt lediglich: »Der kaiser dyemuetigt sich nicht anders, wan als hie vor geschriben ist.«[10]

Hoffte Ludwig wirklich, mit so wenig Entgegenkommen die Eröffnung eines Absolutionsprozesses zu erreichen? Mochte Johannes XXII. den Streit auch begonnen haben, so war der Wittelsbacher doch zu keinem Zeitpunkt die Revanche schuldig geblieben. Wenn man bedenkt, wie kräftig manche seiner Gegenschläge ausfielen, erscheinen die Zugeständnisse des reuigen Pönitenten selbst aus heutiger Sicht recht mager. Das Ganze wirkt wie eine Verhandlung von Staatsmann zu Staatsmann und zeigt wenig von der Demut und Unterwerfung, die die Kirche von einem Gebannten forderte, bevor sie den reuigen Sünder wieder in die Arme nahm.

Wie nicht anders zu erwarten, scheiterte der Versuch zu einer Versöhnung bereits im Vorfeld der Verhandlungen; ein Absolutionsprozeß wurde erst gar nicht eröffnet. Die beiden Standpunkte waren zu weit voneinander entfernt. Ob Ludwig der Bayer über das fehlgeschlagene Unternehmen enttäuscht war? Möglich! Jedoch war Johannes XXII. inzwischen neunzig Jahre alt. Immer noch streitsüchtig, starrköpfig, habgierig und zäh – aber nach menschlichem Ermessen mußte es dem Himmel eines nicht zu fernen Tages gelingen, ihn zu sich zu nehmen. Möglicherweise würde unter dem Nachfolger eine Aussöhnung aussichtsreicher sein.

». . . er sage das eine und tue das andere.«

Neben den Gesprächen an der Kurie gingen die täglichen Regierungsgeschäfte weiter: Verhandlungen führen, Streitigkeiten schlichten, Privilegien bestätigen oder erteilen, Gesandtschaften empfangen usw. Es war undenkbar, einfach einen Boten mit einem Brief an den Kaiser zu schicken, wenn man Wünsche an ihn hatte. Vielmehr machte sich eine feierliche, die Bürgerschaft würdig repräsentierende Gesandtschaft auf den Weg – im reisefreudigen Mittelalter sicher kein Opfer für die Beteiligten. Manchmal sollte eine Bitte um Steuerreduzierung oder -stundung vorgetragen werden, ein andermal der Wunsch nach Zollbefreiung; hier war es zu einem ungerechten Gerichtsurteil gekommen oder die Bürger hatten Streit mit dem Bischof; woanders war der Landfriede verletzt worden und der Übeltäter wollte die Buße nicht bezahlen. Es gab unzählige Anlässe, sich an den Kaiser um Hilfe zu wenden. Dazwischen fanden als herausragende Ereignisse manchmal ein Reichstag oder diplomatische Treffen mit Großen des Reichs statt.

HANDEL UND WANDEL

Die zerfurchten Straßen des Mittelalters, die in Trockenzeiten immer zu staubig, in Regenperioden zu schlammig waren, müssen erstaunlich belebt gewesen sein. Reisende Bischöfe oder Adelige mit ihrem Gefolge, Ritter und ihre Knappen, kaiserliche und fürstliche Kuriere, Wanderärzte, reisende Gelehrte, von Stadt zu Stadt ziehende Prediger, Gauklertruppen, unzählige Hausierer, Boten, die ein Kommunikationsnetz zwischen den Städten unterhielten, waren unterwegs. Und natürlich die Kaufleute mit ihren Tragtierkolonnen oder schweren Wagen. Auch ärmere Schichten reisten, denn die Wallfahrt, der Tourismus des Mittelalters, erlaubte ihnen, etwas von der Welt zu sehen. Zwar dürfte Chaucers »Frau von Bath«, die dreimal als Wallfahrerin in Jerusalem war, eine Ausnahme gewesen sein, aber für Wallfahrten wählte man doch oft erstaunlich weit entfernte Ziele. Mit Einbruch der Nacht suchten die Wallfahrer das nächste Kloster auf, wo sie im vor dem Tor gelegenen Pilgerhaus untergebracht und verpflegt wurden. Sie waren zu einer einmaligen Übernachtung in jedem Kloster berechtigt. Vornehme Reisende suchten bei Eintritt der Dunkelheit die nächstgelegene Burg oder ebenfalls ein Kloster auf. Für Geschäftsreisende gab es Gasthäuser, die allerdings meist entsetzlich schmutzig waren.

Ludwigs Leben stellt sich Jahrzehnte hindurch wie eine einzige Reise dar. Selten hielt er sich länger als acht oder vierzehn Tage an einem Ort auf. Soweit man in seinem Falle überhaupt von einer Residenz sprechen kann, war dies München. Von den dreiunddreißig Jahren seiner Regierungszeit als König verbrachte er zusammengenommen etwa sechs Jahre in seiner Heimatstadt, verteilt auf 120 bis 130 einzelne Aufenthalte.[1] Ein rastloses Leben!

Trotzdem blieb die enge Verbundenheit der Münchner Bürgerschaft zum angestammten Herzogshaus erhalten. Mit unverdrossener Freude wurde jedesmal die Geburt einer weiteren kleinen Prinzessin oder eines Prinzen bejubelt. Selbst noch die Nachricht von der Geburt Prinz Wilhelms, Kaiser Ludwigs elftem Kind, versetzte den Rat der Stadt in einen solchen Freudentaumel, daß er dem Überbringer der Nachricht, einem Koch, zehn Pfund Heller schenkte – ein kleines Vermögen![2]

Wie schon zu Beginn seiner Regierung hat sich der Kaiser auch weiterhin bemüht, die Interessen der Städte und der Wirtschaft nach besten Kräften zu fördern. Die Erfolge dieser Seite seiner Tätigkeit, »seiner glänzendsten und erfolgreichsten«, wie von Weech sagt, zeigten sich noch zu Ludwigs Lebzeiten. Der Wohlstand nahm allgemein zu, am auffallendsten natürlich unter den großen Handelsherren. Nicht erst zu Zeiten der Fugger war ein Großbürgertum in der Lage, die Geschäfte seiner regierenden Häupter zu finanzieren. Auch Ludwig der Bayer und seine fürstlichen Kollegen kamen oft nur durch Darlehen ihrer finanzkräftigen Bürger über die Runden.

Und nicht nur ihr Geld war gefragt. Der Kaiser stieg auf seinen

Reisen mit Vorliebe in Patrizierhäusern ab. Die Wohnkultur großer Handelsherren war inzwischen so gehoben, daß der Münchner Hof, wenn viele Gäste mit großem Gefolge zu beherbergen waren, selbst die angesehensten Besucher bei Münchner Bürgern einquartierte. Selbstverständlich gegen Bezahlung – auch wenn die Gastgeber lange auf ihr Geld warten mußten. Als Markgraf Friedrich der Ernsthafte von Meißen im Jahre 1330 seinen Schwiegervater in München besuchte, wohnte er zwei Monate lang im Hause Ludwig Pütrichs. Der Meißener lud während dieser Zeit häufig Gäste zu sich ein und konnte am 2. Weihnachtsfeiertag sogar den Kaiser und die Kaiserin in der Patrizierwohnung begrüßen.

Die erste Voraussetzung für einen florierenden Handel und damit für Reichtum im Land, die Sicherheit der Straßen, lag Ludwig naturgemäß am Herzen. Ein neuer Landfrieden in Oberbayern und mit Adel und Städten in Schwaben, der später erweitert wurde, gewann ihm in Schwaben, das von jeher mehr den Habsburgern zugeneigt hatte, viele neue Sympathien. Überhaupt schien Ludwig mit Schwaben seine besonderen Pläne zu haben. Der wittelsbachische Streubesitz dort wurde durch bedeutende Zukäufe vergrößert, Ludwigs zweiter Sohn, Herzog Stephan, mit der Verwaltung beauftragt. Stephan nahm sogar seinen Wohnsitz in Schwaben.

Das alte Herzogtum Schwaben war nach dem Aussterben der Staufer vakant geworden. Dachte Ludwig an eine Erneuerung unter Wittelsbacher Herrschaft? »Es war daher von tieferer Bedeutung, daß Ludwig eben diesen Sohn Stephan mit Elisabeth, der Tochter König Friedrichs von Sizilien und damit einer Nachfahrin der Hohenstaufen, verheiratete.«[3] Auf jeden Fall mußte die Machtbasis in Schwaben noch vergrößert werden, bevor an die Verwirklichung eines solchen Planes gedacht werden konnte.

PROBLEMATISCHE VERBÜNDETE

Während der Verhandlungen in Avignon untersagte Ludwig den Minoriten die scharfe Propaganda gegen den Papst. In der deutschen Kirchenpolitik wurde der bisherige Kurs jedoch beibehalten. Die Bürger von Worms erhielten nach dem Tod ihres Erzbischofs

Gerlach den Befehl, keinen vom Papst ernannten Bischof anzuerkennen; sie müßten sonst mit höchster kaiserlicher Ungnade rechnen. Dem Grafen von Dortmund wurde befohlen, Reisende aus oder nach Avignon gefangenzunehmen, wenn von ihnen zu erwarten war, daß sie dem Kaiser oder seinem Sohn von Brandenburg schaden wollten. Nach der Aussöhnung mit Otto dem Fröhlichen traten auch die Bistümer Salzburg und Passau zu Ludwig über, aber nun war Mainz ein Problem.

Dort war im Jahre 1328 Mathias von Buchegg gestorben. Balduin von Trier, der schon zu Lebzeiten des kränkelnden Mathias viel Einfluß in Mainz gewonnen hatte, wurde einstimmig vom Domkapitel als Nachfolger gewählt. Johannes XXII. wollte jedoch dem allzeit treuen Kölner Erzbischof einen Gefallen erweisen und providierte dessen gleichnamigen, zwanzigjährigen Neffen. Dabei hatte der junge Heinrich von Virneburg noch nicht einmal die Priesterweihe, aber hier bürgte dem Papst offenbar der Name für Qualität. Als Ergebnis blieben die Tore von Mainz dem aufgezwungenen Kandidaten verschlossen, und Balduin verwaltete neben Trier auch das Mainzer Erzbistum. Ein ungeheurer Machtzuwachs für den Luxemburger, der nun über ein Gebiet gebot, das von der Mosel bis nach Thüringen reichte. Die päpstlichen Prozesse ließen allerdings nicht auf sich warten. Zusätzlich zerkriegte sich Balduin auch mit den Mainzer Bürgern, weil er ihre Privilegien nicht bestätigen wollte – ein Streit, in den auch der Kaiser hineingezogen wurde.

Ein Ergebnis des Mainzer Bistumsstreits war eine enge Bindung Balduins an den Kaiser, da er nur mit dessen Hilfe Mainz behaupten konnte. Ludwig konnte es nur recht sein, an dem sehr einflußreichen Luxemburger, bisher sowohl als Verbündeter wie auch als Kurfürst ein recht unsicherer Kandidat, nunmehr einen verschworenen Gefolgsmann zu haben. Am 15. Dezember 1331 schlossen sie ein Bündnis, sich nur gemeinsam mit dem Papst auszusöhnen. Da Balduin zudem auf seinen unberechenbaren Neffen einigen Einfluß hatte, war die Beziehung doppelt wertvoll.

König Johann eilte in diesen Jahren wie im Flug kreuz und quer durch Europa. Es war ein seltsames Verhältnis zwischen ihm und dem Kaiser. Es gab kaum ein Jahr ohne Reibungspunkte, in dem sich nicht einer über den anderen ärgerte. Aber jedesmal kam es wieder zur Versöhnung. Offenbar versprach sich keiner der beiden Fürsten etwas Gutes vom endgültigen Bruch und schob ihn hinaus, solange es nur irgend ging.

Ein stets wachsames Auge mußte der Kaiser auch auf Niederbayern halten. Die drei jungen Herzöge waren ein höchst unruhiges Trio, das seine Landeskinder in Atem hielt. Die notorische Geldnot ihrer Väter blieb auch ihnen nicht fremd. Im Gegensatz zur vorigen Generation aber, die sich glänzend vertragen hatte, verschlimmerten sie ihre Lage durch ständige Händel untereinander. Nach einer Landesteilung im August 1331 ging der Ärger erst richtig los, weil Heinrich d. Ä. trotzdem die Alleinregierung beanspruchte, auch die Teilung wieder rückgängig zu machen versuchte. Ludwig hielt zu den beiden Jüngeren und sandte Hilfstruppen, als sie gegen Heinrich d. Ä. marschierten, doch konnte der herbeieilende König Johann zwischen seinem Schwiegersohn und dem Kaiser vermitteln. Auch zwischen den jüngeren beiden Herzögen und Heinrich d. Ä. kam es zu einer Versöhnung, aber ob der Friede lange gedauert hätte?

Im Jahre 1333 starb jedoch der 21jährige Heinrich d. J. und 1334 der 27jährige Otto von Niederbayern, und nun konnte Heinrich d. Ä. endlich alleine regieren. Allerdings nicht ganz rechtmäßig, denn sein Bruder Otto hatte den Kaiser zu seinem Erben eingesetzt. Aber noch hielt Ludwig der Bayer die Zeit für eine Klärung der niederbayerischen Angelegenheit nicht für gekommen und überließ Heinrich d. Ä. die Regierung. Ihn beschäftigte ein ganz anderer Plan, bei dem der niederbayerische Vetter »das Objekt eines viel weitergreifenden politischen Spiels«[4] werden sollte.

Ein neuer »Verzicht«

Es ist dies die seltsamste und rätselhafteste Episode während der Regierungszeit Ludwigs des Bayern. Plötzlich kam Ende 1333 – mit Zustimmung des Kaisers – seine Abdankung zugunsten Heinrichs d. Ä. ins Gespräch. Ausgegangen ist die Geschichte eindeutig vom unermüdlichen Pläneschmied aus Böhmen. Ob vielleicht eine Krankheit Ludwigs den Gedanken ins Spiel brachte, die Thronfolge sollte noch zu seinen Lebzeiten geregelt werden? In diesem

Fall wäre der Wittelsbacher Heinrich d. Ä. eine gute Kompromiß-
lösung gewesen, die das Reich vor Thronstreit oder einem neuen
Kirchenkampf bewahrt hätte – wie er bei der Wahl von einem der
Söhne Ludwigs unausweichlich angezettelt worden wäre. Herzog
Rudolf von Sachsen war durch viel böhmisches Geld bereits für die
Wahl des Niederbayern gewonnen worden. In einer Urkunde
sagte er am 14. November 1333 dem Kaiser zu, er würde nach
dessen Tod oder Rücktritt Herzog Heinrich d. Ä. wählen.

Die Floskel von einem möglichen Verzicht neben dem Todesfall
wurde bei derartigen Absprachen häufig benutzt, ohne daß jemand einen wirklichen Rücktritt ins Auge faßte. Oder wurde hier
nur der Todesfall als Floskel benutzt und die Abdankung stand
allein zur Debatte? Denn bereits fünf Tage später erklärte Ludwig
dem niederbayerischen Vetter in einem Geheimpapier – dessen
Original allerdings verschwunden ist und das nur als Abschrift
existiert –, er würde zurücktreten und Heinrichs Wahl bei den
Kurfürsten befürworten, wenn ihn der Papst vorher absolvierte –
ohne daß Ludwig vor der Absolution irgendwelche Vergehen bekennen müßte.

Die ältere Forschung betrachtete diesen Schritt teilweise als ernst-
haftes Angebot. Unbezwingbare Seelenängste wurden als Ursache
angenommen. Sogar Launenhaftigkeit. Von seinen Zeitgenossen
allerdings war Ludwig nie Wankelmut vorgeworfen worden. Eher
Doppelzüngigkeit. Wie ein Kundschafter des Adam de Caritate
nach Hause berichtete, wurde vom Herrn Kaiser erzählt, er »sage
das Eine und tue das Andere«.[5]

Die Ereignisse der Jahre 1333/34 mögen wie der »Verzicht von
Ulm« 1325/26 nicht unwesentlich dazu beigetragen haben, daß
Ludwigs Zeitgenossen ihm vorwarfen, »eine Politik mit doppel-
tem Boden« zu betreiben. Aus heutiger Sicht spricht für die Ernst-
haftigkeit von Ludwigs Angebot nur ein einziger Aspekt, voraus-
gesetzt, Ludwig wäre der Plackerei müde gewesen: Kein Reichsrecht wäre bei dieser Lösung preisgegeben worden. Es hätte den
Verzicht der Kurie auf den Approbationsanspruch bedeutet, denn
Johannes XXII. hätte damit zugegeben, daß der Bayer rechtmäßig
als römischer König regiert hatte.

Dagegen sprechen viele Gründe, z. B. Ludwigs Kenntnis der kirchlichen Absolutionspraxis, die nach festgefügten Gesetzen ablief

und ein Geständnis des Pönitenten sowie die Übernahme einer Buße voraussetzte. Zwar hatte es in der Geschichte schon Ausnahmen von dieser Regel gegeben, aber Ludwigs Erfahrungen mit dem Charakter seines unbeugsamen päpstlichen Kontrahenten, der praktisch alles hätte aufgeben müssen, worum er seit 1323 kämpfte, ließen eine Ausnahme nicht sehr wahrscheinlich erscheinen. Zudem hatte der Papst nicht einmal die Zusage vom Kaiser, daß er nach der Absolution wirklich zurückzutreten gedenke. Die hatte nur Herzog Heinrich d. Ä., und der durfte sie nicht benutzen. Eine der Bedingungen Ludwigs war nämlich, daß der Niederbayer die Kurfürsten gewinnen sollte, die schriftliche Rücktrittserklärung aber nicht vorweisen durfte, so daß seine Verhandlungen mit den Kurfürsten hypothetischen Charakter erhielten.

Noch sonderbarer, bzw. aussichtsloser – wenn es dem Kaiser wirklich um die Absolution ging –, war der Weg, den die Kurie als Voraussetzung für seinen Rücktritt einhalten mußte. Ludwig würde den Papst um Lösung vom Bann bitten – ohne seinen Rücktritt zu erwähnen! –, Johannes XXII. daraufhin einen Legaten zur Absolution senden, und danach erst wollte Ludwig seine Handlungen gegen den Papst widerrufen. Ohne daß Johannes XXII. somit vorher gewußt hätte, was der Bayer als Vergehen betrachtete!

In der Forschung herrscht heute die Meinung vor, daß Ludwigs Vorschlag ein Scheinmanöver war. So schreibt Heinz Angermeier: »Es war eine Bedingung, bei der Ludwig sicher sein konnte, die Kurie werde nicht darauf eingehen. Der Verzichtplan von 1333/34 war also genauso wie derjenige von 1326 ein politischer Täuschungsversuch, der übrigens die an ihn gestellten Erwartungen voll erfüllte, denn Ludwig erlangte zwar nicht die päpstliche Absolution, aber er konnte doch eindrucksvoll demonstrieren, daß die Unnachgiebigkeit auf seiten des Papstes lag, und er zog damit auch noch die letzten Zweifler in Deutschland auf seine Seite. Weit davon entfernt, Ludwig als einen immer Schwankenden, Zögernden und im Grunde schwächlichen Vertreter des deutschen Königstums zu kennzeichnen, wirft gerade die Verzichtepisode das hellste Licht auf die hier agierenden Fürsten, auf Ludwig, den zähen, schlauen und zuweilen verschlagenen Politiker, der jedes Spiel wagt, das ihn seinen Zielen näher bringt; ferner auf Johann von Luxemburg, einen einfallsreichen und rastlosen Plänemacher, der sich aber gerade durch seine Unbeständigkeit dauernd in den Schlingen verwirrt, die er anderen gelegt hat; und schließlich auf Heinrich von Niederbayern, einen ehrgeizigen, aber im Grund völlig unselbständigen und auch unbedeutenden Fürsten, der sich der großen Zusammenhänge, in die er hineingestellt ist, kaum bewußt wird und darum nur die Rolle eines willfährigen Werkzeuges der politischen Mächte spielt.«[6]

Trotzdem bleiben Fragen offen. Ludwigs Stellung im Reich war mit jener der Jahre 1325/26 nicht zu vergleichen. Er saß fest im Sattel, sein Ansehen war allgemein so groß wie noch nie seit seiner Krönung. Spielten vielleicht auch außenpolitische Gründe eine Rolle? Wollte der Wittelsbacher den Papst damit in Schwierigkeiten bringen?

Heinrich d. Ä. versprach nämlich König Philipp, ihm nach seiner Einsetzung als römischer König die Reichsgebiete im arelatisch-burgundischen Raum und um Cambrai zu überlassen – ein ungeheurer Gebietsgewinn für Philipp. Die Zusagen erstreckten sich über das gesamte Gebiet von Burgund bis Lausanne im Norden und dem Mittelmeer im Süden, von den Ufern der Rhone im Westen bis zu den Grenzen der Lombardei im Osten: Burgund, die Provence, das Delphinat, Savoyen – alles, was Frankreich schon lange wünschte! Zusätzlich das Bistum Cambrai, von dem aus die Niederlande beherrscht werden konnten!

Diese Zusage wurde zwar erst am 15. Februar 1334 in Frankreich beurkundet, also nach Ludwigs geheimer Verzichterklärung, aber ein solcher wichtiger Akt ging sicher auf keinen spontanen Entschluß zurück. Die beiden Freunde, König Johann von Böhmen und König Philipp VI., dürften sich über das Schicksal dieser Reichsgebiete schon einig gewesen sein, als der Luxemburger selbst noch mit der Kaiserkrone liebäugelte. Wann war Heinrich d. Ä. dieser Gedanke nahegebracht worden? Wann und wie hatte Kaiser Ludwig davon erfahren? War es zu einem Zeitpunkt, als er im Falle seines Todes Heinrich d. Ä. als Nachfolger vorsah? Noch sind diese Fragen nicht geklärt.

Das 14. Jahrhundert war weder ein geruhsames Zeitalter noch eine Epoche, die zur Ehrlichkeit ermunterte. Es war eine unruhige, erregte Zeit. Keiner von Ludwigs Zeitgenossen spielte mit offenen

Karten. An allen Fürstenhöfen wurden diplomatische Süppchen gekocht, Intrigen gesponnen, unredliche Pläne ausgeheckt, Verträge geschlossen und gleich wieder gebrochen. Und Ludwig der Bayer war ein Kind seiner Zeit, der zudem auf Grund seiner schwierigen Lage immer etwas klüger und gerissener sein mußte als seine Gegen- und Mitspieler.

Da war der Papst, der inzwischen völlig unter den Einfluß König Philipps geraten war und fast alle politischen Entscheidungen mit ihm absprach. König Johann von Böhmen, der so gerne Kaiser werden und Italien gewinnen wollte, enger Freund und Verwandter König Philipps und als solcher auch an der Kurie ein gerngesehener Gast. Nichts davon dürfte den Kaiser sonderlich glücklich gestimmt haben. In diese unheilvolle Dreier-Allianz einen Keil zu treiben, mußte seinen Reiz haben.

Der Plan, Frankreich nach Heinrichs Krönung das Arelat und Cambrai zuzuspielen, eignete sich ausgezeichnet als Keil, wenn der ganze fette Gewinn, der greifbar nahe lag, Philipp VI. entging, weil der Papst bei der Absolutionsbedingung nicht mitspielte. Wie hätte das Verhältnis zwischen den beiden Freunden anschließend ausgesehen? Auch die Träume König Johanns, über seinen unselbständigen Schwiegersohn die Geschicke des Reiches zu lenken – vielleicht einen Teil Italiens für sich herauszuhandeln? –, würden sich in Luft auflösen. Lediglich König Robert wäre noch mit dem Papst zufrieden gewesen. Der Anjou hatte beim ersten Gerücht von einem möglichen Rücktritt Ludwigs und einer Wahl Heinrichs d. Ä. an der Kurie lebhafte Einwände gegen einen solchen Plan erhoben. Da war ihm ein mit der Kurie zerstrittener Kaiser Ludwig bei weitem das kleinere Übel.

Johannes XXII., auch im hohen Alter noch ein Kämpfer, versuchte, die Sache zu einem Erfolg für sich zu machen. Er schrieb einen enthusiastischen Brief nach München, wie sehr er sich freue, daß sich Ludwig nun doch entschlossen habe, zurückzutreten. Kein Wort von einer vorherigen Absolution![7]

Die Gedanken Ludwigs des Bayern bei all der Unruhe und fieberhaften Diplomatie kreuz und quer durch Europa, die er ausgelöst hatte, sind nicht zu erkennen. Wieder verbarg sich »hinter der treuherzigen Maske das lauernde Spiel des seine letzten Karten nicht aufdeckenden Diplomaten«.[8] Auch wartete der Wittelsba-

cher schließlich doch nicht ab, bis das Projekt an der starren
Haltung des Papstes scheitern würde. Im Sommer 1334 verkündete er plötzlich, er hätte lediglich die Thronfolge im Falle seines
Todes regeln wollen, die Gerüchte über seinen geplanten Rücktritt
entsprächen nicht der Wahrheit. Aus Avignon waren nämlich
Nachrichten gekommen, die einen verheißungsvolleren Weg auf-
zeigten, mit Johannes XXII. abzurechnen. Ein neuer Generalan-
griff auf die Rechtgläubigkeit des Papstes sollte gestartet werden.

VISIO BEATIFICA

Johannes XXII. hatte in den vergangenen Jahren bei Predigten und
Verlautbarungen eine Reihe von Aussprüchen über Glaubenssätze
getan, die bei den abtrünnigen Minoriten heftige Opposition auslösten. Mit der »visio beatifica« aber versetzte er die gesamte
Christenheit in Aufregung. Der Papst vertrat die Ansicht, daß die
verstorbenen Seelen erst am Jüngsten Tag bei der Auferstehung
der Leiber vor das Angesicht Gottes treten dürften.
Die Gelehrten im Münchner Franziskanerkloster, vor allem Ockham und Bonagratia, seit dem Scheitern der Aussöhnungsverhandlungen nicht mehr zu rücksichtsvollem Schweigen verurteilt,
schrieben flammende Traktate gegen diese Ketzerei. In ganz Europa ereiferten sich nicht nur Theologen, sondern auch das Volk.
Es fürchtete, der für diese Jahre vorausgesagte Antichrist sei nun
erschienen, um mit dieser Ketzerei die Kirche zum Abfall zu
bringen. Denn zu den abgeschiedenen Seelen zählten natürlich
auch die Heiligen!
Man muß bedenken, was dies für das 14. Jahrhundert bedeutete.
Jeder Berufsstand, jedes Dorf, jede Kirche hatten ihren Heiligen,
jeder einzelne Christ seinen Schutzpatron. Hatte man ihre Hilfe
angerufen, ihnen gar Kerzen gespendet, so war man bisher sicher
gewesen, daß sie beim Allmächtigen ein gutes Wort für den armen
Sünder einlegten. Was sollte aus der Menschheit werden, wenn
ihnen und vor allem der Gottesmutter, der großen Fürsprecherin,
dies nicht möglich war, weil sie das Angesicht Gottes erst am
Jüngsten Tag schauen durften?
Die Studenten von Paris widersprachen dieser Ketzerei genauso

heftig wie ihre Professoren. Und auch Fürsten verurteilten die Meinung des Papstes als Irrtum. Vor allem König Philipp VI. von Frankreich, »so fromm wie sein Urgroßvater, Ludwig der Heilige, dem er aber an Intelligenz und Willenskraft um vieles nachstand«,[9] geriet in die größte Aufregung.

»Zweimal versammelte Philipp VI. die Theologen, um dieses Problem in seiner Gegenwart zu diskutieren. Er ›geriet in mächtigen Zorn‹, als der päpstliche Gesandte die Zweifel des Heiligen Stuhls unterbreitete. ›Der König erteilte ihm einen heftigen Verweis und drohte, ihn wie einen Albigenser zu verbrennen, wenn er seine Behauptung nicht zurücknähme, und sagte weiter, wenn der Papst tatsächlich derartige Ansichten hege, würde er ihn als einen Ketzer betrachten.‹ Tiefbesorgt schrieb Philipp an Johannes XXII., daß seine Zweifel an der seligmachenden Anschauung Gottes den Glauben an die Fürsprache der Gottesmutter und der Heiligen zerstörten.«

Bereits im Jahre 1331 hatte Michael von Cesena in seinem »litterae deprecatoriae« den Kaiser zur Einberufung eines Konzils zur Verurteilung des ketzerischen Papstes aufgefordert. Damals bestand wenig Aussicht auf Erfolg. Nun aber wurde dieser Wunsch aus dem Kardinalskollegium an den Kaiser herangetragen! Es ist durchaus denkbar, daß die »visio beatifica« nur ein Vorwand der oppositionellen Kardinalspartei war, um mit Johannes XXII. zu brechen. Nicht anders als der Kaiser, schienen sich diese Politiker unter dem Kardinalshut für Glaubenssätze nur zu interessieren, wenn man sie politisch verwerten konnte.

Die Palastrevolution ging von Kardinal Napoleon Orsini aus. Nachdem die Rückkehr des Stuhls Petri nach Italien zwei Jahre lang greifbar nahe geschienen hatte, waren die Hoffnungen des alten Kardinals durch eine massive Einflußnahme Frankreichs im Vorjahr wieder enttäuscht worden. Dies hatte Napoleon so in Harnisch gebracht, daß er sich mit dem Papst völlig überworfen und von allen Geschäften zurückgezogen hatte. Jetzt, im Sommer 1334, ließ er Kaiser Ludwig durch den Minoritenbruder Walter den Plan eines großen allgemeinen Konzils überbringen – wenn die Rücktrittsgerüchte nicht der Wahrheit entsprächen –, wobei die Forderung nach dem Konzil offiziell von Ludwig an die Kardinäle gestellt werden sollte.

Der Wittelsbacher ließ deshalb das Rücktrittsprojekt ohne Bedenken fallen. Er war sofort einverstanden mit Napoleons Plan. Bonagratia setzte ein Schreiben an das Kardinalskollegium auf, in dem Ludwig die Kardinäle als »die Säulen, die die heilige Kirche aufrechterhalten und tragen sollen«[10] bittet, ein Konzil einzuberufen, »auf welchem er mit Gottes Hilfe in eigener Person zu erscheinen beabsichtige«.

Eine Bedingung hatte Kardinal Orsini für seine Unterstützung gestellt: Der Kaiser müßte sich mit König Robert von Neapel aussöhnen. Ludwig erklärte sich in einem persönlichen Begleitschreiben an Napoleon Orsini dazu bereit, wenn König Robert seine Lehnsabhängigkeit vom Imperium nicht länger leugne.

Wie weit Kardinal Orsini die Aussöhnungspläne zwischen dem Kaiser und König Robert vorantreiben konnte und bis zu welchem Stadium der gesamte Konzilsplan fortschritt, ist nicht bekannt. Der Tod von Papst Johannes XXII. am 4. Dezember 1334 vereitelte alle Pläne. In seinem Todesjahr hat der Papst noch den völligen Zusammenbruch seiner Italienpolitik erlebt. Sein Lieblingsneffe Bertrand hatte sich jahrelang nur noch unter größten Schwierigkeiten in Italien halten können. Im April 1334 gab der Kardinallegat endgültig auf und kehrte als geschlagener Mann nach Avignon zurück, um Italien nie wiederzusehen. Unbekannt ist, ob Johannes XXII. einsah, wie verfehlt seine Italienpolitik gewesen war.

Zum Glück für den Seelenfrieden Philipps VI. wurde die »visio beatifica« als Irrtum zurückgenommen. Die Seelen durften das Angesicht Gottes sofort schauen und nicht erst am Jüngsten Tag. Angeblich soll Johannes XXII. seine Aussage einen Tag vor seinem Tod noch selbst zurückgenommen und – bereits im Todeskampf – sogar die entsprechende Bulle noch selbst aufgesetzt haben.[11]

Es wäre eigentlich recht typisch für Johannes XXII., noch im Todeskampf eine Bulle zu verfassen, aber er hat die »visio beatifica« offenbar nur zur Diskussion gestellt und vor seinem Tod verkündet, er würde sich der endgültigen Entscheidung anschließen. Es war ein gebräuchlicher Weg – auch Meister Eckardt war ihn gegangen –, um einer nachträglichen Exkommunikation zu entgehen. So wurde Johannes XXII. nicht nachträglich gebannt, als

Papst Benedikt XII. durch eine Kommission den Irrtum seines Vorgängers feststellen und widerrufen ließ. Es war Pech für Kaiser Ludwig, daß die Kommission über »Cum inter nonnullos« zu keiner gegensätzlichen Ansicht kam.[12]

». . . die verwehrten, daß kein gewisser
Frieden gemacht wurde . . .«

Es gibt ein Lobgedicht auf Kaiser Ludwig IV.,eine auf hohem künstlerischen Niveau stehende Allegorie. Es ist nur in Bruchstücken erhalten, aber soweit aus den überlieferten 930 Reimpaarversen zu erkennen ist, steht im Zentrum des Gedichts ein von Frau Ehre veranstaltetes höfisches Fest mit Bankett und Turnier. Der Ich-Erzähler wird von Frau Venus bei Frau Ehre eingeführt und trifft an ihrem Hofe auch die Milde, die Treue und andere Tugenden. Nun hebt ein förmlicher Wettgesang an auf das Lob des Kaisers. Der Dichter beginnt und alle Tugenden stimmen ein, wobei sie auch Kaiserin Margarete nicht vergessen. Tapferkeit, Milde und Friedensliebe werden besonders überschwenglich an Ludwig gepriesen. Aber zum Schluß mahnt der Dichter den Kaiser, er möge dafür sorgen, daß das Unglück, das durch den Streit der beiden Schwerter auf dem Reiche liegt, bald beendet wird.[1]

Papst Benedikt XII.

Diese Mahnung in einem Gedicht, das begeistert das Lob des Kaisers singt, macht besonders deutlich, wie allgegenwärtig die Sehnsucht nach Frieden zwischen Kirche und Staat war. Man kann sich deshalb lebhaft vorstellen, mit welcher Spannung der Kaiserhof die nächste Papstwahl erwartete. Würde als nächstes ein Mann des Ausgleichs den apostolischen Stuhl besteigen oder ein strenger Eiferer für die Macht der Kirche? Würde endlich ein Papst seiner geistlichen Verantwortung höheren Wert beimessen als politischen Konstellationen? Bereits sechzehn Tage nach dem Tode Johannes' XXII. wurde Benedikt XII. als sein Nachfolger gewählt. Aufgrund der ersten Nachrichten, die über den neuen

Papst in München eintrafen, dürfte man am Kaiserhof mit der Wahl hochzufrieden gewesen sein.

Benedikt XII., ein theologisch gründlich gebildeter Zisterzienser – Dr. theol. –, hatte offensichtlich keinerlei machtpolitische Ambitionen, sondern sah seine Aufgaben eher auf kirchlich-religiösem Gebiet. Johannes XXII. hatte fast sein Leben lang Kriege geführt – Benedikt erklärte gleich in seinem ersten Konsistorium am 21. Dezember 1334, er werde nie und gegen niemand das Schwert ziehen. Johannes XXII. »war darauf bedacht, seine Verwandten zu erhöhen und zu bereichern«[2]. Benedikt XII. soll gesagt haben: »Das sei fern, daß der König von Frankreich mich durch meine Verwandten, wenn sie durch mich bereichert würden, gleich meinem Vorgänger zur Erfüllung jedes seiner Wünsche zwingen könne.« Besonders lag Benedikt eine Reform in den mönchischen Orden am Herzen: In den Klöstern sollte wieder Zucht und Sittenstrenge einkehren.

Auch äußerlich war er seinem Vorgänger nicht ähnlich. Johannes XXII. »war nämlich blaß, klein und mit schwacher Stimme begabt, dieser aber gerötet, von sehr großem Wuchs und hatte eine kräftige Stimme«. War sein Vorgänger in Speise und Trank äußerst mäßig gewesen, so war Benedikt ein herzhafter Esser und Trinker. Ein jovialer Herr, wie es scheint, doch darf nicht übersehen werden, daß Jacques Fournier vor seiner Erhebung zum Kardinal neben Bernard Gui der berühmt-berüchtigste Inquisitor Frankreichs gewesen war. Man darf ihm allerdings zugestehen, daß er aus innerer Überzeugung und Glaubenseifer sein Amt mit so großem Erfolg ausgeübt hatte, daß er Aufmerksamkeit erregte und zum Kardinal ernannt wurde.

Viele Hoffnungen richteten sich auf ihn, nicht nur am Kaiserhof. Das Pontifikat seines Vorgängers war für das Ansehen des Papsttums kein Gewinn gewesen, wie auch eine Geschichte deutlich macht, die Mathias von Neuenburg, ein großer Verehrer Benedikts, über dessen Wahl erzählt: Beim Tode Johannes' XXII. befand sich ein Bischof gerade auf der Reise nach Avignon. In der Nacht hatte er im Traum eine Erscheinung, die ihm den Tod des Papstes mitteilte und einen großen, unbekannten Mann als den nächsten Papst vorstellte. In Avignon besuchte er als erstes die Kardinäle, die sich zum Konklave versammelten, konnte aber seine Traumer-

scheinung nicht entdecken. Er erfuhr, daß »der weiße Kardinal«
noch fehle (das Ordenskleid der Zisterzienser war weiß), suchte
diesen deshalb zu Hause auf und sagte, als er seine Traumerschei-
nung erkannte: »Vater, ihr seid der zukünftige Papst.«
Benedikt lachte darüber, da er der ärmste und geringste aller
Kardinäle sei, aber der Bischof erzählte von seinem Traum und
fuhr fort: »Vater, der, welcher mir euch gezeigt hat, führte mich in
einen schmutzigen, mit Unrat angefüllten Stall, wo ich einen
Kasten von blendend weißem Marmor, aber leer, sah. Ihr seid
dieser Kasten und müßt denselben während eurer Amtsführung
mit Tugenden anfüllen; und, o, Hirte und Herr des Stalles! reiniget
den apostolischen Hof und Stuhl, der jetzt ein schmutziger Stall
ist, von dem Unrat des Geizes und der Simonie und laßt euch die
heilige römische Kirche und die Stadt Rom anbefohlen sein.«
Nach Villani kam die Wahl Benedikts durch ein Versehen zustande. Die starke französische Partei verlangte von ihrem Kandidaten, Jean de Comminges, das Versprechen, den Stuhl Petri nie
nach Rom zurückzuführen. Aber der hochfavorisierte Kardinal,
der sich seiner Wahl sicher war, lehnte dies ab. Beim nächsten
Wahlgang wollten deshalb einzelne Kardinäle ihrem Kandidaten
einen Dämpfer versetzen und wählten denjenigen, der das geringste Ansehen genoß, der also kein ernsthafter Rivale war. »Durch
göttliche Einwirkung« waren jedoch alle gleichzeitig auf diesen
Einfall gekommen, und so kam Kardinal Jacques Fournier, der
noch nie hervorgetreten war und keinen Einfluß hatte, auf den
apostolischen Stuhl.[3]
Wie Mathias von Neuenburg erzählt, sandte König Philipp VI. von
Frankreich sofort eine Gesandtschaft zu Benedikt, die den Landsmann artig beglückwünschte und Philipps Forderung überbrachte, der Papst möge ihm für einen geplanten Kreuzzug auf
zehn Jahre den Kreuzzugszehnten bewilligen, ihm das Vikariat
über Italien verleihen und dem französischen Kronprinzen Johann, inzwischen Schwiegersohn des böhmischen Königs, das
Arelat und das Dauphiné übertragen.
Benedikt XII. hatte zu Beginn seines Pontifikats den besten Willen,
ein gerechtes Regiment zu führen. Im Laufe weniger Jahre gewannen allerdings seine stark ausgeprägten patriotischen Gefühle die
Oberhand, und die Gerechtigkeit blieb zunehmend auf der

Strecke. Es zeigte sich, daß weder Charakterstärke noch Durchsetzungskraft zu seinen Eigenschaften zählten. Anfangs war er aber entschlossen, seine Entscheidungen vom Einfluß politischer Mächte freizuhalten und sie von seinem Gewissen abhängig zu machen. Weder übertrug er König Philipp das Vikariat über Italien, noch dem Kronprinzen das Dauphiné und Arelat. Auch Philipps Bitte um den Kreuzzugszehnten wurde mit dem höflichen, aber kühlen Hinweis augelehnt, Frankreich erhalte bereits seit vierzig Jahren diese beträchtlichen Gelder, ohne daß jemals ein Kreuzzug zustande gekommen sei.

Die Absicht jedoch, den Stuhl Petri nach Rom zurückzuführen, wurde unter dem massiven Einfluß Frankreichs sehr bald fallengelassen, sofern sie beim Südfranzosen Benedikt überhaupt jemals ernstlich vorhanden gewesen war. Und als er mit dem Bau eines neuen, prächtigen Papstpalastes in Avignon begann, war der Sitz des apostolischen Stuhls für Jahrzehnte zu Roms Ungunsten entschieden. Der Palast wurde im Stil einer Burg angelegt mit vier Meter dicken Wehrmauern und Innenhöfen. »Das Bauwerk besaß fremdartige pyramidenförmige Kamine, die über den Küchen aufragten, es gab Bankettsäle und Gärten, Schatzkammern und Schreibstuben, eine Kapelle mit Rosettenfenstern, ein beheiztes Dampfbad und ein Tor auf den öffentlichen Platz hinaus, wo sich die Gläubigen versammeln konnten, um den Papst auf seinem weißen Esel ausreiten zu sehen. Hier bewegten sich die majestätischen Kardinäle mit ihren roten Kardinalshüten, ›reich, unnahbar und raubgierig‹, wie Petrarca schrieb. Sie wetteiferten in der Pracht und Herrlichkeit ihrer Gewänder. Einer benötigte zehn Pferdeställe, ein anderer mietete 51 Häuser, um sein Gefolge unterzubringen.«[4]

Der Gipfel des Luxus waren die sanitären Einrichtungen des Palastes, nämlich ein Turm, »dessen untere Stockwerke nur Latrinen enthielten. Diese waren mit steinernen Sitzen ausgerüstet und wurden in eine unterirdische Grube entleert, die mit Wasser aus den Küchenabflüssen und einem zu diesem Zweck umgeleiteten Fluß ausgespült wurden.«

Nicht nur Ludwig, sondern auch Benedikt XII. war es ein Anliegen, den Frieden zwischen Kirche und Kaiser wieder herzustellen. Der Papst selbst forderte über die Herzöge Albrecht und Otto von

Österreich den Wittelsbacher auf, in die Kirche zurückzukehren. Er würde »väterliche Aufnahme und gütige Behandlung finden, soweit es nur mit Gottes und der Kirche Ehre verträglich« sei.[5]

So zogen im Frühjahr des Jahres 1335 Graf Ludwig d. J. von Oettingen, Protonotar Ulrich Hofmaier von Augsburg, Eberhard von Tumnau und Marquart von Randegg – alles Juristen, die bis auf Ulrich Hofmaier (Studium und Lehrtätigkeit an der Universität Paris) an der Juristenuniversität Bologna studiert hatten – als kaiserliche Gesandte nach Avignon, um in Vorgesprächen die Aussöhnungsbedingungen zu klären. Diese waren trotz Benedikts väterlicher Worte äußerst hart, jedoch wurde nicht mehr verlangt, Ludwig solle Königskrone und Regierung niederlegen.

NEUE VERHANDLUNGEN

Es blieb auch weiterhin ein juristisches Katz- und Mausspiel, bei dem jede Seite peinlich darauf bedacht war, keine Rechtspositionen preiszugeben, bei dem aber der schmale Grat für Verhandlungen dennoch nie verlassen wurde. So vermied es Benedikt äußerst geschickt, offiziell einzugestehen, daß er die Exkommunikation von März 1324 für ungerecht hielt und Ludwig somit – zumindest für Deutschland – Königstitel und Regierung zu Recht führte. Er gab dies aber durch die Blume zu verstehen, indem er die Vollmachten (Prokuratorien) der Gesandten annahm, die Ludwig mit dem Königstitel unterzeichnet hatte, und einen Absolutionsprozeß führte,[6] während Ludwig die Regierung für keinen Tag unterbrach; denn ein Gebannter mußte seine Vergehen, für die er zu Recht gebannt war, nicht nur gestehen und bereuen, sondern natürlich auch einstellen, wenn ein Absolutionsprozeß begann.

Der Bayer seinerseits mußte genauso geschickt taktieren, um in Italien keine Positionen preiszugeben, denn es zeigte sich, daß Benedikt XII. hier genausowenig Pardon verstand wie sein Vorgänger. Hier befand sich Ludwig in einer schwierigen Lage. Zwar hatte keiner seiner Vorgänger den Anspruch der Kurie, nur ein approbierter König hätte das Recht zu Regierungshandlungen in Italien, je offiziell bestätigt, durch ihr Verhalten hatten sie jedoch den Eindruck erweckt, als würden sie ihn anerkennen. Als erster

König Rudolf I. Einen solchen Anspruch durch Worte oder Taten glatt abzustreiten, hätte das Ende der Rekonziliationsverhandlungen bedeutet. Um endlich den ersehnten Frieden zwischen Kirche und Staat zu erreichen, verzichtete Ludwig während des Absolutionsprozesses deshalb stillschweigend auf alle Regierungshandlungen in Italien, gab allerdings offiziell oder gar urkundlich auf keinen Fall zu, die Kurie könnte ein Recht auf einen solchen Schritt haben.

Das war nun wirklich ein Balanceakt von hoher Kunst. Die Vorsicht ging so weit, daß Ludwig nicht einmal schriftlich erklärte, die Regierung in Deutschland stünde einem nichtapprobierten König eindeutig zu. Die Kurie hätte daraus den Umkehrschluß konstruieren können, er erkenne ihren Anspruch für Italien an. Ludwig mußte deshalb seinen Standpunkt durch Schritte wie die Unterzeichnung der Prokuratorien als römischer König usw. klarmachen. Ein besonders deutlicher Akt war die Erhebung seines Schwagers, Graf Wilhelm von Jülich, zum Markgrafen und damit in den Reichsfürstenstand, bevor er ihn als Gesandten in Avignon einsetzte. Bittesehr, hieß das, die Regierung in Deutschland unterliegt auch ohne Approbation keinerlei Einschränkungen – ohne daß er Anlaß bot, er könnte eine solche für Italien anerkennen.[7]

Trotz aller Schwierigkeiten war man sich bei den Vorgesprächen soweit einig geworden, daß im Herbst 1335 ein Absolutionsprozeß eröffnet werden konnte. Die Eröffnungsrede im Anfangskonsistorium am 9. Oktober hielt Marquart von Randegg. Mit einem großen Aufwand an Zitaten aus Bibel und Kirchenrecht – dem Geschmack der Zeit gemäß – appellierte Marquart recht massiv an das Rechts- und Verantwortungsbewußtsein Benedikts als Stellvertreter Christi, gab die Anschauung über Sünde und Sündenvergebung aus der Sicht des Neuen Testaments zu bedenken und schloß daran die Bitte um Vergebung für Ludwigs Vergehen. Sein Herr verspräche, der heiligen Mutter Kirche in Zukunft ein gehorsamer Sohn zu sein.[8]

Auch die von Benedikt XII. gestellte Forderung, Ludwig solle um die Approbation bitten, wurde von Marquart geschickt nicht als Ablehnung, sondern im Sinne einer positiven Deutung vorgetragen. Die Approbation sei wünschenswert im Sinne einer ideellen Erhöhung des Gewählten, als Verstärkung seiner Autorität. Damit

wurde die Approbation auf ein formales Ritual gleich der Kaiserkrönung heruntergedrückt, das keine reichsrechtlichen Konsequenzen hatte.

Der Papst antwortete »in gnädigster Weise«, nannte Ludwig »den
edelsten Herrn der Welt« und versicherte, er und die Kardinäle
beglückwünschten sich, »daß Deutschland, ein so edler Zweig der
Kirche, der sich in der Person des Herrn Ludwig gekränkt gefühlt
und bereits begonnen hätte, sich von dem Baume der Kirche
abzusondern, sich eben diesem Baume zur großen Ehre des heiligen Stuhles wieder anschlösse«.

Im Gegensatz zu Mathias von Neuenburg, der persönlich anwesend war und nach der mitreißenden Rede Marquarts und der
Reaktion des Papstes die Absolution des Kaisers für den nächsten
Tag erwartete, dürften sich die deutschen Prokuratoren keinen
solchen Erwartungen hingegeben haben. Noch hatte die Kommission nicht über die »visio beatifica« und somit auch nicht über den
Armutsstreit entschieden. Würde sie zu dem Ergebnis kommen,
Johannes XXII. sei wegen »Cum inter nonnullos« zum Ketzer
geworden, so wären die meisten seiner Sentenzen gegen Ludwig
ungültig gewesen. Die Vollmachten der Gesandten, die nicht
überliefert sind, dürften sich auf entsprechend wenige Punkte
bezogen haben.

Die Beratungen der Kommission zogen sich hin. Im Dezember bat
der Papst den Kaiser schriftlich um Entschuldigung für die Verzögerung, und am 29. Januar 1336 stand endgültig fest, daß die »visio
beatifica« als Ketzerei zurückgezogen wurde, im Armutsstreit aber
alles beim alten blieb. Somit mußten die Prokuratoren erst noch
einmal nach Deutschland zurück, um sich die erweiterten Vollmachten zu holen, und erst im März konnten die Verhandlungen
fortgesetzt werden.

Es war Voraussetzung einer späteren Absolution, daß der Pönitent
die Vergehen zugab, derenthalben er gebannt worden war, auch
für jene Exkommunikationen, die er sich a iure zugezogen hatte.
Für den Umgang mit einem Gebannten beispielsweise befand man
sich automatisch im Bann, selbst wenn es niemand erfuhr. Allerdings erlaubte Ludwig wieder nicht, den Bann von März 1324 und
den wegen Häresie als gerecht verhängt anzuerkennen. Für diese
Sentenzen durfte er nicht die Absolution erhalten, sondern sie

mußten vom Papst kassiert werden. Ludwig gab in den Absolutionsprokuratorien folgende Straftaten zu:

1. Er hat sich mitschuldig gemacht an der Erhebung des Petrus de Corvara zum Gegenpapst.
2. Er hat Galeazzo Visconti und seine Brüder unterstützt.
3. Er hat die opponierenden Minoriten sowie
4. Marsilius von Padua und Johann von Jandun aufgenommen.
5. Er verhinderte die Beachtung des (seinetwegen) verhängten Interdikts, gab seine Erlaubnis zur Unterdrückung von Kirchen und geistlichen Personen und zwang sowohl Welt- wie Ordensgeistliche, das Interdikt zu brechen.
6. Er intrudierte verschiedene Personen in geistliche Stellen und verhinderte, daß Provisen des Apostolischen Stuhls in den Besitz derselben gelangten.
7. Er verkehrte mit anderen Exkommunizierten.
8. Er nahm mit ihnen an interdizierten Orten am Gottesdienst teil.
9. Er empfing die Kaiserkrönung zu Rom »perverse, male et iniuste et a potestatem non habente«[9] – falsch, schlecht und ungerecht und von einem nicht dazu Berechtigten.

Die meisten Straftaten konnte Ludwig mit der Ungerechtigkeit Johannes' XXII., die ihn dazu gezwungen habe, oder mit seiner Pflicht, das Reich zu schützen, erklären. Die Minoriten und Marsilius habe er nicht aufgenommen, weil er ihre religiöse Überzeugung teilte, sondern weil sie ihm bei der Verteidigung der Reichsrechte behilflich waren. Er selbst habe nie ketzerische Anschauungen geglaubt oder vertreten. Zugute kam Ludwig nun das Geständnis seines früheren Protonotars über die »Kanzleifälschung« in der Sachsenhäuser Appellation, durch die er sich von dem Verdacht reinigen konnte, im Armutsstreit zum Ketzer geworden zu sein. Zur Einsetzung des Gegenpapstes – auch eine Ketzerei –, erklärte Ludwig, er habe nie wirklich geglaubt, daß Nikolaus V. rechtmäßiger Papst sei, und außerdem hätte er zu diesem Zeitpunkt nicht gewußt, daß so etwas nach dem Kirchenrecht verboten war.

Obwohl der Wittelsbacher die Irregularität seiner Kaiserkrönung zugab, machte er die Niederlegung des Kaisertitels von der Garantie abhängig, daß Krönung und Weihe innerhalb einer bestimmten Frist durch die Kurie wiederholt würden. Noch weniger war er zu

Konzessionen gegenüber Forderungen des Papstes bereit, die ihm nachteilig für das Reich schienen. So wurde das Ansinnen abgelehnt, er solle den König von Polen als Reichsvikar bestellen und bestimmte Gebiete mit ihm tauschen. Das hätte sich nachteilig für das Reich auswirken können.

Der nächste Punkt war heikel. Benedikt stellte die Forderung, der Wittelsbacher müsse nach der Approbation die Regelung der Verhältnisse Italiens zwei Jahre lang ohne jede Einmischung dem Papst überlassen. Also wieder Italien und wieder ein Balanceakt! Ludwig lehnte die Forderung ab, begründete dies jedoch voller Vorsicht nicht mit seiner Auffassung von den Reichsrechten, sondern mit Sachargumenten: In dieser Zeit könnten Reichslehen anheimfallen und dem Reich verloren gehen, wenn er nicht berechtigt wäre, entsprechend einzugreifen. Er hätte bei seiner Krönung jedoch den Eid geleistet, die Güter des Reiches zu erhalten. Zur Approbation gab er seine Bereitschaft zu erkennen, sich den päpstlichen Usus im gleichen Sinne wie seine Vorgänger gefallen zu lassen, »als es gewonlich ist dem rich«. Damit waren aber nicht die Ansprüche verbunden, die Johannes XXII. durchsetzen wollte. Gerne entsprach Ludwig der Forderung, seine Gesandten sollten beim Stuhl Fürbitte tun für seinetwegen in Ungnade Gefallene. Er trug den Prokuratoren auf, sie sollten den Papst »fleizzig biten, daz er alle die mit vns zu gnaden neme, die aus des babstes gnaden von vnsern wegen chomen sind«. Auch ein gewünschtes Bündnis mit Frankreich konnte zugesagt werden. Es war ohnehin immer sein Wunsch gewesen, mit Frankreich in Frieden zu leben. Der geforderten Aussöhnung mit König Robert war er ebenfalls nicht abgeneigt, soweit keine Reichsrechte geschmälert wurden. Sogar einer Schenkung sah er nunmehr ins Auge. Die Gesandten durften die Grafschaft Venaissin anbieten, die die Kurie ohnehin seit über sechzig Jahren unangefochten innehatte.

Zusammenfassend kann man sagen, daß der Wittelsbacher dort Nachgiebigkeit und Entgegenkommen zeigte, wo es um ihn als Privatperson und als Christ ging, daß er aber eisenhart Grenzen zog, wenn es um die Stellung des Herrschers und um das Reich ging. Die Verhandlungen, die hinter verschlossenen Türen stattfanden, dürften unter diesen Umständen für seine Gesandten nicht ohne Probleme verlaufen sein. Zudem erfuhren sie aus politischen Gründen (siehe nächstes Kapitel) eine längere Unterbrechung und Verzögerung, aber schließlich wurde man sich doch einig. Für den 11. April 1337 wurde das Schlußkonsistorium angesetzt.

Wieder war es Marquart von Randegg, der für die deutsche Gesandtschaft die Rede hielt. Als dann Papst Benedikt XII. das Wort ergriff, erwarteten die Anwesenden Ludwigs Absolution und die offizielle Wiedereinsetzung in seinen Stand. Aber es kam nicht dazu. In letzter Minute ging Benedikt unvermutet auf den Standpunkt seines Vorgängers zurück. In seiner Antwort verglich er Ludwig mit dem großen Drachen der Apokalypse, der den dritten Teil der Sterne mit sich in den Abgrund reißt, und warf ihm alle Vergehen vor, für die Johannes XXII. seine Strafen ausgesprochen hatte. Ludwig sei nicht wahrhaft bußfertig, da er in diesem Fall die Regierung in Regnum und Imperium aufgeben und sich der Gnade des apostolischen Stuhls unterwerfen würde. Nur dadurch könne er die Absolution erlangen.

Unbußfertigkeit seines Pönitenten war ein legales kirchenrechtliches Argument, die Absolution zu verweigern, aber es täuschte nur wenige Zeitgenossen darüber hinweg, daß hier unter dem Deckmantel einer juristischen Begründung eine politische Entscheidung gefällt worden war.[10] Was war seit dem ersten Konsistorium geschehen, das Benedikts Gewissen, das ihn anfangs zu einer Aussöhnung zwischen Kirche und Kaiser gedrängt hatte, nun zum Schweigen verurteilte? Aber nicht nur der Papst benahm sich unaufrichtig. Auch König Robert und König Philipp, »die verwehrten, daß kein gewisser Frieden gemacht wurde«, wie Aventinus schreibt, sowie alle anderen Akteure der damaligen Weltbühne waren zu dieser Zeit in noch mehr Ränke und Winkelzüge verstrickt als gewöhnlich.

». . . aber gegen den genannten Herrn Ludwig sind wir
gezwungen, uns zu verteidigen . . .«

Die Jahre 1335–37, die Zeit der Verhandlungen in Avignon, waren
unruhige Jahre. An mehreren neuralgischen Punkten Europas
kriselte es gleichzeitig, auch im bayerisch-österreichisch-böhmi-
schen Raum. Die Konfrontation, die sich hier seit langem abzeichnete, wurde durch den Tod Herzog Heinrichs von Kärnten-Tirol
am 2. April 1335 nun unvermeidlich.

STREIT UM KÄRNTEN UND TIROL

In der Theorie waren seine Länder seit langem zwischen dem
Kaiser und den Habsburgern aufgeteilt. Albrecht und Otto von
Österreich überließen jedoch nichts dem Zufall und beeilten sich,
als erste beim Kaiser in Linz zu sein. Sie gönnten sich, berichtet
Johann von Victring, nach den Anstrengungen der Reise nur eine
kurze Rast, und dann »ertönen die Bitten und Gesuche der Herzöge vor den kaiserlichen Ohren«.
Man war sich schnell handelseinig. Die offizielle Belehnung mußte
wegen andauernder Regenfälle und einer starken Überschwem-
mung verschoben werden, aber als der Himmel endlich wieder
aufklarte, ließ der Kaiser am 5. Mai seine Standarte aufrichten, die
Fähnchen wurden von Grafen und anderen Edelleuten getragen,
und dann belehnte er »beim Schall der Hörner und bei Trompetengeschmetter die hocherfreuten Herzöge unter den geziemenden
Feierlichkeiten mit dem Land Kärnten«. Und natürlich auch mit
Südtirol.
Abt Johann von Victring, der sich so gut informiert zeigt, war bei
der Feier selbst anwesend, und zwar im Auftrag von Herzogin
Margarete Maultasch, der Tochter des Verstorbenen, und ihres
jugendlichen Ehemannes. Die beiden Kinder hatten sofort beim

Tod des alten Herzogs einen Boten zu Johann Heinrichs Vater nach Paris gesandt. Der Böhmenkönig sollte ihre Forderung beim Kaiser unterstützen, Johann Heinrich mit Kärnten und Tirol zu belehnen. Der Bote traf König Johann jedoch im Bett und in übler Verfassung an. Er hatte an einem Turnier teilgenommen, war völlig zerschlagen und in ärztlicher Behandlung. Der Luxemburger litt bereits an dem Augenleiden, das bald zur völligen Erblindung führen sollte; er war zu diesem Zeitpunkt schon halbblind, konnte aber immer noch keinem Turnier widerstehen. Er mußte Sohn und Schwiegertochter damit vertrösten, daß er später um ihre Rechte kämpfen würde.

So sandten die Kinder einen Vertrauten des verstorbenen Herzogs, den Abt Johann von Victring, ausgerechnet zu den österreichischen Herzögen mit der Bitte um Unterstützung. Der Abt mußte den Herzögen nach Linz nachreisen und bat sie um Hilfe. Er brachte Albrecht und Otto damit in eine recht peinliche Situation. Sie drucksten herum, wollten nicht mit der Sprache heraus und halfen sich mit unklaren Erklärungen. Nun wandte sich Johann von Victring, »nicht faul«, durch die Vermittlung des edlen Herrn Heinrich von Sefeld direkt an den Kaiser, der ihm unumwunden und ehrlich mitteilte, daß die Sache schon entschieden sei.

»Wir sind stets bereit gewesen«, sagte Ludwig, »unserem vielgeliebten Oheim und seinen Kindern zu Gefallen zu sein.« In diesem Fall könne er jedoch nichts tun; er habe in der Zwischenzeit mit seinen österreichischen Vettern andere Vereinbarungen getroffen. Die Habsburger brachten ohne alle Schwierigkeiten Kärnten unter ihre Herrschaft. Erst der Vater des verstorbenen Herzogs war mit Kärnten belehnt worden, und eine tiefe Bindung hatte sich in den zwei Generationen offenbar nicht entwickelt. Tirol dagegen war ein heißes Eisen. Hier war der Adel des Landes entschlossen, keine andere Herrschaft als Margarete Maultasch und ihren Ehemann zu dulden. Möglicherweise nicht nur aus edler Treue! Der verstorbene Herzog war ein recht unbegabter Herrscher gewesen, der seinen Adel frei schalten und walten und sich bereichern hatte lassen. Von den zwei Kindern waren auch keine nennenswerten Einschränkungen zu erwarten, während die Habsburger und Wittelsbacher zweifellos unerfreuliche Änderungen einführen würden. Im Sommer 1335 kehrte König Johann nach Prag zurück und versuchte vorerst, auf dem Verhandlungswege zu retten, was zu retten war. Er bat deshalb um einen Waffenstillstand, der ihm bis Juni 1336 gewährt wurde. Im Winter 1335/36 bemühte er sich auch um Friedensgespräche mit dem Kaiser, ließ in einem Brief an Berthold von Henneberg, den er um Vermittlung gebeten hatte, gleichzeitig durchblicken, daß man auch andere Seiten aufziehen könnte. »Gott weiß«, schloß er das Schreiben mit beträchtlichem Pathos, »daß wir niemanden, der zum Reich gehört, schädigen wollten, aber gegen den genannten Herrn Ludwig sind wir gezwungen, uns zu verteidigen, da dieser sich mit allen Kräften bemüht, unsere Kinder und Freunde auszurotten und zu enterben.«[1]

Der Kaiser gab nicht nach. Seine Entscheidung über Kärnten und Tirol war gefallen. Also Krieg! In Bayern, Böhmen und Österreich wurde nun eifrig gerüstet. Das Heer, das Ludwig ins Feld führte, war das größte, das er je aufgeboten hatte.

Herzog Heinrich d. Ä. eilte an die Seite seines Schwiegervaters; die mit König Johann verbündeten Ungarn stießen dazu. Auf der Gegenseite vereinigte der Kaiser sein Heer mit dem des zweiten Schwiegersohnes König Johanns. Otto der Fröhliche, dessen erste Frau, Elisabeth von Niederbayern, 1330 gestorben war, hatte im Februar 1335 König Johanns Tochter Anna geheiratet. Schließlich lagen sich beide Heere bei Landau gegenüber.

Der Böhmenkönig fand den Feind jedoch zu überlegen. Er zog sich »auf coupiertes Terrain zurück«[2] und verschanzte sich, »um den Feinden den Angriff unmöglich zu machen«. Der Kaiser und Herzog Otto reizten ihn zwar und drängten ihn zur Schlacht, »aber sie richteten nichts aus«. Auch König Johann konnte sich keine verlorene Schlacht leisten.

Schließlich war die Geduld seiner Gegner zu Ende und sie zogen in Richtung Böhmen ab. König Johann eilte zurück, um sein Königreich zu verteidigen – aber der Krieg war bereits zu Ende. Auf dem Weg nach Böhmen entzweiten sich der Kaiser und Herzog Otto derart wegen vier Burgen, die jeder für sich beanspruchte, daß Ludwig es ablehnte, Otto weiter zu unterstützen. Die Heere trennten sich und wurden bald aufgelöst.

Im Grunde hatte keiner der beteiligten Fürsten das Geld, sein Ziel militärisch durchzusetzen – schon gar nicht durch einen längeren

Feldzug. König Johann hatte nach besten Kräften die böhmischen
Städte und die Prager Juden geschröpft, sogar die silbernen Apo-
stelfiguren einschmelzen lassen, die sein frommer Sohn Karl gestiftet hatte, und – allerdings erfolglos – in der Prager Synagoge
nach versteckten Schätzen graben lassen, aber seine Kriegskasse
war bereits wieder leer. Ebenso hatten die Habsburger ihren
Ländern empfindliche Auflagen dekretiert, doch auch bei ihnen
war das Geld längst dahingeschmolzen.[3] Und der Kaiser hatte
durch Reichsstädtesteuern usw. nun zwar höhere Einnahmen als
zu Zeiten des Thronkampfes, indes auch höhere Ausgaben. Er war
immer noch darauf angewiesen, ein Heer möglichst kurzfristig
einzuberufen und bald wieder zu entlassen.

Weder konnte König Johann deshalb daran denken, den Habsburgern Kärnten wieder zu entreißen, noch konnten der Kaiser und
die Österreicher Tirol gegen den Willen des landsässigen Adels mit
Gewalt erringen. Die Tiroler hatten alle Vorteile, die in einem
mittelalterlichen Krieg zählten, auf ihrer Seite: Burgen, die fast
uneinnehmbar auf hohen Felsen klebten sowie Straßen und Pässe,
die sowohl an den Hauptwegen wie in die Seitentäler hinein mit
relativ geringem Aufwand gesperrt und auch gegen ein großes
Heer verteidigt werden konnten. Jeder Angreifer hätte hier nur mit
viel Zeit und riesigen Summen etwas verändern können.

So kam es zwischen dem Böhmenkönig und den Österreichern
bald zu Friedensgesprächen und am 9. Oktober 1336 zum endgültigen Frieden. König Johann verzichtete auf Kärnten, die Habsburger für alle Zeiten auf Südtirol. Im Überschwang der glücklichen
Verständigung schlossen die neuen Freunde sogar einen Bündnisvertrag gegen den Kaiser, jedoch waren schon zwei Jahre später
die österreichischen Herzöge wieder an der Seite Kaiser Ludwigs
zu finden. Zwischen dem Wittelsbacher und König Johann scheint
der Krieg einfach eingeschlafen zu sein. Sie sprachen nicht mehr
miteinander, und der Böhmenkönig verkündete sogar, er würde
sich nie mehr mit »Herrn Ludwig«, dem er nun den Kaisertitel
versagte, aussöhnen.

Nichts profitiert hatte der Kaiser von dem ganzen Handel. Er
verlor Tirol nie ganz aus den Augen, wie sich zeigen sollte, aber im
Augenblick mußte er seine Pläne dort zurückstellen. Die Jahre der
Aussöhnungsverhandlungen mit Papst Benedikt zählten insge-

samt nicht zu seinen erfolgreichsten. Vielleicht war der Komet daran schuld, der sich im Jahr 1336 zeigte, denn ein Komet sagte Unglück an. Er besteht »aus Feuer, welches sich in der Luft zusammengeballt und entzündet hat, eine Vorrichtung, um etwas anzuzeigen«, erklärte Johann von Victring einleuchtend.

DER ARELATISCHE RAUM

Eine Enttäuschung erlebte Ludwig auch im Südwesten des Reichs. Vielleicht hatte er über geheime Quellen von der Forderung König Philipps auf Arelat und Dauphiné gehört und wollte ein Gegengewicht schaffen. Oder es sollte für dieses Reichsgebiet das gleiche Zeichen gesetzt werden wie in Deutschland durch die Erhebung des Grafen von Jülich zum Markgrafen. Auf der Reise nach Avignon im Frühjahr 1335 machte Graf Ludwig d. J. von Oettingen einen Abstecher zu Dauphin Humbert II. von Vienne,[4] einem Verwandten des Kaisers, und überbrachte das Angebot, Humbert zum König von Vienne zu erheben.

Der Dauphin (Delphin) Humbert bat indes darum, mit dieser hohen Würde erst geehrt zu werden, wenn Ludwig vom Papst die Kaiserkrönung erhalten hatte. Humbert steckte politisch in Schwierigkeiten mit Philipp VI. und wollte es sich nicht auch noch mit dem Papst verderben. Bald darauf schwenkte er zwar um und suchte Vermittler beim Kaiser, marschierte jedoch nur wenig später wieder in die Gegenrichtung. Er war ein recht wetterwendischer Zeitgenosse, dieser Humbert II., doch an dem atemberaubenden Zickzackkurs seiner Regierung mochte auch seine schwierige geographische Lage schuld sein. Offiziell zum Reich gehörend, in der täglichen Praxis weit stärker mit Frankreich verbunden, in nächster Nachbarschaft mit Avignon lebend, mußte er sich zeitlebens irgendwie durchlavieren.

Der ganze arelatisch-burgundische Raum war reichsrechtlich problematisch. Innerhalb Deutschlands hatten sich schon seit dem Jahre 1100 die Begriffe Regnum und Imperium vermischt. Der römische König regierte sein Regnum und nach der Kaiserkrönung sein Imperium, ohne daß man territorial oder machtpolitisch einen Unterschied machte. Nach der Kaiserkrönung veränderte sich nur der Titel. Selbst die Kurie – auch wenn sie selbst die Begriffe anders benutzte – hatte an dieser Sicht der Dinge nichts auszusetzen, sobald ein König approbiert war. Diese Südwestecke des Reiches zeigte sich allerdings meist päpstlicher als der Papst. König Rudolf I. war vom Pfalzgrafen Ottenin von Burgund im Jahre 1280 die Huldigung verweigert worden mit der Begründung, sein Land gehöre nur zum Imperium, nicht zum »Regnum Alemannie«, und er müsse deshalb nur dem römischen Kaiser huldigen. König Adolf erging es ebenso. Auch die Bündnispolitik der anderen Herrscher dieses Gebietes zeigt, daß der römische König vor seiner Kaiserkrönung für sie als Souverän nicht existierte.

Auch aus diesem Grunde mußte Ludwig der Bayer versuchen, mit dem Papst zu einer Einigung zu kommen. In Deutschland war seine Stellung auch als Gebannter stark. In Italien aber, im Arelat und allen anderen Grenzländern des Reiches konnten all die kleinen Herrscher, die eine deutsche Oberhoheit schon immer nur höchst widerwillig hingenommen hatten, eine eigenständige Politik betreiben – und dieser Zustand sollte nach dem Willen Philipps VI. möglichst erhalten bleiben.

Schuld daran war, ohne es zu wollen, Ludwigs Schwager, König Eduard III. von England. Er wollte den Krieg mit Frankreich und suchte im Reich Verbündete, vor allem unter den Territorialherren an den französischen Grenzen. Für Philipp VI. waren diese Fürsten als Bündnispartner nicht weniger interessant. Für den Valois war es eine feststehende Tatsache, daß sich Ludwig mit Eduard verbünden würde, wenn er erst die Absolution erhalten und auf die patriotischen Gefühle Benedikts XII. keine Rücksichten mehr zu nehmen hatte. Es durfte deshalb zu keiner Aussöhnung kommen, die Verhandlungen mußten verschleppt werden. Denn war Ludwig absolviert und verbündete sich mit England, konnte keiner dieser Grenzfürsten länger gegen die Politik des Kaisers auf französischer Seite kämpfen.

ENGLISCH-FRANZÖSISCHE KRISENHERDE

Eduard III. hatte nach dem Tod Karls IV. von Frankreich seine
Ansprüche auf den französischen Thron angemeldet. Er machte
geltend, daß er als Enkel Philipps des Schönen der direkteste
lebende Nachkomme Hugo Capets sei. Aber der französische Adel
lehnte ihn ab. Er könne keine Krone erben, von der seine Mutter
1316 und 1322 ausgeschlossen worden war. Es gäbe in Frankreich
keine weibliche Thronfolge mehr.

Der gewichtigere Grund dürfte gewesen sein, daß der französische
Adel nicht den englischen König auf dem französischen Thron
haben wollte. Außerdem war Eduards Mutter, Isabella von Frankreich, in ihrem Vaterland unbeliebt und als Intrigantin gefürchtet.
Bei einem Aufenthalt in Frankreich hatte sie nicht nur ihren
Ehemann, König Eduard II., der Homosexualität bezichtigt, sondern auch die Ehefrauen ihrer Brüder des Ehebruchs. Auch die
Skandalgeschichte, die nach dem Tode Eduards II. im Jahre 1327
über den Kanal kam, daß nämlich sie und ihr Liebhaber Mortimer
mit den Mördern ihres Mannes unter einer Decke gesteckt hatten,
war nicht dazu angetan, die Gefühle ihrer Landsleute für sie zu
erwärmen.

Trotz anfänglichem Protest und langem Zögern hatte Eduard III.
schließlich seine Thronansprüche aufgegeben und Philipp VI. im
Jahre 1329 als seinen Lehnsherrn für die Gascogne und Aquitanien
(Guyenne) anerkannt, jene reiche Ecke im Westen Frankreichs, die
durch die Ehe Eleonores von Aquitanien mit Heinrich II. zweihun-
dert Jahre vorher an England gekommen war. Als mit den Jahren
Eduards Ehrgeiz wuchs, bedauerte er die Huldigung, und die
Träume von beiden Thronen kamen zurück.

Im Jahre 1336, als Eduard III. auf dem Kontinent Verbündete für
seinen Krieg gegen Frankreich suchte, standen vorerst wirtschaft-
liche Gründe im Vordergrund. Wie schon zu Zeiten Philipps des
Schönen und Eduards I. war wieder Flandern der Zankapfel. England verbanden mit diesem Land lebhafte und lukrative Geschäfte,
doch war der französische König der Lehnsherr der Grafen von
Flandern. England wie Frankreich wollten deshalb ihren Einfluß
dort vergrößern und die andere Macht ausschalten.

Der gesamte heute belgisch-niederländische Raum war damals –

besonders die drei »Großmächte« Brabant, Flandern und Holland-Hennegau – das blühendste Wirtschaftszentrum nördlich der Alpen. Das flandrische Brügge galt schon zu Beginn des 14. Jahrhunderts als eine der reichsten und schönsten Städte der Welt. Den zwölf Meilen langen Kanal zwischen Brügge und der Nordsee passierten täglich hundert Schiffe mit Gütern aus drei Kontinenten. Flandern war so angesehen, daß es in Deutschland Mode wurde zu »flämeln«, wenn man besonders fein erscheinen wollte. Die Haupteinnahmequelle Flanderns, die flandrischen Stoffe, deren Qualität und Farbe in Europa konkurrenzlos waren, wurden bis in den Orient verkauft. Schon Johanna, die Gemahlin Philipps des Schönen von Frankreich, war durch den Reichtum des Bürgertums Flanderns zu der Bemerkung veranlaßt worden, sie hätte bisher geglaubt, die einzige Königin in Frankreich zu sein, aber nun entdecke sie hier noch sechshundert weitere. Die Wolle für diese begehrten Stoffe aber kam aus England und bescherte Eduard jährlich 30000 Pfund Steuereinnahmen aus der Wollausfuhr, abgesehen davon, daß auch die englischen Schafzüchter und die Handelsschiffahrt recht ordentlich verdienten. Daß sich der Graf von Flandern, Louis de Nevers, immer mehr zum treuesten Gefolgsmann König Philipps entwickelte, konnte England deshalb nicht gleichgültig lassen.

Im Untergrund wurden darum eifrig Fäden gesponnen, um den Einfluß Philipps auf den wichtigen flandrischen Markt zu untergraben. Im Jahre 1336 ließ der Graf von Flandern als Maßnahme gegen solche Umtriebe alle Engländer in seinem Herrschaftsgebiet festnehmen. Eduard antwortete mit der Einkerkerung aller in England lebenden Flamen – und dem Verbot der Wollausfuhr nach Flandern. Im Reich wurden Verbündete für den Krieg gegen Frankreich gesucht.

Das Verbot der Wollausfuhr nach Flandern bedeutete für England keinen großen Verlust, denn Brabant war durchaus willens und fähig, die Rolle des bisherigen Partners zu übernehmen. In Flandern aber standen in kurzer Zeit die Webstühle still und aufgebrachte Massen zogen Beschäftigung fordernd durch die Straßen, verjagten schließlich ihren Grafen und setzten den Bürger Jakob von Artevelde als Gouverneur ein. Louis de Nevers floh nach Paris, und Jakob von Artevelde erreichte in zähen Verhandlungen und mit großer diplomatischer Wendigkeit, die englische Wolle innerhalb eines Jahres wieder nach Flandern zu holen. Damit hatte Eduard ohne Blutvergießen erreicht, was er wollte; der französische Einfluß in diesem Gebiet war ausgeschaltet, und es hätte Frieden einkehren können.

Jedoch gab es noch einen zweiten Zankapfel zwischen England und Frankreich: die reiche Mitgift der Eleonore von Aquitanien, dem größten Weinexportgebiet der Welt. Über den Hafen von Bordeaux wurden die Weine nach England geliefert und englische Wolle und Stoffe eingeführt. Seit zweihundert Jahren ein lukrativer Handel für alle Beteiligten, nicht zuletzt für die englische Krone, und genauso lang ein Dorn im Fleische Frankreichs. Zuletzt hatten Philipp der Schöne und sein jüngster Sohn, König Karl IV., Teile dieser englischen Gebiete an sich gerissen. Eine Zuspitzung ergab sich, als Philipp VI. Anfang 1337 seinen Seneschall von Périgord aufforderte, die Städte Aquitaniens zu besetzen. Eduard suchte daraufhin mit verstärktem Eifer Verbündete und war nun endgültig zum Krieg entschlossen.

Ein Krieg Englands mit seinen vier bis fünf Millionen Einwohnern gegen das mächtige Frankreich mit zwanzig Millionen erscheint waghalsig. Doch war das Unternehmen nicht aussichtslos, wenn Eduard genügend Verbündete auf dem Kontinent fand. Besonders der Nordwesten des Reiches bot sich für diese Suche an. Graf Wilhelm III. von Holland-Hennegau war Eduards Schwiegervater; eine Schwester der englischen Königin war mit Graf Wilhelm von Jülich verheiratet – zwei mächtige Verwandte; Eduards Schwester Alianora wiederum mit dem reichen Grafen von Geldern, einem niederdeutschen Herrn, der seinem königlichen englischen Schwager mehr als einmal finanziell aus der Patsche helfen mußte. Kaiserin Margaretes Bruder, Wilhelm IV. von Holland-Hennegau, verlobte sich gerade in dieser Zeit mit einer Tochter des ständig zwischen England und Frankreich schwankenden Herzogs von Brabant.

Eine Schwierigkeit gab es allerdings mit den niederdeutschen Herren: Fast jeder war auch mit mehr oder weniger großen Besitzungen auf französischem Boden begütert und hatte für diese Gebiete Philipp VI. den Lehnseid geleistet. Nicht zuletzt Eduard III. selbst! Eine unbehagliche Situation, denn von einem »gerechten Krieg« konnte unter diesen Umständen nicht die Rede sein. Es wurde oben bereits erwähnt, daß man nur für einen Kampf um eine gerechte Sache die Gefolgschaft der Lehnsmänner anfordern konnte. Hinzu kam, daß auch nur ein gerechter Krieg das »Recht auf Beute« gab. Dahinter steckt die Theorie, daß der »ungerechte Feind« kein Recht auf Besitz habe und die Beute somit ein Ausgleich für den Einsatz des eigenen Lebens im Dienste der gerechten Sache war.

Eduard warf deshalb alle Bedenken über Bord, widerrief seinen Huldigungseid und meldete seine Ansprüche auf den französischen Thron wieder an. Nun konnte er für eine gerechte Sache kämpfen, nämlich den Usurpator Philipp vom französischen Thron zu verjagen. Von den umworbenen niederdeutschen Herren war jedoch nur ein Teil bereit, diese neue Sicht der Dinge zu akzeptieren. Ein besonders wertvoller Verbündeter wäre für Eduard deshalb sein Schwager gewesen, Kaiser Ludwig der Bayer. Wenn den niederländischen Verbündeten das Reichsbanner vorangeflattert wäre, hätten sie ihm natürlich mit gutem Gewissen folgen können – sofern der Kaiser einen gerechten Grund für den Krieg gegen Philipp VI. fand.

Aussöhnungsbemühungen und Politik

Vor diesem Hintergrund wurden in Avignon Ludwigs Absolutionsverhandlungen geführt. Obwohl er von den englischen Umtrieben im Nordwesten des Reichs wußte, hielt er sich selbst davon fern. Die Aussöhnung mit der Kurie war ihm augenblicklich wichtiger als Eduards Geschäfte. König Philipp VI. von Frankreich war allerdings vom Gegenteil überzeugt. Als die deutschen Gesandten mit den erweiterten Prokuratorien im März 1336 an der Kurie erschienen, war der Valois gerade abgereist. Über die hinter verschlossenen Türen geführten Gespräche wurde lediglich verlautbart, man habe die Kreuzzugsfrage besprochen.

Philipps Forderung, dem Kaiser die Absolution zu verweigern, stieß beim Papst anfangs auf großen Widerstand. Besäße er zwei Seelen, soll Benedikt dem französischen König geantwortet haben, würde er gerne eine davon ihm zuliebe opfern, »da er aber nur eine

habe, wolle er die unversehrt bewahren«[5]. Tatsächlich muß in ihm
ein schwerer Kampf getobt haben zwischen seinem geistlichen
Gewissen und seinen patriotischen Gefühlen. So nahm er im März
die Verhandlungen mit der deutschen Gesandtschaft auf, aber
bereits im Mai gewann der Patriotismus gewaltig an Boden. Man
hatte Benedikt erzählt, der Kaiser würde mit den Feinden Frankreichs paktieren, und so gab er den Deutschen zu verstehen, daß es
unter solchen Umständen zu keiner Absolution kommen könne.
Ludwigs Gesandte kehrten deshalb nach Deutschland zurück, um
eine Richtigstellung der Anschuldigungen durch den Kaiser zu
veranlassen. Doch nun befürchtete Benedikt, der Bayer könnte
aus Verärgerung über die neue Verzögerung die Verhandlungen
endgültig abbrechen. Er bat die Prokuratoren deshalb dringend,
auf ihren Herrn einzuwirken, an seinen Bemühungen um Aussöhnung festzuhalten.

Fast schien es, als sollten sich die Befürchtungen des Papstes
bewahrheiten, denn der Kaiser reagierte lange nicht. Statt seinen
Abscheu vor den Feinden Frankreichs zu bekunden, erhob er im
Sommer den energischsten Betreiber einer Allianz zwischen England und dem Reich, Graf Wilhelm von Jülich, in den Markgrafen-
stand. Es wurde oben erwähnt, weshalb der Bayer einen solchen
Schritt aus reichsrechtlichen Gründen für nötig hielt. Daß er für
diese Demonstration ausgerechnet Wilhelm von Jülich aussuchte,
war bei einem gerissenen Diplomaten wie Ludwig kein Zufall.
Und ebensowenig der nächste Schritt, als er im Spätherbst neben
seinem Neffen, Pfalzgraf Ruprecht, ausgerechnet auch den Markgrafen von Jülich nach Paris sandte, um das geforderte deutsch-
französische Freundschaftsbündnis auszuhandeln. Anschließend
sollten die beiden Fürsten nach Avignon weiterreisen und sich den
erfahrenen Juristen anschließen, die rechtzeitig als Prokuratoren
nach Avignon zurückkehren würden.

Es ist nicht zu übersehen, daß Ludwig nun entschlossen war,
seinen Aussöhnungsversuch durch politischen Druck zu unter-
mauern. Die Berufung Wilhelms von Jülich war ein Wink, daß der
Kaiser zwar die Aussöhnung mit dem Papst und die Freundschaft
mit Frankreich suchte, daß aber bei einem Scheitern seiner Bemühungen auch eine andere Bündniskonstellation denkbar war.
Am 23. Dezember 1336 kam in Paris mit dem sogenannten Louvre-

Vertrag ein Vorvertrag zustande. Wilhelm von Jülich und der französische Rat Miles von Noyers vereinbarten eidlich, bindend für ihre Herren, daß der Kaiser Frankreich keinen Schaden zufügen und die Gegner Frankreichs nicht unterstützen, König Philipp dafür die Verhandlungen an der Kurie nicht behindern würde. Die endgültigen Bündnisgespräche sollten auf Wunsch des Papstes gekoppelt mit den Absolutionsverhandlungen in Avignon stattfinden.

Als die Prokuratoren des Kaisers nach der Ankunft der beiden Reichsfürsten Ende Januar vollzählig in Avignon versammelt waren, sahen sie sich sehr ehrenvoll empfangen, wurden an die päpstliche Tafel gebeten, mußten aber zu ihrem Erstaunen hören, daß die Gesandten König Philipps erst in fünf bis sechs Wochen zu erwarten seien. Vorher könne man nichts unternehmen. Noch zweimal verschob sich die Ankunft der französischen Gesandtschaft. Die deutschen Herren wurden immer ungeduldiger, und es kostete Benedikt größte Mühe, sie zum Bleiben zu bewegen. Schließlich erschien ein Legat des französischen Königs und teilte dem Papst mit, König Philipp wünsche, daß ein positiver Abschluß der Verhandlungen aufgeschoben werde.

Noch war Benedikt widerspenstig. In seinem Antwortschreiben erinnerte er Philipp an seinen Eid im Louvre-Vertrag und sah sich aus Gewissensgründen nicht in der Lage, Ludwigs Rückkehr in die Kirche noch länger zu verzögern. Würde man ohne erkennbaren Grund eine Aussöhnung weiter verhindern, so würden außerdem die scharfsinnigen und scharfsichtigen deutschen Herren den geheimen Grund herausfinden und sich erzürnt mit England oder anderen Feinden Frankreichs verbinden.

Wenig später erschien die lange erwartete französische Gesandtschaft in Avignon. Die hochkarätige Zusammensetzung – zwei Erzbischöfe (darunter der spätere Papst Klemens VI., ein enger Vertrauter König Philipps), zwei Bischöfe, zusätzlich ein berühmter Kenner des kanonischen Rechts (der spätere Papst Innozenz VI.), Räte und Diplomaten – zeigt deutlich, wie wichtig die Angelegenheit genommen wurde. Auch aus Neapel kamen Gesandte, die zusammen mit ihren französischen Kollegen »fast alle Cardinäle von dem gefaßten Beschlusse abwendig«[6] machten. Dem Papst wurde gesagt, »es wäre ein Fehler, einen solchen

Ketzerfürsten ihren, der Kirche so treuen Herren vorzusetzen«. Benedikt gab zwar zu bedenken, daß die Kirche gegen Ludwig mehr gefehlt habe, als dieser gegen sie, »und zu allem, was er getan, ist er aufgereizt worden«, aber er ließ sich schließlich überzeugen.

Über das verunglückte Schlußkonsistorium wurde im vorigen Kapitel berichtet. Anschließend bemühten sich Benedikt XII. und die französischen Gesandten mit vereinten Kräften, die Prokuratoren des Kaisers an der Kurie festzuhalten, denn es sollte ja nicht zum Abbruch der Verhandlungen kommen, sondern nur zu ihrer Verschleppung.[7] Die Deutschen wurden deshalb sieben Tage lang an die päpstliche Tafel geladen. Nur einer von ihnen sollte zurückreisen, um dem Kaiser Bericht zu erstatten, die anderen in Avignon bleiben.

Die Deutschen versuchten noch einmal, Papst Benedikts Meinung wieder auf den Ausgangspunkt der Verhandlungen zurückzuführen. Als sich dies als unmöglich erwies, ließen sie sich zwar vorsorglich für den Herbst einen neuen Verhandlungstermin nennen, reisten aber geschlossen ab und gaben damit demonstrativ zu verstehen, daß ihre und ihres Herrn Geduld erschöpft sei.

Papst Benedikt aber schrieb nach allen Seiten Briefe an Fürsten und Bischöfe, in denen er – etwas abweichend von den Tatsachen – über die Geschehnisse in Avignon berichtete. Seine eigene Versöhnungsbereitschaft wurde betont, über die Unduldsamkeit der deutschen Herren, die das Unternehmen zum Scheitern gebracht hätte, bitter geklagt. Recht raffiniert gab er sich den Anschein, als hätte er den Absolutionsprozeß noch gar nicht eröffnet, sondern nur Vorgespräche geführt.[8] Es wäre sonst das Eingeständnis gewesen, daß er zu Beginn des Absolutionsprozesses Ludwigs Regierung und Königstitel ohne Approbation für rechtmäßig anerkannt hatte.

». . . wider männiglich Niemanden ausgenommen . . .«

Papst Benedikt machte nun die gleichen Erfahrungen wie sein Vorgänger: Man konnte bei Ludwig dem Bayern den Bogen zwar straffziehen, aber man durfte ihn nicht überspannen. Für den Wittelsbacher war die Phase des guten Willens vorüber. Er wollte auch jetzt noch den Frieden zwischen Kirche und Staat. Aber die Kirche hatte ihm unter politischem Druck die Aussöhnung verweigert, und er war nun entschlossen, sie über politischen Druck durchzusetzen.

Bündnis mit England

Sofort nach Rückkehr der Gesandtschaft aus Avignon wurde Verbindung mit England aufgenommen, und bereits im Juli 1337 kam ein Beistandsbündnis zwischen König Eduard III., vertreten durch die Grafen Wilhelm von Salisbury und Wilhelm von Huntington, und dem Kaiser zustande. Ludwig verpflichtete sich, zweitausend Berittene ins Feld zu führen, und Eduard sagte zu, für die Kriegsaufwendungen des Schwagers 300 000 Goldflorenen bis September 1337 und weitere 100 000 bis Februar 1338 bereitzustellen. Zudem erbot sich der englische König, sich an der Kurie für den Wittelsbacher zu verwenden und nur mit dessen Zustimmung Friedens- und Waffenstillstandsverträge mit Frankreich zu schließen.

An die Reichsstädte erging die Aufforderung, sich für den Kriegsfall bereitzuhalten. Unter den Fürsten, Grafen und Herren, die dem Kaiser Kriegshilfe gelobten, befand sich auch der Mainzer Erzbischof Heinrich von Virneburg. In Mainz war es im Frühjahr 1337 nämlich zu einer Veränderung gekommen. Balduin von Trier hatte unter dem massiven Druck der Kurie endlich den Mainzer Stuhl geräumt, und da Heinrich von Virneburg dem Domkapitel versprach, seine Lehen vom Kaiser zu nehmen und ihn als seinen Herrn zu unterstützen, konnte er sein Bistum schließlich und endlich einnehmen. Für Heinrichs Umschwung hatte es zwar erst Ludwigs Drohung bedurft, einen Anhänger der kaiserlichen Sache »mit Laiengewalt« in Mainz zu oktroyieren, aber wie der Handel auch zustande gekommen war – er erwies sich als Glücksfall für Ludwig. Auf Balduin hatte er immer etwa zur Hälfte zählen können, aber Heinrich von Virneburg entwickelte sich in kürzester Zeit zum eifrigsten und zuverlässigsten Anhänger des Kaisers, und er blieb es in den hochschlagenden Wogen der kommenden Jahre bis zu Ludwigs Tod.

Die Höhe der englischen Zahlungen für Bündnispartner, die Ludwig seinem Schwager zuführte, wurde direkt zwischen jenen und der englischen Krone ausgehandelt. Es waren stolze Summen, die sich Eduard III. die kontinentalen Verbündeten kosten ließ. So sollte z. B. Pfalzgraf Ruprecht I. für 150 Helme, die er stellen wollte, 15000 Goldflorenen sofort und 16000 später erhalten. Hinzu kam für jeden Bewaffneten ein monatlicher Sold von 15 Gulden. Die anderen Verträge enthielten ähnlich üppige Zusagen.[1]

Aber auch Philipp VI. hatte Verbündete im Reich. König Johann von Böhmen sagte seinem französischen Verwandten gegen die Zahlung von 30000 Pariser Pfund fünfhundert Berittene zu. Ebenso hielten der Bischof von Lüttich – 15000 Pariser Pfund sofort, 15000 später – und Heinrich d. Ä. von Niederbayern zu Frankreich. (Pariser Pfund sowie Goldflorin und Gulden hatten alle in etwa den gleichen Wert.)

Eduard III. fürchtete die Exkommunikation genauso wie jeder Mensch des Mittelalters. Trotzdem konnte er einen Krieg gegen Frankreich ins Auge fassen, ohne mehr befürchten zu müssen als bittere Vorwürfe des Papstes. Zum einen hatte er sich durch großzügige, regelmäßige Handsalben an Kardinäle eine einflußreiche Lobby geschaffen. Zum anderen war seine starke Stellung gegenüber dem Papsttum dem englischen Parlament zu verdanken. Die Kurie wußte, daß eine Feindschaft mit dem englischen König der sichere Weg war, England aus dem Verband einer zentralisierten katholischen Kirche zu lösen. Das englische Parlament forderte schon seit 1307 eine vom apostolischen Stuhl unabhängige englische Kirche, und nur die englischen Könige hatten das bisher verhindert.

Zu Zeiten Eduards III. waren die Verstöße des Parlaments besonders häufig, immer von den gleichen Klagen begleitet: Alle die Ausländer, die die Päpste in die reichsten englischen Pfründe einsetzten, richteten das Land zugrunde. Keiner dieser Kirchenfürsten ließe sich jemals in England sehen, keiner übe Mildtätigkeit oder Gastfreundschaft, um die Wirtschaft zu stärken. Keine neuen Bauten wurden von ihnen errichtet, sondern im Gegenteil die Baulichkeiten ihres Bistums dem Verfall preisgegeben. Sie ließen durch ihre Prokuratoren die reichen Einnahmen ihrer Pfründe abholen, um das Geld dann mit vollen Händen im Ausland auszugeben. Dies sei aber nicht im Sinne der unzähligen Stifter und Erblasser gewesen, die die englischen Kirchen, Bistümer und Klöster mit Grundbesitz und Reichtümern versorgt hätten. Auch die willkürliche Besteuerung der englischen Kirche durch die Kurie sollte unterbunden werden.

Je nachdem, ob sich Eduard gerade mit Frankreich im Krieg befand oder ob Waffenstillstand herrschte, wurden die Petitionen nach Avignon weitergeleitet oder unterdrückt. Doch das englische Parlament gab keine Ruhe mehr, und Schritt für Schritt wurden die nationalen Angelegenheiten der englischen Kirche vom apostolischen Stuhl gelöst. Anfang des 15. Jahrhunderts schon war die englische Kirche praktisch Teil des nationalen Staates, mit der Kurie zwar durch Glaube und Lehre verbunden, in Verfassung und Verwaltung aber unabhängig.

Der Papst war nur theoretisch noch ihr Haupt, ihr wirklicher Herr der König. Als Heinrich VIII. die englische Kirche im Jahre 1535 endgültig von Rom löste, da Rom seiner Scheidung von Katharina von Aragon nicht zustimmen wollte, konnte er dies nur wagen, weil die englische Staatskirche, als deren Begründer er gilt, schon seit Generationen faktisch bestand.

In Deutschland lagen die Dinge völlig anders. Die jahrhundertealte geschichtliche Tradition der Verflechtung des Heiligen Römischen Reiches mit der Kirche, die Idee oder Ideologie vom Reich als Schutzmacht der Christenheit, der Kaiser als Schutzvogt des Papsttums und der Weltkirche, den diese Funktion wiederum zum Weltherrscher machte, war im Bewußtsein der Deutschen fest verankert. Es war gleichgültig, daß diese Idee weder mit dem realen Staat, noch mit der realen Kirche oder der realen Politik je viel zu tun gehabt hatte. Sie war den Deutschen trotzdem lieb und teuer. Zur Zeit Ludwigs des Bayern zeigte sich allerdings zum ersten Mal ein Teil der Bevölkerung bereit, mit diesen Vorstellungen zu brechen, wenn dem Kaiser anders nicht zu seinem Recht verholfen werden konnte.

Die Mehrheit wäre jedoch vor der endgültigen Trennung der deutschen Kirche vom apostolischen Stuhl, dem Bruch mit allen Traditionen, zurückgeschreckt. Die Geschichte zeigt, wie sehr das politische Denken der Deutschen noch lange nach Ludwig dem Bayern den überkommenen Idealen verhaftet blieb und daß es ein langer, schmerzensreicher Prozeß war, sich von ihnen zu lösen. Was in Deutschland unter diesen Umständen überhaupt erreicht werden konnte, das erreichte Ludwig in der nächsten Zeit. Es war weit mehr, als sich Benedikt XII. hatte vorstellen können.

EMPÖRUNG IN DEUTSCHLAND

Ludwigs erste Reaktion, als seine Gesandten ohne Absolution nach Hause kamen und er die näheren Umstände für das Scheitern der Verhandlungen erfuhr, war ein heftiger Zorn. Für den Wortbruch Philipps VI. war das deutsch-englische Bündnis die schnelle Antwort. Weniger sicher war sich der Wittelsbacher offenbar, welche Strategie er künftig gegenüber der Kurie einschlagen sollte. Aus einem Schreiben seines Schwagers Eduard geht hervor, daß der Kaiser sogar mit dem Gedanken spielte, mit einem Heer nach Avignon zu marschieren.[2] Auch hinter seinen Plänen einer neuen Heerfahrt nach Italien dürften keine sonderlich friedvollen Absichten gestanden haben. »Fast sieht es so aus, als hätte er damals wieder auf die Ideen von 1328 zurückgegriffen und mit dem Gedanken gespielt, sei es in Rom, sei es in Avignon, einen entscheidenden Schlag gegen Benedikt XII. zu führen.«

Möglicherweise war es auf dem Reichstag Ende Juni/Anfang Juli 1337 in Frankfurt, auf dem die Gesandtschaft über ihre Erfahrungen in Avignon berichtete und Ludwig die empörte Reaktion der Anwesenden beobachtete, wo er seinen weiteren Weg erkannte.

Gewaltsam etwas zu verändern, besaß er weder die Mittel noch die Macht. Die Ereignisse von Rom hatten die Kirche zwar erschüttert, aber ihr auf Dauer nicht geschadet und vor allem Ludwig nichts gebracht – schon gar keine Lösung für seine Probleme. Wenn man aber die Stimmung nutzte und lenkte, die auf dem Reichstag zu erkennen war, konnte möglicherweise der Papst so unter Druck gesetzt werden, daß er mit Rücksicht auf die öffentliche Meinung in Deutschland seine Politik grundlegend ändern mußte. Für dieses Unternehmen hatte der Wittelsbacher alles erforderliche Kapital in Händen: seine Persönlichkeit, das geistige Potential der gelehrten Minoriten zu München und vor allem den überaus brauchbaren Agitationsstoff, den ihm der Papst geliefert hatte. Ludwig war ein viel zu gerissener Politiker, um diese Möglichkeiten nicht zu erkennen.

Als erstes mußte Papst Bendikt XII. einsehen, daß sich seine Hoffnungen nicht erfüllten, der Kaiser könnte durch neue Aussöhnungsverhandlungen bei der Stange gehalten werden. Obwohl er Ludwig persönlich mahnte, den neuen Verhandlungstermin an der Kurie im Herbst einzuhalten, wurde der Termin nicht wahrgenommen. Es kam lediglich ein höflicher Brief, mit »römischer Kaiser« unterzeichnet, ein Titel, den Ludwig während der Rekonziliationsverhandlungen der Kurie gegenüber vermieden hatte, wenn er auch während der ganzen Zeit sein offizieller Titel im Reich geblieben war.

Benedikt antwortete mit bitteren Vorwürfen wegen Ludwigs feindlichem Verhalten gegenüber Frankreich, durch das er seine eidlichen Zusagen im Louvre-Vertrag bräche. Der Kaisertitel wurde stillschweigend übergangen. Der Papst erhielt als Erwiderung den Hinweis auf den gebrochenen Eid Philipps VI., der eine Aussöhnung zwischen Kaiser und Papst verhindert hätte. Seine Rüstungen begründete der Wittelsbacher mit der Notwendigkeit, einzelne Schlösser und Festungen in der Diözese Cambrai, die Frankreich an sich gerissen habe, an das Reich zurückzubringen. Ludwig bat Papst Benedikt sogar, König Philipp zur Rückgabe anzuhalten und, falls dieser das verweigere, Ludwig bei der Wiedergewinnung behilflich zu sein.

Daraufhin brach der Papst den Briefwechsel ab, schloß sich noch enger an den französischen König an und bewilligte ihm einen

Zehnten aus den Kirchengütern für den Krieg gegen Deutschland. Im Gegenzug besann sich Ludwig auf die Fähigkeiten der Minoriten, und der Papst wurde in Wilhelm von Ockhams »Tractatus contra Benediktum XII.« wie sein Vorgänger zum Ketzer erklärt.

Ludwig schwamm in dieser Zeit auf einer Woge der Sympathie. Der gescheiterte Aussöhnungsversuch bewirkte eine Festigung seiner Stellung, wie sie niemand hatte voraussehen können. Die ganze offensichtliche Ungerechtigkeit Benedikts XII. und seine einseitige Parteinahme für Frankreich lösten eine Bewegung gegen Kurie und Frankreich aus, ein Sichbesinnen auf Gemeinsamkeiten über alle Grenzen der Landesfürstentümer hinweg, wie man es in Deutschland noch nicht erlebt hatte. Die Erregung in der Öffentlichkeit über die permanente Einmischung der Kurie in deutsche Angelegenheiten und Reichsrechte wurde von Monat zu Monat größer und erbitterter.

Fünfzehn Jahre dauerte nun Ludwigs Kampf mit der Kurie. Genauso lange hatte er zäh und hartnäckig dafür gearbeitet, alle Kreise der Bevölkerung auf seine Seite zu ziehen. Es war zum Teil gelungen, jedoch hatten viele seiner Standesgenossen versucht, sich herauszuhalten und zwischen den beiden Polen der Weltpolitik ein geruhsames territoriales Leben zu führen. Auch die Kurfürsten, um deren freies Wahlrecht der Kampf ebenso ging wie um ein papstunabhängiges Königtum, hatten es möglichst mit keiner Seite verderben wollen. Der Rückhalt, den der Kaiser in weiten Teilen der Bevölkerung und der Geistlichkeit erfuhr, ist allerdings beeindruckend. Aber auch hier war es als seine private Angelegenheit angesehen worden, sich mit der Kurie auszusöhnen.

Nun aber, nach fünfzehn Jahren, konnte Ludwig endlich allen Ständen begreiflich machen, worum es ging – daß nämlich die Auseinandersetzung mit dem Papsttum nicht nur seine persönliche Angelegenheit war, sondern eine Sache jedes einzelnen im Reich. Ludwigs Kampf wurde plötzlich der Kampf aller! Zunächst allerdings konnte der Bayern zwar Fäden ziehen, aber einen großen Teil seiner Zeit nahmen seine Kriegsvorbereitungen und wichtige Reichsangelegenheiten in Anspruch.[3] Ab Februar 1338 jedoch wurde die inzwischen emsig geschürte Erbitterung im Land in handfeste Bahnen gelenkt.

Speyer – Frankfurt

Als erstes lud Heinrich von Virneburg in Abstimmung mit dem Kaiser für den 27. März zu einer Bischofskonferenz nach Speyer ein. Eine große Anzahl Kirchenfürsten, Bischöfe , aber auch weltliche Herren waren im Speyerer Kapitelhaus um Ludwig versammelt. Er hielt eine beeindruckende Rede, und das Treffen endete mit einem Gesuch der Anwesenden an Benedikt XII., sich mit Ludwig auszusöhnen. Das allein mußte auf den Papst schon wie Kritik an seinem Verhalten wirken, und wie eine Revolution der Vorschlag der Bischöfe über den Aussöhnungsmodus. Inmitten der devoten Worte und demütigen Beteuerungen schlugen sie vor, die genauen Aussöhnungsbedingungen zwischen Ludwig und der Kurie von ihnen festlegen zu lassen. Der Kaiser hätte bereits zugesagt, sich ihrer Entscheidung zu unterwerfen. Ein Versuch also, die Angelegenheit vor ein Forum zu ziehen, das einer Provinzialsynode zum Verwechseln ähnlich sah. Eine Auflehnung gegen das papale System!

Es ist unwahrscheinlich, daß Ludwig an einen Erfolg dieser Mission glaubte. Es war nur der erste Schritt, durch alle Bevölkerungskreise Druck auf Benedikt auszuüben. So wartete er die Rückkehr der bischöflichen Gesandten auch nicht ab, sondern rief bereits für Mai 1338 einen Ständetag nach Frankfurt ein. Dieses Mal waren es die Städte, denen eine besondere Rolle zugedacht war.

Wie schon erwähnt, war Ludwig ein guter Redner. Er ergriff auch hier selbst das Wort und schilderte dem im Deutschherrenhof zu Sachsenhausen versammelten Adel, den Delegierten der Städte und Domkapitel die Entwicklung des Konflikts mit der Kirche und seine Bemühungen in dieser Angelegenheit. Die Rollen, die König Philipp und Robert von Neapel gespielt hatten, kamen nicht zu kurz. Anschließend bat er die Städte, seine eigenen Bemühungen und die der Bischofskonferenz durch Briefe an die Kurie zu unterstützen. Auch zwei Entwürfe für die an den Papst zu richtenden Briefe waren aufgesetzt und wurden verteilt. »Hört er nicht auf euch als Vertreter der universalen Kirchen«, rief der Wittelsbacher nicht ohne Pathos, »so wird er mir sein wie ein Heide!«[4] Die Drohung war nicht zu überhören.

Sie war es auch nicht in den Briefen der Städte, die nun aus allen

Teilen Deutschlands durch Boten nach Avignon gesandt wurden. Als Beispiel mag das Schreiben der Stadt Hagenau dienen: Es sei in Deutschland uraltes Herkommen, daß die römischen Könige nach ihrer Wahl durch die Kurfürsten den Königstitel annähmen und das gesamte Imperium als wahrhafte römische Könige regierten – auch wenn sie ihre Wahl dem Papst anzeigten und um den Kaisertitel bäten. Nun habe aber Papst Johannes XXII. – wohl in Unkenntnis dieses Brauches – gegen Ludwig, den allerchristlichsten Fürsten, den Verteidiger des rechten Glaubens, wie seine katholischen Handlungen und sein tadelloses Leben beweisen, verschiedene schwere Prozesse erlassen. Sie bäten Papst Benedikt, die Prozesse – obwohl diese ja für sie wie für den Kaiser keine bindende Kraft gehabt hatten – zu widerrufen und Ludwig, seinem sehnlichsten Wunsch gemäß, in Gnaden wieder in die Kirche aufzunehmen. Zum Schluß drohten sie massiv damit, von Rom endgültig abzufallen, »da sie nicht gesonnen seien, des Kaisers und des Reiches Rechte so gegen Gott und die Gerechtigkeit verwahrlosen zu lassen«.[5]

Es ist nicht zu übersehen, daß die kaiserliche Kanzlei für derartige Aufgaben nun weit besser gerüstet war als zu Beginn des Kampfes. Und nicht nur für solche Aufgaben. Die Urkunden in deutscher Sprache »zeigen eine Schönheit der Ausdrucksweise, der Schrift und der ganzen Aufmachung, die einzigartig ist. Man kann unter Ludwig zum ersten Mal von einer deutschen Kanzleisprache reden.«[6] Auch die lateinischen Denkschriften und die Kaisergesetze, die immer in lateinisch abgefaßt waren, sind präzise und schlagkräftig formuliert. So auch das Manifest »Fidem catholicam«, das, von Ludwigs minoritischen Beratern ausgearbeitet, beim Frankfurter Ständetag publiziert wurde.

Es wird darin Ludwigs Rechtgläubigkeit festgestellt und mit scholastischer Gründlichkeit bewiesen, daß die kaiserliche Gewalt nicht vom Papst stammt, sondern von Gott, sowie daß alle Prozesse Johannes' XXII. ungültig sind. Zum Schluß ergeht der Befehl, die päpstlichen Zensuren bei Strafe des Verlustes aller Privilegien und Reichslehen nicht mehr zu beachten.[7]

DAS WEISTUM VON RHENSE

Die meisten Bischöfe und Kapitel und alle Städte des Reichs standen nun hinter Kaiser Ludwig und waren bereit, seinen Standpunkt zu dem ihrigen zu machen und an der Kurie zu vertreten. Es fehlte nur noch die kleinste, aber mächtigste Gruppe, die Kurfürsten. Als dann die Gesandten des Speyerer Bischofstages Anfang Juni 1338 mit einer äußerst schroffen Ablehnung Papst Benedikts aus Avignon zurückkehrten, war jedoch die Geduld aller erschöpft, und es gelang Ludwig endlich, auch die Kurfürsten zu einer Stellungnahme für Kaiser und Reichsrechte zu bewegen. Der unmittelbare Anlaß war wieder ein Schachzug Benedikts, der nur die gegenteilige Wirkung hatte.

Das Gesuch der Bischöfe war von Benedikt sehr erbost und ungnädig aufgenommen worden. Er warf den Gesandten vor, sie und die Prälaten, die sie geschickt hatten, wollten sich zum Richter über die Kirche aufspielen. Lieber wolle er sterben, als Ludwig in Gnaden aufzunehmen, wenn dieser nicht vorher auf alle seine Rechte, seinen Stand und seine Ehre verzichtet hätte. Das Haupthindernis für eine Aussöhnung aber – das wurde mehrmals betont – seien Ludwigs Rüstungen gegen Frankreich.[8] In seinem Antwortschreiben an die Bischöfe erklärte Benedikt zudem, daß die Meinung der Kurfürsten gefehlt habe, die es weit mehr anginge. Es war fast eine Aufforderung zu einer nachträglichen Stellungnahme, die auch gleich Anhaltspunkte für die gewünschte Antwort mitlieferte. Der Papst wolle keineswegs die Rechte des Reiches schmälern, wurde betont, sondern er kämpfe nur gegen den Usurpator, der das Reich an sich gerissen habe. Ein Versuch also, die Kurfürsten gegen Ludwig auszuspielen, wenn nicht eine verschleierte Aufforderung zu einer neuen Königswahl.

Doch nun bezogen die Kurfürsten offen Stellung. Am 16./17. Juli 1338 kamen sie alle – außer König Johann von Böhmen, der trotz Einladung ferngeblieben war – in Lahnstein zusammen. In der kaiserlichen Kavalkade, die von Frankfurt aus mainabwärts und den Rhein hinunter nach Lahnstein ritt, befand sich auch Heinrich von Virneburg, inzwischen schon längst Ludwigs treuester Verbündeter und völlig auf einer Linie mit dessen Vorstellungen. Es ist mehr als wahrscheinlich, daß ihre Gespräche auf dieser Reise sich um das kommende Treffen drehten. Wie weit würde die kaiserliche Partei – Mainz, Pfalz, Brandenburg – ihre Vorstellungen durchsetzen können? Mit welchen Argumenten konnte Balduin von Trier überzeugt werden? Der Luxemburger wollte es zwar nicht mit dem Kaiser verderben, aber seit er sich vom Mainzer Erzstift getrennt hatte und Ludwigs Hilfe aus machtpolitischen Gründen nicht mehr benötigte, würde er den Vorschlägen nicht so weit folgen, sich eine Aussöhnung mit der Kurie endgültig zu verbauen. Er bemühte sich eifrig, sein Verhältnis mit Avignon zu verbessern.[9] Wie würde sich Rudolf von Sachsen als guter Freund König Johanns verhalten? Und der allzeit vorsichtige Walram von Jülich? Er war nach dem Tod Erzbischof Heinrichs von Köln dessen Nachfolger geworden.

Der Kaiser würde an den eigentlichen Verhandlungen der Kurfürsten nicht persönlich teilnehmen, sich lediglich in der Nähe aufhalten. Es sollte eine Stellungnahme des Kurkollegs ohne seine direkte Einflußnahme sein. Im letzten Augenblick gelang am 13. Juli in Bacharach auch endlich die Versöhnung zwischen den beiden immer noch verfeindeten Erzbischöfen von Mainz und Trier, eine Voraussetzung dafür, daß diese beiden Erzfeinde am gleichen Strick ziehen konnten.

Am 16. Juli 1338 traten die Kurfürsten zusammen und gründeten den »Rhenser Kurverein«. In der Gründungsurkunde erklärten sie, sich zu vereinigen »wider männiglich Niemanden ausgenommen«[10], zur Verteidigung der Güter und Rechte des Reichs, besonders des ihnen vom Reiche verliehenen Wahlrechts. Alle daraus entstehenden Exkommunikationen und Dispensionen wurden im voraus abgewiesen. Anschließend wurde die eigentliche Stellungnahme zu Reich und Königtum beraten und am nächsten Tag im Baumgarten von Rhense (heute Rhens), wo ein altehrwürdiger, steinerner Königsstuhl stand, im Beisein vieler anderer geistlicher und weltlicher Fürsten, Grafen und Edler bekanntgemacht.

In Anlehnung an die Appellationen der Jahre 1323/24 erklärte das Weistum von Rhense, es sei Recht und Gewohnheit des Reiches, daß die Königswahl, auch wenn sie nur von einer Mehrheit der Kurfürsten ausgehe, den zum römischen König Erwählten ohne weiteres zum Tragen des Königstitels und zur Verwaltung der

Güter und Rechte im ganzen Imperium berechtige. Nennung, Billigung, Bestätigung, Zustimmung oder Autorität des apostolischen Stuhles sei dazu nicht erforderlich!

Was mag in Ludwig dem Bayer vorgegangen sein? Enttäuschung, weil die Kurfürsten ihre Erklärung nicht ausdrücklich auf ihn persönlich bezogen? Oder Triumph? Fünfzehn Jahre hatte es gedauert, eineinhalb Jahrzehnte der zähen, hartnäckigen Verteidigung seiner Überzeugung von der Unabhängigkeit des deutschen Königtums vom Papsttum, bis seine Standesgenossen diese selbstverständliche Erklärung wagten. Aber nun war sie gegeben und würde nicht mehr wegzudiskutieren sein. Ein Blatt mittelalterlicher Geschichte war umgeschlagen.

Der größte Teil der historischen Forschung ist sich darin einig, daß das Weistum von Rhense mit zu den Höhepunkten der deutschen Geschichte zählt. Es gibt spektakulärere Taten, die mehr Glanz verbreiten und deshalb besser im Gedächtnis haften bleiben. Doch die Ereignisse um das Weistum von Rhense, die sich fast in der Stille vollzogen, in Beratungen, Akten und Korrespondenzen der Fürsten, waren gleichwohl Dinge, die »bis an die Wurzeln der Existenz des Reiches rührten und zu einem Umschwung in der Verfassung hinführten, der eine neue Epoche des alten Reiches einleitete«.[11]

Als das Weistum von Rhense in Avignon bekannt wurde, schlug es ein wie eine Bombe. Es wurde »mit heftigem, herzbeklemmend starrem Staunen« zur Kenntnis genommen, wie einige Kardinäle an Erzbischof Balduin schrieben.[12]

Als nächster Schritt mußte das Weistum als Reichsgesetz festgelegt werden. Denn nicht die Erklärung der Kurfürsten – diese Aussage war natürlich gegenüber der Kurie der ausschlaggebende Punkt, innerhalb des Reiches aber nur die Vorbereitung –, sondern nur das kaiserliche Gesetz konnte dieser Aussage die bindende Kraft verschaffen. Bereits vor dem Treffen von Rhense hatte Ludwig für den 6. August 1338 zu einem Reichstag nach Frankfurt eingeladen. Er wurde bei den Zeitgenossen und in der Literatur ein vielbeachtetes Ereignis. Hier wurde das berühmte Gesetz »Licet iuris« verkündet, das die Aussagen des Weistums zum Gesetz erhob und gleichzeitig Ludwigs persönlicher Situation Rechnung trug. Dem von den Kurfürsten Gewählten, verkündet »Licet iuris«, müssen alle gehorchen, ihm steht von Anfang an die volle kaiserliche Gewalt und Jurisdiktion zu. Wer gegenteilige Behauptungen vertritt oder ihnen zustimmt, macht sich des Majestätsverbrechens schuldig.[13]

22. Kapitel

»Der Kaiser empfing den König, seinen Schwager,
ehrenvoll zu Koblenz.« [1]

Der Höhepunkt der Bewegung des Jahres 1338 war im September der Reichstag zu Koblenz, der besonderen Glanz durch die Anwesenheit König Eduards III. von England erhielt. Dessen geplanter Krieg, für den er unter so großzügigen Zusagen Bündnisverträge abgeschlossen hatte, war aus Geldmangel zunächst einmal ins Stocken geraten, und die umfangreichen Kriegsvorbereitungen des Kaisers im Jahre 1337 waren umsonst gewesen. Seitdem war Eduards Ankunft noch zweimal angekündigt und wieder verschoben worden.

Es ist nicht alles Gold, was glänzt

In der Zwischenzeit hatte er mit seinem Parlament um die Genehmigung von Kriegsgeldern gekämpft, mit Philipp von Frankreich ohne Ergebnis Friedensverhandlungen geführt und versucht, den Papst zu beschwichtigen. Benedikts Vorwürfe, daß Eduard sich mit einem Ketzer zusammengetan hätte und gegen Frankreich Rüstungen betreibe, wurden in einem sehr langen Brief beantwortet. Eduard erklärte, daß er dem Kaiser geraten habe, sich mit der Kurie auszusöhnen, und daß er Rüstungen nur betreibe, um den Warentransport zu schützen. Als Beweis für den Wahrheitsgehalt dieser Behauptung führte Eduard an – aus der Not eine Tugend machend –, daß noch keiner seiner Untertanen in feindlicher Absicht französischen Boden betreten habe.
1338 erhielt er vom Parlament endlich Geld für den Krieg gegen Frankreich bewilligt – in Form von 20 000 Sack Wolle. Eduard reiste im Juli dieses Jahres in Begleitung seiner Frau, seiner Tochter Johanna, zwei Söhnen, Hofstaat und weiterem zahlreichen Gefolge nach dem Kontinent, um die Kriegsvorbereitungen nun ener-

gisch in Angriff zu nehmen. In Antwerpen wurde er von einigen Großen des Reiches empfangen – u. a. von den Grafen von Geldern, Holland-Hennegau und dem Markgrafen von Jülich –, deren berechtigte Geldforderungen ihn zunächst in große Verlegenheit brachten. Von der englischen Wolle, die in klingende Münze umgewandelt werden sollte, waren erst 2500 Sack eingetroffen, und Eduard war gezwungen, großzügige Anleihen bei englischen, niederländischen, rheinischen und westfälischen Kaufleuten zu machen. Vor allem knüpfte er nun Geschäftsbeziehungen zu finanzstarken italienischen Bankhäusern an, denn 20 000 Sack Wolle waren zur Finanzierung eines Feldzuges nur ein Tropfen auf den heißen Stein. Trotzdem nahm Eduard auch weiterhin Dienstverpflichtungen zu üppigen Bedingungen vor, wann immer dies möglich war.

In seinem Brief an den englischen König hatte Benedikt XII. auch daran erinnert, wie wenig seinerzeit die deutschen Fürsten ihre Verträge mit Eduard I. eingehalten hatten. Tatsächlich hätte Eduard das Beispiel seines Großvaters sagen müssen, daß Bündnisverträge nur Wert hatten, wenn man schnell zahlte und schnell handelte. In Antwerpen ließen seine niederrheinischen Bündnispartner deutlich erkennen, wie sehr ihre Begeisterung infolge seiner offenkundigen Zahlungsschwierigkeiten abgekühlt war. Sie suchten Ausreden und verschanzten sich hinter dem fehlenden kaiserlichen Mandat. Eduard bemühte sich deshalb um ein Treffen mit dem Kaiser, der ihn einlud, am Reichstag von Koblenz teilzunehmen.

DER REICHSTAG VON KOBLENZ

Königin Philippa, die Schwester Kaiserin Margaretes, sah einer Niederkunft entgegen und blieb deshalb in Antwerpen. Eduard aber verließ am 19. August mit großem Gefolge in Begleitung seiner kleinen Tochter Johanna die Stadt und zog langsam unter königlicher Prachtentfaltung quer durch Brabant und dann rheinaufwärts, um den Kaiser in Koblenz zu treffen. Sänger und Spielleute begleiteten ihn. Die 66 Yeomen seiner Leibwache waren alle mit Pfeil und Bogen bewaffnet und in grüne Waidmannstracht gekleidet.[2] Auch vier rheinische Ritter, die der Kaiser abgeordnet hatte, begleiteten den Zug.

Jeder Zoll ein König, hatte Eduard reiche Geschenke im Gepäck, darunter fünfzehn der im Mittelalter als Präsente beliebten Tuniken und Mäntel. An jeder Station – Jülich, Köln, Bonn, Sinzig, Andernach – wurden hinüber und herüber Geschenke überreicht, erhielten die Klöster kleine Geldspenden. In Köln hielt sich der königliche Zug zwei Tage lang auf, denn in dieser großen, berühmten Stadt konnte man vieles beschaffen und besichtigen. Besonders der Dom, dessen herrlicher Chorraum einige Jahre vorher fertiggestellt worden war und dessen reicher Reliquienschatz eine magische Anziehungskraft auf alle Besucher Kölns ausübte, bewies auch dieses Mal seine Zugkraft. An allen Altären wurden Almosen niedergelegt, am meisten vor dem Schrein der hl. drei Könige, der Hauptattraktion des Domes. Kaiser Friedrich Barbarossa hatte einst die ursprünglich aus Byzanz stammenden kostbaren Gebeine bei der Eroberung Mailands erbeutet und nach Deutschland schaffen lassen. Für seine Baukasse erhielt Erzbischof Walram 67 ½ Pfund Sterling. Das Gegengeschenk des Erzbischofs war ein wertvolles Pferd.

Mit dem Schiff ging es rheinaufwärts weiter. Zur Insel Niederwerth wurde Eduard die Staatsbarke des Kaisers entgegengesandt, und die kaiserliche Kapelle begrüßte den hohen Gast mit Zinken und Trompeten. Ludwigs Großfalkonier, der Lombarde Scolaus, überreichte dem Tierliebhaber Eduard als Willkommensgeschenk einen lebenden Adler. Am 31. August traf Eduard in Koblenz zum ersten Mal mit dem Kaiser zusammen, der ihn in Begleitung der Erzbischöfe von Mainz und Trier begrüßte. Kaiserin Margarete war in Koblenz anwesend, aber wann und wie sie den Schwager begrüßte oder eine Einzelheit ihrer Erscheinung ist den deutschen Chronisten leider kein Wort wert. Offenbar zählten die Frauen der Herrschenden, selbst wenn sie in der Öffentlichkeit auftraten, zum Privatbereich der Fürsten und wurden deshalb übersehen.

Koblenz gehörte zum Erzbistum Trier, und so bewirtete am nächsten Tag Balduin von Trier im St.-Florians-Stiftsgebäude seine Gäste. Am 5. September fand auf dem offenen Floriansmarkt[3] jene feierliche Sitzung statt, die in der Literatur schon oft beschrieben

wurde. Der englische König in einer eigens für diese Reise angefer-
tigten neuen Staatsrobe mit prächtiger Gold- und Silberstickerei,
angetan mit allen Insignien seiner Würde, auf reichgeschmücktem
Thron. Auf höherem und noch prächtigerem, seiner höheren
Würde entsprechend, der Kaiser in kaiserlichem Purpur mit Kai-
sermantel und goldener Stola, die Doppelkrone auf dem Kopf, in
der Rechten das Reichszepter, in der Linken den Reichsapfel. Der
Schwertträger des Reiches hielt ein bloßes Schwert hoch über
Ludwigs Kopf. Um ihn vier Kurfürsten, ein jeder im Ornat und mit
den Insignien seines Amtes, Herzöge, Erzbischöfe, Bischöfe, sie-
benunddreißig Grafen und Herrn. Ein Gewoge von 17000 Rittern
und Gästen drängte sich um den Kreis, der von Herolden abge-
schirmt wurde.

Noch einmal stand bei dieser feierlichen Sitzung das Weistum von
Rhense im Mittelpunkt. Ludwig sprach selbst, zitierte es wörtlich
und zog daraus »mit schneidender Schärfe«[4] die Folgerung, alle
gegen ihn ergangenen Prozesse seien null und nichtig. Und über
Frankfurt hinausgehend, wurde als kaiserliches Gesetz verkündet,
daß niemand bei Strafe der Acht den Kaiser noch damit in Zusammenhang bringen oder das Interdikt beachten dürfe.

Daneben wurden neue Reichsgesetze erlassen, die vor allem der
Verkehrssicherheit dienten, so eine weitere Einschränkung des
Fehderechts. Ein wichtiger Punkt war auch die Erklärung, dem
Reichsvikar sei genauso zu gehorchen wie dem Kaiser selbst. Sie
war die Vorbereitung auf den nächsten Schritt, den Niederdeut-
schen ein Alibi für ihr Bündnis mit Eduard zu verschaffen. Zum
Schluß des mehrtägigen Treffens und als Höhepunkt des Glanzes
sprach deshalb der Kaiser seinem Schwager in feierlicher Gerichts-
verhandlung das Königreich Frankreich zu, das Philipp von Valois
zu Unrecht usurpiert hätte, und ernannte ihn zum Reichsvikar.
Nun konnten die Fürsten und Herrn des Reiches mit gutem
Gewissen für eine gerechte Sache kämpfen und mit oder ohne
Kaiser dem Reichsbanner folgen.

Nach dieser Schlußkundgebung wurde feierlich Abschied genommen. Einen Tag vorher aber, am 6. September, waren Eduards
finanzielle Verpflichtungen neu geregelt worden. Von den 400000
Goldflorenen, die er dem Wittelsbacher zugesagt hatte, standen
noch 320000 offen. Sie sollten in zwei Raten bis zum 1. Januar und

31. März 1339 gezahlt werden. Andernfalls war der Kaiser von seiner Zusage entbunden, persönlich ins Feld zu ziehen. Im Falle der Zahlung würde Ludwig am 8. Mai mit 2000 Helmen in der Nähe Cambrais bereitstehen.[5]

Ludwigs Vorsicht war bei Eduards Zahlungsschwierigkeiten verständlich. Wenn er persönlich zu Eduards Unterstützung aufbrach, war er es seinem Ansehen als Kaiser schuldig, mit einem stattlichen Heer zu erscheinen. Er hätte sich lächerlich gemacht, wäre er mit dem Häuflein aufgetaucht, das seine Kasse mühelos verkraften konnte. Es zeigte sich bald, daß der englische König seine finanziellen Möglichkeiten auch dieses Mal überschätzt hatte. Der Kaiser erhielt Bescheid, daß der Termin für die versprochenen Zahlungen erneut verschoben werden müßte. Als nächster Zeitpunkt wurde nun Mai genannt.

ENGLISCHE HEIRATSVERHANDLUNGEN

In dem feierlichen Zug, mit dem Kaiser und Kaiserin von Koblenz aus über Frankfurt nach München heimkehrten, befand sich auch die kleine Prinzessin Johanna von Woodstock (nach ihrem Geburtsort so genannt) mit großem englischen Gefolge. Sie sollte einen Sohn Ottos des Fröhlichen heiraten und bis zum Abschluß der Heiratsverhandlungen bei ihrer Tante Margarete am Kaiserhof in München leben. Doch die Verhandlungen kamen bald ins Stocken, und im Dezember 1339 wurde Johanna von Lord Montgomery in München wieder abgeholt.

Bei der Verlobung seiner Töchter hatte Eduard eindeutig keine gute Hand. Seine Lieblingstochter, die eigenwillige und verzogene Isabella, war fünfmal verlobt, bis es endlich zu einer Eheschließung kam. Bei der ersten gescheiterten Heirat lachte ganz Europa über die Umstände. Eduard und die flandrischen Städte wollten damals Isabella mit Ludwig von Male verheiraten, dem Sohn und Erben des vertriebenen Grafen von Flandern. Aber der Vierzehnjährige haßte die Engländer und sträubte sich gegen die Verbindung. Schließlich nahmen ihn seine Bürger, denen für die englische Wolle kein Opfer zu groß war, in eine milde Haft, um ihn mürbe zu machen.

Als dem jungen Ludwig dieses Leben der Untätigkeit immer langweiliger wurde, verfiel er auf den Trick, sich nun willig und erfreut über das Arrangement zu zeigen, so daß er größere Freiheiten erhielt und unter Aufsicht sogar auf die Jagd gehen durfte. Kurz vor der Hochzeit – der englische Hof war mit der dreizehnjährigen Isabella bereits in Flandern eingetroffen – konnte sich Ludwig auf einem Jagdausflug etwas von seiner Begleitung entfernen. Ohne zu zögern, gab er seinem Pferd die Sporen und hörte nicht eher auf zu reiten, als bis er sich im französischen Lille in Sicherheit gebracht hatte. Auf den Straßen aber sangen die Kinder Spottlieder über die sitzengelassene Braut.

Eine ihrer Verlobungen brachte die inzwischen neuzehnjährige Isabella selbst zum Platzen. Der Heiratstermin mit einem französischen Edelmann war angesetzt, und Isabella befand sich bereits auf ihrem Hochzeitszug. Eduard hatte fünf Schiffe beschlagnahmen lassen, um ihr reiches Heiratsgut nach Frankreich zu transportieren – eine einfache und zweckmäßige Methode, um an billige Transportmittel zu kommen –, als sich Isabella die Sache während der Einschiffung anders überlegte, wieder ausladen ließ und mit ihrem Hochzeitszug nach London zurückkehrte. Sie hörte für dieses eigenwillige Benehmen kein Wort des Tadels. Eduard war so vernarrt in seine älteste Tochter, daß er geradezu erleichtert wirkte, als sie zurückkam, und sie mit Geldzuweisungen, Burgen und kostbaren Juwelen überschüttete. Erst im fünften Anlauf konnte Isabella mit dem reichen und mächtigen französischen Edelmann Enguerrand de Coucy verheiratet werden.[6]

Für Prinzessin Johanna kam es jedoch nicht mehr zu einer Heirat. Sie sollte zehn Jahre nach den gescheiterten habsburgischen Eheplänen mit Peter von Kastilien verheiratet werden, der später als Peter der Grausame traurigen Ruhm erlangte. In Europa herrschte gerade die Schwarze Pest. Auf dem Weg in ihre neue Heimat erkrankte Johanna an dieser furchtbaren Krankheit und starb in Bordeaux.

SOLCHE UND SOLCHE DOMINIKANER

Als Ergebnis der Aktivitäten des Jahres 1338 wurde nun überall dort hart eingeschritten, wo das Interdikt noch eingehalten wurde. Da sich der Kaiser nunmehr auf dem Boden des Gesetzes bewegte, lenkten größtenteils auch jene Kleriker selbst ein, die sich vorher noch widerspenstig gezeigt hatten. Bischof Berthold von Straßburg allerdings mußte militärisch in die Knie gezwungen werden, bevor er seine Lehen vom Kaiser nahm. Die Bischöfe von Lüttich und Cambrai, eng mit Frankreich verbunden, konnten jedoch der Gegenseite nicht abspenstig gemacht werden.

Auch die Dominikaner blieben eine Stütze des Papstes, doch sicher nicht immer aus Überzeugung. Sie wurden schon seit Beginn der Auseinandersetzungen von ihren Ordensoberen unter starken Druck gesetzt und sogar mit schwerer Kerkerstrafe bedroht, falls sie Ludwig anerkennen oder das Interdikt brechen sollten. Viele ließen sich deshalb lieber aus ihren Konventen vertreiben, als sich den kaiserlichen Anordnungen zu fügen.

Trotzdem gab es auch hier Ausnahmen, und die Klage der Dominikanerin Christina Ebner von Engelthal war keine vereinzelte Stimme, wenn sie in ihren Aufzeichnungen zum Jahre 1344 sagte, »daß der Papst den Schwestern also tät und andern geistlichen Leuten, das Rufen und Seufzen ging in den Himmel«.[7] Auch der bedeutendste der deutschen Dominikaner jener Zeit, der große Prediger Johann Tauler von Straßburg, fügte sich nicht dem Interdikt, und mit ihm viele seiner Straßburger Ordensbrüder. Daß Tauler fest auf Kaiser Ludwigs Seite stand, ist auch aus den Aufzeichnungen der berühmten Dominikanerin Margarete Ebner – einer Verwandten Christina Ebners – aus dem Kloster Maria Medingen bekannt.

Die Mystikerin Margarete Ebner, die aus heutiger Sicht einen hohen Rang unter den Frauen ihrer Zeit einnimmt, hegte die lebhafteste Teilnahme für den gebannten und vom Papst zum Häretiker erklärten Kaiser. Beachtlich war ihre Einstellung zu Ludwigs Aktivitäten in Rom, zur Absetzung Johannes' XXII. und der Einsetzung eines neuen Papstes. Sie war völlig durchdrungen von der Rechtmäßigkeit dieser Handlungen. Auch zum Interdikt hatte sie ihre eigene Meinung. Als viele zweifelten, ob es ein Segen für sie sei, das Abendmahl während des Interdikts aus der Hand eines »profanierenden« Geistlichen zu nehmen, wurde ihr die Offenbarung zuteil: »Wer ihn empfinge in rechter Minne und ganzem Getrauen, dem wolle er sich auch in rechter Minne geben.«

Über den Kaiser wurde ihr mehrmals von Gott und den Seelen, die sie in ihren Visionen zu sehen glaubte, geoffenbart, der Herr wolle ihn »nimmer verlassen, weder hier noch dort«. Auch ihr »geminntes Kind Jesus Christus« sprach zu ihr: »Ich will ihn nimmermehr lan, weder hier noch dort. Denn er hat die Liebe zu mir, die niemand weiß, denn ich allein!«

Doch die meisten Dominikaner hatten nicht den Mut, den Drohungen ihrer Ordensmeister zu trotzen. Die listigen Landshuter Dominikaner allerdings fanden eine recht brauchbare Lösung. Sie vereinbarten mit dem Hofrichter, dem Herzog von Teck, daß er ihnen mit Gewalt drohen und dadurch ein Alibi verschaffen sollte. Der Herzog ließ sich – offensichtlich nicht ohne Vergnügen – darauf ein. Er drang mit brennenden Fackeln in das Kloster ein, brüllte angsterregend herum und drohte unter wütendem Geschrei, er würde das Kloster niederbrennen lassen, wenn seine Insassen nicht augenblicklich »sängen«. Daraufhin meldeten die Klosterbrüder ihre Notlage nach Avignon, wiesen gleichzeitig darauf hin, daß keine Zeit verbleibe, erst den päpstlichen Dispens abzuwarten, und begannen hurtig mit dem öffentlichen Gottesdienst. »Der Gewalt nachgebend singen sie nun aus Leibeskräften den Gesang und das Spiel der Orgel an.«[8]

Meistens wirkten »Fidem catholicam« und »Licet iuris« auch ohne solche Hintertürchen. Sie drangen nicht nur in Deutschland in alle Winkel, sondern sorgten auch im Ausland für großes Aufsehen. Beim König von Aragon lösten diese Ketzereien ein solches Entsetzen aus, daß er dem Papst bewaffnete Hilfe anbot.

DER REICHSTAG ZU FRANKFURT IM MÄRZ 1339

Ludwig der Bayer war in diesen Tagen auf dem Höhepunkt seiner Macht. Sein Ansehen war nun allgemein so groß, die Geschlossenheit der Fürsten hinter ihm so beeindruckend, daß auch langjährige Feinde wie König Johann von Böhmen und dessen Schwiegersohn, Heinrich d. Ä. von Niederbayern, ihre Position zu ihm überdachten. Als Ludwig zudem ein Angriffsbündnis mit den Habsburgern gegen Niederbayern schloß, ging Heinrich d. Ä. zum erstenmal eigene Wege. Ohne auf seinen Schwiegervater noch länger zu hören, suchte er seinen Frieden mit dem Kaiser. Am 16. Februar 1339 söhnten sie sich miteinander aus, und um die Sache perfekt zu machen, verabredeten sie auch gleich eine Heirat zwischen Heinrichs einzigem Sohn, dem zehnjährigen Johann, und Ludwigs dreizehnjähriger Tochter Anna. Bereits zwei Monate später wurde die Hochzeit gefeiert.

König Johann muß die eigene Isolation nun doch als bedrückend und gefährlich empfunden haben, vor allem als der Wittelsbacher den bewährten Weg der diplomatischen Einkreisung des Böhmenkönigs fortsetzte und mit dem größten Widersacher des Luxemburgers, König Kasimir von Polen, über ein Heiratsbündnis zwischen beiden Häusern verhandeln ließ. Schon einen Monat vor der bayerisch-bayerischen Hochzeit war König Johann deshalb auf dem Reichstag vom 20. März zu Frankfurt erschienen, hatte dem Kaiser gehuldigt und versprochen, ihm in jeder Situation mit Rat und Tat beizustehen. Jedoch behielt er sich vor, dem König von Frankreich – eine Verwandtschaftspflicht – beistehen zu dürfen, wenn es um das Land und die Krone Philipps ging. Das wurde zugestanden, allerdings nur mit einer vertraglich fixierten Truppenzahl und auch nur, wenn es nicht gegen Kaiser und Reich ging. Als weiteres Ereignis wurde auf diesem Reichstag Graf Rainald von Geldern in den Herzogsstand erhoben. Er half anschließend dem Kaiser mit 40 000 Goldflorenen aus, nachdem er kurz vorher seinem Schwager Eduard mit der gleichen Summe unter die Arme gegriffen hatte.

Ein Wunsch Ludwigs war noch nicht in Erfüllung gegangen, und beim Reichstag im März 1339 warf er das Ansehen seiner Persönlichkeit ein weiteres Mal in die Waagschale, um auch diese Hürde zu nehmen. Außer Walram von Köln waren alle Kurfürsten vollzählig versammelt. Sie verabschiedeten ein Weistum, in dem es u. a. heißt, der zum römischen König Erwählte könne bei einer Weigerung des Papstes von einem beliebigen Erzbischof oder Bischof zum Kaiser gekrönt werden. »... ob der pabist eyme

Romeschen koninge die keyserlichen cronen nicht geben wolde oder yme die verzuge zu gebene, daz er si dan moge genemen von eyme cristeme ertzbisschofe oder bisschofe, der yme dar zu gut ist.«[9] Sperrten ihm aber die Römer ihre Stadt, wenn er über den Apennin komme, so könne er sich in jeder Stadt jenseits des Gebirges krönen lassen.

Österreich und Niederbayern

Bei allem Trubel um ihn herum vergaß Ludwig nie, die Freundschaft zu den habsburgischen Vettern zu pflegen. Im Februar 1339 starb Herzog Otto der Fröhliche, und Albrecht II. führte nun die Regierung allein. Von den 21 Kindern aus der Ehe König Albrechts I. mit Elisabeth von Tirol lebten nur noch die älteste Tochter, Königinwitwe Agnes (geb. 1280), die in ihrer Jugend mit König Andreas III. von Ungarn verheiratet gewesen war, und Albrecht der Lahme (wahrscheinlich um 1298 als Zwillingsbruder Herzog Heinrichs geboren). An der Lähmung litt Albrecht seit 1330. Nach einem vergifteten Essen (wahrscheinlich im Sinne von verdorben gemeint), das er in Gesellschaft seiner Schwägerin, Elisabeth von Niederbayern, eingenommen hatte, waren beide schwer erkrankt. Elisabeth starb, und bei Albrecht blieb eine Lähmung der Beine zurück, die ihm zeitweise starke Schmerzen verursachte.

Angesichts der vielen frühen Todesfälle in der Familie dürfte das Weiterbestehen des Hauses Habsburg für alle Geschwister schon lange eine ernste Sorge gewesen sein. Bis zum Jahre 1337 hatte von den sechs Söhnen König Albrechts, die das Erwachsenenalter erreicht hatten, lediglich Otto zwei Söhne aus der Ehe mit Elisabeth von Niederbayern. Alle anderen Brüder hatten entweder Töchter oder gar keine Kinder. Albrecht der Lahme unternahm im Jahre 1337 deshalb sogar eine Wallfahrt zur Basilika der hl. Jungfrau zu Aachen, verrät Johann von Victring: »Und indem er, wie der Erfolg später aufwies, flehentlich um Kindersegen bat, brachte er der glorreichen Jungfrau einen goldenen Kelch von hohem Wert dar.«

Möglicherweise wurde der Gedanke an die Wallfahrt ausgelöst durch ein furchterregendes und gleichzeitig tröstliches Traumge-

sicht eines Notars am Wiener Hof. Der Notar träumte, vor der
Wiener Burg stünden sechs Bäume, fünf hochgewachsene, kräftige, und einer mit etwas verkrüppelten Zweigen. Da erschienen
plötzlich zwei kräftige Engel und hieben die gesunden Bäume um.
Nur den etwas verkrüppelten ließen sie stehen. Erstaunlicher-
weise aber fing der verkrüppelte Baum plötzlich an, reiche Früchte
zu tragen.

Als dem Herzog Albrecht im Jahre 1339 nach siebzehnjähriger Ehe
sein Sohn Rudolf in die Arme gelegt wurde, mußte ihm dies
tatsächlich wie ein Wunder der hl. Jungfrau von Aachen vorkommen. In Österreich enthielt man sich dazu jeden Kommentars, in
den habsburgischen Vorlanden aber machten Klatsch und ungute
Gerüchte die Runde, so daß der arme Albrecht schließlich von den
Kanzeln verkünden ließ, das Kind sei tatsächlich von ihm. Später
bekam das Herzogspaar noch weitere Söhne, und der Klatsch
verstummte wieder. Das Haus Habsburg aber hat sich nur durch
Albrecht II. fortgepflanzt. Die beiden Söhne Ottos des Fröhlichen
starben im Jahre 1344 innerhalb von drei Monaten.

Im Jahre 1339 gab es noch einen bemerkenswerten Todesfall. Am
1. September starb Heinricht d. Ä. und bereits ein Jahr nach ihm,
im Dezember 1340, sein Sohn, der junge Johann von Niederbayern, der mit der Kaisertochter verheiratet war. Ludwig der Bayer
zögerte keinen Augenblick, Niederbayern einzuziehen und die
seit fast hundert Jahren getrennten Landesteile Oberbayern und
Niederbayern wieder zu vereinen.

Es war eine Phase im Leben Ludwigs des Bayern, in der ihn das
Schicksal mit Gunst geradezu überschüttete. »Der Kaiser«, sagt
Heinrich von Diessenhofen, »hatte damals das Glück, daß alle
seine Widersacher entweder starben oder unfähig wurden, ihm
Hindernisse zu bereiten.«

23. Kapitel

»Es ist unfruchtbar viele Gründe vorzubringen,
wo weniger genügen.«

Jeder große Konflikt des Papsttums mit einer weltlichen Macht hatte bisher von beiden Seiten Streitschriften hervorgerufen. Zu Zeiten des Investiturstreites griff Wenrich von Köln wegen der Absetzung Heinrichs IV. und der Unterstützung eines Gegenkönigs mit schneidender Ironie einen Papst an, der »den Eidbruch als Treue und Treue als Sakrileg« auffaßte. Zu Zeiten Friedrichs II. wurde dem Papst eine Umkehrung der christlichen Ideale vorgeworfen, und im Streit Philipps des Schönen mit Bonifaz VIII. setzten die französischen Publizisten im Kampf für die Unabhängigkeit der weltlichen Herrschaft vom Papsttum die Prinzipien der aristotelischen Staatslehre ein.

Als Folge des Weistums von Rhense, von »Fidem catholicam« und »Licet iuris« entfaltete sich wieder eine reiche Streitschriftenliteratur, die sich mit staats- und kirchenrechtlichen Fragen beschäftigte. Bonagratia von Bergamo und andere Minoriten meldeten sich zu Wort, auch der vornehme Ordensgeneral Michael von Cesena ließ wieder von sich hören. Bedeutender aber und umfassender, die theologischen wie die staats- und kirchenrechtlichen Fragen berücksichtigend, widmete sich Wilhelm von Ockham in zwei Traktaten dem Thema. Schon erkennt man in vielen Punkten die Grundzüge des Hauptwerkes dieses großen Denkers, seines »Dialogus«.

Wilhelm von Ockham

Wilhelm von Ockham, etwa gegen 1285 in England geboren, der als der bedeutendste Philosoph seines Jahrhunderts gilt, wurde bereits von seinen Zeitgenossen als der durchdringendste Denker der Zeit anerkannt. Er war während seiner Lehrtätigkeit in Oxford

mit dem sogenannten »Sentenzenkommentar« in Verdacht geraten, häretische Anschauungen zu vertreten, und 1324 von Papst
Johannes XXII. nach Avignon zitiert worden. Eine Kommission
wurde eingesetzt, aber sein Prozeß machte nur langsame Fort-
schritte; als er 1328 zu Ludwig dem Bayern flüchtete, war noch
nichts entschieden. Dafür aber eroberten bereits während seiner
Zeit in Avignon seine Philosophie und Theologie die Universitäten
Europas. »Der historische Erfolg seines Denkens ließ den Prozeß
mehr und mehr als Anachronismus erscheinen.«[1] Tatsächlich ist
es nie zu einer Verurteilung wegen des Sentenzenkommentars
gekommen.

Im Mittelpunkt von Ockhams Denken stand seine Überzeugung
von der absoluten Freiheit und Macht Gottes. Gott hat die Welt
nicht nach einem im voraus festgelegten Plan geschaffen, nach
dem sie jetzt automatisch abläuft, sondern er ist der Schöpfer und
Erhalter jedes einzelnen Dinges. Aus der absoluten Freiheit Gottes
erklärt Ockham auch die Freiheit des einzelnen Menschen, dessen
Handeln nicht nach einem ewigen Plan vorherbestimmt ist. Die
Menschen entscheiden frei über ihr Verhältnis zur Welt, zu Gott
und zu den anderen Menschen und sind deshalb für ihr Handeln
moralisch verantwortlich.

Auch Ockhams so modern anmutende Erkenntnislehre, allgemein
als Nominalismus bezeichnet, bleibt seiner theologischen Überzeugung treu. Da alles Existierende individuell von Gott geschaffen wurde, kann es auch nur als Einzelding vom Menschen real
erkannt werden. Allgemeinbegriffe, die sog. Universalien, können
abstrakt gedacht werden, sie ermöglichen wissenschaftliches Arbeiten, aber sie sind in der Natur nicht vorhanden, ihnen kommt
nur der Charakter von Namen oder Zeichen zu. Jede abstrakte
Erkenntnis ist deshalb vom sinnlichen Wissen abhängig, das ihr
vorausgegangen ist.

Ockhams wirkungsvollstes Argument gegen die reale Existenz
von Allgemeinbegriffen ist sein berühmt gewordenes Ökonomie-
prinzip, das die Annahme eines überflüssigen Begriffs verbietet,
bekannt auch als »Ockhams Rasiermesser«: »Wesenheiten sind
nicht über die Notwendigkeit hinaus zu multiplizieren.«[2] Oder:
»Es ist unfruchtbar, viele Gründe vorzubringen, wo weniger genügen.« Auf das Gebiet der Erkenntnislehre übertragen, sind Sinnes-

wahrnehmung und intellektuelle Erkenntnis die Quelle allen Wissens. Die wiedererweckte Wahrnehmung schafft das Gedächtnis. Die vom Gedächtnis interpretierte Wahrnehmung verhilft zum Begreifen. Kombinierte Wahrnehmungen erzeugen Vorstellungskraft, und in die Zukunft projizierte Wahrnehmungen die Erwartung; das Denken entsteht durch den Vergleich von Wahrnehmungen. Nichts kann deshalb zum Objekt des Denkens werden, ohne ein Objekt der äußeren Sinneswahrnehmung gewesen zu sein. Lockes Empirismus dreihundert Jahre vorweggenommen.

Die mit Hilfe der Allgemeinbegriffe ermöglichten Schlußfolgerungen des Verstandes haben somit nur Gültigkeit, soweit sie sich auf die Erfahrung aus dem Vergleich der Wahrnehmungen beziehen. Sonst wird das Ding mit der Idee verwechselt; der abstrakte Begriff so verwendet, als würde er etwas Reales bezeichnen, und daraus erwächst eine Menge gesprochener und geschriebener Unsinn. Das abstrakte Denken hat nur eine Daseinsberechtigung, wenn es zur speziellen Aussage über spezielle Dinge führt.

Ockham leitete damit ein neues Denken ein, das die Metaphysik ablehnt. »Die Struktur unseres heutigen Weltbildes wird zum ersten Mal bei Ockham erkennbar.«[3] Mit dieser Philosophie und seinem »Rasiermesser« ausgerüstet, beschäftigte sich Ockham nun mit allen Sektoren der Wissenschaften und vollzog »den Durchbruch zum modernen Wissenschaftsbegriff: Die Methode der Gewinnung und Überprüfung und nicht der Gehalt des Wissens entscheidet über seine Wissenschaftlichkeit.«

Diese Theorien auf das Gebiet der Theologie übertragen, führten bei Ockham (wie bei Kant) zwangsläufig zu der Erkenntnis, daß die fundamentalen Glaubenssätze des Christentums mit dem Verstand nicht zu beweisen waren. Seine religiöse Überzeugung von der Existenz Gottes und der Unsterblichkeit der menschlichen Seele wurde davon nicht berührt. Wie schon Duns Scotus unterschied auch Ockham zwischen der philosophischen und theologischen Wahrheit, die dem Menschen empfahl, in Demut vom Glauben anzunehmen, was der Verstand bezweifeln will.

Für die Scholastik, die auch das christliche Dogma grundsätzlich durch die Vernunft für nachweisbar hielt, war Ockhams Nominalismus ein schwerer Schlag, von dem sie sich nie mehr richtig erholte. 1339/40 wurde die Verbreitung von Ockhams Theorien an der Pariser Universität verboten. Dennoch galt er vielen Professoren und Studenten auch weiterhin als der Bote der Denkfreiheit und Toleranz. In England entstand eine neue, in Ockhams Geist arbeitende Philosophenschule, die ihr Gedankengut »Via moderna« nannte. Die größte Verbreitung erfuhren Ockhams Theorien aber an den mitteleuropäischen Universitäten. Hus wurde Ende des 14. Jahrhunderts in Prag ebenso im Zeichen des Nominalismus erzogen wie Luther hundert Jahre später in Erfurt.

Ockham war kein Politiker. Er war Theologe und Philosoph, und das Verhältnis von weltlicher und geistlicher Macht zueinander stand – anders als bei Marsilius – nicht im Zentrum seines Denkens. Der Weg, den der religiöse Grübler in voller Kenntnis aller Risiken eingeschlagen hatte, dürfte ihm deshalb nicht leichtgefallen sein. Aber er hielt ihn für unumgänglich, weniger im Interesse des Staates oder des Kaisers, als in dem des Glaubens und der Kirche. Anlaß war nicht sein Prozeß, dem er offenbar mit großer Gelassenheit entgegensah, sondern der Weg, den die Kirche eingeschlagen hatte. Er hatte ihn während der vier Jahre in Avignon mit Bestürzung wahrgenommen und sich offenbar lange gegen den Gedanken gewehrt, der Papst könnte Häresien verbreiten. Erst als sich diese Überzeugung nicht mehr verdrängen ließ, schloß er sich Michael von Cesena an.

Anders als für den Ordensgeneral, war für Ockham die Ablehnung des Armutsideals der Franziskaner nur ein einzelnes Symptom unter anderen. Ebenso heftig widersprach er der Auffassung Johannes' XXII. vom Papst als Haupt der Kirche, das über die ganze Welt verfügen kann. Dabei wollte Ockham die Kirche nicht umstürzen, wie einige Splittergruppen seines Ordens. Er wollte sie auch nicht dem Staat unterordnen wie Marsilius von Padua, sondern er plädierte für ein gleichberechtigtes Nebeneinander von Kirche und Staat – wodurch seine Ansichten über das Papstamt erheblich von denen der Päpste seiner Zeit abwichen. Genauso unterschiedlich waren die beiden Auffassungen über die päpstliche Lehrautorität, die besonders Johannes XXII. in einer Weise betont hatte, die bereits das Dogma über die Unfehlbarkeit aus dem 19. Jahrhundert vorwegnahm.

Für Ockham ist der Papst nicht unfehlbar, sondern er kann sich irren wie jeder Mensch. Auch Petrus hatte sich geirrt. Über dem

Papst steht deshalb die universale Kirche als Instanz – nicht zu verwechseln mit der klerikalen Papstkirche. Vertreter dieser universalen Kirche, und zwar Kleriker wie Laien, Männer und Frauen, sind die Instanz, die den Papst überwachen, wenn nötig auch kritisieren und absetzen kann. Nur wenn die universale Kirche versagt und die Irrlehren eines Papstes nicht zurückgezogen werden, darf der Papst vom weltlichen Herrscher verurteilt werden.

Am nötigsten erschien Ockham eine Rückkehr der Kirche zu den Lehren Christi, eine Abkehr von Reichtum und Machtstreben. Er plädierte für die Abschaffung aller von der Kurie dem Frühchristentum hinzugefügten Dogmen und Riten und forderte die Rückkehr zu schlichteren Formen der Gottesverehrung.

Die Gemeinsamkeit zwischen Wilhelm von Ockham und Kaiser Ludwig dem Bayern bestand darin, daß sie ihres Gewissens wegen einen Kampf führten, den sie eigentlich gar nicht führen wollten. Ockham ging es um den Glauben, Ludwig um die Rechte des Reiches. Beide waren davon überzeugt, für eine gerechte Sache zu kämpfen, und einer konnte dem anderen in seinem schweren Kampf beistehen. Nach dem Tode Kaiser Ludwigs blieb Wilhelm von Ockham in München. Er starb zwei Jahre nach dem Kaiser und wurde wie seine Münchner Weggefährten – Bonagratia starb 1340, Michael von Cesena und Marsilius 1342 – im Franziskanerkloster beerdigt. Wilhelm von Ockham und Bonagratia von Bergamo erhielten ein besonderes Ehrengrab im Chor vor dem Hochaltar.[4]

Wichtige Schriften entstanden nach Rhense nicht nur in minoritischen Kreisen. Besonders hervorzuheben ist der berühmte Traktat »De iuribus regni et imperii« des Würzburger Domherrn und Doctor decretorum Lupold von Bebenburg, der die Beschlüsse der Kurfürsten auf Grund historischer Überlegungen begründete. Neben die große Literatur gesellten sich die Flugschriften, in denen sich deutlich der reichsrechtliche Standpunkt widerspiegelt. Auch im Lager der Gegenseite entstanden bedeutende Traktate. Das Heer von Federn, das sich teils aus eigenem Antrieb, teils auf Wunsch der Kurie in Bewegung setzte, um den Primat Petri oder das Papsttum als Herrscher über das Imperium gegen die literarischen Stoßtrupps des Kaisers zu verteidigen, zeigt

die gewaltige Wirkung, die im Mittelalter von der Streitschriftenliteratur ausging.

KONTAKTE

Ludwig der Bayer kannte seine Zeitgenossen und war deshalb
vorsichtig genug, die Verbindung zum Papst nicht völlig abreißen
zu lassen. Wie lange würde die Standfestigkeit der Kurfürsten und
die landesweite Opposition gegen das Papsttum andauern, wenn
sich nicht bald Erfolge einstellten? Bereits im Sommer 1338 wurde
der Abt Albrecht von Ebrach nach Avignon gesandt, wahrscheinlich um einen offiziellen Bericht über den Tag von Rhense abzustat-
ten. Benedikt XII. seinerseits schickte Arnald de Verdalle als Nuntius zum Kaiser und ließ neue Aussöhnungsbedingungen überbringen. Es war fast der gleiche Forderungskatalog wie früher. Da
jedoch von einer Niederlegung von Regierung und Königstitel
nicht mehr die Rede war,[5] zeigte Ludwig seine Bereitschaft zu
neuen Verhandlungen an. Auch eine Gesandtschaft wurde angekündigt, allerdings nicht auf den Weg geschickt.

Dreimal wurden Geleitbriefe – im Juni und Oktober 1339 sowie im
April 1340 – in Avignon angefordert, ohne daß die Prokuratoren an
der Kurie erschienen. Bereits mit dem Geleitbrief für die dritte
nicht zustande gekommene Gesandtschaft kam ein äußerst gereiz-
tes Schreiben von Benedikt XII. Er warf Ludwig vor, er führe die
Verhandlungen nur zur Täuschung der Gläubigen in Deutschland,
um sie von der Treue gegen die Kirche abzubringen. Mit harten
Worten wurde beklagt, daß durch Ludwigs Schuld das Interdikt
nicht eingehalten werde. Im übrigen wolle er von Ludwig nicht
mehr durch unnütze Worte hingehalten und verspottet werden.
Die Gesandten müßten bis Pfingsten 1340 in Avignon sein, sonst
würde er andere Schritte unternehmen.

Benedikt XII. war in diesen Tagen ein vielbeschäftigter Mann. Er
versuchte durch emsige diplomatische Bemühungen den englisch-
französischen Krieg zu verhindern und das englisch-deutsche
Bündnis zu sprengen. Ludwigs Ruf an der Kurie – dickköpfig,
halsstarrig, ein Ketzer! – ließ es dem Papst aussichtsreicher erscheinen, dies über Edward III. zu versuchen als über den Wittelsbacher,

und er bemühte sich eifrig, dem englischen König das Bündnis mit einem Gebannten auszureden.

Daneben wurde sorgfältig der Briefverkehr mit den Reichsfürsten und jede Nachricht von und über Ludwig abgeschrieben und an König Philipp weitergeleitet. Auch strategische Pläne konnte der Papst nach Paris senden. Am 1. September erhielt Philipp den Rat, die Festungen in Burgund und an der Rhone in Verteidigungszustand zu setzen. Nach dem Reichstag von Koblenz erfuhr er von der in geheimen Beratungen festgelegten Übereinkunft, daß der Feldzug nicht vor Mai beginnen würde.

Der Krieg, der bald seinen Anfang nahm, der Eduard und Philipp überdauerte und, jedes menschliche Vorstellungsvermögen übersteigend, sich hundert Jahre hinziehen und beide Länder an den Rand der Zerstörung bringen sollte, hätte durchaus verhindert werden können. Eduard III. zeigte sich zu diesem Zeitpunkt noch verhandlungsbereit und schlug vor, Kaiser Ludwig als Schiedsrichter über die Streitpunkte zwischen der englischen und französischen Krone anzuerkennen. Sowohl der Papst wie auch Philipp VI. lehnten dies ab. Auch direkte Verhandlungen zwischen England und Frankreich verliefen ergebnislos. Der Papst war erbost, daß der Engländer als Vorbedingung für einen Waffenstillstand den aquitanischen Besitz von Frankreich zurückforderte.

Auch die geplanten Aussöhnungsverhandlungen mit dem Kaiser kamen nicht von der Stelle. Wie um die schlechte Meinung der Kurie über ihn zu bestätigen, sandte der Bayer nach dem gereizten Brief des Papstes wieder keine Gesandtschaft. Dafür wurde im Oktober erneut ein Geleitbrief angefordert, und abermals nicht in Anspruch genommen. Erst im Oktober 1341 zogen die so oft angekündigten kaiserlichen Prokuratoren nach Avignon – unterstützt durch die Fürsprache König Philipps.

Der Hundertjährige Krieg beginnt

Die ersten Schatten fielen auf das deutsch-englische Bündnis, als Eduard auch die nächsten Zahlungstermine nicht einhalten konnte. Der Kaiser sah anscheinend von der versprochenen Summe nie einen Pfennig. Als Eduard im Sommer 1339 mit einem

Heer auf dem Kontinent landete, sandte Ludwig ein kleineres Hilfsheer unter seinem Schwiegersohn Friedrich von Meißen und seinem Sohn Ludwig dem Brandenburger, er selbst aber blieb fern. Er war äußerst unzufrieden über den Verlauf der Dinge.

Auch Eduards niederrheinische Verbündete hielten nicht alle das, was er sich von ihnen versprochen hatte, aber man muß natürlich sagen, daß es ihnen mit Eduard nicht anders ergangen war. Trotzdem machte er große Anstrengungen, seine Zusagen einzuhalten, und in vielen Fällen war es zu Zahlungen und Teilzahlungen gekommen. So kam doch noch ein stattliches deutsch-englisches Heer von 10000 Soldaten zusammen, wenn der Chronist nicht übertrieben hat. Die Geschichtsschreiber des Mittelalters benutzten Zahlen nicht zur sachlichen Information, sondern als stilistische Mittel, um ihren Leserkreis zu erstaunen und mitzureißen.

Der erste Feldzug des Hundertjährigen Krieges verlief ohne nennenswertes Ergebnis. Eduard belagerte zuerst in seiner Rolle als Reichsvikar das widerspenstige Cambrai, konnte es aber trotz wochenlanger Belagerung nicht einnehmen. Auch das Hauptziel dieser Belagerung, Philipp VI. zur Unterstützung des Bischofs zu veranlassen, damit man dann wegen des Angriffs auf Reichsgebiet mit gutem Gewissen in Frankreich einfallen konnte – je gerechter, je lieber –, wurde nicht erreicht. So marschierten Eduard und die Deutschen unter den üblichen Verwüstungen und Brandschatzungen schließlich ohne »gerechten Grund« in Frankreich ein.

Wie sehr das Lehnssystem noch fester Bestandteil im Denken des 14. Jahrhunderts war, zeigte Wilhelm IV. von Holland-Hennegau, seit dem Tode seines Vaters im Jahre 1337 Herr über Holland, Friesland, Seeland und dem Hennegau. Es täte ihm leid, er könne den Reichsvikar Eduard auf Reichsgebiet unterstützen, aber nicht, wenn Frankreich grundlos angegriffen wurde. Philipp VI. sei für Osterbant sein Lehnsherr. Trotz der 6000 Pfund Sterling, die er von seinem königlichen Schwager erhalten hatte, ging er bei Eduards Einmarsch nach Frankreich zum französischen König über.

Aber Philipp VI. stellte sich nicht zur Schlacht, obwohl sein Heer mehr als doppelt so stark gewesen sein soll. Auch Eduard III.

drängte auf keine Entscheidung. Für den 23. Oktober wurde die Schlacht von Philipp zwar angesagt, Eduard machte seine Truppen auch kampfbereit, aber als der Valois nicht angriff, zog sich das englisch-deutsche Heer zurück. Auch das französische rückte ab, und damit sahen beide Herrscher die Kampfhandlungen vorerst als beendet an. Philipp kehrte nach Paris zurück, Eduard ging nach Antwerpen, wo er den Rest des Jahres verbrachte. Die Heere lösten sich auf.

Für das Verhalten Eduards und Philipps bei dieser geplanten Schlacht gibt es eine einfache Erklärung: die englischen Bogenschützen! Sie hatten sich in den vergangenen Jahren durch eine militärische Neuerung, den »Longbow«, bei den schottischen Feldzügen einen legendären Ruf erworben. Es war eine Waffe, die Frankreich im Verlauf des Hundertjährigen Krieges manchmal an den Rand des Abgrunds bringen sollte. Eduard hatte den langen Bogen, der aus Wales gekommen war, perfektioniert. Der Pfeilschütze konnte damit zehn bis zwölf Pfeile in der Minute abschießen – gegenüber zwei Pfeilen bei der Armbrust –, die 250 m weit flogen und bis 160 m sicher trafen. Als Eduard die ungeheure Wirksamkeit dieser Waffe erkannte, hatte er schon 1337 jeden anderen Sport außer Bogenschießen bei Todesstrafe in England verboten, und die Handwerker, die sich mit der Herstellung des langen Bogens und der Pfeile befaßten, bekamen ihre Schulden erlassen.

Allerdings kamen die Bogenschützen nur voll zur Wirkung, wenn das englische Heer fest stand und der Feind anrannte. Das wußte Philipp – Freund und Unterstützer der Schotten – so gut wie Eduard und war deshalb nicht angerannt. Und genauso wenig hatte Eduard Lust gehabt, einem überlegenen Gegner in die Arme zu stürmen.

Das Ergebnis dieses Feldzuges war auch für den Reichsvikar Eduard niederdrückend. Weder waren Lüttich noch Cambrai zum Gehorsam gebracht. Bei dieser offenkundigen Unwirksamkeit des Reichsvikars – ganz abgesehen davon, daß keinerlei englische Zahlungen eingegangen waren, die Ludwigs aktive Mitwirkung ermöglichten – verlor das englische Bündnis für den Wittelsbacher schnell an Wert. Aber noch standen die beiden Höfe lebhaft miteinander in Verbindung. Boten gingen hin und her, Geschenke wurden ausgetauscht und bei Eduards Weihnachtsfeier in Antwerpen spielten Ludwigs Musiker auf.[6]

Nach den Erfahrungen mit seinem holländischen Schwager rückte Eduard – beweglich und findig – ab diesem Winter einen anderen Rechtsgrund für den Angriff auf Philipp VI. in den Vordergrund. Er vertrat nun seine Ansprüche auf den französischen Thron mit allem Nachdruck, nannte sich König von England und Frankreich, nahm das französische Wappen in sein Siegel auf und ließ sich im Januar 1340 in Flandern als französischer König huldigen. Unter diesen Umständen konnte auch Wilhelm IV. von Holland-Hennegau wieder in das englische Lager zurückkehren. Auch in Frankreich erwiesen sich Eduards Thronansprüche als wertvoll. Jeder unzufriedene oder durch englisches Geld verlockte Untertan Philipps VI. konnte ihm die Gefolgschaft aufkündigen und zu Eduard als dem wahren König übergehen – was öfters geschah.

Der erste wirkliche Zusammenstoß des Hundertjährigen Krieges ereignete sich im Juni 1340 vor Sluis, dem Hafen von Brügge, zur See. 172 französische Schiffe erlitten durch hundert englische, von denen ⅔ mit Bogenschützen besetzt waren, unter dem Pfeilhagel dieser schlagkräftigen Truppe eine vernichtende Niederlage. Niemand wagte, es Philipp VI. zu berichten. Schließlich stellte man seinen Hofnarren vor ihn hin und dieser rief: »Oh, diese englischen Feiglinge! Was für Feiglinge die Engländer doch sind! Sie sind nicht über Bord gesprungen wie unsere tapferen Landsleute!«[7] Offenbar verstand Philipp ohne weitere Erklärung.

Trotzdem führte der Seesieg England nicht weiter. Nach Eduards Landung stießen seine deutschen Bundesgenossen – Ludwig der Brandenburger, Friedrich von Meißen, der Markgraf von Jülich, der Herzog von Geldern und nach seiner neuen Schwenkung Wilhelm IV. von Holland-Hennegau – wieder zu ihm. Elf Wochen lang wurde Tournai belagert, konnte aber nicht eingenommen werden. Philipp rückte mit einem Heer näher, stellte sich aber nicht zur Schlacht und Eduard versuchte nicht, eine zu erzwingen. Hinzu kam Eduards neue Zahlungsunfähigkeit. So waren wahrscheinlich beide Seiten froh, als der Papst einen Waffenstillstand durch die Einschaltung der Gräfinwitwe Johanna von Holland-Hennegau vermittelte – König Philipps Schwester und Eduards sowie Kaiser Ludwigs Schwiegermutter. Der Waffenstillstand wurde später bis 1346 verlängert.

Der bisherige ergebnislose Verlauf des Krieges hatte schon so viel Geld verschlungen, daß der Finanzhasardeur Eduard ruiniert gewesen wäre, hätte er alle Kosten selbst tragen müssen. Das war zu seinem Glück nicht der Fall. Er hatte die meisten Ausgaben durch Darlehen der florentinischen Bankhäuser Bardi und Peruzzi finanziert. Zusammen schuldete er den beiden Bankiers 1 365 000 Goldgulden und hatte als Sicherheit das zu erwartende Aufkommen aus der Wollsteuer überschrieben. Als diese Steuer zu wenig einbrachte und Eduard darüber hinaus keine Zahlungen leisten konnte, kam es zum Zusammenbruch beider Bankhäuser, die noch ein drittes, die Acciaiuoli, mit in den Ruin rissen.

WENDUNG IN DER AUSSENPOLITIK

Etwa zur Zeit des Waffenstillstands war das deutsch-englische Bündnis zu Ende. Schon nach der Schlacht von Sluis war Philipp zum Frieden bereit und wandte sich über seine Nichte, Kaiserin Margarete, an den Kaiser mit der Bitte um Vermittlung. Boten gingen zwischen den beiden Höfen hin und her, man kam sich näher, und in den ersten Monaten des Jahres 1341 schlossen beide Parteien einen Freundschaftsvertrag miteinander. Der Valois übertrug dem Kaiser die Vermittlung in seinem Streit mit Eduard III. und erkannte ihn als Schiedsrichter im englisch-französischen Krieg an, was die Zurücknahme des Reichsvikariats bedingte. Am gleichen Tag, dem 15. März 1341, teilte Philipp dem Papst mit, er habe Ludwig versprochen, seine Aussöhnung mit der Kurie zu befürworten. Er erntete dafür und für den Schritt, Ludwig die Rolle des Schiedsrichters zu übertragen – das war Benedikts Rolle! –, die höchste Unzufriedenheit des Papstes.

Es dürfte für Ludwig nicht ohne Peinlichkeit gewesen sein, aber er unterrichtete Eduard selbst über die neue Sachlage. Er spielte auf die großen Kosten des Krieges zwischen England und Frankreich und Eduards Zahlungsunfähigkeit an und teilte mit, daß Philipp VI. ihm Vollmacht gegeben habe, den Frieden zu vermitteln. Eduard möge ebenfalls sein Einverständnis dazu geben. An dem

Freundschaftsbündnis mit Philipp VI. solle er keinen Anstoß nehmen, da er ohne Ludwigs Wissen ja ebenfalls mit Frankreich verhandelt habe. Sachverständige, die die früheren Abmachungen kannten und die Ludwig befragt habe, hätten ihm versichert, er könne deshalb ohne Gewissensbisse dasselbe tun. Da er Frieden stiften wolle, müsse er das Vikariat widerrufen, aber er werde den englischen Vorteil im Auge behalten, wenn Eduard seinem Rat folge.

Eduards Antwort fiel milde aus. Er versuchte, die beiden angedeuteten Vorwürfe zu entkräften, wies Friedensverhandlungen jedoch ab. Er hatte sich zurückgezogen, aber nur, »um besser zu springen«.[8]

Zu Ludwigs Außenpolitik in dieser Zeit schreibt der Historiker Friedrich Bock: »Die Forscher haben die politische Schwenkung Ludwigs im Jahre 1341 durchweg verurteilt. Das liegt zum Teil daran, daß sie in den alten Begriffen, mit denen von kirchlicher Seite der Streit geführt wurde, stecken geblieben sind. Unsere Darstellung dürfte gezeigt haben, daß Ludwig den Kampf seines Lebens (mit der Kurie) nicht aus religiösen, sondern aus politischen Gesichtspunkten geführt hat, daß man also auch in diesem Fall nach politischen Gründen suchen muß und nicht von der falschen Voraussetzung aus urteilen darf, Ludwig habe aus Gewissensbedenken um jeden Preis mit dem Papst zur Aussöhnung kommen wollen. Er wollte die Aussöhnung, denn sie bedeutete Anerkennung seines Kaisertums und Stärkung seiner imperialen Stellung in Deutschland und nach außen hin. ... Wenn er die Schwenkung vollzog, müssen starke Gründe dafür gesprochen haben.«[9]

Friedrich Bock hat vielleicht recht, wenn er Gewissensbedenken nicht zu den »starken Gründen« für Ludwigs Schwenkung zu Philipp zählt. Die Ansichten der Minoriten, die der Bayer in diesem Punkt als Autorität betrachtete, hatten ihm gezeigt, daß die Sentenzen des Papstes für sein Seelenleben nicht maßgebend waren. Doch sind die politischen Gründe für Ludwigs Handeln nicht völlig klar. Es ist aber zu vermuten, daß die Entwicklung in Tirol in Ludwigs Überlegungen eine erhebliche Rolle spielte und ihm eine Aussöhnung mit der Kirche wichtiger als je erscheinen ließ.

Auch jetzt kam es allerdings nicht zur Absolution, obwohl Philipp VI. sein Wort hielt und die Bemühungen der Gesandtschaft, die sich im Oktober 1341 auf den Weg machte, unterstützte.[10] Da über die letzten Verhandlungen zu Lebzeiten Benedikts XII. kaum Unterlagen erhalten geblieben sind, waren schon Ludwigs Zeitgenossen auf Mutmaßungen angewiesen. Nach Mathias von Neuenburg soll der Papst ungnädig gefragt haben, ob er denn nach dem Gutdünken des französischen Königs den Bayern bald für einen Ketzer, bald für den besten Christen halten solle.

Auf jeden Fall war Benedikt durch das Gerücht beunruhigt, der Kaiser plane einen neuen Italienzug, da es in Italien schwere Unruhen gegeben hatte. Auch die letzte Entwicklung in Tirol, über die Benedikt schon im November 1341 unterrichtet war, kann ihn zur Vorsicht bewogen haben. Ob er vermutete, der Wittelsbacher stecke dahinter und würde – nach seiner Absolution etwa gar mit Unterstützung des Papstes – Tirol an sich reißen wollen? Wie sich zeigte, hat Ludwig tatsächlich nur die Verhandlungen in Avignon abgewartet, bevor er Anfang des Jahres 1342, als er von der Verweigerung der Absolution erfuhr, in Tirol massiv eingriff.

24. Kapitel

»O Götzendienst des Geizes, der du so große Fürsten
zu Fall bringst!«

Die Tatsache, daß der kluge Taktiker und gerissene Politiker Ludwig der Bayer im Falle Tirols alle politischen Rücksichten außer acht ließ, daß er Tirol auf eine weder rechtlich noch moralisch einwandfreie Weise an sich brachte, zeigt deutlich, wie unendlich viel ihm an diesem Land gelegen war. Tirol hieß freie Pässe über die Alpen! Keine langwierigen Verhandlungen mehr, Zugeständnisse, milde Erpressung, um die Freigabe des Brennerpasses zu erreichen. Es bedeutete Stützpunkte auf dem Weg nach Italien und damit eine realistische Möglichkeit für ein dauerndes Eingreifen im Süden. Und natürlich bedeutete Tirol einen großen Territorialgewinn und enormen Machtzuwachs für das Haus Wittelsbach.

Komplott in Tirol

Das damalige Tirol umfaßte nicht ganz das Gebiet des heutigen Nord- und Südtirols. Im Süden fehlten die Bistümer Trient und Brixen, im Osten das Pustertal mit seinen Seitentälern, im Norden gehörte ein Teil des heutigen Tirols zu Bayern. Es war dennoch ein stolzer Besitz.

Natürlich wußte der Kaiser, daß über die Aneignung Tirols der hauchdünne Firnis der Verständigung, der seit 1339 über der immer latenten Feindschaft der Luxemburger lag, aufspringen mußte. Aber warum sollte es nicht letzten Endes doch wieder zur Einigung kommen, wie all die Jahre hindurch? Natürlich würde man König Johann für Tirol entschädigen müssen! Balduin von Trier? Welche Reaktion war von ihm bei dem geplanten Affront gegen seine Familie zu erwarten? In diesem Falle mußten jedoch alle taktischen Überlegungen zurücktreten. Ludwig soll nach seinem Einzug auf Schloß Tirol – von dem ein Spruch sagte, daß nur derjenige Herr über Tirol sei, der auch Herr dieses Schlosses wäre, und das damals gerade seine Glanzzeit erlebte – vor Freude über den Neuerwerb so außer sich gewesen sein, daß er hinter verschlossener Türe Jubellieder sang.[1]

Die Chance, Tirol an das Haus Wittelsbach zu bringen – und zwar mit Zustimmung des Tiroler Adels und der Erbin des Landes – wurde durch die Ungeschicklichkeiten Johann Heinrichs von Böhmen möglich. Er war zu einem arroganten und recht unerzogenen jungen Mann herangewachsen. Margarete klagte über Mißhandlungen durch ihren Gemahl, und beide Eheleute standen sich mit Abneigung gegenüber. Das allein scheint im Mittelalter zwar kein Grund für eine nichtfunktionierende Ehe gewesen zu sein, wofür die Eltern des nunmehr achtzehnjährigen Ehemannes das beste Beispiel boten. König Johann von Böhmen und seine Frau Elisabeth hatten in ständigem Streit gelebt und waren sich gegenseitig am liebsten aus dem Weg gegangen, konnten aber trotzdem auf eine siebenköpfige Kinderschar blicken. Im Falle Margaretes kam hinzu, daß Johann Heinrich sie von der Regierung ausschloß, sie, die Erbin Tirols! Außerdem stand er unter dem Einfluß seiner böhmischen Günstlinge und setzte den erbitterten Tiroler Adel bei jeder Gelegenheit zurück. Auch sein älterer Bruder, Markgraf Karl von Mähren, mischte sich ständig in Tiroler Angelegenheiten ein und machte das böhmische Regiment noch unbeliebter.

Im Jahre 1340 war die Ehefrau des Brandenburgers, die dänische Prinzessin Margarete, gestorben. Im gleichen Jahr war es in Tirol zu einer Verschwörung gegen Johann Heinrich gekommen, die er aber mit Hilfe seines Bruders Karl niederschlagen konnte. Daß der Kaiser bei der Verschwörung dieses Jahres schon seine Hand im Spiele hatte, wie Markgraf Karl von Mähren behauptete, ist nicht unmöglich, aber auch nicht bewiesen.

Ein zweiter Aufstand – Ludwig der Bayer hielt sich vorher in Kufstein nahe der Tiroler Grenze auf – war besser vorbereitet. Als Johann Heinrich am Allerseelentag des Jahres 1341 von einem Jagdausflug ins Schloß Tirol heimkehren wollte, stand er vor verschlossenem Tor und wurde nicht eingelassen. Sein böhmisches Gefolge war vertrieben, und da ihm auch auf anderen

Burgen der Eintritt verweigert wurde, floh er zu seinem Verwandten Bertrand von Luxemburg, dem Patriarchen von Aquileja.

SCHEIDUNGEN

Margarete Maultasch wünschte die Auflösung ihrer Ehe und gab als Grund an, Johann Heinrich könne seine ehelichen Pflichten nicht erfüllen. Ein recht erfolgversprechender Scheidungsgrund! Noch besser wäre es gewesen, Margarete hätte eine zu nahe Verwandtschaft anführen können, denn größtenteils waren verbotene Verwandtschaftsgrade der Grund, daß die Kirche, die für die Unauflösbarkeit der Ehe plädierte, so vielen mittelalterlichen Scheidungen zustimmte. Es gab weit mehr verbotene Grade als heutzutage, und bei der Verschwägerung der Fürstenhäuser untereinander mußte man fast zwangsläufig Verwandtenehen eingehen. Das ganze Mittelalter hindurch waren deshalb Hunderte von päpstlichen Dispensen eingeholt worden, meist mit der Begründung, daß die Ehe aus politischen Gründen erwünscht sei. Sie wurden meist auch gewährt, es sei denn, der Antragsteller lag mit der Kurie im Streit oder die erwünschte Verbindung ließ Nachteile für die päpstliche Politik befürchten. In diesen Fällen waren die verwandtschaftlichen Hindernisse schier unüberwindlich.

Grundsätzlich zeigte sich die Kurie jedoch großzügig. Trotzdem wurden viele Fürstenehen, die nach dem Verständnis der Zeit als Verwandtenehen galten, ohne Dispens geschlossen – vielleicht, weil man sich nicht die Mühe machte, den zahlreichen verwandtschaftlichen Verwicklungen nachzuspüren. Erst wenn man eine Auflösung der Ehe wünschte – sei es, daß eine Fürstin keine Kinder bekam wie die Frau Heinrichs des Löwen, die treue und tüchtige Klementia, sei es, daß eine Frau ihrem Mann untreu wurde wie Friedrich Barbarossas Gemahlin, die Kaiserin Adelheid –, dann mußte man nur lange genug suchen und eine Verwandtschaft ließ sich finden. Kinderlosigkeit war nämlich kein Scheidungsgrund, da die Kurie argumentierte, man müßte weiterhin auf Gott vertrauen. Bei Ehebruch konnte ein Mann seine Frau verstoßen oder einsperren lassen, aber was nützte das einem Herrscher, der Söhne benötigte?

So war zu nahe Verwandtschaft immer die bequemste und erfolg-
versprechendste Lösung. Sie bewahrte Barbarossa davor, vor
Freunden und Feinden als Hahnrei dazustehen. Er ließ sich von
Adelheid wegen Verwandtschaft sechsten (!) Grades scheiden und
heiratete später Beatrix von Burgund, eine Verwandte ebenfalls
sechsten Grades.

Allerdings wurde die Untreue von Barbarossas erster Frau – über
die vier mittelalterliche Quellen berichten – in der Literatur nie
gerne gesehen und deshalb meist als Verleumdung abgetan. Daß
Adelheid kurz nach der Scheidung einen Ministerialen, einen
unfreien Dienstmann, heiratete, bewog allerdings schon im letzten
Jahrhundert den Historiker Friedrich von Raumer zu einem be-
sorgten Kopfwiegen, weil Adelheids zweite Ehe »an allerhand
obige Beschuldigungen erinnernde Bedenken erregt«.[2] Bei einer
Kaiserin, die so weit unter ihrem Stand heiratete, konnte ja nur
wahre Liebe im Spiel sein.

Im Interesse der vielen an der Situation unschuldigen Fürstinnen
mag man den Ausweg der Scheidung wegen zu enger Verwandtschaft vielleicht bedauern, aber er hatte auch seine guten Seiten.
Wie viele hochadelige Gemahlinnen wären sonst eines plötzlichen
und unerwarteten Todes gestorben wie Marguerite von Frankreich? Und hin und wieder ging der Scheidungswunsch auch vom
weiblichen Partner aus wie im Falle der lebenshungrigen Eleonore
von Aquitanien, der ersten Schirmherrin der höfischen Kultur. Sie
ließ sich 1152 wegen zu enger Verwandtschaft von dem mönchischen Ludwig VII. von Frankreich scheiden und heiratete acht
Wochen später als Dreißigjährige den achtzehnjährigen Heinrich II. von England.

Vielleicht wäre dies Eleonore nicht so leicht geglückt, hätte nicht
der einflußreichste Mann ihrer Zeit, der große Bernhard von
Clairvaux, ihre Scheidung betrieben. Durchaus nicht aus Men-
schenfreundlichkeit! Der hl. Bernhard haßte diese Frau, die mit
ihrer südfranzösischen Lebensfreude, ihrem Eros und ihrer Umgebung von Troubadours und »freischwebenden« Intellektuellen in
das strenge, gottesfürchtige Paris eingebrochen war. Der Asket
und Mystiker – jedes Wissen hat der Erbauung zu dienen! – konnte
diese leichtfertige Gesellschaft nur verabscheuen. Noch weniger
gefielen ihm die Skandalgeschichten, die während des zweiten

Kreuzzuges nach Frankreich drangen. Vielleicht war es ja nur Klatsch, was man sich über Eleonore und den Fürsten von Antiochien, den Franken Raymond, erzählte, denn der Südfranzose war ihr leiblicher Onkel. Allerdings wollte sie nicht mehr nach Frankreich zurück, und der König mußte sie in einer Nacht- und Nebelaktion verhaften und gewaltsam aus Antiochien entfernen.

Außerdem hielt Bernhard von Clairvaux die Königin für »unfruchtbar«; sie hatte Ludwig VII. in zehnjähriger Ehe zwar zwei Töchter, aber keine Söhne geschenkt. Zumindest im letzten Punkt täuschte er sich. Bis Eleonores Ehe mit Heinrich II. nach dreizehn Jahren zerbrach, brachte sie fünf Söhne und drei Töchter zur Welt.

Nun wünschte Margarete Maultasch die Scheidung, weil ihr Ehemann die ehelichen Pflichten nicht erfüllen konnte. Johann Heinrich heiratete später noch dreimal und zeugte sechs Kinder, so daß Margarete möglicherweise nicht bei der Wahrheit geblieben ist. Aber da sie kinderlos war, konnte ihre Aussage auch nicht widerlegt werden. Die Luxemburger waren tiefgekränkt, und sie wurden bitterböse, als sich herausstellte, wer Johann Heinrichs Nachfolger werden sollte.

MARGARETE MAULTASCH

Ludwig der Brandenburger stand dem Heiratsplan anfangs ablehnend gegenüber. Dem Kaiser gelang es schließlich, den Widerstrebenden zu überreden, wobei sein Hauptargument, das schöne Tirol, »ein Bissen, den man sich nicht entgehen lassen dürfe«,[3] seine Wirkung auf den jungen Ludwig nicht verfehlte. Ob das Widerstreben des Brandenburgers auf Margaretes zwielichtige Stellung als nicht rechtskräftig geschiedene Frau zurückging, oder ob es an ihrer Person lag, ist unbekannt. Über die Erbin von Tirol gehen die Ansichten in der Literatur weit auseinander und reichen von »abschreckend häßlich« bis »als schön gerühmt«. Es wurde oft angenommen, der Beiname »Maultasch« sei auf eine Mißbildung des Mundes zurückzuführen. Wahrscheinlicher ist, daß Margarete auf Schloß Maultasch bei Terlan geboren wurde, da man im Mittelalter oft den Geburtsort als Beinamen benutzte.

Besonders gründlich trug unser Jahrhundert zur Legendenbildung

von der häßlichen Tiroler Landesfürstin bei, vor allem seit Lion
Feuchtwangers bekannter Roman »Die häßliche Herzogin Marga-
rete Maultasch« erschien. Seitdem tauchen immer wieder Ver-
öffentlichungen über die Herzogin auf, und als Beweis für ihre
Häßlichkeit wird meist ein Bild des bekannten niederländischen
Malers Quentin Massys (1465–1530) abgedruckt.

Jedoch hatte Massys mit dem »Brustbild einer häßlichen Frau«
nicht im Sinn, Margarete Maultasch zu malen, und es wäre erstaunlich, wenn er je von ihr gehört hätte. Im Jahre 1920 tauchte
das Bild von Quentin Massys im Londoner Kunsthandel auf,
immer noch als »Brustbild einer häßlichen Frau« und ohne mit
Margarete Maultasch in Beziehung gebracht zu werden. Kurz
darauf vertrieb ein geschäftstüchtiger Meraner Fotograf eine Postkarte mit diesem Bild und dem Text: »Das weltberühmte Bild der
Margarete Maultasch, gemalt von Quentin Massys . . ., das jetzt in
London bei Christie für 400 000 Mark versteigert wurde.«[4] Das
Geschäft mit dieser Postkarte blühte, sie wurde mit italienischem
und deutschem Text jahrzehntelang verkauft und in alle Welt
verschickt, und die Sage von der häßlichen Herzogin ist nicht mehr
zum Schweigen zu bringen.

Kaiser Ludwig jedenfalls machte seinem Sohn die Tiroler Heirat
auch mit dem Argument schmackhaft, daß man ein so schönes
Mädchen doch nicht verschmähen dürfe. Johann von Winterthur
fand Margarete »ausnehmend schön«.[5] Ein Porträt, das erst nach
ihrem Tod nach ihrem Siegel entstanden ist, zeigt sie als hübsche,
elegante junge Frau in hermelinverbrämtem Brokatkleid und weitem Mantel, der haubenartig über den Kopf gezogen ist. Die große
Unterlippe auf dem Porträt ist möglicherweise eine entstellende
Veränderung, die irgendein Spaßvogel mit Bezug auf den Beinamen später hinzugefügt hat.[6] Fest steht, daß Margarete eine recht
energische Person war, wie die Scheidungsgeschichte und andere
Episoden in ihrem Leben zeigen. Und sie war eine lebenslustige
Frau, der man in späteren Jahren eine sehr lockere Moral nachsagte.

TIROLER EHEHANDEL

Sicherlich wäre es Kaiser Ludwig lieber gewesen, wenn der Papst Margaretes Ehe ordnungsgemäß gelöst und anschließend den Heiratskandidaten, Verwandten dritten Grades, den Dispens von der Blutsverwandtschaft erteilt hätte. Während der Absolutionsverhandlungen dieses Winters ruhten deshalb alle Aktivitäten in der Tiroler Angelegenheit. Ende 1341 oder Anfang 1342 aber stand endgültig fest, daß Papst Benedikt Absolution und Aussöhnung verweigerte. An Scheidung und Dispens war unter diesen Umständen nicht zu denken.

Der Kaiser nahm deshalb die Angelegenheit ohne Zeitverzögerung selbst in die Hand. Er zog mit einem glänzenden Gefolge von Grafen und Hofherren, mit Ludwig dem Brandenburger und Herzog Stephan, mit den Bischöfen von Freising, Augsburg und Regensburg nach Tirol. Auch ein erschreckender Unfall unterwegs konnte ihn nicht irritieren. Beim Übergang über den Jaufenpaß stürzte der Bischof von Freising durch einen Fehltritt seines Pferdes so unglücklich vom Pferd, daß er an Ort und Stelle verstarb. Daß der Verunglückte kurz vorher zugesagt hatte, Margaretes Ehe zu scheiden, und daß die anderen beiden Bischöfe aus Schrecken über das Gottesgericht sich weigerten, diese Rolle nach dem Tod ihres Amtsbruders zu übernehmen, wie später erzählt wurde, ist durchaus möglich. Es kann aber auch sein, daß die Phantasie der Zeitgenossen durch den plötzlichen Tod angeregt wurde. Es war alles so gut vorbereitet, daß die Mitwirkung eines Bischofs eigentlich nicht nötig gewesen wäre.

Während die Aussöhnungsverhandlungen an der Kurie noch im Gange waren, hatte man am Kaiserhof bereits ein Scheitern einkalkuliert. Marsilius von Padua, der hier am Ende seines Lebens noch einmal mit der ungebrochenen Überzeugung seiner früheren Jahre hervortrat, hatte zwei Urkunden entworfen. Die erste sollte in Form eines kaiserlichen Rechtsspruchs die Ehe auf Grund erwiesener Impotenz des Ehemannes für geschieden erklären, die zweite auch den Dispens von der Blutsverwandtschaft kraft kaiserlicher Autorität erteilen. In einem dem Kaiser in den Mund gelegten Traktat wird der Kirche jede Zwangsgewalt rechtlicher Art abgesprochen und nur dem römischen Kaiser zuerkannt.[7]

Ludwig dem Bayern waren diese Ansichten zu radikal und er stützte sich lieber auf ein Gutachten Wilhelms von Ockham, das den Kaisern die Ehegerichtsbarkeit in Ausnahmefällen zusprach – vor allem, wenn es um das Staatswohl ging. Der Plan einer Verbindung zwischen dem Brandenburger und Margarete sei eine Staatsnotwendigkeit, und da man von einem parteiischen Papst kein gerechtes Urteil erwarten könne, auch der Ausnahmefall. Zudem sei dem Kaiser bewiesen worden, daß die Ehe nie wirklich bestanden habe, so daß es nicht einmal einer Scheidung, sondern nur einer Nichtigkeitserklärung bedürfe.

Nach diesem Gutachten wurde gehandelt und am Faschingsdienstag 1342 auf Schloß Tirol in Anwesenheit des Kaisers die Hochzeit gefeiert. Übrigens gab der vertriebene Johann Heinrich, als er später die Auflösung seiner ersten Ehe betrieb und 1349 durchsetzte, den gleichen Grund für seinen Scheidungswunsch an wie Jahre vorher Margarete Maultasch.

Es konnte nicht ausbleiben, daß Ludwigs Eingreifen in bestehendes Recht – denn die Kirche galt schon seit Jahrhunderten als oberste Instanz für das Eherecht – trotz Wilhelm von Ockhams Gutachten auf Empörung und Ablehnung stieß. »O Götzendienst des Geizes, der du so große Fürsten zu Fall bringst!« rief Mathias von Neuenburg entrüstet und nannte die Heirat ein unerhörtes und schreckliches Verbrechen. Auch andere Chronisten äußerten sich in diesem Sinne. Ludwigs guter Ruf als rechtschaffener Mann, den lediglich die Ungerechtigkeit der Kurie in die Rolle des Rebellen gedrängt hatte, war angekratzt.

Nicht beim Volk! Es liebte und verehrte seinen Kaiser nach wie vor und glaubte unbeirrt, daß er nichts Falsches tun könne. Die großen Herren des Landes hielten sich im Urteil diplomatisch zurück. Aber der eine oder andere wird nun doch mißtrauisch und neidisch nach Bayern geschaut haben. Wieviel Macht wollte der Wittelsbacher noch in seiner Hand vereinigen? Mit einem halben oberbayerischen Herzogtum hatte er angefangen; nun war Bayern unter seiner Hand wieder ein großes vereinigtes Fürstentum, in Franken und Schwaben hatte er seinen Besitz gewaltig ausgedehnt, er besaß Brandenburg und Tirol. Und Kaiserin Margaretes Bruder, Herr über Holland, Friesland, Seeland und den Hennegau, war immer noch kinderlos!

Von den Luxemburgern – König Johann, Markgraf Karl von Mähren und Johann Heinrich – diplomatische Zurückhaltung zu erwarten, wäre eindeutig zu viel verlangt gewesen. Sie sannen auf Rache. König Johann, dem sein Sohn Karl um 5000 Mark Silber für zwei Jahre die Regierung Böhmens abgekauft und der sich darüber hinaus verpflichtet hatte, während dieser Zeit Böhmen fernzubleiben, verschickte von Luxemburg aus Briefe ins ganze Land und beschwerte sich bitter über die erlittene Unbill.

Da Ludwig der Brandenburger zu seinen übrigen Titeln nicht nur den eines Grafen von Tirol, sondern auch den eines Herzogs von Kärnten annahm, reiste der Böhmenkönig zu Herzog Albrecht nach Wien in der Hoffnung, einen Gleichgesinnten zu finden und einen Bündnispartner zu gewinnen. Aber der Habsburger winkte milde ab. Der Kaiser war sein Freund, und der Brandenburger dürfte ihm außerdem beruhigende Erklärungen gegeben haben.

Obwohl König Johann in Wien keinen Verbündeten fand, trennten sich die Fürsten in Freundschaft voneinander. Ein Chronist erzählt die tragikomische Geschichte, wie der blinde König Johann die Türe nicht finden und Albrecht der Lahme wiederum ihn nicht führen, sondern den Weg nur beschreiben konnte. Es wirkt ungemein sympathisch, daß beide Männer, als in diesem Augenblick die Türe von außen geöffnet wurde, fähig waren, über ihr Mißgeschick in ein herzliches Gelächter auszubrechen.[8]

BALDUINS FAMILIENSINN

Undurchschaubar blieb die Einstellung Balduins von Trier zur peinlichen Vertreibung seines Großneffen. Der immer etwas rätselhafte Balduin, der klügste Kopf des luxemburgischen Hauses, war allerdings noch nie ein Mann gewesen, der seine Gefühle offen zur Schau trug. Was über seinen Familiensinn bekannt war, hätte Kaiser Ludwig eigentlich warnen sollen.

Balduin war eines jener frühvollendeten Kinder gewesen, denen man in der mittelalterlichen Geschichte oft begegnet. Mit zwölf Jahren hatte er alles gelernt, was ihm seine Lehrer beibringen konnten, und man schickte ihn als Student an die Pariser Universität. Er studierte zehn Jahre lang, und als er zweiundzwanzig war, starb in Deutschland der Trierer Erzbischof. König Philipp der Schöne von Frankreich hielt es mit Blick auf die römische Königs- und Kaiserkrone für eine glänzende Idee, dem jungen, völlig nach Frankreich orientierten Luxemburger Kurtrier zuzuspielen. Balduin würde zu gegebener Zeit sicher seine Dankbarkeit beweisen. Balduin hatte zu allen Vorschlägen beflissen genickt, Philipp geschworen, ihm stets zu helfen und nie zu schaden, und war in der Kathedrale von Poitiers mit großer Feierlichkeit als Erzbischof von Trier eingesetzt worden. Bereits auf dem Heimritt nach Deutschland wurde der Handel durch die überraschende Ermordung König Albrechts I. aktuell. Balduin zögerte keinen Augenblick, seine beträchtlichen diplomatischen Gaben und politischen Talente für die Kandidatur des nächsten deutschen Königs in die Waagschale zu werfen, wie man das in Frankreich von ihm erwartete. Nur in einem Punkt wich er von den Vorstellungen Philipps des Schönen ab: Er setzte sich nicht für König Philipps Bruder, sondern für seinen eigenen Bruder ein, Graf Heinrich von Luxemburg. So wurde Heinrich VII. einstimmig gewählt.

Die Frage für den Kaiser war nun, ob es mit den Luxemburgern zum Krieg kommen würde oder ob eine Verständigung möglich war. Bevor in irgendeine Richtung aber Schritte unternommen wurden, starb am 25. April 1342 Papst Benedikt XII. Wegen des Tiroler Ehehandels ist er nicht mehr tätig geworden.

25. Kapitel

». . . daz das dem Stuol und dem Riche cheinen schaden
bringen sol.«

Wieder blickte der Kaiserhof voller Spannung nach Avignon, knüpfte Hoffnungen an die kommende Wahl und Befürchtungen. Über die Nationalität des künftigen Nachfolgers Petri zu spekulieren, erübrigte sich. Dem neunzehnköpfigen Kardinalskollegium dieser Zeit gehörten fünfzehn Franzosen an, drei kamen aus Italien und alle übrigen christlichen Nationen wurden von einem Spanier repräsentiert.

Papst Klemens VI.

Mit dem ehemaligen Erzbischof von Rouen, Pierre Roger, wurde schließlich ein Mann auf den Stuhl Petri gewählt, der mit seinem Vorgänger lediglich den Patriotismus gemeinsam hatte. Ansonsten war er weit entfernt von der Sittenstrenge, Sparsamkeit und Einfachheit Benedikts, seine Hofhaltung die luxuriöseste und prunkhafteste, die man je gesehen hatte. Seine Verschwendungssucht ließ den ehemals stolzen Kirchenschatz während seines Pontifikats so gründlich dahinschmelzen, daß sein Nachfolger ringsum bei den Kardinälen Geld borgen mußte.

Mathias von Neuenburg berichtet über Papst Klemens VI., daß er »Weiber, Ehre und Macht liebte, seine Verwandten eifrig bevorzugte, sich und seinen Hof in üblen Ruf der Simonie brachte«. Diese unfreundliche Charakterisierung wurde von vielen Seiten geteilt.[1] Gleichzeitig galt der elegante Weltmann Klemens VI. als bester Redner und Prediger seiner Zeit; er hatte sich als Verfasser kirchenwissenschaftlicher Schriften bewährt, besaß gewinnende Manieren und war voller Energie in seiner Regierung.

Als ein Glücksfall durfte seine Wahl für Philipp VI. gelten, der ihm seit langem eng verbunden war und es auch in Zukunft blieb. Auch das böhmische Königshaus konnte sich freuen, denn Markgraf Karl von Mähren war seit seinen in Frankreich verbrachten Jugendjahren mit Klemens befreundet. Karl hatte damals als Vierzehnjähriger eine Predigt Pierre Rogers gehört und war so beeindruckt gewesen, daß er die Bekanntschaft des Predigers suchte und von ihm manchmal aus der Bibel unterrichtet wurde. Später war daraus eine Freundschaft entstanden. Bei einem Zusammentreffen in Avignon prophezeite der damalige Kardinal Roger dem Luxemburger, er würde noch römischer König werden, worauf Karl scherzhaft antwortete, vorher würde der Kardinal Papst sein.

Am Kaiserhof dagegen dürfte es besorgte Gesichter gegeben haben. Es gab eine Reihe unfreundlicher und gehässiger Bemerkungen des früheren Kardinals gegen Ludwig, und seine scharfe Verurteilung der Häretiker am Münchner Hof war bekannt. Deshalb kam es nicht überraschend, als Klemens VI. bald nach seiner Erhebung anordnete – was seit acht Jahren nicht mehr vorgekommen war –, die Sentenzen Johannes' XXII. gegen Ludwig sollten zumindest einmal vollständig in den Kirchen verlesen werden. Zudem sollte der Kaiser an allen Sonntagen bei Glockengeläute und brennenden Kerzen zum verdammten Ketzer erklärt werden. Wie in früheren Zeiten mußte man also wieder dafür sorgen, daß die päpstlichen Befehle nicht ausgeführt wurden. Das war nun allerdings problemloser als zu Zeiten Johannes' XXII., da Ludwig 1338 ein Gesetz erlassen hatte, daß niemand ein Schreiben des Papstes ohne Erlaubnis seines Bischofs annehmen durfte.

VERHANDLUNGEN – FEINDSELIGKEITEN

Trotz oder wegen dieser ersten Feindseligkeiten machte sich im Winter eine Gesandtschaft nach Avignon auf den Weg, verstärkt durch Ulrich von Savoyen, den Kanzler König Philipps. Insgesamt kam es unter Klemens VI. dreimal zu Verhandlungen, wobei in der Literatur die Meinung vorherrscht, Klemens hätte von Anfang an ein unredliches und ränkevolles Spiel gespielt, die Aussöhnungsverhandlungen nur zum Schein geführt und zielstrebig darauf hingearbeitet, Karl von Mähren zur römischen Königskrone zu verhelfen.

Über die erste Gesandtschaft ist wenig bekannt. Die Verhandlungen wurden an Weihnachten 1342 nach nur dreiwöchiger Dauer bereits abgebrochen. Überliefert ist, daß der Papst entgegen jedem Herkommen versuchte, die deutschen Gesandten dem Kaiser abspenstig zu machen – er überschüttete sie mit Vorwürfen, weil sie sich einem kirchlich Verdammten zur Verfügung stellten –, und im Falle Albrechts von Hohenberg, dem er eine glänzende Karriere versprach, gelang dies auch.

Am Gründonnerstag 1343 nahm der Papst den Kampf gegen Ludwig dann mit aller Energie auf. Er hielt im feierlichen Konsistorium selbst die Rede, in der er den Beweis führte – anhand der Prozesse Johannes' XXII., der Aktivitäten und Gesetze des Jahres 1338 und der Tiroler Heirat –, daß der Bayer außerhalb der Kirche stehe, daß er Männer wie Pharao, Antiochus und Nikanor an Bosheit weit überrage und der apokalyptische Drache sei, der die Kirche verschlinge. Ludwig wurde eine letzte Frist von drei Monaten gesetzt, um Regierung und alle Titel niederzulegen. Innerhalb dieses Zeitraumes hätte er sich auch persönlich zu demütiger Unterwerfung in Avignon einzustellen, sonst würde er durch eine Steigerung der Sentenzen endgültig aus der Kirche entfernt werden. Selbst der Kreuzzugsgedanke wurde wieder aufgenommen, und Heinrich von Diessenhofen berichtet, der Papst hätte nur mit Rücksicht auf die gesetzte Dreimonatsfrist davon abgesehen, sofort das Kreuz zu predigen.

Also eine neue Gesandtschaft! Den Termin einfach zu ignorieren, hätte zu viel Propagandamaterial über die Verstocktheit des ketzerischen Bayern geliefert. Außerdem wollte Ludwig ja nach wie vor die Aussöhnung, wenn auch nicht zu den Bedingungen des Papstes. Wenig Sinn hatte es im Augenblick, seine Juristen an die Kurie zu senden. Alle strittigen juristischen und reichsrechtlichen Fragen waren zu Benedikts Zeiten ausdiskutiert worden, die Argumente dem neuen Papst bekannt. Jetzt war es nötig, Klemens VI. wieder auf den ursprünglichen Standpunkt Benedikts zurückzubringen. Der Kaiser bevollmächtigte deshalb den Dauphin Humbert von Vienne – dem er offenbar großen Einfluß an der Kurie zutraute –, den gesetzten Termin in seinem Namen wahrzuneh-

men und den Papst zu einer Revision seines Standpunkts vom
Gründonnerstag zu veranlassen. Aber Klemens VI. wies Verhandlungen mit Humbert zurück.[2]

Trotzdem geschah nach Ablauf der Dreimonatsfrist nichts weiter,
als daß der Papst Ludwigs Nichterscheinen notariell beglaubigen
ließ. Damit hatte Klemens die Möglichkeit abgesichert, jederzeit
gegen den Kaiser wegen Ungehorsams vorgehen zu können. Im
Augenblick war dies nicht erwünscht, da Ludwig König Philipp
angedroht hatte, jede unfreundliche Handlung des Papstes ihm
anzulasten. Zudem gab es einen weiteren einflußreichen Fürspre-
cher für Ludwig: König Johann von Böhmen![3]

Der Kaiser hatte seinen langjährigen Kontrahenten erneut richtig
eingeschätzt. Er hatte mit ihm eine Vereinbarung erzielt, wonach
der so schmählich behandelte Johann Heinrich für das entgangene
Tirol die Lausitz bekommen sollte, die jetzt zu Brandenburg gehörte und die sich König Johann zur Abrundung Böhmens schon
längst wünschte. Zudem würde als Entschädigung für die dem
luxemburgischen Haus widerfahrene Unbill König Johanns Sohn
Wenzel – aus der Ehe mit Beatrix von Bourbon – eine Tochter des
Kaisers mit einer Mitgift von 240 000 Mark Silber zur Frau erhalten.
Die Vereinbarung war nur noch nicht in die Tat umgesetzt worden,
weil Karl von Mähren dagegen protestierte. Der Markgraf machte
darauf aufmerksam, daß nicht sein Stiefbruder Wenzel, sondern
Johann Heinrich der Beleidigte war. Er bat um neue Verhandlungen, die er selbst führen wollte.

Wenn Klemens VI. tatsächlich von Anfang an plante, eine neue
Königswahl mit Karl von Mähren als Kandidaten durchzusetzen,
so hatte er den Luxemburgern ganz offensichtlich nichts davon
erzählt. Oder gab es gar keine derartigen Pläne und man tut ihm
Unrecht? Auch sein nächster Schritt paßt nicht in dieses Bild. Als
sich Marquart von Randegg im Spätsommer dieses Jahres persönlicher Angelegenheiten wegen in Avignon aufhielt, kam er mit dem
Angebot des Papstes an Kaiser Ludwig zurück, die Verhandlungen wieder aufzunehmen und zwar zu Bedingungen, die Ludwig
einen solchen Schritt erlaubten. Von einer Niederlegung der Königskrone oder der Regierung in Deutschland war nicht länger die
Rede.

EIN PAPST SPIELT FALSCH

Alle anderen Schritte des Papstes zeigen jedoch höchste Zielstre-
bigkeit und Konsequenz auf dem Weg zu einer neuen Königswahl.
Bereits im Herbst 1342 hatte der bis dahin immer noch gebannte
Balduin von Trier die Absolution erhalten, obwohl er sich weigerte, den Approbationsanspruch der Kurie anzuerkennen. Balduin war zwar bereit, dem Weistum von Frankfurt über eine vom
Papsttum unabhängige Kaiserkrönung abzuschwören, aber das
Weistum von Rhense, und damit Ludwigs Königtum, entsprach
deutschem Reichsrecht und war deshalb rechtmäßig. Er erhielt
trotzdem die Absolution, war somit als Kurfürst wieder aktions-
fähig und wurde durch weitere Freundlichkeiten und Wohltaten
noch mehr zu Dank verpflichtet.
Auch Walram von Köln, stets äußerst geschickt um Neutralität
bemüht, wurde liebenswürdig mit Großzügigkeit bedacht. Offen-
kundiger Ungehorsam, wie Walrams Weigerung, die neuen päpstlichen Sentenzen zu veröffentlichen, wurde milde übergangen.
Anders lagen die Verhältnisse bei Heinrich von Virneburg, der
Mainzer Kurstimme. Er war an der Kurie als verschworener Anhänger des Kaisers bekannt. Offenbar hielt man es für aussichtslos, ihn durch Geschenke und Wohltaten für das päpstliche Lager
gewinnen zu können. Zu gegebener Zeit würde er deshalb durch
einen papsttreuen Mann ersetzt werden müssen. Aber der richtige
Zeitpunkt war zu beachten. Ging man zu früh vor, würde der
Kaiser den päpstlichen Kandidaten gefangensetzen und die Mainzer Kurstimme war verloren. Fürs erste genügte es deshalb, Heinrich von Virneburg nach Avignon zu zitieren und die Sache damit
in Gang zu bringen.
Der letzte päpstliche Vorstoß des Jahres 1343 in diese Richtung war
am 1. August ein Brief an Balduin von Trier mit der Bitte, er möge
einen frommen, der Kirche ergebenen Mann an die Spitze des
Reiches stellen. Klemens werde sich zu gegebener Zeit auch an die
anderen Kurfürsten wenden. – Und kurz darauf erfolgte dann über
Marquart von Randegg das Angebot an den Kaiser, die Verhandlungen zu annehmbaren Bedingungen wieder aufzunehmen.
War es die Fürsprache Philipps VI.? Johanns von Böhmen? Humberts von Vienne? Oder hatte man dem Papst aus Deutschland

signalisiert, daß der Kaiser zu fest im Sattel saß, als daß mit scharfen Maßnahmen etwas gewonnen werden konnte? Hatte man ihm gesagt, daß die Deutschen seit 1338 sensibel auf Angriffe gegen Reichsrechte reagierten und Klemens, wenn er gegen den Bayern vorgehen möchte, andere Argumente vorbringen müsse? Klemens VI. schloß sich mit seinen Forderungen denen Benedikts aus dem Jahre 1335 an, und der Kaiser bezog ebenfalls seine damalige Position. Über die Buße war man sich 1337 auch einig geworden. Theoretisch hätte der Papst deshalb ein Schlußkonsistorium ansetzen, Ludwig absolvieren und die Depositionen aufheben können. Wozu also neue Gespräche? Wollte er die Verhandlungen zu gegebener Zeit zum Scheitern bringen? Wie wollte er es anstellen, die Schuld daran Ludwig zuzuschieben?

Die Forschungen von Alois Schütz zeigen, daß diese Überlegungen am Kaiserhof angestellt wurden und man sich darauf einrichtete.[4] Ludwig und seine Räte waren keineswegs die gutgläubigen Toren, als die die ältere Forschung sie gesehen hat; die in der naiven Hoffnung, dieser feindliche Papst hätte eine ehrliche Aussöhnung im Sinne, mehrere Gesandtschaften nach Avignon pilgern ließen. Es war ein diplomatischer Kampf, bei dem jede Seite darauf lauerte, daß sich die andere eine Blöße gab, die man juristisch oder propagandistisch ausnutzen konnte. Sicher glaubte niemand, der Gegner würde aus juristischem Unvermögen ins offene Messer rennen. Dazu hatten sich Kurie und Kaiserhof inzwischen zu gut kennengelernt. Es lief darauf hinaus, die andere Seite in eine Situation zu bringen, die sie zwang, unter moralischem Druck oder aus Angst vor den Reaktionen der Öffentlichkeit Handlungen zuzustimmen, die sie in eine schwächere Position bringen mußten.

Deshalb wurde auf jeden Fall eine Gesandtschaft nach Avignon geschickt, als Klemens Verhandlungsbereitschaft zeigte. Andernfalls hätte es die Kurie als Beweis ausschlachten können, daß der Ketzer Ludwig mutwillig im Bann verharre. Zudem konnte man ja nicht völlig ausschließen, daß es Klemens VI. ernst meinte. Ludwig mußte sich deshalb in seinen persönlichen Anschreiben an Papst und Kardinäle – »Meisterwerke diplomatischer Taktik«[5] – verhalten, als sei er von den lauteren Absichten des Papstes überzeugt.

Auch die Prokuratoren mußten sich diesen Anschein geben, doch dabei gleichzeitig versuchen, einen schriftlichen Beweis dafür in die Hand zu bekommen, daß der Papst die Exkommunikation vom März 1324 zu Beginn des Absolutionsprozesses für ungerecht hielt. Unter Benedikt hatte man das versäumt. Hätte es damals diesen schriftlichen Beweis gegeben, wäre es Benedikt XII. von Rechts wegen später nicht möglich gewesen, wieder auf den Standpunkt von Johannes XXII. zurückzugehen. Seinerzeit konnte man Benedikts Verhalten auch ohne schriftlichen Beweis zumindest propagandistisch auswerten, weil er vorher zu verstehen gegeben hatte, daß die Absolution zu erwarten und der Umschwung eindeutig durch seine einseitige Parteinahme für Frankreich zustande gekommen war.

Aber natürlich waren die Schritte des Jahres 1338 nur ein Ersatz gewesen für das eigentliche, verfehlte Ziel: die Aussöhnung unter Wahrung der Reichsrechte. Dieses Mal wollte man die Sache besser machen. Als erstes wurden deshalb die Prokuratoren so konstituiert, daß sie nur tätig werden konnten, wenn auch der Protonotar Ulrich Hofmaier von Augsburg von der Kurie als Prokurator zugelassen wurde. Erkannte ihn der Papst an, war dies ein Beweis, daß Klemens Ludwigs Regierung in Deutschland als rechtmäßig ansah. Ansonsten mußte er den Protonotar ablehnen, denn dieser hätte sich als Ratgeber und Helfer bei Ludwigs deutschen Regierungsgeschäften im großen Kirchenbann befunden. Die übrigen Gesandten dagegen hatten in Deutschland keine Regierungsaufgaben wahrgenommen und befanden sich nicht im Bann. Ihre Tätigkeit als Ludwigs Prokuratoren war legal, denn man konnte ohne Folgen einen Gebannten beraten, ihm helfen und für ihn tätig werden, wenn es zu dem Zweck geschah, ihn in die Kirche zurückzuführen.[6]

Aber sie allein durften eben ohne den Protonotar nicht tätig werden. Wenn der Papst die Verhandlungen nicht gleich zu Beginn scheitern lassen und damit eingestehen wollte, daß ein falsches Spiel geplant gewesen war, blieb ihm gar nichts anderes übrig, als Ulrich Hofmaier zuzulassen. Als zusätzliche Sicherheit wurde Ulrichs Tätigkeit als Protonotar im Generalprokuratorium ausdrücklich erwähnt, und natürlich war es von Ludwig unter dem Titel des Romanorum rex ausgestellt.

Aber noch war das nicht der erwünschte Beweis. Klemens VI. hätte sich später den Anschein geben können, den Absolutionsprozeß nicht eröffnet oder das Prokuratorium mit dem anstößigen Titel zurückgewiesen zu haben. Die deutsche Gesandtschaft bat deshalb um ein notariell beglaubigtes Protokoll über das Anfangskonsistorium am 16. Januar 1344. Leider ist nicht bekannt, wie sie diesen Wunsch begründete. Der Papst konnte jedenfalls nicht ablehnen, und so ist aus einem korrekt mitgeschriebenen Protokoll zu erfahren, daß wieder Marquart von Randegg für die Deutschen sprach, der Papst ebenfalls eine Rede hielt, daß die Deutschen Ludwigs Geständnis vortrugen, alle Vollmachten aufzählten, die sie mitbekommen hatten und – äußerst ungewöhnlich – als Beweis, daß ihnen diese Vollmachten erteilt worden waren, das Generalprokuratorium verlasen – unterschrieben vom römischen König und mit ausdrücklicher Erwähnung des Protonotars als Prokurator.

Damit hätte man den schriftlichen Beweis in Händen gehabt. Aber wieder hatte man einen Papst unterschätzt. Klemens VI. dachte nicht daran, sich mit einem solchen Dokument seinen Handlungsspielraum nehmen zu lassen. Das ursprünglich korrekt geschriebene Protokoll, das noch vorhanden ist, wurde deshalb leicht verändert in die Reinschrift übertragen. Keine Fälschung, wohlgemerkt! Es fehlten nur alle jene Passagen, die erkennen ließen, daß es sich hier nicht um eine x-beliebige Verhandlung, sondern um einen Absolutionsprozeß handelte und die deshalb als juristischer Beweis von Wert gewesen wären. Der Rest war mit großer Akribie wiedergegeben. Da nur die Reinschrift notariell beglaubigt wurde, war sie für die Deutschen ein wertloses Stück Papier.[7] Natürlich waren die Tatsachen dem kleinen Kreis in Avignon bekannt, aber vor den Augen der Welt galten immer noch die Forderungen vom Gründonnerstag 1343 und Ludwigs notariell beglaubigter Ungehorsam.

Über die eigentlichen Verhandlungen der nächsten Monate ist nichts bekannt. Eine Zeitlang hielten sich währenddessen König Johann und Karl von Mähren an der Kurie auf, wobei der Empfang für den Markgrafen besonders glänzend ausfiel. Ende April 1344 kam der erwartete Umschwung: Klemens VI. stellte neue Forderungen an den Kaiser, die nach menschlichem Ermessen einen

Abbruch der Verhandlugen auslösen mußten. Er ging dabei jedoch weit geschickter vor als sein Vorgänger, der ganz Deutschland gegen sich aufgebracht hatte. Klemens hütete sich, eindeutig und klar eine Anerkennung der Exkommunikation vom März 1324 zu fordern, was in Deutschland wieder einen empfindlichen Nerv treffen konnte. Aber waren seine Formulierungen in diesem Punkt auch bewußt unklar gehalten, so gingen seine Bedingungen doch über das hinaus, was Johannes XXII. und Benedikt XII. gefordert hatten.

Im Grunde verlangte er von Ludwig nicht mehr und nicht weniger als die Selbstaufgabe; nur wurde das nicht mehr mit dem Recht des Papstes auf Approbation begründet, sondern mit den schweren Verbrechen des Pönitenten gegen die Kirche. Es sollten keine Reichsrechte angetastet werden, aber die Verbrechen des Bayern seien so schwer, daß die Kurie auch an seiner Person und seinem Stand nicht vorbeikomme. So wird von Ludwig die sofortige Niederlegung von Königs- und Kaiserkrone und der Reichsregierung verlangt, und als Gegenleistung wird ihm die Absolution in Aussicht gestellt – und sonst nichts. Zwar wird nicht ausgeschlossen, daß er eines Tages wieder Rechte erhalten könnte, aber dies wird allein von der Gnade und dem Willen des Papstes abhängig gemacht. Erst mußte durch einen Akt der völligen Unterwerfung die Absolution erreicht werden, dann konnte der Papst einen zweiten Schritt erwägen – oder auch nicht.

DER KAISERHOF KONTERT

Durch die vorsichtige Haltung des Papstes, sich eindeutig auf die Sentenz vom März 1324 festzulegen, d. h. den Rücktritt aus den gleichen Gründen wie Johannes XXII. zu fordern, hätte Ludwig wahrscheinlich Königskrone und Regierung niederlegen können, ohne seinen Nachfolgern reichsrechtlich eine schwere Hypothek zu hinterlassen. Aber er hätte wahnsinnig sein müssen, auf so etwas einzugehen.

Manche zeitgenössischen Chronisten nahmen an, König Philipp VI., der vertragsgemäß die Sache des Kaisers an der Kurie unterstützte, hätte ein unredliches Spiel getrieben. Da sich der

Papst später bei Philipp für die Heimlichkeit entschuldigte, mit der er seine Pläne verfolgt hatte, ist dies nicht anzunehmen. Die Luxemburger dagegen, die in diesen Jahren einige Male an der Kurie waren, dürften inzwischen unterrichtet gewesen sein. Trotzdem wurden durch die Vermittlung Balduins von Trier noch einmal Verhandlungen wegen Tirol aufgenommen. Die Heiratspläne wurden fallengelassen, und der Kaiser und König Johann einigten sich auf die Abtretung der Lausitz an das Haus Luxemburg und 20 000 Mark Bargeld. Bei König Johann stand sicher die Überlegung im Vordergrund, daß sich das Problem der römischen Königskrone für Karl bald auf natürliche Weise lösen würde. Der Kaiser war fast Mitte der sechzig – im kurzlebigen Mittelalter ein Greis in hohem Alter! Würde aber Karl als Gegenkönig gewählt werden, bekäme man weder die Lausitz noch Geld, und vielleicht nicht einmal die Krone; denn der Kaiser würde sie nicht freiwillig herausgeben.

Aber wieder erhob Markgraf Karl von Mähren dagegen Einspruch, denn wie er und Johann Heinrich erklärten: »Sobald unser Vater jene Gelder an sich genommen hat, wird er sie mit den Rheinländer Junkern (Hencken) vergeuden, so daß wir geprellt und betrogen bleiben.«[8] Es ist eindeutig, daß Ludwigs Denkansatz beim Tiroler Ehehandel zwar grundsätzlich richtig war, er aber übersehen hatte, daß sein maßgebender Verhandlungspartner nicht mehr König Johann sein würde, sondern dessen ältester Sohn, der den Vater mehr und mehr aus allen Regierungsgeschäften hinausdrängte.

Der Kaiser entschloß sich nach der Rückkehr seiner Gesandtschaft aus Avignon, die Verhandlungen nicht abzubrechen. Solange verhandelt wurde, waren dem Papst die Hände für rigorose Maßnahmen gebunden. Was nach einem endgültigen Abbruch kommen könnte – erneute Exkommunikation? Verfluchung? Aufruf zu einer neuen Königswahl? –, würde Ludwigs Stellung zwar nicht grundlegend erschüttern, aber wieder seine Regierung erschweren. Deshalb war es am besten, die Absichten des Papstes vorerst zu verzögern. Wußte man, was geschehen würde, bis es soweit war?

Bevor die Verhandlungen fortgesetzt wurden, machte Ludwig den bewährten Schritt, die neuen Forderungen des Papstes propagandistisch auszunutzen und damit an die Öffentlichkeit zu gehen. Zwar hatte Klemens VI. durch seine geschickten Formulierungen vermieden, daß wieder ein Kampf um die Reichsrechte entbrennen mußte, aber schließlich ging es ja doch um den Kaiser. Ludwig rief deshalb einen Reichstag nach Frankfurt ein und legte die päpstlichen Forderungen vor. Erwartungsgemäß wurden sie mit heller Empörung aufgenommen. Man bestürmte ihn von allen Seiten, sich nicht auf etwas derartiges einzulassen.

Das war zwar ohnehin nicht Ludwigs Absicht gewesen, aber was auch immer der Papst in Zukunft gegen ihn unternehmen würde, es war eine Mißachtung der Wünsche und Forderungen der Stände – Geistlichkeit, Adel, Städte. Es würde auf empörte Ablehnung stoßen.

Klemens VI. war sehr besorgt gewesen, den Absolutionsprozeß nicht als solchen erscheinen zu lassen. Man konnte damit rechnen, daß er dabei blieb. Dadurch zählte Ludwig zu den hartnäckig im Bann Verharrenden. Für diesen Personenkreis gab es drei gefährliche Termine, an denen die alten Bannflüche erneuert und neue geschleudert wurden. Es waren der 18. November, Jahrestag der Einweihung von St. Peter, der besonders beliebte Gründonnerstag und der Himmelfahrtstag. Ludwig mußte also versuchen, über diese Tage hinüberzukommen, ohne daß Klemens VI. irgendwelche Absichten in die Tat umsetzen konnte.

Als die Gesandtschaft im Frühjahr Avignon mit den neuen Forderungen verlassen hatte, um sich beim Kaiser entsprechende Vollmachten und Instruktionen zu holen, war der September als neuer Verhandlungstermin genannt worden. Die Gesandten erschienen aber erst im Spätherbst, entschuldigten die Verspätung mit dem Reichstag und verhandelten über den 18. November 1344 hinaus. Sonst ist über diese Gesandtschaft wenig bekannt, aber ihren Zweck erfüllte sie jedenfalls. Als nächster Termin wurde von der Kurie der Februar 1345 genannt.

Der Gründonnerstag des Jahres 1345 fiel auf den 24. März. Bis dahin hätte also Klemens ohne Zeitdruck Ludwigs Unbußfertigkeit feststellen und die Verhandlungen beenden können. Statt der Gesandtschaft kam von Ludwig ein Brief, in dem er seine Prokuratoren – mit sehr weitgehenden Vollmachten! – für Ostern ankündigte. Mit dem Gründonnerstag war es also auch nichts. Man mußte die Gesandtschaft abwarten, wenn sie so weitgehende Vollmachten hatte. Aber Ostern verging, ohne daß die Deutschen erschienen.

Der Himmelfahrtstag 1345 fiel auf den 5. Mai. Und vor diesem Termin trafen nun tatsächlich die kaiserlichen Prokuratoren ein, aber so kurz davor, daß die Verhandlungen erst nach dem Stichtag 5. Mai aufgenommen werden konnten.[9]

Mathias von Neuenburg schreibt zu dieser Gesandtschaft, Papst und Kardinäle hätten gesagt, als sie hörten, Ludwig würde ihre Bedingungen weitgehend akzeptieren: »Er hat durch seinen Unglauben seinen Verstand verloren.« Falls der Chronist hier nicht seine Phantasie hat walten lassen, dürfte diese Meinung an der Kurie bald wieder revidiert worden sein. Der Papst hatte sich bei den heiklen Punkten, wenn es um Königswahl und Reichsrechte ging, sehr unklar ausgedrückt. Ludwig konnte bei Bedarf noch viel unklarer sein. In den Gesandtschaftsunterlagen sind bei einzelnen schwierigen Punkten nicht weniger als drei Auslegungen möglich.

Allerdings wäre der Ärger über die jeweiligen Auslegungskünste erst zu einem späteren Zeitpunkt ausgebrochen. Im Augenblick hatten die »weitgehenden Vollmachten« aus der Sicht der Kurie einen viel gravierenderen Fehler: Sie durften nicht überreicht werden! Die Gesandten waren strikt angehalten, die Übergabe erst zu vollziehen, wenn vorher durch eine Reihe schriftlicher und notariell beglaubigter Zusicherungen des Papstes die Garantie dafür gegeben war, daß Ludwigs Position und die Rechte des Reichs erhalten blieben. »...daz das dem Stuol und dem Riche cheinen schaden bringen sol«, erklärte Ludwig, und ließ damit wohlwollend auch dem Stuhl Petri das Seinige zukommen. Bereits 1335 war er ja bereit, seine Kaiserkrönung als nichtig zu erklären. Das war er auch jetzt. Darüber hinaus durfte aber auch dem Reich kein Schaden entstehen, und Ludwig verlangte von Klemens durch die geforderte Garantieerklärung das, was man im Januar 1344 durch das Notariatsinstrument vergeblich zu erhalten versucht hatte: die schriftliche Bestätigung, daß die Regierung in Deutschland auch ohne päpstliche Approbation rechtmäßig war.[10]

Papst Klemens war sprachlos vor Empörung, wie er behauptete.

Er fühlte sich verspottet und konnte den Gesandten nur den Rat geben, die Heimreise anzutreten. Bereits am 15. Mai befolgten sie seinen Rat. Im Spätherbst versuchten sie erneut, Gespräche aufzunehmen. Der Papst ließ sich nicht mehr darauf ein, aber noch einmal war es nicht zur erneuten Exkommunikation gekommen.

War man am Kaiserhof über das Scheitern der Verhandlungen wirklich so enttäuscht, wie in der Literatur oft angenommen wird? Völlig unerwartet kam es jedenfalls nicht. Bereits im Januar hatte der Kaiser mit dem Polenkönig Kasimir ein Bündnis geschlossen. Durch weitere Verträge mit König Ludwig von Ungarn, dem Herzog von Schweidnitz, Ludwig dem Brandenburger und Friedrich von Meißen – alles Schritte, die bereits während der Verhandlungen unternommen wurden – war im Osten ein mächtiger Staatenbund entstanden, der für Böhmen im Ernstfalle nichts Gutes verhieß. Dabei schloß sich König Ludwig von Ungarn aus dem Hause Anjou besonders eng an den Kaiser an und bemühte sich um eine Heirat seines Bruders Stephan mit einer Tochter des Wittelsbachers.

Die beiden ungarischen Brüder hegten Absichten auf Neapel und hofften auf die Unterstützung des Kaisers. Im Jahre 1343 war König Robert von Neapel gestorben, sein Sohn, Karl von Kalabrien, schon lange vor ihm. Ohne männliche Nachkommen, hatte König Robert noch zu seinen Lebzeiten den dritten ungarischen Bruder, Andreas, zu seinem Nachfolger bestimmt und ihn mit seiner Enkelin Johanna verheiratet. Aber Andreas war im Jahre 1345 ermordet worden.

Neben anderen Verdächtigen wurde besonders Johannas Onkel und Liebhaber, Fürst Ludwig von Tarent, der die Königskrone für sich beanspruchte, als Drahtzieher des Mordes bezichtigt, aber noch häufiger Johanna selbst. Sie war es gewesen, die den widerstrebenden Andreas durch große Überredungskunst dazu gebracht hatte, nachts aus dem Schlafzimmer zu gehen, um angebliche Boten seiner Brüder zu empfangen. Die falschen Boten hatten Andreas erdrosselt und waren verschwunden.

Johanna heiratete noch dreimal, und keine Ehe war ein Glücksfall für Neapel. Das blühende Land, das ihr Großvater hinterlassen hatte, verwandelte sich während ihrer Regierung in ein Chaos.

Siebenundzwanzig Jahre nach dem Tod ihres ersten Gatten wurde sie schließlich auf ihre Weigerung hin, ihren Großneffen Karl von Durazzo als Thronerben einzusetzen, ebenfalls durch Erdrosseln ermordet.

26. Kapitel

»Suezze kuenigin, unser frawe,
bis pei meiner schidung.«

Wie so oft in Ludwigs Leben lagen bei ihm auch im Jahre 1345 Mißerfolge und unerhörte Glücksfälle verblüffend eng nebeneinander. Zur Aussöhnung mit der Kirche kam es nicht, aber auf wirtschaftlichem und machtpolitischem Gebiet taten sich plötzlich unerhörte Perspektiven auf. Der Bruder der Kaiserin, Graf Wilhelm IV. von Holland-Hennegau, starb im Herbst 1345 auf einem Feldzug gegen die rebellischen Friesen unter den Streitäxten der Aufständischen – immer noch kinderlos.

Ausdehnung nach dem Nordwesten

Es klingt roh, den Tod Wilhelms als Glücksfall zu bezeichnen, auch wenn seine Länder dem verschwenderischen Abenteurer nicht nachgetrauert haben dürften. Sicher wurde er aber am Münchner Hof so ausgiebig betrauert, wie es das Mittelalter von nahen Verwandten erwartete. Es ist allerdings nicht anzunehmen, daß dem Kaiser darüber auch nur einen Augenblick die neuen atemberaubenden Aspekte für das Haus Wittelsbach entgingen: Zugang zum Meer, Teilnahme am Welthandel, ein reiches, volkreiches Territorium mit allen Voraussetzungen, ein zweites blühendes Flandern zu werden!

König Johann eilte in den Nordwesten, um abzuwehren, was sich dort abzeichnete: noch mehr Macht für Ludwig, noch dazu in nächster Nachbarschaft Luxemburgs! Aber Johann konnte nichts verhindern. Der Hennegau ging als Frauenlehen ohne Wenn und Aber an Kaiserin Margarete als der ältesten der Schwestern Wilhelms über. Holland, Friesland und Seeland fielen nach dem kinderlosen Tod des Grafen an das Reich zurück. Die Stände der vier Länder erklärten entschlossen, daß sie nicht geteilt werden wollten. Ludwig vergewisserte sich der Zustimmung der Großen des Reichs und belehnte am 16. Januar 1346 Kaiserin Margarete und später noch seinen vierten Sohn, Herzog Wilhelm, mit dem nordwestdeutschen Besitz.

Eduard III. von England, für den es ein unschätzbarer Vorteil gewesen wäre, auch im Norden des Kontinents ein eigenes Territorium zu besitzen, um von dort aus gegen Frankreich vorgehen zu können, meldete für seine Frau Philippa Erbansprüche auf Seeland an. Aber der Kaiser lehnte ab. Sicher auch im Eigeninteresse, aber genauso im Interesse des Reiches. Es würden spätere Generationen kommen, die nicht verschwägert waren, und Aquitanien und die Gascogne boten das lebhafteste Beispiel, zu welchem Zankapfel sich fremde Herrschermacht im eigenen Territorium entwickeln konnte.

So schnell gab Eduard jedoch nicht auf und versuchte seinen Schwager, Wilhelm von Jülich, der mit der mittleren Schwester Johanna verheiratet war, zu gemeinsamen Aktionen zu bewegen, aber der Markgraf wollte nicht. Er war dringend auf ein gutes Verhältnis zum Kaiser angewiesen. Sein ältester Sohn Gerhard war mit der Erbtochter des Grafen von Ravensberg verheiratet und man erwartete täglich den Erbfall.

Die Routinearbeiten des Kaisers liefen weiter, und gerade das Jahr 1345 war angefüllt mit Reichsangelegenheiten. Daneben waren die Absichten des Papstes zu verhindern und unzählige diplomatische Gespräche und Verhandlungen wegen der holländischen Erbschaft zu führen.

DAS OBERBAYERISCHE LANDRECHT

Trotz riesigen Arbeitspensums fand der Kaiser im Winter 1345/46 die Zeit, das Oberbayerische Landrecht zu verabschieden, das zu »den wenigen und zugleich zu den bemerkenswertesten territorialen Rechtskodifikationen des deutschen Mittelalters« zählt.[1] Möglicherweise waren es der Kampf mit der Kurie und die Auseinandersetzung mit dem kanonischen Recht, die Ludwig die Wichtigkeit festgelegter Rechtsnormen vor Augen geführt hatten. Schon 1342 hatte er durch Gesetz die Anwendung geschriebenen Reichsrechtes beim königlichen Hofgericht festgelegt, um die Rechtsprechung der obersten Instanz des Reiches auf feste Rechtsnormen zu stützen. Das Oberbayerische Landrecht wurde in gleicher Absicht erlassen, um – und das war das umwälzend Neue für die Zeit – auch auf niederer Ebene die Rechtsprechung auf geschriebenes Recht zu gründen und Willkürentscheidungen zu verhindern.

Daß »daz puech« oder »puoch«, wie es meist schlicht genannt wurde, vorerst nur für Oberbayern galt, lag an der maßlosen Empfindlichkeit, mit der die landesherrliche Gewalt auf dem Gebiet der Gesetzgebung gegenüber hoheitlichen Eingriffen bewacht wurde. Vergleichbar ist das nur unserer heutigen Schulpolitik, bei der jedes Bundesland eifersüchtig darüber wacht, daß seine kulturelle Eigenständigkeit gewahrt bleibt. Ob »daz puech« aber auf Oberbayern beschränkt geblieben wäre, wenn Ludwig länger gelebt hätte, darf bezweifelt werden. Dazu bedeutete es eine zu eindeutige Verbesserung gegenüber der herkömmlichen Rechtsprechung, die sich vorwiegend auf das im Sachsen- und Schwabenspiegel festgehaltene Gewohnheitsrecht stützte und einen weiten Spielraum ließ.

Das Oberbayerische Landrecht ist zwar von der Systematik heutiger Gesetzbücher weit entfernt, zivilrechtliche und strafrechtliche Artikel reihen sich in bunter Folge aneinander, aber man muß doch sehr damit zufrieden gewesen sein, da es bis ins 16. Jahrhundert in Gebrauch war. Liegenschaftsrecht, Pfand- und Schuldrecht, das Ehe- und eheliche Güterrecht usw. wurden nun einheitlich geregelt. Besonders das Straf- und Prozeßrecht erfuhr bedeutende Verbesserungen gegenüber der bisherigen Methode. Feste Strafmaße für die jeweiligen Verbrechen sollten Willkürentscheidungen ausschließen. Wann das Gericht tätig werden durfte, wie es zusammengesetzt sein mußte und welche Beweismittel zugelassen waren, wurde einheitlich festgelegt. Der gerichtliche Zweikampf als Beweismittel wurde z. B. verboten und war nur noch im Falle der Notzucht erlaubt, wenn ihn die Frau forderte. Und zwar als direkter Zweikampf zwischen Mann und Frau!

Während indes trotz Oberbayerischem Landrecht noch 1370 auf dem Münchner Marktplatz zwei Ritter zu Pferd mit Schwert und Lanze gegeneinander kämpften, weil einer den anderen der Räuberei bezichtigt hatte – wobei der Ankläger tot auf dem Kampfplatz liegen blieb und die Unschuld des Beschuldigten sich somit erwiesen hatte –, ist für die nun einzig noch erlaubte Form des gerichtlichen Zweikampfes kein einziger authentischer Fall aus dem 14. Jahrhundert überliefert, wohl aber aus älteren Zeiten. Um gerechte Chancen zu bieten, wurde der Mann bis zu den Hüften in eine Grube gestellt, erhielt einen Arm auf den Rücken gebunden und bekam in die rechte Hand einen Knüppel. Die Frau konnte sich frei bewegen und durfte in ihren Ärmel einen Stein von einem Pfund Gewicht binden, wobei die Ärmel als lose Fahnen teilweise bis zum Boden hingen.[2]

Ein Stadtrechtsbuch war schon 1334 entstanden, das nun zusammen mit dem Landrecht die großen und kleinen Belange des Lebens ordnete. So durfte z. B. niemand nach dem Läuten der Bierglocke mehr im Wirtshaus sitzen. Jedoch soll die Bierglocke, wird im Artikel »vom Nachsitzen« wohlwollend angeordnet, solange läuten, daß jedermann den beim Beginn des Läutens bestellten Trunk noch austrinken kann. Frauen durften nicht zu einer Feuersbrunst laufen, Hasen und Eichhörnchen nicht länger als einen Tag in den Bälgen feilgeboten und Alaun nicht zur Herstellung von ungarischem Leder verwendet werden. Juden war es nicht erlaubt, einen Fisch zu berühren, bevor sie ihn gekauft hatten, da sie es wohl liebten, die Ware recht wählerisch zu betasten. Die Arbeit der Baupolizei war ebenso geregelt wie die Aufsicht über Maße und Gewichte. Selbst das Schulgeld war gesetzlich festgesetzt und durfte vierteljährlich zwölf Pfennige nicht überschreiten.

Das Strafmaß für Verbrechen war in Oberbayern genauso drakonisch wie überall und konnte auf eine Geldstrafe, Leibesstrafe oder die Einziehung der beweglichen Habe hinauslaufen. An Leibesstrafen wurden genannt das Schlagen am Pranger, das »Brennen durch die Zähne«, das Abschlagen der Hände und die Todesstrafe, die bei Männern meist am Galgen vollzogen wurde. Frauen wurden aus Sittlichkeitsgründen nicht gehängt und deshalb vorzugsweise ertränkt. Bei einem Diebstahl z. B. bestimmte das Oberbayerische Landrecht, daß die gestohlene Sache vor Gericht von vier Männern geschätzt und vom geschätzten Wert ein Drittel abgezogen wurde. Nach dem Restwert wurde dann die Strafe bemessen. Bei einem Wert des gestohlenen Gutes ab 32 Pfennig (Gegenwert etwa 32 kg Rindfleisch oder 16 Hühner), trat das Schlagen am Pranger ein, ab 62 Pfennig wurde der Dieb durch die Zähne gebrannt, so daß er für die Zukunft als Dieb gezeichnet war, ab 6 Schilling und 2 Pfennigen hielt man die Todesstrafe für angemessen.

Trotzdem empfanden die Menschen diese Strafen nicht als zu hoch, da ein Verbrechen nicht nur eine Gefährdung der Gemeinschaft, sondern auch eine Beleidigung Gottes bedeutete. Dieser Zusammenhang konnte sich für den Verbrecher besonders verhängnisvoll auswirken. »Zu welch unchristlichen Auswüchsen gerade die Vermischung von Glaube und Rachsucht führte«, schreibt Huizinga, »beweist die in England und Frankreich herrschende Gewohnheit, dem zum Tode Verurteilten nicht nur das Viatikum (dem Sterbenden gereichte letzte Kommunion), sondern auch die Beichte zu verweigern. Man wollte ihre Seelen nicht retten, man wollte ihre Todesangst durch die Gewißheit der Höllenstrafe vergrößern.«

In Deutschland war diese scheußliche Sitte, die sich besonders in Frankreich bis zum Jahre 1500 hielt, nicht üblich. Auch die Auswüchse der peinlichen Justiz wurden erst mit der Einführung des römischen Rechts, das ein Geständnis des Angeklagten wünschte, gebräuchlich. Trotzdem herrschte auch in Deutschland die unerschütterliche Überzeugung, daß es Aufgabe des Staates war, Verbrechen auf das Härteste zu ahnden. Gefühle, die heute unser Rechtsbewußtsein beeinflussen, wie Fragen nach der vollen Zurechnungsfähigkeit des Angeklagten, nach soziologischen Hintergründen usw. fehlten im Mittelalter völlig. Den Verbrecher traf entweder das volle Maß der Strafe oder die völlige Begnadigung. Einen Mittelweg gab es nicht. Die Praxis der höchst spontanen Begnadigungen wurde auch durch das Landrecht nicht geändert – es sollte da wohl auch keine Änderung geben.

UMWÄLZUNGEN

Kaiserin Margarete reiste nach der Belehnung in die Niederlande, um ihre Länder in Besitz zu nehmen und sich huldigen zu lassen. Sie kam erst im September 1346 nach Deutschland zurück und traf

in Frankfurt mit dem Kaiser zusammen. Es war jene Reise, von der
Mathias von Neuenburg erzählt, daß der Kaiser ob Margaretes
langem Ausbleiben sehr »ängstlich« wurde und Boten nach ihr
schickte. Er selbst konnte ihr nicht nachreisen, sondern mußte sich
möglichst im Zentrum Deutschlands aufhalten, denn es hatte
inzwischen ernste Umwälzungen gegeben.

Papst Klemens VI. hatte – nun nicht mehr länger durch Verhandlungen gebunden – am Gründonnerstag des Jahres 1346 die erneute Exkommunikation und Verfluchung Ludwigs verkündet
(siehe Prolog) und die Kurfürsten zu einer neuen Königswahl
aufgerufen. Außerdem wurde Heinrich von Virneburg mit dem
Bann belegt und für abgesetzt erklärt, der zwanzigjährige Gerlach
von Nassau zum Erzbischof von Mainz ernannt. Er konnte sein
Erzbistum zwar erst nach dem Tod des Virneburgers im Jahre 1353
einnehmen, aber als Mainzer Erzbischof, Erzkanzler des Reichs
und der erste unter den Kurfürsten, rief er auf Befehl des Papstes
im Sommer 1346 das Kurkolleg zu einer neuen Königswahl zusammen.

Hatte es Ludwig in den vergangenen Jahren versäumt, das gute
Verhältnis zu den Kurfürsten zu pflegen? Wäre in diesem Fall das
Ergebnis anders ausgefallen? Der Brandenburger war auf Anwei-
sung des Papstes nicht eingeladen worden, die Pfalzgrafen nicht
erschienen, aber die übrigen folgten dem Ruf. Herzog Rudolf von
Sachsen mußte vorher noch schnell aus dem Bann gelöst werden,
mit dem er Ludwigs wegen vor langer Zeit belegt worden war.
Zudem war es nötig, ihn ebenso wie Walram von Köln »mit vielem
Gelde« zu bestechen [3], aber dann konnten beide Ehrenmänner ihre
Skrupel überwinden. Ansonsten wären, wenn man Gerlach von
Nassau als Mainzer Kurstimme nicht ernstnehmen will, nur Johann von Böhmen und Balduin von Trier übrig geblieben. Doch
hatte auch Balduin lange gezögert, sich offen gegen den Kaiser zu
stellen, und noch im März 1346 in einem Brief den Papst um
Aussöhnung mit Ludwig gebeten. Da sein Großneffe sich jedoch
auch ihm gegenüber nicht kleinlich zeigte und es sich außerdem
um eine Familienangelegenheit handelte, konnte auch er gewonnen werden.

Da man der kaisertreuen Stadt Frankfurt nicht traute, hatte Gerlach von Nassau die Wahl nach Rhense verlegt, und hier, wo

Ludwig acht Jahre vorher seinen höchsten Triumph erlebt hatte, wurde ohne allen Glanz und eher verborgen der dreißigjährige Karl von Mähren am 11. Juli 1346 zum römischen König Karl IV. gewählt. Es war auf den Tag 22 Jahre her, daß Johannes XXII. Ludwig für abgesetzt erklärt und damit die Möglichkeit für eine Neuwahl geschaffen hatte.

Die Reaktion des Kaisers scheint vor allem ungläubiges Staunen gewesen zu sein. Er hatte den Aufruf des Papstes zu einer neuen Königswahl so wenig ernst genommen, daß er noch im Juni einen Zug nach Italien plante und zu Vorgesprächen nach Tirol aufgebrochen war. Mit Ludwig von Ungarn war er sich nun soweit einig, daß sie gemeinsam nach Italien ziehen wollten. Zudem kamen während seines Aufenthalts in Bozen Gesandtschaften aus Rom, Mailand und Verona an mit der Bitte, er möchte nach Italien kommen und ihnen einen neuen Papst verschaffen.[4] Der Kaiser war ganz und gar nicht abgeneigt, das Abenteuer noch einmal zu wagen. Nun, da er wieder einen radikalen Gegenspieler in Avignon hatte, wuchs auch seine Bereitschaft, mit radikalen Mitteln zu antworten. Bei den Nachrichten über die Vorgänge im Reich zog er sofort nach Deutschland zurück. Die Wahl Karls von Mähren konnte er allerdings nicht mehr verhindern. Die italienischen Pläne mußten – vorübergehend, wie Ludwig dachte – aufgeschoben werden.

Kaiserin Margarete hatte die Nachricht von Karls Königswahl in Holland erhalten. Sie sandte dem Kaiser eine Botschaft, sie könnte mit ihren Untertanen eine genügend große Streitmacht aufstellen, um Karls Krönung in Aachen zu verhindern. Aber dazu bestand keine Notwendigkeit. Karl hatte sich zwar nach der Wahl sofort nach Aachen gewandt, um sich krönen zu lassen, aber die Aachener öffneten nicht die Tore, ja, sie machten sogar Miene, eine neuangeschaffte Kanone gegen ihn einzusetzen. Köln, wohin sich der Zug nun wandte, war nicht ganz so rabiat, aber die Tore blieben auch hier verschlossen. Mochte der Erzbischof seine Kurstimme geben, wem er wollte – die Kölner würden keinen fremden König einlassen.

Anschließend verließen Karl von Mähren und König Johann von Böhmen das Land und wandten sich nach Frankreich.

DER »PFAFFENKÖNIG«

Karls Wahl waren im April 1346 Gespräche in Avignon vorausgegangen. Papst Klemens VI. war es zwar nicht gegeben, das Ansehen der Kirche zu mehren, aber es sah vorübergehend so aus, als
könnte er alle Ansprüche des Papsttums endgültig durchsetzen –
ohne jede Rücksicht auf das Weistum von Rhense. Karl von
Mähren, »der Pfaffenkönig« oder »der Kurie bezahlter Botenläu-
fer«, wie er im Reich genannt wurde, war auf alle Forderungen des
Papstes eingegangen. Es waren die gleichen, denen sich der Wittelsbacher in jahrzehntelangem Kampf, trotz Exkommunikation
und selbst in bedrängtester Lage, nicht gebeugt hatte. Ein böhmischer Geschichtsschreiber entschuldigte Karl mit dem Hinweis,
Kaiser Ludwig hätte über alle Zugeständnisse des Luxemburgers
ebenfalls sehr ernsthaft verhandelt, verschwieg aber, daß er im
Unterschied zu Karl nicht darauf eingegangen war.[5]
Der Luxemburger verpflichtete sich, um die Approbation zu bitten
und vor seiner Bestätigung keine Regierungshandlungen vorzunehmen sowie sich in Rom, wohin er sich zwecks Kaiserkrönung
begeben durfte, nur einen einzigen Tag lang aufzuhalten – eine
Forderung, die Ludwig empört von sich gewiesen hatte; die
Reichslehen Provence, Forqualquier und Piemont sollten die Unabhängigkeit vom Reich erhalten, als Geschenk wurde Klemens VI. Ferrara zugesagt usw.
Nach seiner Wahl ging Karl IV. allerdings wieder auf den Standpunkt des Weistums von Rhense zurück. Sowohl in seiner eigenen
Wahlanzeige an den Papst wie in jener, die die Kurfürsten nach
Avignon sandten, sucht man vergebens die Bitte um Approbation.
Wie bei Ludwigs Wahl wird lediglich um die Kaiserkrönung gebeten. Vielleicht war es Balduin von Trier gewesen, der dem Großneffen den Standpunkt des Reiches klarmachte. Da Papst Klemens VI. den besten Willen hatte, den von ihm »gemachten«
König zu unterstützen, wurde der Luxemburger dennoch approbiert.

DIE SCHLACHT VON CRÉCY

Nach den mißlungenen Krönungsversuchen eilten Karl IV. und König Johann dem französischen König zu Hilfe. Der Waffenstillstand mit England war abgelaufen und Eduard III. in der Normandie gelandet. Der englische König war ungewöhnlich liquide in dieser Zeit, da ihm das Parlament eine gewaltige Summe bewilligt hatte. Er versuchte wiederum mit dem Kaiser ein Bündnis zu schließen, aber Ludwig war höchst mißtrauisch gegenüber Eduards Versprechen. So verließ sich Eduard nicht länger auf Verbündete, sondern nur noch auf die eigene Stärke.

In der Schlacht von Crécy in der Grafschaft Ponthieu erlitt Frankreich am 26. August 1346 eine vernichtende Niederlage. Die Schlacht war eigentlich nicht in Eduards Sinne gewesen. Als er von der überwältigenden Übermacht des französischen Ritterheeres erfuhr, wollte er sich zurückziehen und seine Schiffe erreichen. Aber die Franzosen holten ihn in Gewaltmärschen ein, und Eduard mußte sich stellen. Zu seinem Glück konnte er eine strategisch günstige Position auf einem Hügel einnehmen, die ideale Stellung für seine Bogenschützen. Sie waren es auch und die Disziplin in Eduards Heer, die die Schlacht für ihn entschieden, während im zahlenmäßig weit überlegenen französischen Heer ein solches Chaos herrschte, daß die Ritter durch ein Mißverständnis die eigenen Armbrustschützen niedermachten. Viertausend Franzosen fanden den Tod, darunter auch ein Bruder und ein Neffe König Philipps – und König Johann von Böhmen.

Der blinde Böhmenkönig hatte sich zwischen zwei seiner treuesten und tapfersten Ritter auf das Schlachtfeld führen lassen. Ob aus Abenteuerlust oder ob er in seinem hilflosen Zustand nicht länger leben wollte und eine Form des Selbstmords wählte, an der die Kirche nichts aussetzen konnte, muß Spekulation bleiben. Karl von Mähren wurde verwundet, konnte aber fliehen – »ein fataler Auftakt für sein Königtum«.[6] Er zog sich nach Luxemburg zurück, um seine Wunden auszukurieren. Hier erhielt er am 6. November die Bestätigung des Papstes, und am 26. November 1346 wurde er am selben Ort gekrönt wie einst Friedrich der Schöne, in Bonn – auch damals also schon als »Provisorium« beliebt.

TREUE ZUM KAISER

Sonderliche Sorgen scheint sich Ludwig der Bayer wegen seines Gegenkönigs nicht gemacht zu haben, hauptsächlich wohl deshalb nicht, weil er von Karls Fähigkeiten als Feldherr nichts hielt. Beide Fürsten waren grundverschieden. Ludwig sehr hochgewachsen, blond und sportgestählt, Karl klein, leicht gebückt und dunkel; Ludwig verbrachte jede freie Minute auf der Jagd, Karl beschäftigte sich am liebsten mit seinen Büchern und Reliquien; Ludwig förderte Handel, Handwerk und Verkehr, Karl dagegen Kunst und Wissenschaft. Eines aber hatten die beiden sonst so ungleichen Fürsten gemeinsam: Sie haßten beide den Krieg.

Es zeigte sich schnell, daß Ludwigs Sorglosigkeit nicht unbegründet war. Ende Dezember 1346 reiste Karl IV. als Knappe verkleidet von Paris nach Böhmen. Er versuchte Herzog Albrecht von Österreich als Verbündeten zu gewinnen, hatte aber kein Glück. Allerdings erhielt er aus Tirol verheißungsvolle Nachrichten. Ein Teil der Tiroler Herren war mit dem Brandenburger bereits wieder unzufrieden, da es dieser gewagt hatte, die Verwaltung neu zu ordnen und strenger zu beaufsichtigen sowie Steuern einzuziehen. Sie setzten sich mit Karl IV. in Verbindung, um mit seiner Hilfe den Wittelsbacher zu vertreiben. Jedoch wurde Karls Einfall von Süden her nach Tirol abgeschlagen, er wurde vom Brandenburger besiegt, konnte aber fliehen.

Noch düsterer sah es für Karl IV. in Deutschland aus. Sein Anhang war hier, falls man ihn überhaupt so nennen kann, verschwindend gering. Ludwigs Position war trotz Kirchenkampf, Tiroler Ehehandel und feierlicher Verfluchung unerschüttert. Als er nach Karls Wahl die Städte nach Speyer berief, fand er sie alle einmütig und ohne eine Ausnahme auf seiner Seite. Keine wollte sich um Karl oder die Prozesse des Papstes kümmern, trotz oder sogar wegen ihrer Enttäuschung, als die letzten Verhandlungen in Avignon ebenfalls gescheitert waren. Wieder hatte ein herrschsüchtiger Papst diesen gottesfürchtigen, friedliebenden und gerechten Fürsten, der ein so vorbildliches Familienleben führte, ungerecht behandelt – lediglich, weil er die Reichsrechte schützen wollte. So erhielt Ludwig in Speyer von allen Seiten Angebote über städtische Heereskontingente für die Entscheidungsschlacht.

Aber auch die Fürsten und Herren zeigten wenig Neigung, zu Karl IV. überzugehen. Selbst seine Verbündeten bei der Königswahl zerstreuten sich offenbar. Lediglich in Schwaben schlossen sich achtzehn Grafen und Herren zu einem Bund zusammen – wahrscheinlich durch das Ausgreifen der Wittelsbacher in Oberschwaben beunruhigt und ein neues Herzogtum Schwaben befürchtend – und bekannten sich zu Karl IV. Aber der Kaiser mußte nicht einmal selbst eingreifen, denn von allen Städten Schwabens unterstützt, konnte Herzog Stephan, der in Ulm residierte, sie mühelos überwältigen und zur Unterwerfung zwingen.

Ansonsten ist noch ein Graf Emicho von Leiningen als Anhänger Karls IV. bekannt, gegen den die Herren und Städte des rheinischen Landfriedensbundes vorgehen wollten. Als Balduin von Trier dringend bat, davon abzusehen, wurde ihm für seinen Verrat am Kaiser selbst der Krieg angesagt und unter der Führung der Herren von Westerburg und Isenburg seine Streitmacht vernichtend geschlagen. Landgraf Friedrich von Meißen ging unterdessen gegen Gerlach von Nassau vor.

Keine rosigen Aussichten also für Karl IV. Der Kaiser schien sich an ihm nicht zu stören, solange er sich in Böhmen aufhielt und nur hin und wieder in Verkleidung durch Deutschland reiste. Bei einem weiteren Ausflug über Reichsgebiet hatte sich Karl als Tiroler Krämer verkleidet. Doch für den Luxemburger war der Zustand unhaltbar. Er mußte angreifen und etwas zu ändern versuchen, wenn er nicht zur komischen Figur werden wollte. Allerdings konnte er nur mit seinem böhmischen Anhang rechnen, und es zeugt von Mut, daß er unter diesen Bedingungen zu rüsten begann.

Auch der Kaiser rüstete – eine recht empfindliche Notsteuer beschaffte die Mittel – und sah sich am Abend seines Lebens noch einmal vor einer Entscheidungsschlacht. Es sah gut für ihn aus. Viele seiner alten Verbündeten standen wieder bereit, manche neue kamen hinzu, die Truppenkontingente der Reichsstädte warteten nur auf ihre Abberufung. Außerdem hatte Ludwig jetzt seine Söhne, von denen sich die beiden älteren, Herzog Stephan und der Brandenburger, bereits als sehr schlagkräftige und tapfere Feldherrn gezeigt hatten.

In Böhmen brach Karl IV. gerade mit seinem Heer in Richtung

Bayern auf, als er eine Nachricht erhielt, wie sie sich spektakulärer nicht denken läßt: Kaiser Ludwig der Bayer war am 11. Oktober 1347 plötzlich verstorben.

DER KAISER IST TOT

Am Abend vorher hatte Ludwig noch in fröhlicher Runde getafelt. Gräfin Agnes, die Witwe des langjährigen treuen Weggefährten Berthold von Marstetten-Neuffen, war zu Besuch am Münchner Hof.[7] Der Kaiser war immer ein heiterer Gastgeber gewesen, der fröhliche Menschen um sich liebte. Über den Besuch Gräfin Agnes', deren Tochter bald einen seiner Enkel heiraten würde, freute er sich immer besonders. Nach dem Mahl fühlte Ludwig ein Unwohlsein und stechende Schmerzen in der Brust. Um sich von seiner Krankheit zu kurieren, nahm er ein Brechmittel und beschloß für den nächsten Tag einen Jagdausflug. Die Jagdaufseher hatten berichtet, daß sich in der Nähe des Klosters Fürstenfeld ein Bär herumtrieb – sicher auch schon damals in der Ebene ein seltenes Wild.

Am nächsten Morgen machte sich Ludwig mit nur zwei Rittern als Begleitung auf den Weg. Ein Ritt von zwei Stunden brachte ihn in die Nähe des Klosters und man sah bereits die Klosterkirche. Der Kaiser war seiner Begleitung weit voraus. Da wankte er plötzlich im Sattel und sank mitten im Ritt vom Pferd. Bis die beiden Ritter bei ihm waren und abstiegen, war ein Bauer schon vor ihnen dort und hielt den Sterbenden im Arm. Ludwigs letzte Worte waren ein Anruf an die von ihm so hochverehrte Muttergottes: »Suezze kuenigin, unser frawe, bis (sei) pei meiner schidung.«[8]

Wie nicht anders zu erwarten, wurde auch bei diesem plötzlichen Todesfall viel von Gift gesprochen, aber aus heutiger Sicht deutet alles auf einen Herzanfall hin. Die Todesstätte liegt in der Nähe von Puch – jenem Ort, den einst der arme Mönch von Fürstenfeld beim Rückzug des Heers von Herzog Leopold bewachen mußte – auf einer Wiese, die noch heute der Kaiseranger heißt.

Es war eigentlich ein für Ludwig und sein Leben recht typischer Tod. Das fröhliche Tafeln am Abend davor, obgleich er vor einer weiteren Entscheidungsschlacht mit einem Gegenkönig stand, die geliebte Jagd, der Anruf an die Himmelskönigin! Und die Absolution, die ihm Jahrzehnte versagt worden war, wurde auch jetzt abgelehnt. Zeigte ein Sterbender vor seinem Tod Reue, so konnte ihn die Kirche nachträglich absolvieren. In Ludwigs Fall sah sie dazu keine Möglichkeit.

Am Tag nach Ludwigs Tod hatte ein besonders frommer und wundertätiger Mönch, der Zisterzienser Johann von Kempten, im Kloster Stams/Tirol, während er am Altar die Messe zelebrierte, eine Erscheinung. Der Meßdiener bemerkte lediglich, daß der fromme Mönch mitten bei der Wandlung plötzlich deutsche Worte sprach. Als Grund für dieses seltsame Gebaren erfuhr er nach der Messe, daß der Kaiser am Vortag gestorben sei. Er war dem Zisterzienser während der Wandlung erschienen und hätte ihm mitgeteilt, daß er nicht verworfen sei.[9]

Auch der Mystikerin Margarete Ebner aus dem Kloster Maria Medingen, einer großen und ergreifenden Frauengestalt in der deutschen Mystik, wurde geoffenbart, daß der Kaiser von Gott aufgenommen wurde. Bereits 1346, als sie sich nach der berüchtigten Verfluchung des Kaisers Sorgen um sein Seelenheil gemacht hatte, wurde ihr von Gott geantwortet: »Ich will ihn nimmer verlassen, weder hier noch dort, denn er hat die Lieb zu mir, die niemand weiß, denn ich und er. Und das entbiet ihm von mir.«[10] Aber sie hatte nicht den Mut, Ludwig diese Worte zukommen zu lassen. Kurz vor seinem Tode wurde ihr geoffenbart, daß Ludwig seine Feinde überwinden werde. Als sie gleich darauf von seinem Tode hörte, wußte sie, daß die Feinde seiner Seele gemeint waren. Kurz nach dem Tod des Kaisers war der große Johann Tauler aus Straßburg bei ihr zu Besuch. Der hatte »großen Ernst darum zu erfahren, was Gott mit dem Kaiser gewirkt hätte in der kurzen Frist, die er hatte bei seinem Tode«. Da bittet sie Jesus und empfängt die Antwort: »Ich habe ihm Sicherheit gegeben des ewigen Lebens.« Sie fragt, womit er das verdient habe, und ihr wird geantwortet: »Er hat mich lieb gehabt. Denn menschlich Urteil (hier des Papstes) wird oft betrogen.« Ihr Jubel darüber ist groß, und noch einige Tage danach ist ihr Herz so voller Freude, daß sie in der Kirche nicht beten kann und sich niedersetzen muß. Und sie glaubt von neuem die Stimmen zu vernehmen, die sie seiner Seligkeit versichern.

Auch in anderen Klöstern glaubte man nicht an eine Verdammung des Kaisers. Aventinus erzählt, daß Geistliche, Mönche und Klosterfrauen ihn für den allerchristlichsten, gottesfürchtigsten und demütigsten Kaiser hielten, sie »setzen ihn in den Himmel, bezeugen solches mit besonderen Wunderzeichen und Gesichten, zeigen sein Messer, Tischtücher und anderes dergleichen mehr als Heiltum«, als wundertätige Reliquie.

SCHWERER ANFANG FÜR KARL IV.

Bei Papst Klemens VI. löste die Nachricht vom Tod Ludwigs des Bayern überschäumende Freude aus. Um Karl den Weg zu ebnen, sandte er sofort eine Vollmacht nach Deutschland, kraft der die Menschen durch die Beschwörung einer vorgeschriebenen Formel von allen Sentenzen losgesprochen werden konnten, die sie sich durch ihre Parteinahme für Ludwig zugezogen hatten. Voraussetzung war zudem die Anerkennung Karls IV. als römischer König. Aber, wie Mathias von Neuenburg erzählt, weigerten sich die Menschen an vielen Orten aufgebracht, sich durch das Beschwören einer Formel freisprechen zu lassen, die das Andenken Kaiser Ludwigs schmähe, und es kam zu tumultartigen Szenen. Kaiser Ludwig sei kein Ketzer, sondern der rechtmäßige König gewesen, und sie würden auch in Zukunft einen von den Kurfürsten gewählten König anerkennen, auch wenn er sich nie an den Papst wende.

Es dauerte in manchen Städten Jahre, bis Karl IV. als König anerkannt wurde. Die zögernden Fürsten, Grafen und Herren wurden mit horrenden Summen, die Karl durch Verpfändungen aufbrachte, zur Huldigung überredet. Die Wittelsbacher stellten mit den Kurstimmen von Brandenburg, der Pfalz, Sachsen-Lauingen und Heinrich von Virneburgs Mainzer Kurstimme Graf Günther von Schwarzburg als Gegenkönig auf. Erst als der inzwischen verwitwete Karl IV. eine Wittelsbacherin heiratete, die Tochter des Pfalzgrafen Rudolf, und der Gegenkönig starb, kam es 1349 endlich auch mit den Wittelsbachern zur Aussöhnung. Es wurde von vielen Seiten als Fehler angesehen, daß der Brandenburger nicht selbst kandidierte, aber das Beispiel des Vaters, der lebenslange

Kampf, der in seinem Fall weitergegangen wäre, mochten ihn davon abgehalten haben.

Aber Karls Schwierigkeiten waren nicht zu Ende, denn nun kam die Beulenpest nach Deutschland, die man seit dem 9. Jahrhundert ausgestorben glaubte. Sie war 1347, in Ludwigs Todesmonat, in Messina durch ein Schiff aus dem Orient nach Europa eingeschleppt worden und seitdem langsam nordwärts gezogen. 1349 erreichte sie München, 1351 Rußland; bis hinauf nach Grönland blieb kein Ort verschont. Im Gefolge der Pest kam es überall in Europa zu den schlimmsten Judenverfolgungen, die man bis dahin erlebt hatte. Die Juden Deutschlands waren der Meinung, unter Kaiser Ludwig wäre dies nicht geschehen. Er hätte sie beschützt. Die Geißlerbewegung setzte ein, die in Deutschland revolutionäre Züge annahm, bis sie der Papst auf Bitten Karls IV. hin verbot.

Als die Pest 1353, nachdem sie zweimal zurückgekommen war, endlich abklang, war ihr ein Drittel der Erdbevölkerung zum Opfer gefallen. In München und in vielen anderen Städten überlebte nur ein Zehntel der Bevölkerung, in manchen die Hälfte. Danach hatte sich vieles verändert. Die Menschen waren härter geworden, rücksichtsloser, pessimistischer, der Totentanz war nun das vorherrschende Motiv in der Kunst. Überall fehlten plötzlich Arbeitskräfte, es fehlte an Geld, weil die Steuereinnahmen schrumpften. Die erbarmungslosen Judenverfolgungen hatten das ihre getan, die Finanzwirtschaft in eine Krise zu treiben. Möglicherweise hätte sich auch Ludwig der Bayer schwergetan, in dieser harten und freudlosen Zeit noch die Liebe und Begeisterung zu entfachen, die ihm zu seinen Lebzeiten überall verschwenderisch entgegengebracht worden waren. Karl IV. erreichte nie diese Popularität. Er kam selten ins Reich, hielt sich meist in Prag auf, das er durch lebhafte Bautätigkeit und die Gründung der Prager Universität zu einem zweiten Paris machen wollte. »Böhmens Vater und des Reiches Erzstiefvater« wurde er später genannt.

DAS 17. JAHRHUNDERT
UND KAISER LUDWIG DER BAYER

Entgegen päpstlichem Befehl, der für den Bayern keine Beisetzung in geweihter Erde erlauben wollte, fand Kaiser Ludwig in der Münchner Frauenkirche seine letzte Ruhestätte. Das Kaisergrab wurde 1622 unter Kurfürst Maximilian I. von Bayern neu als Hochgrab gestaltet. Die gotische Deckplatte aus rotem Marmor mit dem Bild des Kaisers in vollem Ornat wurde in ein Prachtdenkmal aus schwarzem Marmor und vergoldeten Bronzefiguren inkorporiert. Es ist heute und war auch 1622 eines der prunkvollsten Ausstattungsstücke der Frauenkirche. Nicht ohne Absicht! Das Prunkdenkmal sollte allen deutlich vor Augen führen, daß der Bann nicht streng vollzogen war.

Denn dreihundert Jahre nach dem Tod Kaiser Ludwigs des Bayern war Anfang des 17. Jahrhunderts ein neuer publizistischer und diplomatischer Kampf um seine Person entbrannt, und das Grabmal war die Antwort. Ausgerechnet Kurfürst Maximilian I., der neben seiner hohen Religiosität nur noch die Leidenschaft kannte, durch eine ruhmvolle Geschichtsschreibung die Größe Bayerns und des Hauses Wittelsbach zu beweisen, mußte erleben, daß der von ihm hochverehrte Vorfahre erneut verunglimpft wurde. Maximilian legte Wert auf eine makellose Ahnenreihe, die sich auf seine Anweisung hin bis zu Karl dem Großen zurückverfolgen ließ. Seine Historiographen wurden großzügig gefördert, aßen aber kein leichtes Brot, da der Kurfürst ständig schonungslos in ihre Arbeit eingriff. Er schrieb ihnen nicht nur die Themen vor, die sie zu erforschen hatten, sondern teilte ihnen oft auch gleich das gewünschte Ergebnis mit. Alles, was er als negativ für den Ruhm seines Hauses empfand, verfiel schonungslos seiner Zensur.

Im 15. Jahrhundert war es unter Papst Sixtus IV. zu einer inoffiziellen Ehrenrettung für Kaiser Ludwig IV. gekommen. Der Papst sprach in einer Bulle von der alten Frauenkirche als dem Ort, wo die Leiber des römischen Kaisers Ludwig und mehrerer Bayernherzöge in Ehren (»honorifice«) bestattet sind. Zu Zeiten Maximilians I. aber gab es wieder andere Töne. Es erschien der 14. Band der »Annales Ecclesiastici« des Baronius. Dieser Band war von dem polnischen Dominikanerpater Abraham Bzowski, latinisiert Bzovius, geschrieben, der das 14. Jahrhundert bis zum Tode Karls IV. bearbeitete. Am Münchner Hof war man zutiefst empört über die verfälschte, gehässige Darstellung Ludwigs des Bayern.

»Bzovius, ganz von einem kämpferischen Geist gegen alle Feinde der Kirche beseelt«, schreibt Hans Härtl, »schließt sich der päpstlichen Auffassung an und verurteilt in scharfer Form Ludwig als zu Recht gebannten Ketzer und erkennt ihn weder als König noch als Kaiser an. Als das Buch 1617 auf der Frankfurter Herbstmesse erschien, beauftragte Maximilian, der die Ehre aller Wittelsbacher beschmutzt sah, Christian Gewold mit einer Gegenschrift. Nach siebenjährigem diplomatischen Kampf, in den auch der Papst Urban VIII. mit einbezogen wurde, erklärte sich 1624 Bzovius damit einverstanden, daß eine bereinigte Fassung seines Werkes erscheinen durfte.

Aber als bei der Drucklegung in Köln Maximilian von Bayern eigenmächtig den Untertitel ändern ließ, entbrannte der Streit von neuem. In den Titel ›Opus recognitum maxime quo de electione Ludovici Bavari agitur‹ hatte er ›Bavari‹ durch ›4ti Caesaris‹ ersetzen lassen. Mit Recht nahm man in Rom an, daß Maximilian mit dem Einsetzen des Kaisertitels die kirchliche Approbation für Ludwig erschleichen wolle. Der Nuntius wurde angewiesen, die Auslieferung des Buches zu verhindern. Erst nach weiteren langwierigen und zähen Verhandlungen konnte 1627 die Neuauflage erscheinen, da sich die Kurie auf den Standpunkt stellte, daß aus dem Werk eines Privatmannes keine kirchliche Anerkennung abzuleiten wäre.«[11]

Sicher wäre es Maximilian und seinen Diplomaten nicht geglückt, sich durchzusetzen, wäre er nicht eine der tragenden Säulen im Kampf gegen den Protestantismus gewesen, Gründer und Haupt der katholischen Liga. Immerhin war der »Baronius« das Standardwerk der kirchlichen Historiographie. Es war in dem langjährigen diplomatischen Ringen jedoch deutlich geworden, daß Ludwig der Bayer nach kurialer Auffassung immer noch mit dem Kirchenbann belegt war. »Objektiv gesehen bedeutet aber die Tolerierung der kirchlichen Beisetzung und die Anerkennung der kaiserlichen Amtshandlungen durch viele Päpste zumindest die Aufhebung der verschärften Exkommunikation. Eine vollständige

Rehabilitierung und Bannfreisprechung aber steht noch immer aus.«

SCHLUSSBETRACHTUNG

Im Laufe des 19. Jahrhunderts büßte das Papsttum alle weltliche Macht ein. Gleichzeitig erstarkte es als geistliche Macht, gewann an Einfluß und Ansehen. Heute ist die Weltstellung des Papsttums als respektierte moralische Autorität selbst unter Völkern anderer Religionen unumstritten. Aus dem Blickwinkel des 20. Jahrhunderts ist es deshalb keine Frage, daß es nicht Ludwig war, der einen Irrweg beschritten hatte.

Trotzdem wird heute noch das Bild Ludwigs des Bayern in weiten Kreisen von den wilden Verdammungsurteilen bestimmt, die von Johannes XXII. gegen ihn ergangen waren. Es wird übersehen, daß es ein politischer Kampf war, der auf kirchliches Gebiet getragen wurde. Zu verstehen ist diese Kampfesweise nur aus der Zeit heraus. Gleichzeitig läßt das Verständnis für die Zeitumstände mit ihrer zwar parteiischen, aber dennoch anerkannten, gefürchteten und beherrschenden Kirche erkennen, daß die Persönlichkeit Kaiser Ludwigs IV. nicht ohne Größe war.

Wie alle seine Standesgenossen war Ludwig der Bayer in erster Linie Territorialfürst. Trotzdem überragt er weit den Typ des reinen Landesherrn. Sein Kampf für die Selbständigkeit des Staates, die in Frankreich und England bereits weitgehend verwirklicht war, für »die Ehre des Reichs«, wie er selbst es nannte, bürdete ihm eine schwere Last auf. Er trug sie ein halbes Leben lang, lange Zeit ohne jede Unterstützung durch seine Standesgenossen, aus dem Bewußtsein heraus, für eine gerechte Sache zu kämpfen.

»Der gewaltige Adler, der lange und langsam fliegt ...« Erstaunlich weit ist der Adler geflogen, wenn man bedenkt, daß seine Flügel versengt waren. Bis ans Ziel, die völlige Unabhängigkeit des Heiligen Römischen Reiches vom Papsttum zu erreichen, haben ihn seine versengten Flügel allerdings nicht getragen. Das konnte man von einer einzigen Generation auch nicht erwarten, wenn man bedenkt, wie viele Jahrhunderte das Papsttum benötigte, die eigene Vormachtstellung auszubauen.

Trotzdem war Ludwigs Kampf nicht vergebens. Die Ideen und Tendenzen, die in jenem letzten Akt des weltgeschichtlichen Kampfes der beiden Universalmächte des christlichen Mittelalters auf kaiserlicher Seite auftauchten, sind mit dem Kaiser keineswegs ins Grab gesunken. Manche schlummerten zwei Generationen lang, bevor sie neu erwachten. Andere gerieten nie in Vergessenheit. Als Karl IV. im Jahre 1356 dem Reich mit der »Goldenen Bulle« eine neue Reichsverfassung gab, ist darin, trotz Karls sonst unübertrefflichem Gehorsam gegenüber den Wünschen der Kurie, die Approbation nicht mehr erwähnt. Das wäre ohne Ludwig dem Bayern und das Weistum von Rhense nicht denkbar. Zwar hat sich die kuriale Auffassung für Italien bis ins 16. Jahrhundert gehalten, die Unabhängigkeit der deutschen Königswürde ist jedoch nie wieder in Frage gestellt worden.

In der Forschung steht der kirchenpolitische Kampf Ludwigs des Bayern im Mittelpunkt. Man darf darüber aber nicht sein innenpolitisches Wirken übersehen. Wie kein anderer Fürst seiner Zeit hat er erkannt, wo die Zukunft lag. Er hat Handel, Wirtschaft und die erwerbstätige Bevölkerung in einer Weise gefördert, die vor und nach ihm unbekannt war. Er hat zudem als erster deutscher Herrscher die königlichen Urkunden, »die dreiunddreißig Jahre hindurch in ungeheuren Massen über alle Städte, Burgen und Klöster Deutschlands verbreitet wurden«[12], nicht mehr nur in Latein, sondern größtenteils in deutscher Sprache ausfertigen lassen. Er half damit, die deutsche Schriftsprache, für die es bis dahin keine Regeln gab, vorzubereiten.

Das Bild des Politikers Kaiser Ludwig IV. hat sich innerhalb von hundert Jahren so grundlegend gewandelt, wie es wenigen anderen historischen Persönlichkeiten in einem so relativ kurzen Zeitraum beschieden war. Die Überzeugung des 19. Jahrhunderts von der »schwankenden Haltung« des Kaisers gegenüber der Kurie wurde gründlich berichtigt. Trotzdem bleiben Fragen offen. Wie weit war Ludwig intellektuell und von der Erziehung her in der Lage, an den Gedanken, die von seinem Hofe aus die Welt aufrüttelten, persönlich Anteil zu nehmen? Wie weit reichte die innere Freiheit des Geistes beim Menschen Ludwig? Ging sie so weit, wie die des Politikers?

Keinerlei Zweifel und Unsicherheiten gab es von jeher darüber, daß Ludwig der Bayer ein Mensch von großer persönlicher Lie-benswürdigkeit war, bescheiden, tapfer und friedliebend, großzü-gig und humorvoll; ein frommer Christ und mit der Gabe gesegnet, im persönlichen Umgang Freunde zu gewinnen und diese für seine Ziele zu begeistern. Aber auch die offenen Fragen werden eines Tages geklärt sein. Noch gibt es unerforschte Archive. Es wäre keine Überraschung, wenn der verdammte und vielge-schmähte Bayer noch für einige Verblüffung sorgen würde.

BIBLIOGRAPHIE

Abkürzungen:

DA	Deutsches Archiv für Erforschung des Mittelalters
GdV	Geschichtsschreiber der deutschen Vorzeit
HJ	Historisches Jahrbuch der Görresgesellschaft
MGH	Monumenta Germaniae Historica
MHSt	Münchner Hist. Studien, Abt. Geschichtl. Hilfswissenschaften
MIÖG	Mitteilungen des österreichischen Instituts für Geschichtsforschung
NA	Neues Archiv der Gesellschaft für ältere deutsche Geschichtsforschung
Qu. u. E.	Quellen und Erörterungen zur Bayerischen Geschichte
Qu. u. St.	Quellen und Studien z. Verfassungsgeschichte des Deutschen Reiches in Mittelalter und Neuzeit
W. u. B.	Wittelsbach und Bayern, München 1980
ZBLG	Zeitschrift f. bayer. Landesgeschichte

I. Material zur Geschichte Ludwigs des Bayern
A. Quellen und quellenkritische Betrachtungen

Annalen und Chronik von Kolmar, übers. v. H. Pabst; GdV 75, Leipzig 1940

Aventinus (Johann Turmair): Baierische Chronik (hrsg. von Georg Leidinger); 3. Aufl., Düsseldorf 1977

Bansa, Helmut: Die Register der Kanzlei Ludwigs des Bayern; in Qu. u. E., Bd. 24, 2 Teile, München 1971

Benoit XII., Lettres communes, ed. J.-M. Vidal, Paris 1903–1911
– Lettres closes et patentes interéssantes les pays autres que la France, ed.
   J.-M. Vidal und G. Daumet, Paris 1913–1950
Bock, Friedrich: Das deutsch-englische Bündnis von 1335–1342, Quellen;
   in Qu. u. E., Bd. 12, München 1956
Chronik: siehe Quellen zur Geschichte Ludwigs des Bayern
Clément VI., Lettres closes, patentes et curiales se rapportant à la France,
   ed. E. Déprez, Paris 1902–1925
Constitutiones et acta publica imperatorum et regnum, MGH Legum
   Sectio IV: Const. V und VI; ed. J. Schwalm, Hannover 1909–1927
Der Streit zu Mühldorf; in Böhmer Fontes rerum Germanicarum I, 1843 (=
   der Streit)
Die Chroniken der deutschen Städte vom 14. bis 16. Jhd.; hrsg. v. d. Hist.
   Komission bei d. Bayer. Akad. d. Wiss.; 1862–1968; bes. Bd. 8 und 14
Fürstenfelder Chronik (Mönch von Fürstenfeld): siehe Quellen zur Ge-
   schichte Ludwigs des Bayern
Heinrich Taube von Selbach (früher Rebdorf): Kaiser- und Papstge-
   schichte; in GdV 85; übers. v. Georg Grandaur, 1883
Hermann von Altaich: Werke; in GdV 78; Übers. v. Ludwig Weiland, 1898
Johann v. Victring: Das Buch gewisser Geschichten; in GdV 86; übers. v.
   W. Friedensburg; Leipzig 1888
Kaiser Karl IV., Selbstbiographie; übers. von Ottokar Menzel, Berlin 1956
Kaiser Karl IV., Jugendleben und St.-Wenzels-Legende; in GdV 83; übers.
   v. Anton Blaschka, Weimar 1956
Konrad von Megenburg: Klagelied der Kirche über Deutschland (Planctus
   ecclesiae in Germaniam); Latein/Deutsch, bearb. von Horst Kusch;
   Berlin 1956 (= Konrad von Megenberg, Planctus)
Leben Heinrichs VII. – Berichte der Zeitgenossen über ihn (Mussato,
   Villani, Nikolaus von Butrinto u. a.); in GdV 79/80, 2 Bde., übers. v. W.
   Friedensburg, Leipzig 1882/83
Leidinger, Georg: Fundationes monasteriorum Bavariae; in NA 24 (=
   Leidinger, Fundationes)
Margarete Ebner: siehe unter Preger, Strauch und Zöpfl
Marsilius von Padua: Der Verteidiger des Friedens (Defensor pacis);
   Latein/Deutsch, bearb. und eingel. von Horst Kusch, 2 Bde., Berlin 1958
Mathias von Neuenburg: Chronik; in GdV 84; übers. v. W. Grandauer,
   3. Aufl., Leipzig o. J.
Monumenta Wittelsbacensia. Urkundenbuch zur Geschichte des Hauses
   Wittelsbach 2 (1293–1397); in Quellen und Erörterungen zur Bayeri-
   schen und Deutschen Geschichte 6; ed. Franz Michael Wittmann,
   München 1861
Mussato, Albertino: Ludwig der Bayer; in GdV 82; übers. v. W. Friedens-
   burg, 2. Aufl., Leipzig 1940 (= Mussato)

Ottokars Österreichische Reimchronik; in MGH Deutsche Chroniken 5.1 u. 5.2; ed. J. Seemüller; Hannover 1909 (= Steirische Reimchronik)

Pauli, Reinhold: Die Beziehungen König Eduards III. von England zu Kaiser Ludwig IV. in den Jahren 1338 und 1339; in Quellen zur bayer. und deutschen Geschichte, Bd. 7, 1858

Quellen zur Geschichte Ludwigs des Baiern; in GdV 81; übers. v. W. Friedensburg, Leipzig 1898;
   a) Chronik des Mönchs von Fürstenfeld – Chronica de gestis principum (= Fürstenfelder Chronik)
   b) Das Leben Kaiser Ludwigs – Vita Ludovici quarti imperatoris (= Vita)
   c) Chronik von den Herzögen von Baiern – Chronica de ducibus Bavariae (= Chronik)

Regesten der Pfalzgrafen am Rhein, Bd. 1 (1214–1400); bearb. von Adolf Koch und Jakob Wille, Innsbruck 1894

Sächsische Weltchronik (1. bis 3. bayer. Fortsetzung); in MGH Deutsche Chroniken 2, 1877

Strauch Philipp: Margarete Ebner und Heinrich von Nördlingen, Tübingen 1882

Vatikanische Akten zur deutschen Geschichte in der Zeit Kaiser Ludwigs des Bayern; ed. S. Riezler, Innsbruck 1891

Villani, Giovanni: Chronik; in GdV 82; übers. v. W. Friedensburg, 2. Aufl., Leipzig 1940 (= Villani)

Vita: siehe Quellen zur Geschichte Ludwigs des Bayern

B. Sekundärliteratur

Acht, Peter: Die Prunkurkunden Kaiser Ludwigs des Bayern; in W. u. B., Bd. I/1, München 1980

Aicher O., Greindl G. und Vossenkuhl W.: Wilhelm von Ockham, Das Risiko, modern zu denken, München 1986

Altmann, Wilhelm: Der Römerzug Ludwigs des Bayern, Berlin 1886

Angermeier, Heinz: Kaiser Ludwig der Bayer und das deutsche 14. Jahrhundert; in W. u. B., Bd. I/1, München 1980
– Bayern in der Regierungszeit Kaiser Ludwigs IV.; in Handbuch der bayerischen Geschichte, Bd. II; Hrsg. Max Spindler, München 1969

Asal, Josef: Die Wahl Johanns XXII.; Berlin/Leipzig 1910

Baethgen, Friedrich: Deutschland und Europa im Spätmittelalter; Frankfurt/M., Berlin 1968

Bansa, Helmut: Studien zur Kanzlei Kaiser Ludwigs des Bayern vom Tag der Wahl bis zur Rückkehr aus Italien (1314–1329); in MHSt, Bd. 5, Kallmünz 1968

Bauerreiss, Romuald: Kirchengeschichte Bayerns, Bd. 4, St. Ottilien 1953

Becker, Hans-Jürgen: Das Mandat »Fidem catholicam« Ludwigs des Bayern von 1338; in DA 26, 1970

Benkert, Gertrud: Ludwig der Bayer – Ein Wittelsbacher auf dem Kaiserthron, München 1980

Bock, Friedrich: Die Appellationsschriften König Ludwigs IV. in den Jahren 1323/24; in DA 4, 1941 (= Bock, Appellationen)

– Bemerkungen zur Beurteilung Kaiser Ludwigs IV. in der neueren Literatur; in ZBLG 23, 1960

– Die Gründung des Klosters Ettal; in Obb. Arch., Bd. 66, München 1929 (= Bock, Ettal)

– Politik und kanonischer Prozeß zur Zeit Johanns XXII.; in ZBLG 22, 1959

– Die Prokuratorien Kaiser Ludwigs IV. an Papst Benedikt XII.; in Quellen u. Forsch. a. ital. Archiven und Bibliotheken, Bd. 25; 1933–34 (= Bock, Prok.)

– Reichsidee und Nationalstaaten, München 1943 (= Bock, Reichsidee)

– Studien zum politischen Inquisitionsprozeß Johanns XXII.; in Quellen u. Forsch. a. ital. Archiven und Bibliotheken, Bd. 26/27; 1935–36

Bornhak, Otto: Staatskirchliche Anschauungen und Handlungen am Hofe Kaiser Ludwigs des Bayern; in Qu. u. St., Bd. VII, Weimar 1933

Bosl, Karl: Die »Geistliche Hofakademie« Kaiser Ludwigs des Bayern im alten Franziskanerkloster zu München; in Der Mönch im Wappen, München 1960 (= Bosl, Hofakademie)

– Repräsentation und Parlamentarismus in Bayern vom 13. bis zum 20. Jahrhundert, Bd. 1, München 1974

Brunner, Horst: »Ahi, wie werdiclichen stat der hof in Peierlande!« – Deutsche Literatur des 13. und 14. Jahrhunderts im Umkreis der Wittelsbacher; in W. u. B., I/1, München 1980

Chroust, Anton: Die Romfahrt Ludwigs des Bayern, Gotha 1887

Colsman, Gudrun: Die Denkmale der deutschen Kaiser und Könige im 14. Jahrhundert; Diss., Göttingen 1955

Dempf, Alois: Sacrum Imperium; München/Berlin, 1929

Dobenecker, O.: Die Schlacht von Mühldorf; in MIÖG, 1. Erg.-Bd., 1885

Erben, Wilhelm: Berthold von Tuttlingen; in Sitz.-Ber. d. Akad. d. Wissenschaften in Wien, phil.-hist. Klasse, Bd. 66, 1923

– Mühldorfer Ritterweihen der Jahre 1319 und 1322; in Veröffentl. d. Hist. Seminars d. Univ. Graz, Bd. XII, 1932

– Die Schlacht bei Mühldorf; in Veröffent. d. Hist. Seminars d. Univ. Graz, 1923 (= Erben, Schlacht)

– Die Berichte der erzählenden Quellen über die Schlacht von Mühldorf; in Archiv f. österr. Geschichte, Bd. 105, 1916

Eubel, P. K.: Vom Zaubereiunwesen Anfang des XIV. Jahrhunderts; in HJ XVIII, 1897

Friedensburg, W.: Der Ausgang des Mittelalters; in Ullsteins Weltgeschichte, Bd. Geschichte des Mittelalters, Berlin, 1909

Fuchs, Gregor: Abt Engelbert von Admont; in Mitt. d. hist. Vereins für
Steiermark; 1862/63

Gerlich, Alois: Habsburg – Luxemburg – Wittelsbach; Wiesbaden 1960

– König Johann von Böhmen, Aspekte luxemburgischer Reichspolitik von
1310–1346; in Geschichtl. Landeskunde, Wiesbaden 1973

Goetz, Walter: König Robert von Neapel, Tübingen 1910

Götz, Wolfgang: Die gotische Klosterkirche in Ettal; in Das Münster, 1965

Gollwitzer, Hans: Die Schlacht bei Mühldorf; Mühldorf, 1979

Grundmann, Herbert: Wahlkönigtum, Territorialpolitik und Ostbewe-
gung im 13. und 14. Jahrhundert (1198–1378); in Gebhardt, Handbuch
der deutschen Geschichte, Bd. 1, 9. Aufl., Stuttgart 1973

Hacker, Fritz: Ludwig der Bayer und Friedrich der Schöne von Österreich
in Trausnitz; Festschrift, Weiden 1926

Häutle, Christian: Genealogie des erlauchten Stammhauses Wittelsbach,
München 1870 (= Häutle, Genealogie)

– Beiträge zum Itinerar Kaiser Ludwigs des Bayern; in Forsch. z. Deutschen Geschichte, Bd. 13; 1873

Haidacher, Anton: Geschichte der Päpste in Bildern, Heidelberg 1965

Haller, Johannes: Das Papsttum – Idee und Wirklichkeit; 5 Bde., Einbek
1965 (= Papsttum)

– Papsttum und Kirchenreform, Bd. 1, Berlin 1903 (= Haller, Kirchenreform)

– Von den Staufern zu den Habsburgern, Berlin 1935

Harnak, A. v.: Christus praesens – Vicarius Christi; in Sitz.-Ber. d. Preußi-
schen Akad. d. Wissenschaften, Berlin 1927

Hauck, Albert: Kirchengeschichte Deutschlands, Bd. V/1, 9. Aufl., Berlin
1958 (= Hauck, Kirchengeschichte)

– Deutschland und die päpstliche Weltherrschaft (= Hauck, Weltherrschaft)

Heckel, Johannes: Marsilius von Padua und Martin Luther; in Zeitschr. d.
Savigny-Stiftung f. Rechtsgesch., Bd. 75, 1958

Heldmann, Karl: Das Kaisertum Karls des Großen, Theorien und Wirklichkeit; in Qu. u. St., Weimar 1928

Herm, Gerhard: Freiheit die ich meine – Eine deutsche Geschichte, Köln
1986 (= Herm, Freiheit)

– Des Reiches Herrlichkeit, München 1980

Heussi, Karl: Kompendium der Kirchengeschichte; 6. Aufl., Tübingen 1928

Hochstetter, Erich: Studien zur Metaphysik und Erkenntnislehre Wilhelms von Ockham, 1927

Hofer, P. Johannes: Zur Geschichte der Appellationen König Ludwigs des
Baiern; in HJ 38, 1917

Hoffmann, Hartmut: Die beiden Schwerter im hohen Mittelalter; in DA 20, 1964

Hofmann, Fritz: Der Anteil der Minoriten am Kampf Ludwigs des Bayern gegen Johannes XXII. unter besonderer Berücksichtigung des Wilhelm von Ockham; Diss., Münster 1959

Hofmann, Wilhelm: Gammelsdorf; in Verhandl. d. hist. Vereins f. Niederbayern, Bd. 73, Landshut 1940

Huber, Alexander: Das Verhältnis Ludwigs des Bayern zu den Erzkanzlern von Mainz, Köln und Trier (1314–1347); in MHSt, Bd. XXI, Kallmünz 1983

Ibach, Helmut: Leben und Schriften des Konrad von Megenberg; in Neue Deutsche Forschungen, Abt. mittelalterl. Geschichte, Berlin 1938

Jaroschka, Walter: Das oberbayerische Landrecht Ludwigs des Bayern; in W. u. B., Bd. I/1, München 1980

Kaufmann, G.: Kaisertum und Papsttum bis zum Ende des 13. Jahrhunderts; in Ullsteins Weltgeschichte; Bd. Geschichte des Mittelalters, Berlin 1909

Kern, Fritz: Die Reichsgewalt des deutschen Königs nach dem Interregnum; in Historische Zeitschrift, Bd. 106; 1911

Knöpfler, Josef: Die Reichsstädtesteuern in Schwaben, Elsaß und am Oberrhein zur Zeit Kaiser Ludwigs des Bayern, Stuttgart 1902

Kober, F.: Der Kirchenbann, Tübingen 1857

Koch, P. Laurentius OSB: Ettal – Benediktinerabtei, Pfarr- und Wallfahrtskirche; Zum 650jährigen Bestehen des Klosters, Zürich 1980

Kölmel, Wilhelm: Wilhelm Ockham und seine kirchenpolitischen Schriften, Essen 1962

Krausen, Edgar: Die Wittelsbacher und die mittelalterlichen Reformorden; in W. u. B., Bd. I/1, München 1980

Kreytenberg, Gert: Das Marmorbildwerk der Fundatrix Ettalensis und die Pisaner Skulptur zur Zeit Ludwigs des Bayern; in W. u. B., Bd. I/1, München 1980

Lhotsky, Alphons: Geschichte Österreichs seit der Mitte des 13. Jahrhunderts (1281–1358), Wien 1967

Lieberich Heinz: Kaiser Ludwig der Bayer als Gesetzgeber; in Zeitschr. d. Savigny-Stiftung f. Rechtsgesch., Bd. 76, 1959

– Eine zeitgenössische bildliche Darstellung Kaiser Ludwigs des Bayern; in ZBLG 23, 1960

Liedke, Volker: Die Haldener und das Kaisergrabmal in der Frauenkirche zu München; München 1975

Lückerath, Carl August: Zu den Rekonziliationsverhandlungen Ludwigs des Bayern; in DA 26, 1970

v. Lutterotti, Otto: Angebliche Porträts der Margarete Maultasch; in Veröffentl. d. Museum Ferdinandeum, Innsbruck 1951

Mannert, Konrad: Kaiser Ludwig IV. oder der Baier; Landshut 1812

Moeller, Richard: Ludwig der Bayer und die Kurie im Kampf um das Reich; in Hist. Studien, Berlin 1914

Mollat, G.: Les papes d'Avignon, Paris 1950

Moser, Peter: Das Kanzleipersonal Kaiser Ludwigs des Bayern in den Jahren 1330–1347; in Münchner Beiträge z. Mediävistik und Renaissance-Forschung, Bd. 37, München 1985

Müller, Carl: Der Kampf Ludwigs des Baiern mit der römischen Curie, Bd. I und II, Tübingen 1979/80

Offler, H. S.: Meinungsverschiedenheiten am Hof Ludwigs des Bayern im Herbst 1331; in DA 11, 1954/55 (= Offler, Meinungsverschiedenheiten)

– Empire and Papacy: The last struggle; in Transactions of the Royal Historical Society, London 1956 (= Offler, Empire)

– Über die Prokuratorien Ludwigs des Bayern für die römische Kurie; in DA 8, 1951 (= Offler, Prokuratorien)

Otto, Heinrich: Zur politischen Einstellung Papst Benedikts XII.; in Zeitschrift f. Kirchengeschichte, dritte Folge XIII, Stuttgart 1943/44

Pauli, Reinhold: Bilder aus Alt-England, 2. Ausg., Gotha 1876

Pelster, Franz: Die zweite Rede Markwarts von Randeck für die Aussöhnung des Papstes mit Ludwig von Bayern; in HJ 60, 1940

Preger, Wilhelm: Der kirchenpolitische Kampf unter Ludwig dem Baier und sein Einfluß auf die öffentliche Meinung in Deutschland, München 1877

Rall, Hans: Wittelsbachische Lebensbilder von Kaiser Ludwig bis zur Gegenwart; München o. J.

– Ludwig der Bayer und die europäischen Dynastien; in ZBLG 44/1, 1981

Reichert, Jacob: Die politischen Beziehungen Kaiser Ludwigs des Bayern zu England und Frankreich im Jahre 1337–1347; Diss., 1931

Reitzenstein, Ferd. Frh. v.: Kaiser Ludwig der Bayer und seine Darstellungen im Mittelalter; in Zschr. d. Münchner Altertumsvereins, 1901

Riezler, Sigmund: Geschichte Baierns, Bd. II, Gotha 1880

Rönsch, Ernst: Beiträge zur Geschichte der Schlacht von Mühldorf; in Veröffentl. d. Hist. Seminars d. Univ. Graz, Bd. XIII, 1933

Rummel, Georg: Berthold VII. der Weise, Graf von Henneberg; Diss.; Würzburg 1904

Schaus, Emil: Zur Diplomatik Ludwigs des Bayern; Diss., München 1894

Schilling, Bruno: Kaiser Ludwig der Baier in seinen Beziehungen zum Elsaß; in Veröffentl. d. Hist. Seminars d. Univ. Graz, Bd. XI, 1932

Schlecht, J.: Ein kirchenpolitisches Gedicht aus der Zeit des Kaisers Ludwig des Bayern; in HJ, Bd. 42, 1922

Schlögl, Waldemar: Beiträge zur Jugendgeschichte Ludwigs des Bayern; in DA 33, 1977

Schlett, Josef: Biographie von Kaiser Ludwig dem Baier, Sulzbach 1822

Schmeidler, Bernhard: Das spätere Mittelalter von der Mitte des 13. Jahrhunderts bis zur Reformation, Darmstadt 1962

Schmith, Karl: Die Geschichtsschreibung im Herzogtum Bayern unter den ersten Wittelsbachern (1180–1347); in W. u. B., Bd. I/1, München 1980

Scholz, Richard: Politische und weltanschauliche Kämpfe um den Reichsgedanken am Hofe Ludwigs des Bayern; in Zschr. f. Deutsche Geisteswissenschaft, Bd. 1, 1938

Schrohe, Heinrich: Der Kampf der Gegenkönige Ludwig und Friedrich um das Reich bis zur Entscheidungsschlacht bei Mühldorf; in Hist. Studien XXIX, 1902

Schrott, Ludwig: Münchner Alltag in acht Jahrhunderten, München 1975

Schütz, Alois: Die Appellationen Ludwigs des Bayern aus den Jahren 1323/24; in MIÖG 80, 1972 (= Schütz, Appellationen)

– Der Kampf Ludwigs des Bayern gegen Papst Johannes XXII. und die Rolle der Gelehrten am Müchner Hof; in W. u. B., Bd. I/1, München 1980 (= Schütz, Kampf)

– Papsttum und römisches Kaisertum in den Jahren 1322–1324; in HJ 96, 1978 (= Schütz, Papsttum)

– Die Prokuratorien und Instruktionen Ludwigs des Bayern für die Kurie (1331–1345); in MHSt, Bd. XI, Kallmünz 1973 (= Schütz, Prok.)

Schulte, Aloys: Die Kaiser- und Königskrönungen zu Aachen 813–1531; in Rhein. Neujahrsblätter, Bonn 1924

Schultze, Johannes: Die Mark Brandenburg, Bd. 1 u. 2, Berlin 1961

Schwalm, J.: Die Appellationen König Ludwigs des Baiern von 1324, Weimar 1906

– Reise nach Italien im Herbst 1898 (Nachtrag zu NA XXV); in NA XXVI, 1900

Schwebel, Oskar: Ludwig der Bayer in der Volkssage; in Beilage Nr. 94 zur Allg. Zeitung, 1879

Schwöbel, Hermann O.: Der diplomatische Kampf zwischen Ludwig dem Bayern und der römischen Kurie im Rahmen des kanonischen Absolutionsprozesses 1330–1346; in Qu. u. St., Bd. X, Weimar 1968

Seppelt, F. X.: Papstgeschichte, von den Anfängen bis zur Gegenwart; 5. Aufl., München 1949

Solleder, Fridolin: München im Mittelalter; Berlin/München 1938

Spindler, Max (Hrsg.): Handbuch der Bayerischen Geschichte, Bd. 2, München 1969 (= Spindler II)

Sprinkart, P. A.: Kanzlei, Rat und Urkundenwesen der Pfalzgrafen bei Rhein und Herzöge von Bayern 1294–1314 (1317); Köln/Wien 1986

Steinberger, Alphons: Kaiser Ludwig der Bayer, München 1901

Stengel, E. E.: Abhandlungen und Untersuchungen zur Geschichte des Kaisergedankens im Mittelalter, Köln/Graz 1965

– Avignon und Rhens, Forschungen zur Geschichte des Kampfes um das Recht am Reich in der ersten Hälfte des 14. Jahrhunderts; in Qu. u. St., Weimar 1930 (= Stengel, Avignon)

Tellenbach, Gerd: Beiträge zur kurialen Verwaltungsgeschichte im 14. Jahrhundert; in Quellen und Forsch. a. ital. Archiven und Bibliotheken, Bd. 24/25, 1932–34

Tesdorpf, Wilhelm: Der Römerzug Ludwigs des Baiern; Diss., Königsberg 1885

Trautz, Fritz: Die Reichsgewalt in Italien im Spätmittelalter; in Heidelberger Jahrbücher VII, 1963 (= Trautz, Reichsgewalt)

– Die Könige von England und das Reich 1272–1377; Heidelberg 1961 (= Trautz, England)

Ullmann, Walter: Von Canossa nach Pavia; in HJ 93, 1973

Unverhau, Dagmar: Approbatio – Reprobatio; in Hist. Studien, 424, Lübeck 1973

Weech, Friedrich v.: Kaiser Ludwig der Bayer und König Johann von Böhmen, München 1860

Wießner, Wolfgang: Die Beziehungen Kaiser Ludwigs des Bayern zu Süd-, West- und Norddeutschland; in Erlanger Abh. z. mittleren und neueren Geschichte, Bd. XII, 1932

Wrede, Christa: Leonhard von München, der Meister der Prunkurkunden Kaiser Ludwigs des Bayern; in MHSt, Kallmünz 1980

Zeissberg, H. v.: Elisabeth von Aragonien, Gemahlin Friedrich's des Schönen von Österreich; in Sitz.-Ber. d. Akad. d. Wissensch., phil.-hist. Kl., Wien 1898

Zirngibl, Roman: Ludwigs des Baiers Lebensgeschichte, München 1814

Zöpfl, Friedrich: Margarete Ebner, Meitingen 1950

II. Allgemeines
A. Primärliteratur

Albert von Eyb: Ob einem manne sey zunemen ein eelichs weyb oder nicht (sog. Ehebüchlein); Neudruck mit Einführung von Helmut Weinacht, Darmstadt 1982

Berthold von Regensburg, vollständige Ausgabe seiner Predigten; Hrsg. Franz Pfeiffer und Joseph Strobl, 2 Bde., Neudruck, Berlin 1965

Boccaccio, Giovanni: Gesammelte Werke, 3 Bde., Leipzig 1924

Brant, Sebastian: Das Narrenschiff; Hrsg. Manfred Lemmer, Tübingen 1968

Chaucer, Geoffrey: The Canterbury Tales – Die Canterbury-Erzählungen, Mittelenglisch/Deutsch, Stuttgart 1982

Dante Alighieri: Die göttliche Komödie, München 1975

Dantes Monarchie, Vorwort von C. Sauter, Freiburg/Br. 1913

Hugo von Trimberg: Der Renner; Auswahl in Neuhochdeutsch, übertr. v. Eduard Diener, Bamberg 1925

Johannes von Saaz: Der Ackermann aus Böhmen; übertr. und eingel. v. Hans Böhm, München 1927

Konrad von Megenberg: Buch der Natur; Hrsg. Franz Pfeiffer, Stuttgart

Marbacher Annalen; GdV 74, übers. v. G. Grandauer, Leipzig 1881

Neidhart von Reuenthal – Die Lieder Neidharts; Hrsg. Edmund Wießner, 2. Aufl., Tübingen 1963

Petrarca: Dichtungen, Briefe, Schriften; Ausw. und Einl. von Hanns W. Eppelsheimer, Frankfurt/M. 1980

Der Rosenroman von Guillaume de Lorris und Jean de Meun; übers. und eingel. von Karl August Ott, Bd. 1 u. 2, München 1976

Seifried Helbling, Hrsg. Joseph Seemüller, Halle 1886

Wernher der Gartenaere: Meier Helmbrecht, Leipzig 1972

Zucht und schöne Sitte – Eine Tugendlehre der Stauferzeit, Wiesbaden 1977

B. Sekundärliteratur

Arnold, Klaus: Kind und Gesellschaft in Mittelalter und Renaissance, Paderborn 1980

v. Aufsess, Hans Max: Burgen, München 1977

v. Boehn, Max: Die Mode – Eine Kulturgeschichte vom Mittelalter bis zum Barock; Bd. 1, 2. Aufl., München 1982

Bosl, Karl: Die Grundlagen der modernen Gesellschaft im Mittelalter, 2 Bde., Stuttgart 1972

– Die Gesellschaft in der Geschichte des Mittelalters, 2. Aufl., Göttingen 1966

– Europa im Aufbruch, München 1980 (= Bosl, Aufbruch)

Bühler, Johannes: Die Kultur des Mittelalters, Leipzig 1931 (= Bühler, Kultur)

– Fürsten und Ritter, Leipzig 1928 (= Bühler, Fürsten und Ritter)

– Deutsche Geschichte, Fürsten, Ritterschaft und Bürgertum von 1100 bis um 1500, Bd. 2, Berlin/Leipzig 1935 (= Bühler, Geschichte)

Büttner, W.: Der gotische Mensch, Hannover 1931

Burckhardt, Jakob: Die Kultur der Renaissance in Italien, 2. Aufl., Leipzig o. J.

Dünninger Eberhard und Kiesselbach Dorothee: Bayerische Literaturgeschichte in ausgewählten Beispielen; München 1965

Durant, Will: Kulturgeschichte der Menschheit, Bd. 17; Genf, o. J.

Finke, Heinrich: Die Frau im Mittelalter, Kempten/München 1913

Geyer, Moritz: Altdeutsche Tischzuchten, Altenburg 1882

v. Gleichen-Russwurm: Die gotische Welt, Stuttgart 1919

Gruber, Karl: Die Gestalt der deutschen Stadt, Leipzig 1937

Heer, Friedrich: Mittelalter – Vom Jahr 1000–1350; in Kindlers Kulturgeschichte des Abendlandes, Bd. IX/X, München 1977

Huizinga, Johan: Herbst des Mittelalters, Stuttgart 1969

Jaxtheimer, Bodo W.: Gotik – Die Baukunst; in Knaurs Stilkunde, Mün-
chen/Zürich 1982

Koestler, Arthur: Die Nachtwandler, das Bild des Universums im Wandel
der Zeit, Bern/Stuttgart/Wien 1959

Kohlhausen, Heinrich: Ritterliche Kultur aus mittelalterlichem Hausrat
gedeutet, 1962

Lehmann, Johannes: Die Staufer, München 1978

Leidinger, Georg: Münchner Dichter des vierzehnten Jahrhunderts (Fest-
rede, gehalten i. d. öffentl. Sitzung d. B. Akad. d. Wissenschaften),
München 1930

Lübke, Wilhelm: Die Kunst der Renaissance in Italien und im Norden; neu
bearb. v. Max Semrau, Eßlingen 1907

Martin, Paul: Waffen und Rüstungen von Karl dem Großen bis zu Ludwig XIV., Frankfurt/M. 1967

Masson, Georgina: Das Staunen der Welt – Friedrich II. von Hohenstaufen, 11. Aufl., Stuttgart 1985

Mühlberger, Josef: Konradin von Hohenstaufen

Pleticha, Heinrich: Ritter, Burgen und Turniere, Würzburg 1961

Reicke, Emil: Lehrer und Unterrichtswesen in der deutschen Vergangenheit, Jena 1924

– Der Gelehrte in der deutschen Vergangenheit, Jena 1924

Reitzenstein, Alexander Frh. v.: Rittertum und Ritterschaft, München
1972

– Altbaierische Städte, München 1971

Rösener, Werner: Bauern im Mittelalter, München 1985

Rosenfeld Hans-Friedrich und Helmut: Deutsche Kultur im Spätmittelalter, Wiesbaden 1978

Schiedlausky, Günter: Essen und Trinken – Tafelsitten bis zum Ausgang
des Mittelalters, München 1956

Schindler Herbert: Große bayerische Kunstgeschichte, 2 Bde., München
1976

Schultz, Alwin: Das höfische Leben der Minnesänger, 2 Bde., Leipzig 1889

Thiele, Heinz: Leben in der Gotik, München 1948

Tuchmann, Barbara: Der ferne Spiegel – Das dramatische 14. Jahrhundert,
Düsseldorf 1980

Waas, Adolf: Der Mensch im Deutschen Mittelalter, Graz/Köln 1964

Anmerkungen

Nicht nachgewiesen werden Fakten und Ereignisse, die in jeder ausführlichen Geschichte des Mittelalters oder Spätmittelalters angegeben sind. Um den Text nicht durch unzählige Anmerkungsziffern zu unterbrechen, wurde auch darauf verzichtet, bei den am häufigsten zitierten zeitgenössischen Chroniken (Fürstenfelder Chronik, Vita, Mathias von Neuenburg, Mussato, Villani, Johann v. Victring, Steirische Reimchronik usw.) die seitengenaue Belegstelle in die Anmerkungen aufzunehmen, wenn aus dem fortlaufenden Text das Werk oder der Verfasser klar hervorgeht. Zitate aus zeitgenössischen Quellen, die aus der Sekundärliteratur übernommen wurden, sind immer gekennzeichnet.

Zu den Abkürzungen mancher Werkstitel der Sekundärliteratur: siehe unter dem jeweiligen Autor in der Bibliographie.

Anm. Prolog

1 Text der Verfluchung: nach Müller II, 214f.
2 Detmar, 260, hier zit. nach Müller II, 215
3 zit. nach Lehmann, 323

Anm. Kap. 1

1 v. Gleichen-Russwurm, 3
2 Huizinga, 10
3 Johann von Victring, 265
4 Marieken van Nymwegen: nach Huizinga, 22
5 Vier Kundschafter vor der Schlacht von Crécy: ders., 54
6 Schulte, Krönungen, 76
7 Ausz. aus Renner und Meier Helmbrecht: zit. nach Dünninger, S. 289 und 298
8 zit. nach v. Boehn, 115
9 »ein Feld des Stolzes, . . .« und nächste zwei Zitate: zit. nach Tuchmann, 40/41

10 Petrarca, Schriften, 128

11 zit. nach Haller, Kirchenreform, 8

12 zit. nach Durant 17, 26

13 Bischof Heinrich von Basel: Fragment de rebus Alsaticis; Bischof von Lüttich: Florentius Wigornensis; beide zit. nach Schultz I, 584

14 Tuchmann, 265

15 zit. nach Durant 17, 48

16 Chronici rhythmici Coloniensis fragm. II, 11; hier zit. n. Schultz I, 583

17 »dadurch viel Unheil an Frauen...« und »damit die gemainen...«: zit. nach Solleder, 402

18 Solleder, 316 und 340

19 Waas, 99

20 Rösener, 191

21 Thomas Carlyle: On heroes, hero-worship and the heroic in history, London, 1904, 81

22 zit. nach Jaxtheimer, 234

23 Zur Prachtentfaltung: Rudolf III. von Österreich wurde nach seiner Krönung als König von Böhmen von seinen neuen Untertanen verachtet, weil er zu haushälterisch auftrat und wirtschaftete.
   Daß Ludwig der Bayer die Erwartungen der Zeit an das Auftreten eines Fürsten glänzend erfüllte: siehe bei Johann von Victring ü. Belehnung der österreichischen Herzöge mit Kärnten; Pauli ü. Reichstag von Koblenz; Villani und Mussato über Ludwigs Auftreten in Rom; Vita, 107, über Ranshofener Friedensgespräche.

24 Die spätere Bezeichnung »Heiliges Römisches Reich Deutscher Nation« stammt erst aus dem 15. Jhd.; seit Mitte des 13. Jhds. war »Heiliges Römisches Reich« – Sacrum Romanum Imperium – üblich.

25 Das »große Interregnum« (Zwischenregierung, Zwischenreich): die Zeit vom Tode König Konrads IV. im Jahre 1254 bis zur Wahl Rudolfs von Habsburg 1273. Oft wird es auch ab der Absetzung Kaiser Friedrichs II. im Jahre 1245 gerechnet. Fast ständig gab es jeweils zwei Könige, die sich entweder gegenseitig bekämpften oder sich beide nicht um Regierung und Reich kümmerten.

26 »Ein schöner Mann...« und »elegans persona«: Mannert, 85 und 87 mit Quellen

27 Konrad von Megenberg, hier zit. nach Ibach

28 Mussato, 32; fast gleichlautend: Vita, 109

29 Konrad von Megenberg, Planctus, hier zit. nach Ibach, 40

30 Mathias von Neuenburg, 63

31 Deutsche Städtechroniken 8, S. 69

32 Solleder, 536

33 Bosl, Hofakademie, 99

34 Als reinen Gefühlsmenschen, wankelmütig und von seiner Umge-

bung abhängig, sahen ihn vor allem Sigmund Riezler u. Carl Müller (beide 1880) und haben damit für Jahrzehnte ein negatives Bild geprägt. Manche Urkunden wurden noch falsch verstanden, aber auch die Tagespolitik spielte eine Rolle. Trotzdem gab es auch zu Zeiten der damals aufkommenden nationalen Bewegung Historiker, die ein deutsch-französisches Bündnis aus dem 14. Jhd., Ausländer am Münchner Hof und Aussöhnungsversuche mit den französischen Päpsten nicht als nationales Unglück empfanden (Preger 1877) und ein den damals erforschten Urkunden entsprechendes korrektes Bild Ludwigs zeichneten. In der neueren Forschung wurde das negative Bild inzwischen weitgehend revidiert.

Das Bild Ludwigs als kühl kalkulierenden, gerissenen Politiker besonders bei E. E. Stengel und Friedrich Bock.

Anm. 2. Kapitel

1 Zur Ermordung des Kelheimers steht in der Chronik von Altaich, 28: ». . . und das geschah zu Kelheim durch die Tücke des Herrn Kaiser Friedrich.«

2 Die Geschichte ist sehr variantenreich überliefert. Über die Persönlichkeit des Feldhauptmanns gibt es von verschiedenen Chronisten unterschiedliche Aussagen. Ausführlich bei Riezler II, 111

3 Zum Geburtsjahr Ludwigs des Bayern gibt es unterschiedliche Meinungen:

1287: Grundmann in Gebhardt, Handbuch der deutschen Geschichte; Brockhaus Enzyklopädie; Enciclopedia Italiana

1286: Riezler, Geschichte Bayerns II; Bresslau in der Edition der Chronik Heinrich Taubes von Selbach, MGH SS, NS 1, 1922; Leidinger bei der Herausgabe der Bayerischen Chroniken in MGH SS rer. Germ., 1918

1283: Döberl in Entwicklungsgeschichte Bayerns I; Spindler in Handbuch der Bayer. Geschichte 2; Lieberich in Enzyclopaedia Britannica Macro-paedia 11

1282: Böhmer in Wittelsb. Reg.; Häutle in Genealogie des erlauchten Stammhauses Wittelsbach; W. Schlögl: Beiträge zur Jugendgeschichte Ludwigs des Bayern, 1977.

Im sog. »Fürstenfelder Fragment« (MGH SS, 24, S. 75) wird berichtet, Ludwig sei beim Tode seines Vaters »tantum septennis« gewesen. Wenn septennis im Sinne von im siebten Jahr interpretiert wird, wäre er 1287 geboren. Wenn man unter septennis sieben abgelaufene Jahre versteht, wäre Ludwig 1286 geboren, nach Aventinus im Herbst 1286 bzw. 1287. Gegen diese Termine sprechen zwei Schenkungsurkunden

Ludwigs des Strengen aus den Jahren 1282 und Frühjahr 1286. Bei Schenkungen aus dem Familienbesitz war es üblich, daß die Ehefrau und die Söhne in der Urkunde mitaufgeführt wurden und ihre Zustimmung gaben. Beide Urkunden sind nicht mehr im Original vorhanden, ihr Text ist in ein Kopialbuch von ca. 1300 übertragen. Als Zustimmende werden neben Ludwig dem Strengen auch Herzogin Mechthild und die Söhne Ludwig – Rudolf – Ludwig angegeben. Beim ersten Ludwig handelt es sich um den 1290 bei einem Turnier getöteten Sohn, aber handelt es sich bei dem zweiten Ludwig um Ludwig den Bayern? Eine Häufung des gleichen Vornamens in einer Familie war nicht ungewöhnlich. Ludwig der Bayer hatte selbst ebenfalls drei Söhne mit dem Namen Ludwig. Um die Verwirrung vollzumachen, gibt es noch einen Brief, aus dem hervorgeht, daß Herzogin Mechthild für den Februar 1283 einer Niederkunft entgegensah, und so wird teilweise auch dieser Termin als Ludwigs Geburtsjahr angenommen.

Für jedes Geburtsjahr gibt es also Quellen. Ein Teil der Forscher geht davon aus, daß 1286 oder 1287 stimmt und bei der Übertragung der Schönauer Urkunde ins Kopialbuch ein Irrtum unterlaufen ist. Tatsächlich ist der Aufenthalt Ludwigs des Strengen am Ausstellungsort für das Jahr 1287 bezeugt. Riezler wiederum läßt die Urkunde gelten, nimmt aber für das Jahr 1282 die Geburt eines weiteren Ludwigs an, der 1286 starb. Für diese Annahme spricht eine Bemerkung in der Chronik von Altaich, wonach der im Turnier umgekommene Ludwig neben seiner Mutter und totgeborenen Herzogskindern in Fürstenfeld beigesetzt wurde. Da das Kloster erst von Ludwig dem Strengen gegründet worden war, kann es sich nur um seine eigenen Kinder gehandelt haben.

Auch Ludwigs Volljährigkeitsalter bringt kein Licht in das Dunkel. Das Mündigkeitsalter war von Land zu Land und bei den verschiedenen Dynastengeschlechtern unterschiedlich geregelt: das angelsächsische Recht schrieb 10 Jahre, das salische 12, das französische Königshaus und die Habsburger 15 vor. Im täglichen Leben war 14 das Mündigkeitsalter, denn ein 14jähriger konnte in diesem Alter ohne Einverständnis seines Vaters, ja sogar gegen dessen strikten Befehl heiraten (Schultz, 618). Dieses Alter scheint auch im Hause Wittelsbach üblich gewesen zu sein, denn Ludwig entließ seine niederbayerischen Mündel mit 14 Jahren aus der Vormundschaft. Andererseits wurde in der Goldenen Bulle von 1356 geregelt, daß die Kurfürsten mit 18 Jahren mündig wurden.

Ludwig war Wittelsbacher und er war Kurfürst. Es ist durchaus möglich, daß die Regelung von 1356 über das Volljährigkeitsalter der Kurfürsten schon um die Jahrhundertwende üblich war. Aber es ist nicht sicher. Ludwig wurde im Sommer 1301 auf Befehl König Albrechts

für mündig erklärt. Möglicherweise, weil das Mündigkeitsalter für
Kurfürsten bereits um ein Jahr überschritten war (1282). Falls diese
Regelung noch nicht in Gebrauch war, vielleicht weil das Volljährigkeitsalter der Wittelsbacher (1286) um ein Dreivierteljahr überzogen
war.

Schlögl ging deshalb vom einzig feststehenden Faktum aus, nämlich
der Schenkungsurkunde von 1282 (einen Übertragungsfehler hält er
für wenig wahrscheinlich), und setzt Ludwigs Geburtsdatum »mit
einiger, ja großer Wahrscheinlichkeit« für den Februar/März 1282 fest.
Er nimmt an, daß Aventinus seine Nachricht über das Geburtsjahr
Ludwigs aus einer Fürstenfelder Quelle übernahm und diese Unterlagen einen falschen Geburtstermin nannten.

Trotzdem bleiben Fragen offen. Tatsächlich waren mittelalterliche
Chroniken oft ungenau. Gegen einen Irrtum in diesem speziellen Fall
spricht aber die enge Beziehung des Klosters Fürstenfeld zum Herzogshaus.

Zudem sprechen zeitgenössische Quellen von einer Kinderfreund-
schaft (Benkert, 22) zwischen Ludwig dem Bayern und Friedrich dem
Schönen am Wiener Hof. Friedrich wurde 1289 (Sprinkart und
Lhotsky) oder 1286 (Benkert und Schmeidler, Stammbäume) geboren.
Daß bei einem Altersunterschied von sieben Jahren eine Kinder-
freundschaft entsteht, ist unwahrscheinlich. Ungewöhnlich ist es
auch, daß in den chronikartigen Diessener Aufzeichnungen (Oefele
SS 2, 650) vom zwölfjährigen Ludwig, den man sich seiner späteren
Körpergröße wegen durchaus als hochaufgeschossen vorstellen kann,
als vom »Knäblein« (puerulus) gesprochen wurde. Kinder des Mittelalters wurden sehr früh als Erwachsene betrachtet. Mit 14 Jahren
nahmen manche Fürstensöhne an ihrer ersten Schlacht teil. Deshalb
wäre Ludwigs Teilnahme am Feldzug Albrechts I. an den Rhein auch
bei einem Geburtsdatum im Jahre 1286 möglich gewesen.

Waldemar Schlögl ist ein namhafter Forscher. Das Ergebnis seiner
Untersuchung wird hier übernommen. Trotzdem wäre zu hoffen, daß
weitere Forschungen auf diesem Gebiet das Dunkel weiter aufhellen
oder in einem noch unerforschten Archiv eine Urkunde auftaucht, die
die Frage nach Ludwigs Geburtsdatum eindeutig beantwortet.

4 Zur Kindesliebe oder Kinderfeindlichkeit des Mittelalters: Für die
Kinderfeindlichkeit wird besonders gern die berüchtigte Drehlade der
Findelhäuser angeführt. Übersehen werden darf aber nicht, daß die
Mehrzahl dieser Kinder ein Kennzeichen bei sich trug, woraus klar
hervorgeht, daß die Mutter oder die Eltern hofften, nach Beendigung
ihrer Notlage ihr Kind wieder aufspüren und zu sich nehmen zu
können. Als weiteres Indiz für Kinderfeindlichkeit gilt der Umstand,
daß die Kinder dieser Zeit in der Literatur und der darstellenden Kunst

so selten in Erscheinung traten. Das gesamte künstlerische Interesse dieser Zeit schien sich auf das Jesuskind zu konzentrieren.

Der Annahme, die vielen Geburten in den Familien und die hohe Kindersterblichkeit hätten bei den Eltern zu Gleichgültigkeit dem Leben oder Tod ihrer Kinder gegenüber geführt, stehen allerdings rührende Zeugnisse für den Schmerz und das Leid der Eltern bei Krankheit oder gar dem Tod ihres Kindes gegenüber (siehe Lebensbeschreibungen des hl. Willibald, hl. Ulrich, Guiberts von Nogent – alle in Auszügen bei Klaus Arnold, 97 f.). Auch die rührende, fast modern anmutende Sorgfalt, die in den Säuglings- oder Körperpflegebüchern der Zeit für die Pflege der Kinder empfohlen wird, sprechen ihre eigene Sprache (ebenfalls bei Arnold). Und auch die Beerdigungsriten, die gerade erst erforscht werden, machen deutlich, daß der Verlust eines Kindes in allen Bevölkerungsschichten zu allen Zeiten mit Schmerz verbunden war. »Wann kein lieb und kein begire ist groesser dann des vaters gen dem sone der vater hat den son liber dann sich selbs«, schrieb Albrecht von Eyb.

5 zit. nach Margot Krecker; Quellen zur Vorschulerziehung, Berlin 1971
6 zit. nach Klaus Arnold, 119
7 Beispiele für die schnelle Bereitschaft zu Gewalt: Alwin Schultz, 208 f. Hl. Kunigunde: gest. 1033, Gemahlin Kaiser Heinrichs II., Hl. Elisabeth, Landgräfin von Thüringen, 1207–1231
8 zit. nach Pleticha, 62
9 Konrad von Megenberg, Planctus, 79
10 zit. nach Hacker, 5
11 Schlögl, 195 ff.; da Berthold von Dießen Bürgerlicher war, dürfte er nur für die Schulbildung zuständig gewesen sein.
12 A. Schultz, 2/11, 161
13 »puerulus (Knäblein)«: Monum. Diessens. ap Oefele, 650, hier zitiert nach Benker
14 Monum. Diessens. ap Oefele II, 650, hier zit. nach Mannert, 60
15 Urkunden des Herzogtums Oberbayern sind meist korrekt in Rudolfs und Ludwigs Namen ausgestellt. Für die Rheinpfalz urkundet Rudolf fast immer allein. (Siehe dazu Sprinkart, 15 f.) Auch ein Schirmvertrag, den Rudolf mit seinem Schwiegervater Adolf von Nassau abschloß und in dem er zusagte, die Pfalz und die Kurstimme in seiner Hand zu behalten, läßt diese Absicht vermuten.

Anm. Kap. 3

1 Äußeres Albrechts: Sächs. Weltchronik, 1. Forts., MG 2, 331; Habsucht: diess., 331, und Fürstenfelder Chronik, 37

2 8000 Pfund Sterling: nach Trautz, England, 113; nach Riezler II, 109, waren es 12000 Mark Sterling.
Zu den Geldsorten: 1 Pfund Pfennig waren 240 Pfennige. 1 Schilling waren 12 (in Bayern 30) Pfennige, wobei Pfund und Schilling nur Rechnungseinheiten waren, keine wirklichen Münzen.
1 Mark Silber (rauhe Mark), in England Sterling, hatte ca. den Gegenwert von 320 Pfennigen.
Je nachdem, wo die Münzen geprägt wurden, sprach man von Pfunden (Köln), Tournosen (Tour), Haller Pfennigen (Hall, woraus später der Heller wurde), usw.
Goldgulden (aus Venedig) oder Florenen (aus Florenz) hatten in etwa den gleichen Wert und enthielten 55 g Silber und 3,55 g 24karätiges Gold; Gegenwert ca. 120 Pfennige. (Nach Solleder, S. 85)

3 nach Benkert, 22

4 Ob König Adolf auch von Frankreich Geld genommen hat, ist umstritten. Es ist von Fritz Kern (Analekten zur Geschichte des 13. und 14. Jhds., MIÖG 30, 31) mit allem Nachdruck und einleuchtenden Beweisen behauptet worden. V. Samanek erhob dagegen Widerspruch, aber B. Schmeidler hält diesen Widerspruch nicht als ausreichend begründet und durchgeführt.
Auch bei Baethgen, Spätmittelalter, 41, und bei Trautz, England, 150 (40000 Pfund Sterling), bei Bock, Reichsidee (20000 Pfund), die Ansicht, daß Adolf von beiden Seiten Geld genommen hat.

5 zit. nach Lhotsky, 129

6 zit. nach Sprinkart, S. 8, Anm. 30, (U 480)

7 »suspecta familiaritas«: zit. nach Riezler II, 279

8 Chaucer, 263

9 »der ihr ihre Hege . . .« und nächstes Zitat: zit. nach Rösener, 190 f.

Anm. Kap. 4

1 Nach Sprinkart, 26, sind von Rudolf dreimal soviel Urkunden mit ihm als alleinigen Unterzeichner überliefert als von Ludwig.

2 Passauer Versammlung: nach Riezler II, 288

3 Zu Ludwigs Hochzeitsjahr: Haeutle, Genealogie, 10, setzte das Geburtsjahr von Ludwigs ältester Tochter Mechthild »um 1309« an, so daß man die Eheschließung »um 1308« annahm. Sprinkart, S. 3 und 33, Anm. 155, wies nun auf den Vertrag vom 21. 6. 1313 zwischen

Rudolf und Ludwig hin, aus dem hervorgeht, daß Ludwig an diesem
Tag noch kinderlos war: ».. . ob er chinde gewinnet, daz got gebe . . .«.

4 »ein wenich zu wilde« und die beiden Lieder des Herrn von Westerburg: nach Brunner, 496

5 zit. n. Colsman, 16

6 Riezler II, 504, nach Böhmer, Nr. 1505

7 Altar, Ewiges Licht, ewige Messe an Beatrix' Grab: List, 530

8 zit. n. Pleticha, 64

9 »dessen qualmende Phantasie . . .«: Lhotsky, 195

10 Niederbayerische Hofordnung: nach Riezler II, 509

11 Vertrag vom 21. Juni 1313: ausführlich bei Sprinkart, 33

12 Bei Spindler II, 136, ist angegeben, Ludwig und Rudolf bemächtigten
sich der beiden Söhne Stephans. Daraufhin übertrugen die Herzoginwitwen die Vormundschaft auf Friedrich. Sprinkart, 25, Anm. 98,
lehnt diese Auslegung ab: »Von bemächtigen = in seine Gewalt
bringen, kann jedenfalls nicht die Rede sein. ›Bemächtigen‹ kann hier
nur heißen: auf seine Seite ziehen. In der genannten U 1248 beklagt
Herzoginwitwe Jeute lediglich, daß Ludwig und Rudolf ihr die beiden
Söhne Heinrich (XIV.) und Otto (IV.) entfremdet haben, was m. E.
nichts anderes sagen will, als daß die oberbayerischen Herzöge diese
beiden Söhne Jeutes politisch auf ihre Seite gezogen haben, ohne sie
irgendwie in Gewahrsam zu nehmen.«

13 Mißglücktes Friedensgespräch: Fürstenfelder Chronik, 43

Anm. Kap. 5

1 Vita, 105
2 Vorbereitungen zur Schlacht: nach Hofmann, Wilhelm
3 Anlegen der Rüstung: nach Alwin Schultz II, 29
4 Fürstenfelder Chronik, 47
5 Namen einiger Gefangener: nach Lhotsky, 222
6 Vita, 108

Anm. Kap. 6

1 Ohrfeige für Peter von Aspelt: Lhotsky, 224
2 Joh. v. Victring, 191
3 Fürstenfelder Chronik, 61
4 Krönungszeremonie nach A. Schulte, 68 ff.; siehe auch bei Joh. v.
Victring zur Wahl Rudolfs I.; Krönungszeremonie aus ottonischer Zeit
bei Dempf, 150 f.

5 zit. nach Schulte, 75
6 Kopfputz der Blanche von Bourbon und der Herzogin von Burgund: v. Boehn, 84 f.
7 Chronist von St. Denis, Mainzer Chronik und Petrarcas Korsett: zit. nach v. Boehn, 92 und 78
8 zit. n. Pleticha, 46
9 A. Schultz II, 296

Anm. Kap. 7

1 Friedrich der Schöne bat um Approbation, Ludwig der Bayer nicht: Unverhau, mit Quellen, 22 f.; siehe auch A. Huber, 42
2 Lhotsky, 251
3 Der Vertrag vom 6. Mai 1315 ausführl. bei Sprinkart, 35 ff.; ebenso der Unterwerfungsvertrag vom 26. Febr. 1317, 38 ff.
4 Johann von Victring, 162
5 Lhotsky, 229
6 Geplante Invasion Englands: nach Tuchmann, 382 ff.
7 Aventinus, 129
8 Ludwigs geplante Ermordung: Fürstenfelder Chronik, 70; Chronik, 92; Königssaaler, 407
9 »denn wenn der Hirt...« und »Auf sein Beispiel lief...«: Fürstenfelder Chronik, 70
10 diess., 73
11 Daß für die Entscheidungsschlacht Ort und Zeit vereinbart wurden: siehe bei W. Erben, Schlacht, 81 f. mit Quellen
12 Lhotsky, 255
13 Lhotsky, 235
14 Begräbnis von Königin Beatrix: Fürstenfelder Chronik, 75

Anm. Kap. 8

1 Mathias v. Neuenburg, 78 f.
2 Chronik, 93
3 Johann v. Victring, 208
4 Erben, Schlacht, 15
5 Lhotsky, 273, Anm. 518
6 Dobenecker mit Quellen
7 Der Streit, 161
8 Beide Gegenkönige hatten sich getarnt: Lhotsky, 274. Nach Mathias von Neuenburg, 77, trug Friedrich königliche Abzeichen. – Dagegen

spricht, daß Friedrich bei der Gefangennahme nicht erkannt wurde, sondern sich dem Burggrafen von Nürnberg selbst zu erkennen gab (Fürstenfelder Chronik, 79, und Mathias von Neuenburg, 78). Möglicherweise trug ein anderer Ritter zur Tarnung die königlichen Abzeichen, da Ludwig der Meinung war, er hätte Friedrich auf dem Schlachtfeld getötet. Aus diesem Grund dürfte auch M. v. Neuenburgs Annahme falsch sein, Ludwig hätte die Schlacht von außerhalb geleitet. Nach Aventinus, 141, kämpfte er beim Reichsbanner. Auch die Angaben der Bäcker, sie hätten Ludwig herausgehauen, sprechen dagegen.

9 Hacker, Fr., 8
10 Mathias von Neuenburg, 78; Nach einer anderen Version soll Ludwig ausgerufen haben: »Herr Vetter, wir sahen Euch nie so gern!« Friedrich soll geantwortet haben: »Wir sahen Euch nie so ungern.«
11 Sage von Frauensattling: Hormayr, Goldene Chronik; hier zit. nach Niederbayerische Sagen und Geschichten von Martin Buchner
12 Weitere Sagen bei Schwebel

Anm. 9. Kapitel

1 zit. n. Schiedlausky, 36; siehe auch Johann v. Victring, 167
2 Spindler II, 153
3 Rall, Lebensbilder, 15
4 Aufzählung der Reliquien: nach Heinrich Taube von Selbach
5 »noch schäumend von Drohung...« und »was Johann gewaltig verdroß«: Johann v. Victring, 212/217
6 Bedingungen von Herzog Heinrichs Freilassung: Lhotsky, 282

Anm. 10. Kap.

1 Die Ottonen: die sächsischen Kaiser aus dem Geschlecht der Liudolfinger (919–1024)
2 zit. nach Dempf, 179
3 Investiturstreit: Der zwischen Papst und Königtum seit 1075 geführte Streit um die Investitur der Bischöfe und Äbte, die bis dahin in Deutschland, England und Frankreich durch den König eingesetzt worden waren. Bei der Investitur des Bischofs »mit Stab und Ring« durch den König wurde der Bischof gleichzeitig weltlicher Fürst, der das kirchliche Reichsgut als Lehen empfing und dafür dem König den Huldigungseid leistete. In Kriegszeiten mußte er deshalb mit seiner Ritterschaft dem König beistehen. Etwa die Hälfte eines Heeres wurde

im Mittelalter durch die geistlichen Fürsten aufgebracht. Die kirchliche Reformbewegung bekämpfte zunächst nur die Vergabe von Kirchenämtern gegen Geld als Simonie. Eine radikale Richtung verurteilte ab 1060 jede Investitur durch Laien. Gregor VII. verbot die Laieninvestitur zunächst nur dem deutschen König Heinrich IV., ab 1078 jedoch allgemein, bei Strafe des Kirchenbanns. Besonders in Deutschland entstand daraus ein Machtkampf zwischen Papsttum und Königtum. Es ging nicht nur um die Gefolgschaft der geistlichen Fürsten im Krieg, sondern auch um den reichen Reichskirchenbesitz. Man fürchtete im Reich, wenn der König das Recht auf die Investitur und damit das Recht auf Vergabe der Reichskirchengüter als Lehen verlöre, diesen Besitz für das Reich zu verlieren, so daß das Reichsgebiet in Herrschaftsbereiche zerfiele, die teils dem König, teils dem Papst gehörten. Ein Kompromiß wurde möglich, als Ivo von Chartres die Unterscheidung zwischen geistlichem Amt und weltlicher Herrschaft wieder zur Geltung brachte. 1104 verzichtete der französische, 1107 der englische König auf die Investitur mit Stab und Ring; beide behielten sich jedoch die Belehnung der Gewählten mit dem Kirchenbesitz vor und forderten den Treueid. Eine ähnliche Regelung wurde in Deutschland 1122 mit dem Wormser Konkordat eingeführt.

4 zit. n. Haller, Papsttum II, 295
5 Hauck, Weltherrschaft, 7
6 »Christus auf Erden« und »Gott der Götter«: nach Kaufmann, 250
7 Albrecht I. leistete Untertaneneid: Hessel, 128
8 Baethken, 59

Anm. 11. Kap.

1 zit. nach Unverhau, 367
2 erster Prozeß: Const. V, Nr. 792
3 Haller, Kirchenreform, 96
4 zit. nach Asal, 24
5 Haller, Kirchenreform, 46
6 Zum Begriff Guelfen – Ghibellinen: Die Parteinamen stammten noch aus der Zeit des Streites zwischen den Welfen und Staufern (Waiblingern). In Italien waren daraus Guelfen und Ghibellinen geworden. Inzwischen hatten sich die Ziele der Parteien verändert: Die Guelfen traten dafür ein, daß die geistliche Macht über der weltlichen stehen sollte (wollten aber in Wirklichkeit überhaupt keine weltliche Macht, schon gar keine aus Deutschland), die Ghibellinen waren kaisertreu (zumindest theoretisch) und forderten die Gleichstellung von Kaisertum und Papsttum.

7 n. Müller I, 37
8 siehe bei Baethken, Spätmittelalter, 67
9 zit. nach Huizinga, 308 f.
10 Haller, Kirchenreform, 95
11 Kober 194

Anm. Kap. 12

1 Baethken, Spätmittelalter, 66
2 *Zu den Appellationen der Jahre 1323/24* ist eine umfangreiche Spezialliteratur vorhanden. Die Forschung war sich lange Zeit über den Zweck der Appellationen und ihre formale Bedeutung in hohem Grade uneinig. Da man es »mit größter Konsequenz vermied, die prozessualen Vorschriften des römischen und kanonischen Rechts zur Interpretation dieser Urkunde heranzuziehen« (Schütz, Papsttum, 248), erschien vor allen den älteren Forschern König Ludwig wie das sprichwörtliche Blatt im Winde: Erst wollte er eine Fristverlängerung, dann wartete er sie gar nicht erst ab, denn er geriet unter den Einfluß von Weltgeistlichen und warf dem Papst eine Begünstigung der Minoriten vor; dann geriet er unter den Einfluß der Minoriten und griff den Papst wegen des Armutsstreites an, usw. – Aus dieser Annahme heraus wurden recht phantasiereiche Konstruktionen entwickelt. Z. B. hätten »die Minoriten« Ulrich Wild zu der Aufnahme des Exkurses über den Armutsstreit veranlaßt, um König und Papst endgültig zu verfeinden. Als erster erkannte Hofer, daß der Dogmenteil nur aufgenommen war, um den Papst der Häresie zeihen und ein Konzil fordern zu können (Hofer, Appellationen 503). Er stellte auch fest, daß zu Zeiten der Appellationen keine Minoriten am Münchner Hof lebten, unter deren Einfluß Ludwig hätte geraten können. (Siehe dazu auch Bock, Appellationen, 183 f.). Später wurden die Appellationen für reine Propagandaschriften gehalten, die nicht zur Überreichung an den Papst bestimmt waren. Erst die Forschungen von Alois Schütz ergaben, daß die Appellationen Prozeßschriften waren, mit deren Hilfe Ludwig unter Ausnutzung aller ihm durch das kanonische Recht zugestandenen Möglichkeiten – d. h. ohne Leugnung des päpstlichen Primats – versuchte, die Ansprüche des Papstes abzuwehren. Und die nur nicht zum Ziele führten, weil sich Johannes XXII. nicht an Recht und Gesetz hielt. (Siehe Schütz: Appellationen; Kampf; Papsttum)
3 zit. nach Müller I, 68
4 zit. nach Schütz, Kampf, 390
5 Vorwürfe in der Sachsenhäuser Appellation: zit. nach Bock, Appellationsschriften, 195

6 Aventinus, 157

7 Bornhak, 33

8 Schütz, Appellationen, 95; Kampf, 390.
Daß am »Geständnis« Ulrich Wilds, das in zeitgenössischen Chroniken (siehe Chronik, 95) und der älteren Forschung oft für bare Münze genommen wurde, etwas Wahres ist, ist recht unwahrscheinlich. Ulrich Wild war unter König Ludwig als Protonotar zum zweithöchsten Beamten des Staates aufgestiegen (der höchste war der Kanzler), zwischen ihm und Ludwig hatte es keine Unstimmigkeiten gegeben. Selbst wenn Ludwig das Kanzleilatein nicht verstanden haben sollte und deshalb eine Fälschung nicht erkannt hätte, dürften zumindest Ludwigs gelehrte Räte dazu in der Lage gewesen sein – spätestens als die Sachsenhäuser Appellation im gesamten Reich als öffentliche Propagandaschrift benutzt wurde.

9 Es wurde in der Literatur bezweifelt, ob die Sachsenhäuser Appellation dem Papst überreicht wurde (Bock, Appellationen, 180, und Reichsidee, 207). Nach Müller (S. 103, Anm. 1 und S. 104, Anm. 3) wird die Überreichung durch zwei Chronisten bestätigt. Siehe auch Schütz (Kampf, 390).

10 Schütz, Kampf, 391

11 Streit zwischen Bürgerschaft und ihren Bischöfen in den verschiedenen Bistümern: nach Müller I, 141 ff.; siehe dazu auch Spindler II, 158. Nach Hauck, Kirchengeschichte V/1, 494, veröffentlichte Balduin von Trier die Prozesse nach langem Sträuben. Mathias von Buchegg und die Veröffentlichung der Prozesse: nach A. Huber, 58 f.

12 Villani, hier zit. nach Müller I, 134

13 Aventinus, 153

Anm. 13. Kap.

1 Konrad von Megenberg, Planctus, 97

2 Petrarca, Schriften, 83 f.

3 Ludwigs Hochzeit in Köln: Chroniken deutscher Städte, 14, S. 666; 11 000 Ritter: nach Franz v. Löher, Jakobäa von Bayern und ihre Zeit, Nördlingen 1869; Bd. 1, 66

4 Mengenangaben bei der Landshuter Hochzeit: Thiele, 218

5 zit. nach Bühler, Fürsten und Ritter, 159 ff.

6 Leopold erhielt Reichsstädte zugesagt: Riezler II, 356. Nach Lhotsky erhielt Leopold hauptsächlich Geld.

7 Lhotsky, 289

8 Const. VI, Nr. 105, 72 ff.

9 Johann v. Victring, 215 f.

10 zit. nach Müller I, 119
11 Königsfelder Chronik, 93, hier zit. nach Lhotsky, 170
12 Albrecht wurde nach v. Zeissberg, 80, wahrscheinlich als Zwillings-
    bruder Herzog Heinrichs im Jahre 1298 geboren. † 20. 7. 1358.

Anm. Kap. 14

1 Bosl, Europa, 261
2 Bauerreiss, Kirchengeschichte IV, S. 123
3 Chroniken der deutschen Städte, 8, S. 70
4 Haller, Kirchenreform, 77
5 Heckel, 269
6 Verherrlichung des Kaisertums: U. a. Dantes »Monarchia« oder Engel-
    bert von Admonts »De ortu, progressu et fine Romani imperii« (bei
    Goldast, 754–773)
7 zit. nach Riezler II, 368
8 Zur Krönung mit der eisernen Krone: Ludwig wurde mit der Krone
    gekrönt, die Heinrich VII. hatte anfertigen lassen. Als der Luxembur-
    ger nach Mailand kam, hatte es solange keine Krönung mit der
    lombardischen Krone mehr gegeben, daß die ursprüngliche Krone
    verloren gegangen war und bis heute nicht wieder aufgetaucht ist.
    Damals glaubte man, sie sei nur verlegt, aber da Heinrichs Krönung
    vor der Tür stand, ließ er eine neue »eiserne Krone der Lombardei« aus
    Stahl, besetzt mit Perlen und Edelsteinen, anfertigen, die nach der
    Krönung dem Kloster S. Ambrogio zur Aufbewahrung übergeben
    wurde und bei Ludwigs Krönung und der Kaiser Karls IV. zur Verfü-
    gung stand. Eine weitere Panne passierte Anfang des 15. Jhds. mit der
    eisernen Krone der Lombardei. Als Kaiser Sigismund nach Mailand
    kam, hatte es wieder Jahrzehnte hindurch keine Krönung gegeben,
    und die von Heinrich VII. gestiftete Krone war derart von Rost zerfres-
    sen, daß sie nicht mehr zu gebrauchen war und wieder eine neue
    Krone angefertigt werden mußte.
9 Villani, 63
    Der Sturz der Visconti ausführlich bei Chroust mit Angabe sämtlicher
    Quellen, 246 ff.
10 Inhalt der päpstlichen Prozesse: nach Müller I, 171 ff.
11 Altmann
12 »den sehnsüchtig begehrten heiligen Vater« und die nächsten zwei
    Zitate: Mussato, 6–8
13 Offler, Empire, 35

Anm. Kap. 15

1 Petrus von Corvara = Schreibweisen auch Corbario, Corbara, Corvaro, Cordoba
2 Villani, 80
3 zit. nach Riezler II, 375
4 zit. nach Riezler II, 376; siehe auch Böhmer, Fontes I, 202
5 »neuer Pharao und Teufelsdiener« und die nächsten drei Zitate: nach Stengel, Avignon, 44
6 »endlich alle einmütig...« und nächste 3 Zitate: Mussato 8 ff.
7 Villani, 93
8 Absetzungsproklamation ausführlich bei Müller I, 184 ff.
9 Bock, Reichsidee, 259
10 Ludwigs Selbstverständnis als Statthalter Gottes: siehe Gründungsurkunde für Pillenreuth bei Kreytenberg, 445
11 Villani, 91
12 Nach Villani hätte Ludwig König Robert besiegen können, wenn er sofort nach der Kaiserkrönung nach Neapel aufgebrochen wäre; König Robert sei zu diesem Zeitpunkt noch nicht genügend gerüstet gewesen – eine Ansicht, die sich ein Großteil der Forschung zu eigen machte. Nach Mussato jedoch war der Anjou von Anfang an gerüstet, an Geld und Waffen überlegen gewesen und sei nur aus Vorsicht in seinem Königreich geblieben und den Guelfen der Toskana nicht zu Hilfe gekommen. Da sich Ludwig bei der Krönung bereits 8 Monate in Italien aufhielt – genügend Zeit also für König Robert, um zu rüsten –, erscheint der Bericht Mussatos weit wahrscheinlicher.
13 zit. nach Mühlberger, 118
14 Riezler II, 383
15 Bock, Reichsidee, 272

Anm. 16. Kap.

1 »die hübscheste kleine Stadt...« und nächste 2 Zitate: zit. nach Solleder, 71–73
2 zit. nach A. v. Reitzenstein, Altbaierische Städte, 162
3 Gleichen-Russwurm, 54
  Zu den freien Bettler: Die Zahl ist für das 14. Jhd. nicht bekannt, aber 1461 gab es in München 91 Bettler, eine Zahl, die sich zum Ausgang des Mittelalters stark erhöhte. (Solleder)
4 Bosl, Hofakademie, 113
5 zit. nach Müller I, 252
  Zum Königswahlplan dieses Jahres: siehe auch Stengel, Avignon, 59

6 Müller I, 253

7 Johann v. Victring, 265

8 Stengel, Avignon, 50

9 zit. n. Müller I, 248, Anm. 2

10 Leidinger, Fundationes, 678

11 Zusammenhang zwischen Ettal und der Gralssage: zuerst bei Sulpice Boisserée, 1835. Zu dieser und anderen Theorien (freie Nachbildung der Templerkirchen, Weiterführung der zentralen Spitalkirchentradition oder der englischen Kapitelhäuser) s. Literaturangaben bei Götz; Colsman.

12 Johann v. Victring, 235: »Durch ein Traumgesicht bewogen, begann Ludwig ein Kloster von neuer und bisher unerhörter Weise zu bauen.«

13 Gründung des Klosters und des Ritterstiftes Ettal bei Bock, Ettal, mit Aufarbeitung aller bis dahin bekannter Quellen. Dabei wird nachdrücklich die Meinung vertreten, daß Ettal vorwiegend aus wirtschafts- und machtpolitischen Erwägungen gegründet wurde.

Anm. Kap. 17

1 v. Weech, 37

2 Brief der Stadt Konstanz: nach Müller I, 271

3 Gedicht zum Empfang des Eichstätter Bischofs: bei Schlecht, 296

4 *Zu den Prokuratorien und Instruktionen:* Für die Forschung war es ein weiter Weg, bis Prokuratorien und Instruktionen richtig gedeutet wurden. Für Riezler (Widersacher, 1874, S. 75 ff., 83, 115 ff.; abgeschwächt auch in Riezler II, 1880) zeigen die Prokuratorien die ganze Unbeständigkeit von Ludwigs Politik, die von übermütiger Auflehnung bis zu verzweifelter Demütigung schwankte. Preger (Kampf, 1878) vermutete als erster, daß Inhalt und Form der Prokuratorien von der Kurie bestimmt wurden und deshalb nur die in deutsch gehaltenen Instruktionen etwas über die beabsichtigten Zugeständnisse Ludwigs aussagten. Als Folge tauchte nun die Ansicht von der »diplomatischen Verschlagenheit« und Falschheit Ludwigs auf, da er in den Vollmachten etwas beschwor, das er seinen Instruktionen nach nicht halten wollte.

Als erster wies Sievers (Die politischen Beziehungen Kaiser Ludwigs des Bayern zu Frankreich in den Jahren 1314–1337; 1896) darauf hin, daß Ludwig mit der Beeidigung der Prokuratorien nicht die Erfüllung ihres Inhalts beschwor, sondern lediglich die von seinen Gesandten an der Kurie verbindlich gemachten Zusagen.

Es war dann das Verdienst von J. Schwalm (Reise, 1900), die Ausgleichsversuche im Zusammenhang mit dem kanonischen Prozeßverfahren gesehen zu haben. Friedrich Bock (Prokuratorien) und H. S. Offler (Prokuratorien) führten die Forschungen weiter und stellten fest, daß nur jene Vollmachten gültig wurden, die die Prokuratoren mündlich in Avignon beschworen. »Aber das Prokuratorium stellte nur fest, was der Prokurator im Namen seines Herrn tun *könnte*, nicht was er tun *sollte*.« (Offler, Prok. 462 f.)

Wichtige Erkenntnisse erbrachten die Forschungen von Alois Schütz, der die Aussöhnungsversuche besonders auf die juristische Problematik im Rahmen des Kirchenrechts hin untersuchte. Zur Beeidigung der Vollmachten wies er darauf hin, daß sie sowohl mit einem assertorischen wie auch einem promissorischen Eid abgegeben wurden (Schütz, Prok. 9 ff.). Ein assertorischer Eid liegt vor, wenn eine Aussage über Vergangenes oder im Augenblick Stattfindendes gemacht wird, ein promissorischer Eid, wenn eine Aussage zukünftiges Verhalten betrifft. Ludwig d. B. mußte deshalb bei den assertorischen Erklärungen, die allein schon durch ihre Erteilung bindend wurden, streng bei der Wahrheit bleiben (zumindest durfte man ihm keine Unwahrheit nachweisen können). Die promissorischen Erklärungen wurden erst bindend durch das Zutun der Prokuratoren.

Zu Ludwigs Beratern: Je mehr die Forschung vordrang und die konsequente Haltung des Wittelbachers gegenüber der Kurie aufzeigte, um so mehr wurde auch die beherrschende Beeinflussung durch seine Berater zweifelhaft, von der die ältere Forschung ausgegangen war. Es wurde offensichtlich, daß er seine Politik nicht danach richtete, ob er gerade unter dem Einfluß der »radikalen Minoriten« oder seiner »realpolitischen Räte« stand, zwei beliebte Stereotypen, sondern daß er sich in jeder Phase des Kampfes auf die entsprechenden Fachleute stützte. In heißen Phasen des Kampfes waren die theoretisch-religiösen Kenntnisse und die Propagandatätigkeit der Minoriten gefragt, während der Aussöhnungsverhandlungen wurden Juristen und Spezialisten für das kanonische Recht benötigt (deshalb so viele Absolventen der Juristenuniversität Bologna in Ludwigs Umgebung).

5 *Zur Aufhebung der Deposition:* Die Möglichkeit dazu (Alois Schütz, Prok. 59 ff.) bot ein außerordentliches Rechtsmittel, die »restitutio in integrum de iustitia debita«. Um auf diesem Wege die Aufhebung der Deposition zu erreichen, mußte Ludwig nachweisen, daß durch das Urteil eine laesio enormis, eine übermäßige Verletzung seines Status' eingetreten war, sowie daß sein Urteil entweder durch eine arglistige Täuschung des urteilenden Richters zustande gekommen war, oder daß seine Abwesenheit, die die Deposition ausgelöst hatte, unvermeidlich gewesen war.

Eine laesio enormis lag eindeutig vor. Eine arglistige Täuschung des Richters anzuführen, war nicht möglich, da der Papst ja nicht nur

Richter, sondern auch Ankläger gewesen war. Somit mußte Ludwig nachweisen, daß sein Fernbleiben vom päpstlichen Gericht, das alle Strafen ausgelöst hatte, nicht durch Ungehorsam, sondern notgedrungen erfolgt war. Ludwig mußte argumentieren (Schütz, Prok. 61 ff.), der Papst hätte seinen Einspruch widerrechtlich unterdrückt. Da keine Berufung an eine höhere Instanz möglich war, der Papst aber Rechte des Angeklagten für sich in Anspruch nahm, ohne daß dieser sich in einer höheren Instanz dagegen verwahren konnte, blieb dem Angeklagten nichts anderes übrig, als im März 1324 dem gegen ihn geführten Strafprozeß notgedrungen fernzubleiben. Auch weiterhin mußte er notwendigerweise dem Gericht fernbleiben, da deutlich zu erkennen war, daß der Papst von seinen Ansprüchen nicht abrückte und weiterhin Rechte des Exkommunizierten für sich beanspruchte. Wenn Ludwig eine Aufhebung der Absetzungen erreichen wollte, dann mußte er darlegen, daß die Exkommunikation vom März 1324 inhaltlich und formal ungerecht war. Würde er sie als gerecht verhängt anerkennen, würde er auch zugeben, daß er dem päpstlichen Gericht aus Trotz und Ungehorsam und nicht notgedrungen ferngeblieben war. Er hätte somit keinen Anspruch auf eine Wiedereinsetzung durch eine restitutio in integrum gehabt.

6 zit. n. Müller I, 267

7 Nach Alois Schütz (Prok. 110 ff., 256 ff.) handelte es sich bei den »geheimen Instruktionen«, von denen die Forschung lange ausgegangen war, um ostensible Instruktionen. Deshalb auch die bewußt mehrdeutigen Formulierungen (ders. 283 f.).

8 Zur Zweideutigkeit der Antwort zu Punkt neun: Bock, Prok. 255: »Die Mitwirkung des Papstes bei der Kaiserkrönung (§ 9) wird ohne weiteres zugestanden.« Offler, Meinungsverschiedenheiten, 197: »Der Papst mag geziemend gebeten werden, die Krönung (nämlich die Kaiserkrönung in Rom 1328) Ludwigs anzuerkennen, gutzuheißen und ihr seinen Segen zu geben. Aber nicht mehr! Die Möglichkeit einer erneuten Krönung ist ausgeschlossen, denn die Krönung ist ein unwiderrufliches Sakrament: wan die Kroenung ist ein sacrament, daz man nicht aendern muoz.«

9 »das im des nicht not sei . . .« und nächste 2 Zitate: zit. n. Moeller, 65/66

10 zit. nach Schütz, Prok. 284, Anm. 109

Anm. Kap. 18

1   Riezler II, 506

2   Solleder, 414

3   Spindler II, 168

4   Spindler II, 171

5   zit. n. Stengel, Avignon, 79; hier auch weitere Beispiele (mit Quellen) von Zeitgenossen Ludwigs über dessen Doppelzüngigkeit.

6   Heinz Angermeier in Spindler II, 171; siehe dazu auch Stengel, Avignon, 82

7   Müller I, 322

8   Stengel, Avignon, 78

9   »so fromm wie sein Urgroßvater ...« und nächstes Zitat: Tuchmann, 53 f.

10   zit. nach Bornhak, 38 – Begleitschreiben Ludwigs: ders., 39

11   Müller I, 346; siehe auch Johann v. Victring, 243; nach Heinrich Taube von Selbach, 21, hat er sie zur Diskussion gestellt.

12   Zur Kommission, die die visio beatifica überprüfte, schreibt Schütz, Prok., S. 99: »Daß es bei diesen Beratungen aber nicht allein um die Frage der visio beatifica ging, sondern daß daneben auch die Entscheidungen Johanns XXII. in den Armutsstreitigkeiten und die Verurteilung Marsilius' von Padua und Johanns von Jandun überprüft wurden, kann ganz sicher angenommen werden.«

Anm. Kap. 19

1   Die Fragmente des Gedichts sind gedruckt bei F. Pfeiffer, Bruchstücke eines Gedichtes auf K. Ludwig den Baier (Sitzungsberichte Wien phil.-hist. Kl. 41) 1863

2   »war darauf bedacht, seine Verwandten ...« und nächste zwei Zitate: Mathias von Neuenburg, 90

3   Nach Mathias von Neuenburg, 89, wurde Benedikt XII. bedingungsweise gewählt, indem die Kardinäle sagten: »Ich wähle den oder den, wenn dieser es aber nicht sein kann, will ich den Weißen.« Es ergab sich, daß er auf diese Weise zwei Drittel der Stimmen erhielt. Siehe zur Wahl Benedikts XII.: Otto, 104 f.

4   »Das Bauwerk besaß fremdartige ...« und nächstes Zitat: Tuchmann, 40 f.

5   zit. n. Müller II, 7

6   Daß Benedikt XII. von der Forderung nach dem Niederlegen der Königswürde abrückte und am 9. Oktober 1335 ein Absolutionsprozeß begonnen wurde: Schütz, Prok., 81 ff.

7 Ludwigs Schritte während der Aussöhnungsverhandlungen in Deutschland und Italien und Begründung: ders., 85

8 Vat. Akten, 1759

9 Prokuratorien: Vatikanische Akten 1841, 1842; siehe auch bei Schütz, Prok. 56 f.

10 Literaturhinweise zur entsprechenden zeitgenössischen Literatur bei Schwöbel, 256, Anm. 310

Anm. Kap. 20

1 zit. nach Bock, Reichsidee, 363

2 Joh. v. Victring, 259

3 Die finanziellen Schwierigkeiten der Habsburger und König Johanns: nach Lhotsky, 327 und Anm. 76

4 Das Dauphiné kam nach dem Tod Kaiser Ludwigs IV. im Jahre 1349 an Frankreich und die französischen Kronprinzen trugen von da an bis 1830 den Titel »Dauphin«. Zu Ludwigs Zeiten trugen den Titel die Grafen von Vienne. (Für das Dauphiné bürgert sich in letzter Zeit ein anderer Artikel ein. Da der Artikel »le« bei Ortsangaben immer mit »das« ins Deutsche übersetzt wird, wird diese Form hier beibehalten.)

5 zit. nach Schwöbel, 213, Anm. 155

6 »fast alle Cardinäle . . .« und nächste zwei Zitate: Mathias von Neuenburg, 92

7 Nach Schwöbel (269 ff.) sollten die Verhandlungen nur verschleppt werden. Offler, Empire, 42, geht davon aus, daß ein Abbruch in Kauf genommen wurde.

8 Schwöbel, 265, Anm. 338 und 339

Anm. Kap. 21

1 Höhe der vereinbarten Zahlungen: nach Trautz, 236 ff.
   Zahlungen an Philipps Verbündete: ders. 264 ff.

2 Brief Eduards über einen Zug nach Avignon und folgendes Zitat: Stengel, Avignon, 92 und Anm. 2.

3 U. a. Treffen wegen Landfriedensordnungen. Durch den Tod Wilhelms III. von Holland-Hennegau Suche nach neuem Vikar für das niederrheinische Gebiet. Das Vikariat wurde nach langen Beratungen gemeinsam Wilhelm von Jülich und Rainald von Geldern anvertraut. Usw.

4 zit. nach Becker, 459

5 Zu den Briefen der Städte: Die Forschung nahm früher an, daß von

den Städten kein Schreiben in Avignon ankam. Inzwischen weiß man (siehe Huber, 104, und Bock, Reichsidee, 396), daß bereits Anfang Juli bei der Ankunft des Botens aus Aachen 36 Briefe eingegangen waren und der Papst noch mehr erwartete.
Brief der Stadt Hagenau: nach Müller II, 60 f.; siehe auch Moeller, 105 ff.

6 Bock, Reichsidee, 396

7 Originaltext bei Becker

8 Nach Mathias von Neuenburg, 96, hätte Benedikt XII. den Gesandten der Bischofskonferenz mit Tränen in den Augen erzählt, König Philipp hätte ihm körperliche Gewalt angedroht, falls er Ludwig absolvierte. Andere Chronisten erzählen vom Ärger des Papstes.

9 Die Rolle Balduins ist umstritten. Die wichtige und positive Rolle, die E. E. Stengel (Avignon; Balduin von Luxemburg. Ein grenzdeutscher Staatsmann des 14. Jhds., Weimar 1937) Balduin zuweist, wird durch Bock, Reichsidee, 396–405, scharf kritisiert und auch von Offler, Empire und Papacy, 45, mit großer Skepsis beurteilt. Die Rolle Kaiser Ludwigs selbst bei den Aktivitäten des Jahres 1338 wurde von der älteren Forschung lange Zeit als die eines Geschobenen, statt eines Handelnden gesehen. Dieses Urteil hat sich inzwischen gewandelt. Siehe Friedrich Bock, Reichsidee, 392 ff.

10 Stengel, Avignon, 119; Anm. 1 = Orig.-Text: »wider allermenlichen nyemannes uz genamen ...«

11 Scholz, Kämpfe, 298

12 zit. n. Stengel, Avignon, 115

13 Zu »Licet iuris«: Voller Wortlaut in Übersetzung bei Bock, Reichsidee, 434 f.; es wurde früher angenommen, daß mit der Erklärung auch das Recht auf den Kaisertitel an die deutsche Königswahl geknüpft werden sollte. Das wurde später als falsche Auslegung erkannt: siehe Stengel, Avignon, 158; Bock, Reichsidee, 435.

Anm. Kap. 22

1 Aventinus, 178

2 Eduards Leibwache von 66 Bogenschützen: nach Pauli, Alt-England, 152; Nach Bock, Reichsidee, 432, waren es 50 in roter Kleidung.

3 Prunksitzung auf dem Floriansmarkt: Riezler II, 444; nach Stengel, Avignon, 161, fand sie in einer Vorhalle von St. Kastor statt; nach Bock, Reichsidee, 436, im Atrium des Deutschordenshauses.

4 Stengel, Avignon, 163

5 Finanzielle Vereinbarungen vom 6. Sept.: Trautz, England, 272

6 Isabellas Verlobungen: nach Tuchmann, 193 ff.

7 »daß der Papst den Schwestern...« und die nächsten 3 Zit. der
   Margarete Ebner: zit. nach Preger, Kampf, 45
8 Herzog von Teck und die Landshuter Dominikaner: Chronik, 128;
   Zitat »Der Gewalt nachgebend...«: Mannert, 463
9 zit. nach Stengel, Avignon, 178

Anm. Kap. 23

1 Aicher, Greindl, Vossenkuhl, 108
2 »Wesenheiten sind nicht...« und nächste zwei Zitate: zit. nach Du-
   rand, 17, 424
3 »Die Struktur unseres heutigen...« und nächstes Zitat: Aicher,
   Greindl, Vossenkuhl, 176
4 Solleder, 47, Anm. 5, nach Ältestem Nekrologienbuch fol 16, 52; siehe
   auch 3. bayer. Forts. d. Sächs. Weltchronik, 346
5 Schütz, Prok., 58
6 Pauli, 160
7 zit. n. Tuchmann, 78
8 zit. n. Tuchmann, 78
9 Bock, Reichsidee, 463
10 Zu den Gründen für das Scheitern der Verhandlungen 1341/42: Da die
   politischen Hintergründe auf Mutmaßungen beruhen müssen, hat
   Alois Schütz, Prok., 144 ff, untersucht, inwieweit kirchenrechtliche
   Gründe die Ursache für das Scheitern gewesen sein können. Nach
   seinen Schlußfolgerungen könnte durchaus die Unbußfertigkeit des
   Pönitenten der Grund gewesen sein. Der Nachweis war durch die
   Kurie zwar schwer zu führen, wenn der Pönitent sämtliche gerecht
   verhängten Zensuren anerkannte und bereit war, die verlangte Buße
   zu übernehmen. Aber nachdem der Papst Ende 1338 Ludwig die
   Möglichkeit gegeben hatte, sich um Absolution zu bemühen, Ludwig
   aber über zwei Jahre keinen Gebrauch davon gemacht hatte, sich also
   unnötig zwei Jahre im Bann aufhielt, konnte der Papst ihn damit als
   einen der Häresie dringend Verdächtigen ansehen, der wie ein Häretiker bestraft werden mußte.

Anm. Kap. 24

1 Johann von Victring, 293
2 v. Raumer, Friedrich: Geschichte der Hohenstaufen und ihre Zeit,
   1823–25, Bd. 2, 49; hier zit. nach Lehmann, 78
3 zit. nach Gerhard Rechter, in Wittelsbach und Bayern, I/2, 238

4 »Das weltberühmte Bild ...«: zit. nach v. Lutterotti, 531
Die 1. Auflage von Lion Feuchtwangers »Die häßliche Herzogin Margarete Maultasch« erschien 1923 im Volksverband der Bücherfreunde. Später weitere Auflagen. Interessant wäre es zu wissen, ob Feuchtwanger das Bild von Massys kannte und dadurch zu seiner Schilderung des Äußeren der Herzogin kam, da es viele Gemeinsamkeiten gibt. – Oder hatte etwa der Meraner Fotograf den Roman gelesen und wurde, als er auf das »Bildnis einer häßlichen Frau« stieß, zu seiner Postkarte inspiriert?

5 Auch der Kaiser sagte seinem Sohn, daß man ein so schönes Mädchen nicht »verschmähen möchte«: Mannert, 429, nach Herm. Corneri, chron. p. 1052
Johann von Winterthur zit. nach Lutterotti, 532

6 Daß die große Unterlippe evtl. eine spätere Hinzufügung sein kann, vermutet Dr. Lorenz Selig, in Wittelsbach und Bayern, I/2, 238

7 Traktate Marsilius' von Padua: nach Bornhak, 118 f.
Ockhams Gutachten: nach Müller II, 161

8 Johann v. Victring, 294

Anm. Kap. 25

1 »Weiber, Ehre und Macht ...«: Mathias von Neuenburg, 121;
Andere negative Beurteilungen Klemens' VI. durch seine Zeitgenossen: Müller II, 165, Anm. 2, mit Quellen

2 Zur Gesandtschaft Humberts von Vienne: siehe bei Schütz, Prok., 158 ff.

3 König Johann trat an der Kurie ebenfalls für Ludwig ein: Müller II, 171.
Nach Schwöbel, 349, war König Johann erst im November in Avignon, wo er sich, seinem Vertrag gemäß, für den Kaiser verwandte.

4 Schütz, Prok., 181

5 Schwöbel, 326

6 Der Modus und die Hintergründe der Konstitution der Gesandtschaft von 1344: Schütz, Prok., 181 ff.

7 Über das von den Deutschen gewünschte Notariatsinstrument und das Anfangskonsistorium: ders., 191 ff.

8 Kaiser Karl IV., Jugendleben, 92

9 Zu den Terminen: siehe bei Alois Schütz, Prok. 222 ff.

10 ders. 215

Anm. Kap. 26

1 Jaroschka, 379
2 Alwin Schultz
3 Mathias von Neuenburg, 131
4 Riezler II, 494
5 Müller II, 217, nach Palacky, böhm. Gesch. II, 2 p. 268
6 Grundmann, 549
7 Die Identität der Dame, die am Vorabend von Ludwigs Tod am Kaiserhof war, ist in der zeitgenössischen Geschichtsschreibung nicht einheitlich. Auch Johanna, die Gemahlin Herzog Albrechts des Lahmen, wird genannt (Sächs. Weltchronik, 2. bayer. Forts., 339). Am Wahrscheinlichsten erscheint die Annahme Riezlers, daß es sich um die verwitwete Gräfin von Marstetten-Neuffen, geborene Burggräfin von Nürnberg, gehandelt hat (Riezler II, 500, Anm.)
8 »Suezze kuenigin, unser frawe...« Sächs. Weltchronik, 2. bayer. Forts., 339
9 Erscheinung in Stams: Romuald Bauerreiß, Über die Erscheinung Ludwigs des Bayern in Stams; in Stud. u. Mitt. z. Gesch. des Benediktinerordens, NF 17, 1930. Siehe auch Georg Leidingers »Fundationes monasteriorum Bavariae« in NA 24, 1899. Anderer Meinung ist Friedrich Bock, NA, 1928, S. 225–243.
10 »Ich will ihn nimmer...« und nächste 3 Zitate: Margarete Ebner, zit. n. Preger
11 »Bzovius, ganz von einem kämpferischen...« und nächstes Zitat: Hans Härtl, in Wittelsbach und Bayern, Band II/2, S. 219/218
12 Riezler II, 552

Anhang

Otto I.
ca. * 1117 † 1183
1156–1180 Pfalzgraf in Bayern
1180–1183 Hg. v. Bayern
∞ Agnes v. Loon (ca. 1150–1191)

Ludwig I., der Kelheimer   7 Töchter
* 1172 † 1231
Hg. v. Bayern
∞ Ludmilla v. Böhmen (ca. 1170–1240)
Witwe v. Albert v. Bogen

Otto II., der Erlauchte
* 1206 † 1253
1214–1253 Pfalzgraf bei Rhein (kaiserliche Verleihung)
1231–1253 Hg. v. Bayern
∞ Agnes v. d. Pfalz (1201–1267)
Enkelin Heinrichs d. Löwen u. Friedrich Barbarossas

Elisabeth	**Ludwig II., der Strenge**	**Heinrich XIII.**
* 1227 † 1273	* 1229 † 1294	* 1235 † 1290
∞ 1. Konrad IV.	1253–1294 Pfalzgf. bei Rhein	1253–1255 Hg. v. Bayern
ab 1250 dt. König	1253–1255 Hg. v. Bayern	Pfalzgf. bei Rhein
(* 1228 † 1254)	1255–1294 Hg. v. Oberbayern	1255–1290 Hg. v. Ndbay.
∞ 2. Gf. Meinhard v. Tirol	∞ 1. Maria v. Brabant	
(* 1238 † 1294)	(* ca. 1226 † 1256, enthauptet)	s. Stammtafel III
	∞ 2. Anna v. Schlesien-Glogau	
Konradin	(* ca. 1240–1271)	
* 1252 † 1268	∞ 3. Mechthild v. Habsburg	
(enthauptet)	(* 1251 † 1304)	
	Tochter Kg. Rudolfs I.	

Rudolf I., der Stammler	**Mechthild**	**Agnes**	**Ludwig IV.,**
* 1274 † 1319	* 1275 † 1319	* ca. 1276 † 1345	**der Bayer**
1294–1317	∞ Hg. Otto IV.	∞ 1. Landgr. Heinrich	* 1282 † 1347
Hg. v. Obbay.	v. Braunschweig-	v. Hessen († 1298)	
u. Pfalzgf. bei Rhein;	Lüneburg	∞ 2. Heinrich v. Branden-	s. Stamm-
1317 erzwung. Verzicht	(* 1260 † 1330)	burg-Landsberg	tafel II
∞ Mechthild v. Nassau		(* 1256 † 1319)	
(* ca. 1280 † 1323)		∞ 3. Otto v. Braun-	
		schweig († 1330)	

Heinrich v. Branden-
burg-Landsberg † 1320

Ludwig	**Adolf**	**Rudolf II.**	**Ruprecht I.**	**Mechthild**
1297–1308	1300–1327	1306–1353	1309–1390	1312–1375
verlobt	∞ Irmengard	∞ 1. Anna	∞ 1. Elisabeth	∞ Johann III.
m. Maria,	v. Oettingen	v. Kärnten-Tirol	v. Flandern	v. Sponheim
Tochter Kaiser	(† ca. 1399)	(ca. 1300–1335)	(1340–1382)	(† 1399)
Heinrichs VII.		∞ 2. Margarete	∞ 2. Beatrix v. Berg	
		v. Siz. (1331–1377)	(ca. 1360–1395)	

Die niederbayerischen Wittelsbacher

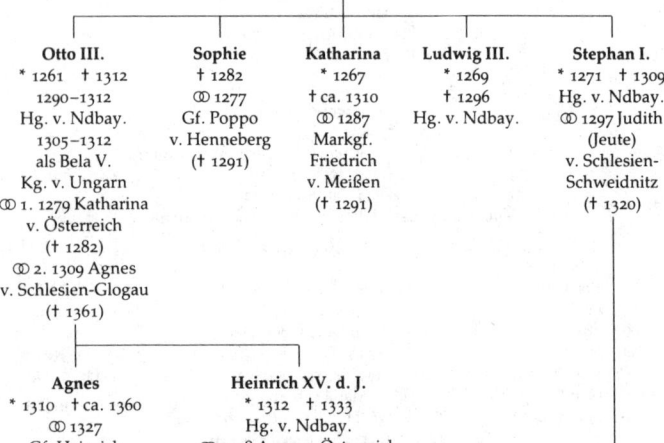

Heinrich XIII.
* 1235 † 1290
1253–1255 Hg. v. Bay., Pfalzgf. bei Rhein
1255–1290 Hg. v. Ndbay.
⚭ 1253 Elisabeth v. Ungarn
(* ca. 1236 † 1271)

Otto III.
* 1261 † 1312
1290–1312
Hg. v. Ndbay.
1305–1312
als Bela V.
Kg. v. Ungarn
⚭ 1. 1279 Katharina
v. Österreich
(† 1282)
⚭ 2. 1309 Agnes
v. Schlesien-Glogau
(† 1361)

Sophie
† 1282
⚭ 1277
Gf. Poppo
v. Henneberg
(† 1291)

Katharina
* 1267
† ca. 1310
⚭ 1287
Markgf.
Friedrich
v. Meißen
(† 1291)

Ludwig III.
* 1269
† 1296
Hg. v. Ndbay.

Stephan I.
* 1271 † 1309
Hg. v. Ndbay.
⚭ 1297 Judith
(Jeute)
v. Schlesien-
Schweidnitz
(† 1320)

Agnes
* 1310 † ca. 1360
⚭ 1327
Gf. Heinrich
v. Ortenburg
(† 1360)

Heinrich XV. d. J.
* 1312 † 1333
Hg. v. Ndbay.
⚭ 1328 Anna v. Österreich
(* 1311 † 1343)
Tochter Friedrichs des Schönen

Beatrix
* 1302 † 1360
⚭ 1321 Gf. Heinrich
v. Görz
(* 1263 † 1323)

Heinrich XIV. d. Ä.
* 1305 † 1339
Hg. v. Ndbay.
⚭ 1328 Margarete
v. Böhmen
(* 1313 † 1341)
Tochter König
Johanns v. Böhmen

Elisabeth
* 1306 † 1330
⚭ 1325 Hg. Otto
v. Österreich
(* 1301 † 1339)

Otto IV.
* 1307 † 1334
Hg. v. Ndbay.
⚭ Richarde
v. Jülich
(* 1314 † 1360)

Johann I., das Kind
* 1329 † 1340
Hg. v. Ndbay.
⚭ 1339 Anna v. Obbay.
(* ca. 1326 † 1361)
Tochter Kaiser
Ludwigs IV.

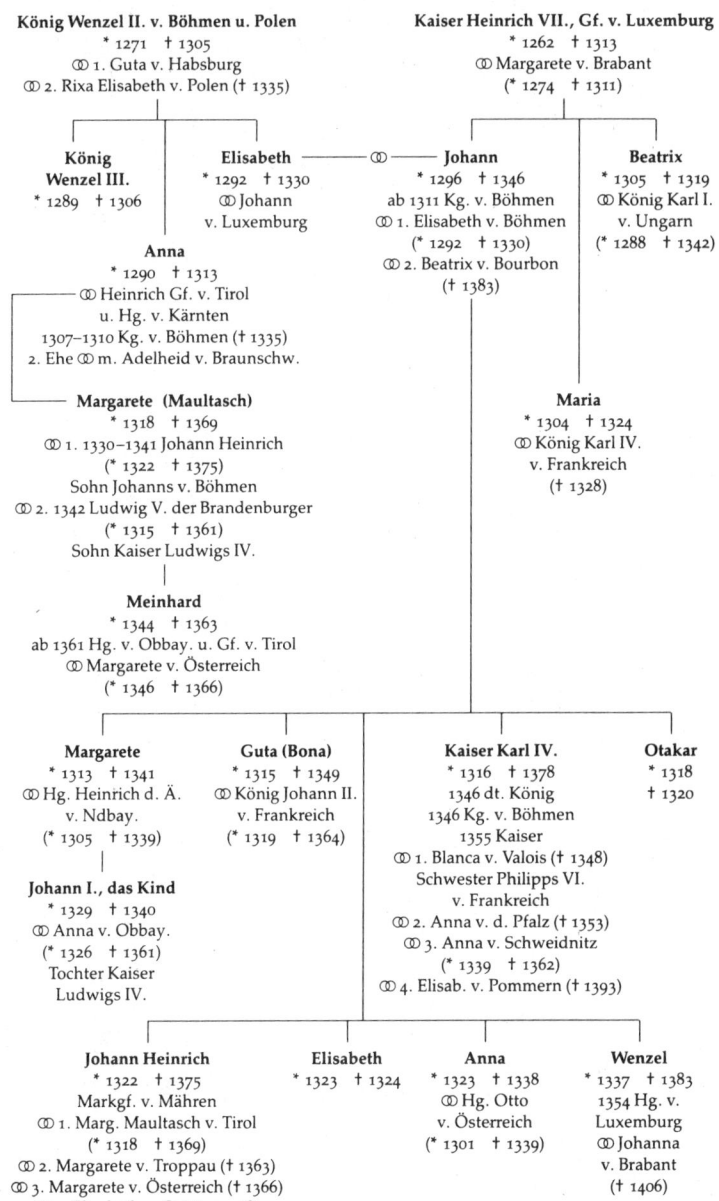

König Wenzel II. v. Böhmen u. Polen
* 1271   † 1305
⚭ 1. Guta v. Habsburg
⚭ 2. Rixa Elisabeth v. Polen († 1335)

Kaiser Heinrich VII., Gf. v. Luxemburg
* 1262   † 1313
⚭ Margarete v. Brabant
(* 1274   † 1311)

König Wenzel III.
* 1289   † 1306

Elisabeth
* 1292   † 1330
⚭ Johann
v. Luxemburg

⚭ **Johann**
* 1296   † 1346
ab 1311 Kg. v. Böhmen
⚭ 1. Elisabeth v. Böhmen
(* 1292   † 1330)
⚭ 2. Beatrix v. Bourbon
(† 1383)

Beatrix
* 1305   † 1319
⚭ König Karl I.
v. Ungarn
(* 1288   † 1342)

Anna
* 1290   † 1313
⚭ Heinrich Gf. v. Tirol
u. Hg. v. Kärnten
1307–1310 Kg. v. Böhmen († 1335)
2. Ehe ⚭ m. Adelheid v. Braunschw.

Margarete (Maultasch)
* 1318   † 1369
⚭ 1. 1330–1341 Johann Heinrich
(* 1322   † 1375)
Sohn Johanns v. Böhmen
⚭ 2. 1342 Ludwig V. der Brandenburger
(* 1315   † 1361)
Sohn Kaiser Ludwigs IV.

Maria
* 1304   † 1324
⚭ König Karl IV.
v. Frankreich
(† 1328)

Meinhard
* 1344   † 1363
ab 1361 Hg. v. Obbay. u. Gf. v. Tirol
⚭ Margarete v. Österreich
(* 1346   † 1366)

Margarete
* 1313   † 1341
⚭ Hg. Heinrich d. Ä.
v. Ndbay.
(* 1305   † 1339)

Johann I., das Kind
* 1329   † 1340
⚭ Anna v. Obbay.
(* 1326   † 1361)
Tochter Kaiser
Ludwigs IV.

Guta (Bona)
* 1315   † 1349
⚭ König Johann II.
v. Frankreich
(* 1319   † 1364)

Kaiser Karl IV.
* 1316   † 1378
1346 dt. König
1346 Kg. v. Böhmen
1355 Kaiser
⚭ 1. Blanca v. Valois († 1348)
Schwester Philipps VI.
v. Frankreich
⚭ 2. Anna v. d. Pfalz († 1353)
⚭ 3. Anna v. Schweidnitz
(* 1339   † 1362)
⚭ 4. Elisab. v. Pommern († 1393)

Otakar
* 1318
† 1320

Johann Heinrich
* 1322   † 1375
Markgf. v. Mähren
⚭ 1. Marg. Maultasch v. Tirol
(* 1318   † 1369)
⚭ 2. Margarete v. Troppau († 1363)
⚭ 3. Margarete v. Österreich († 1366)
⚭ 4. Elisabeth v. Oettingen (?)

Elisabeth
* 1323   † 1324

Anna
* 1323   † 1338
⚭ Hg. Otto
v. Österreich
(* 1301   † 1339)

Wenzel
* 1337   † 1383
1354 Hg. v.
Luxemburg
⚭ Johanna
v. Brabant
(† 1406)

386

Haus Habsburg

Rudolf I.
* 1218   † 1291
Gf. v. Habsburg   1273–1291 deutscher König
⚭ 1. Gertrud v. Hohenberg († 1281)   ⚭ 2. Isabella v. Burgund († 1323)

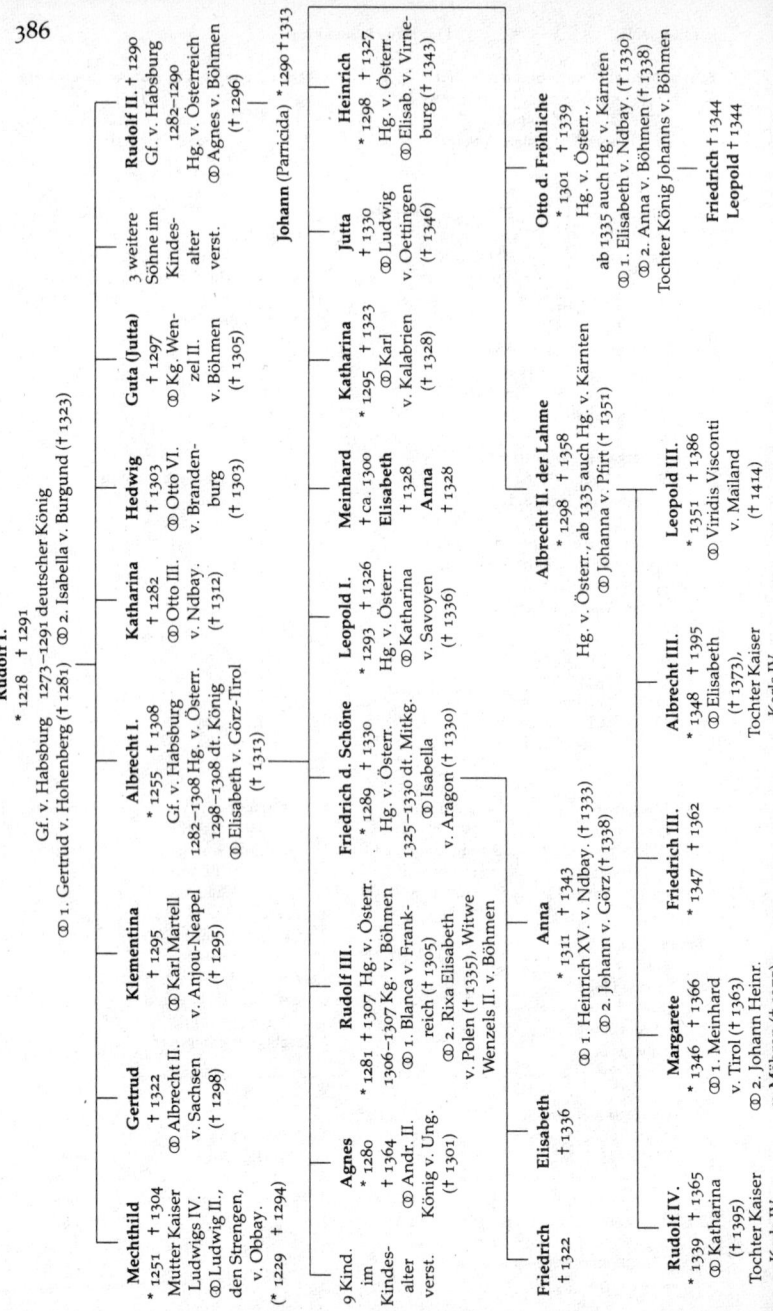

Mechthild
* 1251   † 1304
Mutter Kaiser
Ludwigs IV.
⚭ Ludwig II.,
den Strengen,
v. Obbay.
(* 1229   † 1294)

9 Kind.
im
Kindes-
alter
verst.

Gertrud
† 1322
⚭ Albrecht II.
v. Sachsen
(† 1298)

Agnes
* 1280
† 1364
⚭ Andr. II.
König v. Ung.
(† 1301)

Klementina
† 1295
⚭ Karl Martell
v. Anjou-Neapel
(† 1295)

Albrecht I.
* 1255   † 1308
Gf. v. Habsburg
1282–1308 Hg. v. Österr.
1298–1308 dt. König
⚭ Elisabeth v. Görz-Tirol
(† 1313)

Rudolf III.
* 1281   † 1307 Hg. v. Österr.
1306–1307 Kg. v. Böhmen
⚭ 1. Blanca v. Frank-
reich († 1305)
⚭ 2. Rixa Elisabeth
v. Polen († 1335), Witwe
Wenzels II. v. Böhmen

Friedrich d. Schöne
* 1289   † 1330
Hg. v. Österr.
1325–1330 dt. Mitkg.
⚭ Isabella
v. Aragon († 1330)

Katharina
† 1282
⚭ Otto III.
v. Ndbay.
(† 1312)

Leopold I.
* 1293   † 1326
Hg. v. Österr.
⚭ Katharina
v. Savoyen
(† 1336)

Hedwig
† 1303
⚭ Otto VI.
v. Branden-
burg
(† 1303)

Meinhard
† ca. 1300

Elisabeth
† 1328

Anna
† 1328

Guta (Jutta)
† 1297
⚭ Kg. Wen-
zel II.
v. Böhmen
(† 1305)

Katharina
* 1295   † 1323
⚭ Karl
v. Kalabrien
(† 1328)

Rudolf II.   † 1290
Gf. v. Habsburg
1282–1290
Hg. v. Österreich
⚭ Agnes v. Böhmen
(† 1296)

3 weitere
Söhne im
Kindes-
alter
verst.

Heinrich
* 1298   † 1327
Hg. v. Österr.
⚭ Elisab. v. Virne-
burg († 1343)

Jutta
† 1330
⚭ Ludwig
v. Oettingen
(† 1346)

Johann (Parricida)   * 1290   † 1313

Elisabeth
† 1336

Friedrich
† 1322

Anna
* 1311   † 1343
⚭ 1. Heinrich XV. v. Ndbay. († 1333)
⚭ 2. Johann v. Görz († 1338)

Albrecht II. der Lahme
* 1298   † 1358
Hg. v. Österr., ab 1335 auch Hg. v. Kärnten
⚭ Johanna v. Pfirt († 1351)

Otto d. Fröhliche
* 1301   † 1339
Hg. v. Österr.,
ab 1335 auch Hg. v. Kärnten
⚭ 1. Elisabeth v. Ndbay. († 1330)
⚭ 2. Anna v. Böhmen († 1338)
Tochter König Johanns v. Böhmen

Friedrich † 1344
Leopold † 1344

Rudolf IV.
* 1339   † 1365
⚭ Katharina
Tochter Kaiser
Karls IV.
(† 1395)

Friedrich III.
* 1347   † 1362

Margarete
* 1346   † 1366
⚭ 1. Meinhard
v. Tirol († 1363)
⚭ 2. Johann Heinr.
v. Mähren († 1375)

Albrecht III.
* 1348   † 1395
⚭ Elisabeth
(† 1373),
Tochter Kaiser
Karls IV

Leopold III.
* 1351   † 1386
⚭ Viridis Visconti
v. Mailand
(† 1414)

Stammtafel VI

Das französische Königshaus

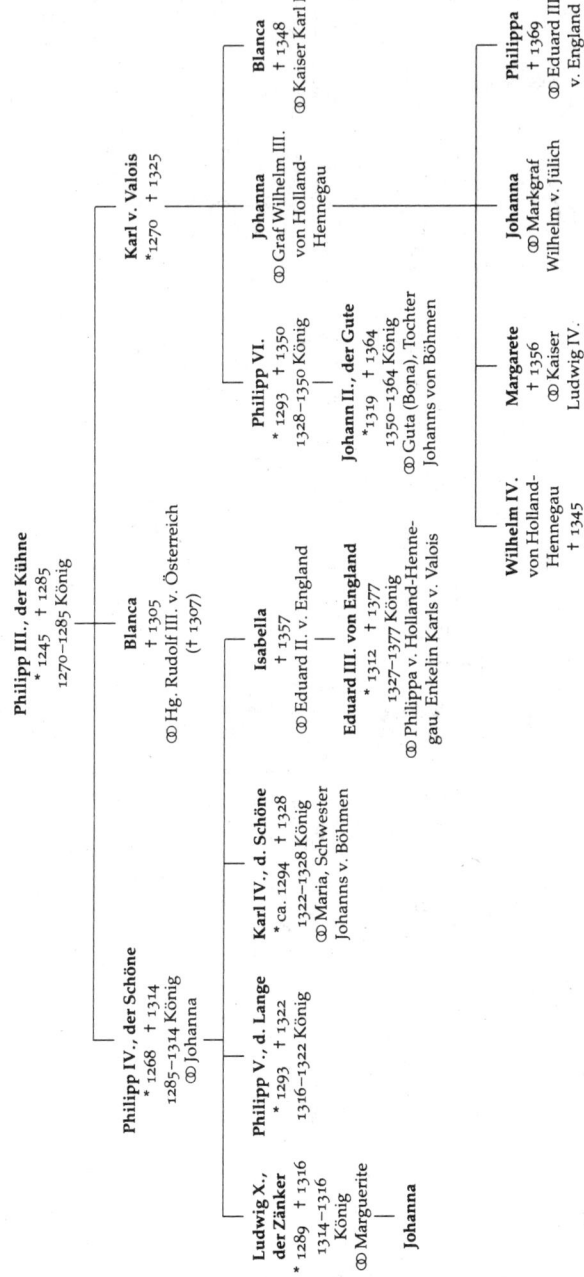

Philipp III., der Kühne
* 1245 † 1285
1270–1285 König

Philipp IV., der Schöne
* 1268 † 1314
1285–1314 König
⚭ Johanna

Karl v. Valois
*1270 † 1325

Blanca
† 1305
⚭ Hg. Rudolf III. v. Österreich
(† 1307)

Ludwig X., der Zänker
* 1289 † 1316
1314–1316 König
⚭ Marguerite

Philipp V., d. Lange
* 1293 † 1322
1316–1322 König

Karl IV., d. Schöne
* ca. 1294 † 1328
1322–1328 König
⚭ Maria, Schwester Johanns v. Böhmen

Isabella
† 1357
⚭ Eduard II. v. England

Philipp VI.
* 1293 † 1350
1328–1350 König

Blanca
† 1348
⚭ Kaiser Karl IV.

Johanna
⚭ Graf Wilhelm III. von Holland-Hennegau

Johanna

Eduard III. von England
* 1312 † 1377
1327–1377 König
⚭ Philippa v. Holland-Hennegau, Enkelin Karls v. Valois

Johann II., der Gute
* 1319 † 1364
1350–1364 König
⚭ Guta (Bona), Tochter Johanns von Böhmen

Wilhelm IV. von Holland-Hennegau † 1345

Margarete
† 1356
⚭ Kaiser Ludwig IV.

Johanna
⚭ Markgraf Wilhelm v. Jülich

Philippa
† 1369
⚭ Eduard III. v. England

Klöster in Bayern
zur Zeit Ludwig des Bayern

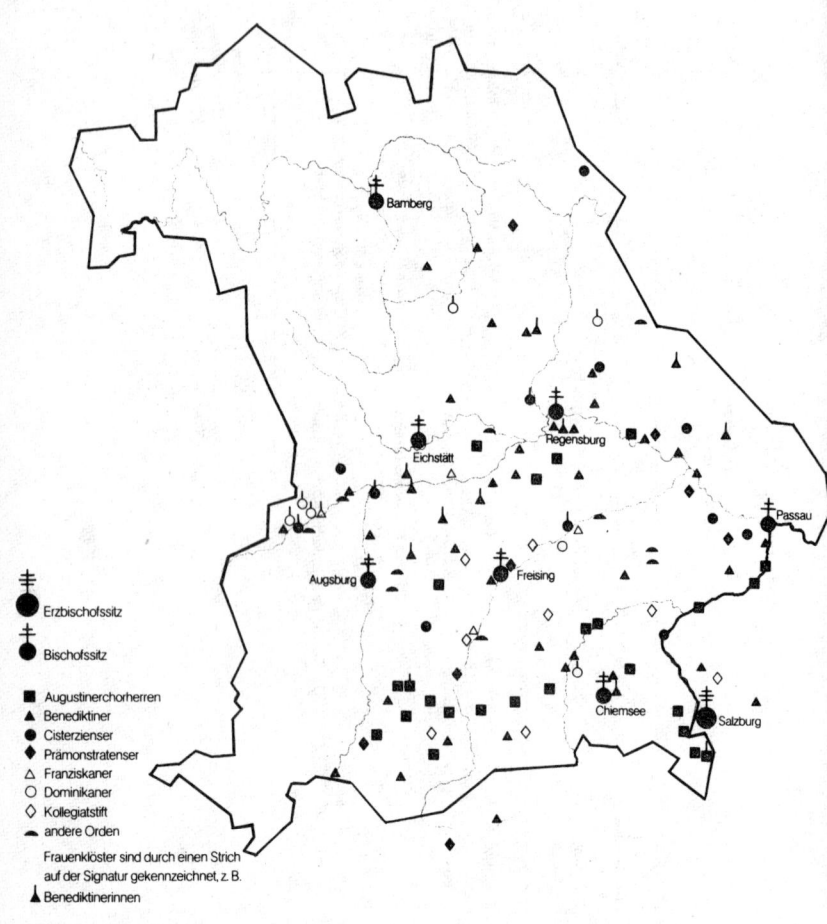

Erzbischofssitz

Bischofssitz

■ Augustinerchorherren

▲ Benediktiner

● Cisterzienser

◆ Prämonstratenser

△ Franziskaner

○ Dominikaner

◇ Kollegiatstift

▬ andere Orden

Frauenklöster sind durch einen Strich
auf der Signatur gekennzeichnet, z. B.

▲ Benediktinerinnen

Fläche des heutigen Bayern

Städtegründungen der Wittelsbacher

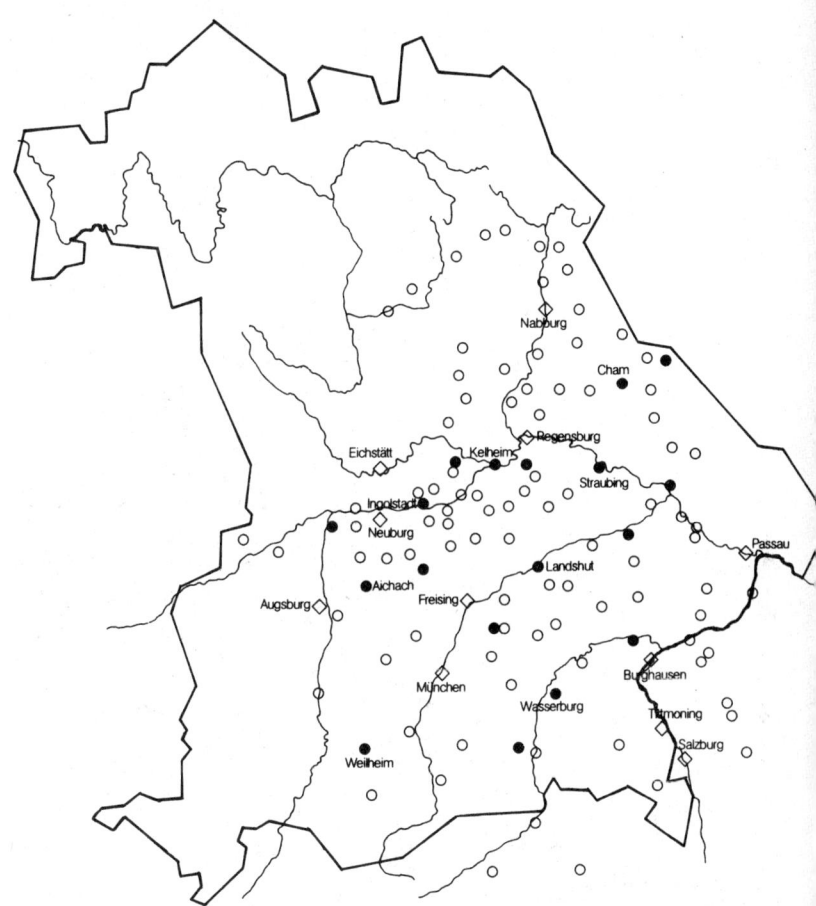

◇ Städte vor 1180
● Neugründungen von Städten und Märkten 1180–1255
○ Neugründungen von Städten und Märkten 1255–1346
— Grenze des heutigen Bayern

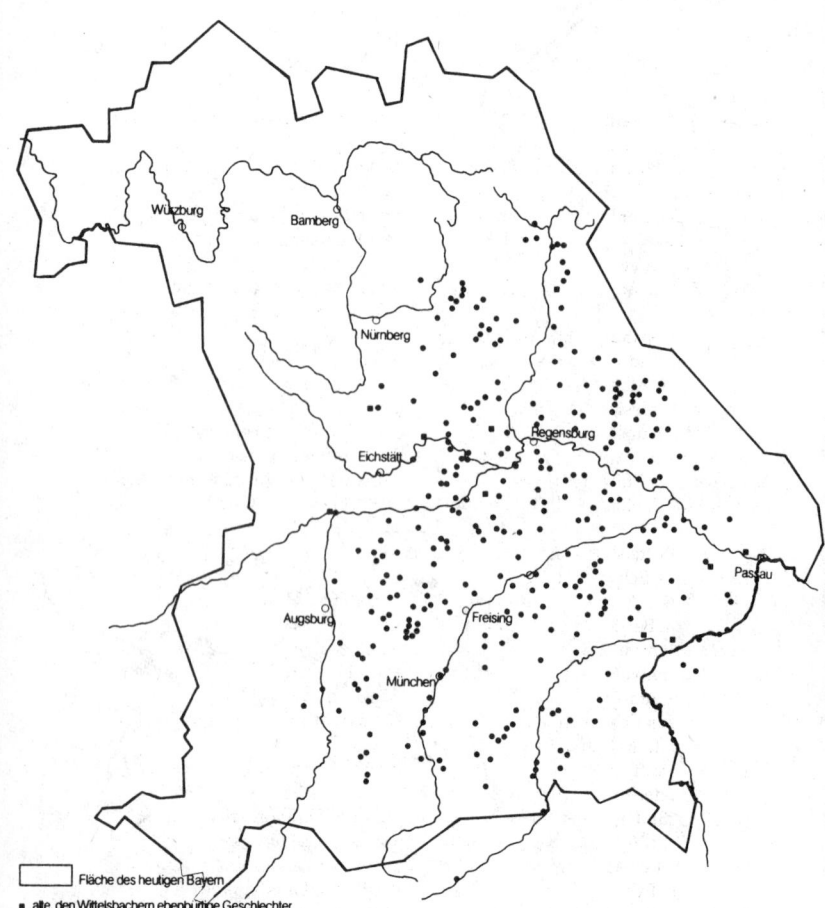

Der Adel um 1300
in Bayern

Würzburg
Bamberg
Nürnberg
Eichstätt
Regensburg
Passau
Augsburg
Freising
München

☐ Fläche des heutigen Bayern

■ alte, den Wittelsbachern ebenbürtige Geschlechter

● Edelfreie, Reichs- und aufgestiegene Adelsministeriale

Nach dem „Stammbuch" von Wigulaeus Hundt
(für Oberpfalz zusätzlich: Historischer Atlas von Bayern)

REGISTER

Ludwig IV., der Bayer
* 1282 † 1347
1294 (1302)–1347 Hg. v. Obbay.
1340–1347 Hg. v. Ndbay.
ab 1314 deutscher König
ab 1328 Kaiser

— ⚭ —

1. ca. 1308 Beatrix v. Schlesien-Glogau
(* ca. 1290 † 1322)

Mechthild	**Tochter N. N.**	**Anna**	**Agnes**
* nach Juni 1313 † 1346	* 1314 † ?	* 1316 † 1319	* 1318 † ?
⚭ 1323 Markgf. Friedrich II.			
v. Meißen			
und Landgf. v. Thüringen			
(*1310 † 1349)			

Ludwig V., der Brandenburger
* 1315 † 1361
1323–1351 Markgf. (Kurf.) v. Brandenburg (königl. Verleihung)
1347–1349 Hg. v. Bayern
1349–1361 Hg. v. Obbay.
1342–1361 Gf. v. Tirol
⚭ 1. 1324 Margarete v. Dänemark
(* ca. 1305 † 1340)
⚭ 2. 1342 Margarete (Maultasch) v. Tirol
(* 1318 † 1369)

Stephan II., mit der Hafte
* 1319 † 1375
1347–1349 Hg. v. Bayern
1349–1375 Hg. v. Ndbay.-Landshut
1363–1375 Hg. v. Obbay.
⚭ 1. 1328 Elisabeth v. Sizilien
(* ca. 1309 † 1349)
⚭ 2. 1359 Margarete v. Nürnberg
(* ca. 1333 † 1377)

Meinhard
* 1344 † 1363
1361–1363 Hg. v. Obbay. u. Gf. v. Tirol
⚭ Margarete v. Österreich
(* 1346 † 1366)
1363 Obbay. an Stephan II.
1369 Tirol an Österreich

Stephan III.	**Friedrich**	**Johann**
Linie	Linie	Linie
Bay.-	Bay.-	Bay.
Ingolstadt	Landshut	Münch

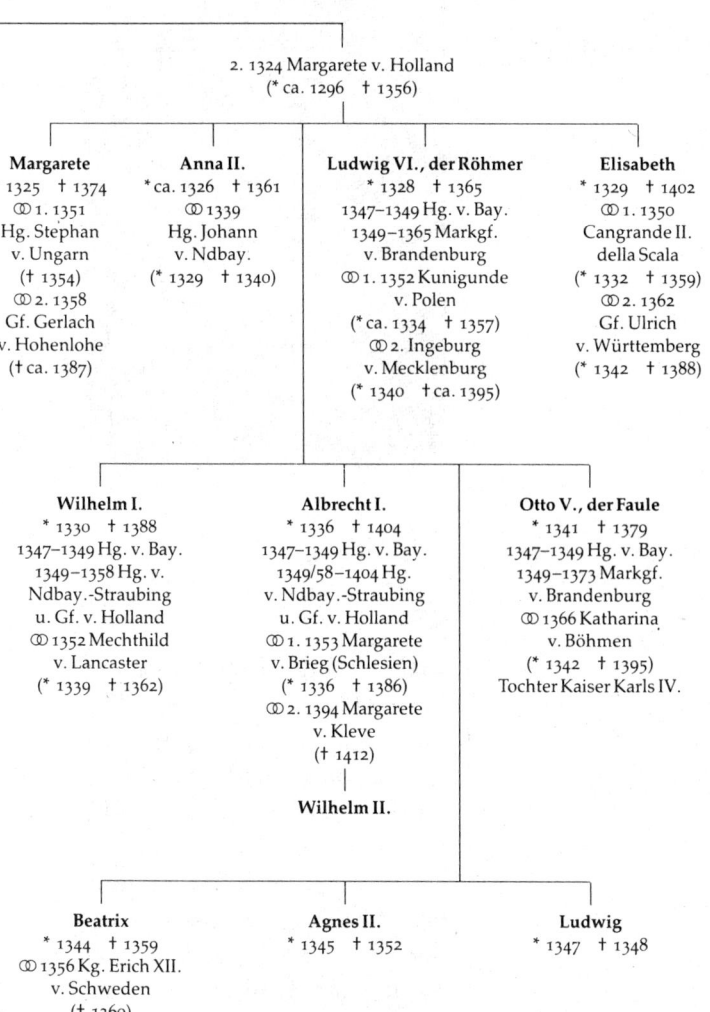

2. 1324 Margarete v. Holland
(* ca. 1296 † 1356)

Margarete
* 1325 † 1374
⚭ 1. 1351
Hg. Stephan
v. Ungarn
(† 1354)
⚭ 2. 1358
Gf. Gerlach
v. Hohenlohe
(† ca. 1387)

Anna II.
* ca. 1326 † 1361
⚭ 1339
Hg. Johann
v. Ndbay.
(* 1329 † 1340)

Ludwig VI., der Römer
* 1328 † 1365
1347–1349 Hg. v. Bay.
1349–1365 Markgf.
v. Brandenburg
⚭ 1. 1352 Kunigunde
v. Polen
(* ca. 1334 † 1357)
⚭ 2. Ingeburg
v. Mecklenburg
(* 1340 † ca. 1395)

Elisabeth
* 1329 † 1402
⚭ 1. 1350
Cangrande II.
della Scala
(* 1332 † 1359)
⚭ 2. 1362
Gf. Ulrich
v. Württemberg
(* 1342 † 1388)

Wilhelm I.
* 1330 † 1388
1347–1349 Hg. v. Bay.
1349–1358 Hg. v.
Ndbay.-Straubing
u. Gf. v. Holland
⚭ 1352 Mechthild
v. Lancaster
(* 1339 † 1362)

Albrecht I.
* 1336 † 1404
1347–1349 Hg. v. Bay.
1349/58–1404 Hg.
v. Ndbay.-Straubing
u. Gf. v. Holland
⚭ 1. 1353 Margarete
v. Brieg (Schlesien)
(* 1336 † 1386)
⚭ 2. 1394 Margarete
v. Kleve
(† 1412)

Wilhelm II.

Otto V., der Faule
* 1341 † 1379
1347–1349 Hg. v. Bay.
1349–1373 Markgf.
v. Brandenburg
⚭ 1366 Katharina
v. Böhmen
(* 1342 † 1395)
Tochter Kaiser Karls IV.

Beatrix
* 1344 † 1359
⚭ 1356 Kg. Erich XII.
v. Schweden
(† 1360)

Agnes II.
* 1345 † 1352

Ludwig
* 1347 † 1348

Die große
Biographie
zum
800. Geburtstag

Bechtle

Eine Staufer-Biographie, die vielen Lesern ein neues Bild dieses Kaisers vermitteln wird, der den einen als Messias, den anderen als Antichrist galt. Der Autor zeigt ihn aber auch als Freund der Künstler und der Wissenschaft, als Begründer der sizilischen Dichterschule, als Diplomaten, der das Königreich Jerusalem ohne Schwertstreich erlangte.